新安文化丛书一

XIN'AN WENHUA CONGSHU

# 新安学术

周晓光 著

中共淳安县委宣传部
中共淳安县委党史研究室
淳安县人民政府地方志办公室
淳安县政协文史和教文卫体委员会
编

文物出版社

**图书在版编目（ＣＩＰ）数据**

新安学术 / 周晓光著. -- 北京 : 文物出版社，2024.7

(新安文化丛书. 一)

ISBN 978-7-5010-8399-2

Ⅰ. ①新… Ⅱ. ①周… Ⅲ. ①学术思想－思想史－介绍－淳安县－古代 Ⅳ. ①B244

中国国家版本馆CIP数据核字(2024)第068714号

**新安学术**

新安文化丛书一

---

**编　　者**：中共淳安县委宣传部
中共淳安县委党史研究室
淳安县人民政府地方志办公室
淳安县政协文史和教文卫体委员会

**著　　者**：周晓光

**责任编辑**：孙　霞

**封面设计**：方　卓

**责任印制**：张道奇

**出版发行**：文物出版社

**地　　址**：北京市东城区东直门内北小街2号楼

**邮　　编**：100007

**网　　址**：http: //www.wenwu.com

**邮　　箱**：wenwu1957@126.com

**经　　销**：新华书店

**印　　刷**：杭州富春印务有限公司

**开　　本**：787mm × 1092mm　1/16

**印　　张**：417.25

**版　　次**：2024年7月第一版

**印　　次**：2024年7月第一次印刷

**书　　号**：ISBN 978-7-5010-8399-2

**定　　价**：2880.00元(全18册)

---

# 总　序

新安文化是指新安江流域文化。

新安江是钱塘江的正源，源头分为两大支流。南支称率水，为新安江主源，发源于安徽省休宁县五龙山脉的六股尖；北支叫横江，源于黟县五溪山主峰白顶山。两支源流在屯溪汇合，流至歙县浦口一段称渐江，歙县浦口以下至浙江省建德县与兰溪相汇处称新安江。新安江与兰溪汇合后称富春江，到萧山闻家堰称钱塘江，流至杭州湾入海。

新安江流域地处闽浙山地的北缘，黄山、天目山、白际山、五龙山、千里岗、龙门山六大山脉盘桓其间，山地及丘陵占十分之八九。新安江水呈树叶网络状，由西向东辐射，地势也是由高及低逐步下降。流域平均海拔 800 ~ 1000 米，处在山岭川谷之中。俯视江南，附近的江西、浙江、江苏、安徽，均在其下。地处新安江源头的徽州，有“吴头楚尾”之说。杜牧诗云：“溪山侵越角，风壤尽吴根。”非常准确地描写出新安江流域的地理位置。

新安江流域以黄山山脉为界，南坡有流向东南钱塘江的新安江水系，直达杭州，是前往江南的捷径；流向西南鄱阳湖的阊江水系、乐安江水系，直达饶州、九江；北坡有直接流入长江的青弋江、秋浦河水系，直达池州、安庆、芜湖长江沿线。新安江下游严州府与兰江相接，向南直达金华、衢州，是前往江西、福建的捷径。陆路虽地势高耸，山路崎岖，但由于地处皖、浙、赣三省交界，成为全国的交通网络中重要的一环。

魏晋时期，由杭州经新安江前往江西、福建的通道，是全国交通枢纽上的重点线路。宋永初三年（422）秋，谢灵运离开建康（今南京）赴任永嘉郡太守。他沿钱塘江、富春江溯流而上，经桐庐、建德、兰溪，转由婺江到永嘉，途经桐庐写下《初往新安至桐庐口》诗。唐代以前，北方通往南方的三大干线，其中两条干线经过新安江流域。一条由洛阳东行至汴州，循运河东南而下，经杭州，沿钱塘江溯流而上，经睦州、婺州、衢州、信州至江西、福建和岭南道。另一条由洛阳走陆路，经汝州、许州至陈州，过寿州、庐州，渡江至采石，经宣州、歙州到睦州，经婺州、衢州，再选择西行或南行通往福建、江西和岭南各地。宋以后，新安江流域交通线路更是呈放射状，四面通达。虽然山道崎岖，水路湍急，路途稍显艰难，但无论水路、陆路，前往江西、湖北、福建、南京、杭州都是必经的捷径。

人类逐水而居，河流是人类文明的摇篮。先秦时期，新安江流域先属吴，吴亡属越，越灭属楚。秦末，在新安江中游和上游设黟、歙二县，下游则归富春县管辖。东汉建安十三年（208），分歙地置始新、新定、黎阳、休阳四个县，加上原来的黟、歙二县，就有了六个县，以这六个县新设新都郡，郡治设在始新县治新定里（今淳安县威坪镇）。黄武四年（225），析吴郡富春县地置建德、新昌、桐庐、新城四县，建德县、新昌县（后改寿昌）地处新安江下游。其后新安江流域郡、州、府级机构，先后更名或改设为新宁郡、新安郡、东阳郡、遂安郡、婺州、睦州、歙州，最后定名为徽州和严州；县级机构先后更名或改设为新安江上游的歙县、黟县、休宁县、祁门县、绩溪县、婺源县，新安江中游的淳安县、遂安县，下游的建德县、寿昌县。

新安文化的地域范围，以新安江上游古徽州一府六县，即歙县、黟县、休宁县、祁门县、绩溪县、婺源县，以及新安江中下游古严州的淳安县、遂安县、寿昌县、建德县为核心区域。新安文化的时空概念起自史前文明，迄于1949年，根据研究需要适当后延。其内容涉及哲学、经济、社会、教育、学术、文学、艺术、工艺、建筑、医学等诸多学科，凡与新安江流域社会历史发展有关的内容，均是新安文化的范畴。

新安江流域是我国原始文化的一个独立发展单元，一步步走来，没有停留，没有断代。历经早期文明、晋唐兴起、五代至元崛起、明清鼎盛和近代转型五个发展阶段，形成新安文化的完整体系。

1974年11月，在建德县上新桥村乌龟洞发现一枚人的犬齿化石，被命名为“建德人”，属于晚期智人类型，距今约五万年。同时，新安江流域分布着大量的旧、新石器时代遗址，承继“建德人”的文化发展。1959～1975年，新安江上游的屯溪西郊奕棋村先后发现8座西周至战国早期的墓葬。出土的青铜器、原始青瓷和几何印纹硬陶，在形制、纹饰和构图风格上，具有浓厚的越文化特色。史称当地人为越族，人民性格强悍，尚武好斗，文化礼仪相对薄弱。通过地方行政治理过程中的教化，当地越人在了解和接受中原人的生产、生活方式后，道德观、价值观、文化崇尚等方面均发生变化。

晋唐时期，新安文化兴起。晋代的“永嘉之乱”和唐代的黄巢起义是中国历史上的两件大事。它不仅造成西晋和唐朝的灭亡，导致中国社会的分裂，而且对我国南方的发展产生深远的影响。“永嘉之乱”和黄巢起义期间，中原士族比较集中地迁入新安江流域，现存的徽、严二州不少姓氏族谱中，对始迁祖的追溯都上溯到这一阶段。中原士族大量迁入以后，以其自身的文化素养和生活习惯渗透民间，改变了新安江流域越族的风俗习惯，越族尚武习俗与中原儒雅之风融合，儒家思想的仁义忠孝和修身齐家理念，开始在新安江流域流行。休宁吴少微的“吴富体”在文坛崭露头角，新安江下游的“睦州诗派”更是享誉诗坛。

五代至元，新安文化崛起。这一阶段新安江流域的教育与科举得到长足发展，仅南宋时期徽州、严州二府进士就有 806 名。南宋理学大儒朱熹祖籍徽州，曾两次回徽州省墓、探亲、授课，并在严州丽泽书院、遂安瀛山书院讲学论道。新安人读朱子之书，秉朱子之教，以邹鲁之风自恃，形成新安理学学派，使得朱熹理学在新安江流域广为流传，对整个流域的文化形成和演变起到关键作用。文风郁起，留下很多脍炙人口的作品，如胡仔的《苕溪渔隐丛话》和方岳、方逢辰的诗歌，在全国诗坛都占有一席之地。徽州刻书和严州刻书，在中国刻书史上贡献卓著。制瓷技术、医学、植物学、光学、生物学等科学技术都取得一定成就，其中歙县张杲淳熙十六年（1189）写成的《医说》一书，是中国医学史上第一部医史传记。

明清时期，新安文化进入鼎盛。私学、官学和书院教育同步发展，推动新安江流域科举繁荣兴盛。淳安人商辂“三元及第”，于明宣德十年（1435）乡试、正统十年(1445)会试及殿试均为第一名。理学、心学与朴学相互融合发展，理学家们提倡“和会朱陆”，阳明心学受到欢迎。清康熙、乾隆时期，新安学者提倡实事求是的治学精神，开创朴实的学风，成为清代学术的主流，朴学领袖戴震更是中国哲学史上的唯物主义启蒙思想家。文学艺术百花齐放，新安画派是明清文人画的正统继承者，徽派版画代表了中国传统版画的最高成就，徽派篆刻成为中国文人篆刻的主流，徽剧乃京剧之母。科学技术成就斐然，新安医学所主张的“固本培元”理论，是中国传统医学中的精华；程大位是中国历史上珠算集大成者；郑复光《镜镜詅痴》集当时中西光学知识大成。

近代，新安文化开始转型。光绪二十六年（1900），歙县基督教堂在城内创办崇一学堂，迈开新安江流域兴办新式学堂的第一步。在西方近代科技和工业革命的影响下，实业救国成为潮流，培养近代农林、商业、工业人才，是教育转型过程中的重要一环。光绪三十四年（1908），戴英在休宁县隆阜珠里创办新安江流域近代第一所职业学校——休宁初等农业学堂。随后，徽州乙种商业学校、淳安县初级实业小学、建德县浙江省立甲种森林学校等相继开办。新安学术也开始向近代学术思潮转型，胡适成为近代文化转型中承上启下的关键人物。文学艺术在转型中得到提振，其中由汪渊集句成词、其夫人程淑笺注的《麝尘莲寸集》，以词集词，前无古人。黄宾虹成为近代中国绘画领域中的一座高峰；黄士陵的篆刻形成自己的艺术风格，被称为“黟山派”。“徽路徽戏”和睦剧得到全面发展。

新安江流域自古为越族领地，随着中原士族的迁入，中华儒家文化的价值观“修身齐家治国平天下”，在这里不断积淀，形成尚武自强、重教崇文、俗尚文雅、治生重商的区域特征。

新安江流域早期越人以尚武著称。明清时期，新安江流域百姓依然习武自强为常。至今民间仍留存不少延请拳师的“拳关”文书。明万历休宁程冲斗所著《耕余剩技》，是中国武术史上的名著。绩溪县张横秋更是以武术名世，在武术史上形成“豫徽武术”流派，其拳术至今仍在新安江流域流传。很多文人在习文的同时练武，明末休宁县抗清义士金声不仅文章出彩，而且武艺高强。休宁画家汪肇，喜好持矛舞剑。新安朴学后期的重要学者汪宗沂，通拳术、剑术、马术，喜谈兵。他的学生许承尧、黄宾虹，一个是著名诗人，一个是著名画家，跟着汪宗沂学习时，练剑、骑马也是必备的功课。

中原士族迁居新安江流域以后，注重文化传承。这种传承使得新安江流域重视教育，崇尚文雅。朱熹提倡读书，研究学问，从事著述，强调“穷理之要，必在于读书”。新安理学的兴起，增强了新安江流域的读书氛围。儒家思想被塾师细化在自己教学实践中，塾师编写的大量蒙学教材中，将儒家的道德观念灌输给学童。在新安理学的影响下，新安江流域读书著述之风盛行，形成“十家之村，无废诵读”的景象。宋元以来，被称为“东南邹鲁”。

随着儒家思想向民间基层渗透，礼教在老百姓中扎根。民间礼仪以朱熹《家礼》作为依据，渗透于各个家庭。休宁《茗洲吴氏家典》根据《家礼》，结合本宗族的情况，规定冠婚丧祭的礼仪，作为子孙后代遵行的法典。民国遂安《高峰朱氏宗谱》卷三《家训》对子弟的礼仪教育写得非常具体，结合家族特点，将礼教具体化，教育族人如何做人、做事，各项规范要求明确，可操作、能监督，俗向文雅，成为“礼下庶人”的典范。

新安江流域有一个异于全国其他地区的现象，就是人们以经商致富为荣，从商成为风气。新安学者提倡职业不分卑贱，引导民众经商，鼓励商人创业，提倡“廉贾”价值观。地方士绅还通过各种方式为商人代言，创造良好的经商环境。学者的倡导、士绅的鼓励，对不轻视商业、不以经商为耻社会风气的形成，起到极大的促进作用，使新安人在观念上获得解放，理直气壮去经商，造就了雄飞于中国商界三百年的新安商人集团。

新安文化不断兼收并蓄，坚持实事求是，遵循儒雅中庸的发展过程，构成以“包容、探索、和谐”为核心的人文精神。

在沉淀中原汉文化和践行儒家思想的过程中，新安江流域不断地塑造自身的人文精神，推进新安文化的发展。新安文化的形成，是中原汉文化与当地土著越文化进行融合的过程。在两种文化的融合过程中，汉文化虽然是强势文化，但具有很强的包容性，促进了越文化的自然融合，从而产生出新质的新安文化。这种包容性，在新安文化发展过程中，贯穿始终，成为新安文化特色。兼收并蓄的包容精神，体现了新安文化的博大气象，是新安文化得以发展的源泉。

在新安文化发展过程中，新安人一直遵循实事求是的原则，博学求知，努力探索规律，追求真理，勇得时代风气之先。朱熹提出“濯去旧见，以来新意”；戴震主张“不以人蔽己，不以己自蔽”；胡适要求“重新估定一切价值”，都是不懈求索、勇得时代风气的典范。实事求是的探索精神，体现了新安人的思辨能力，是新安文化得以不断创新发展的动力。

新安文化是宋以后中国儒家文化在民间社会最完整的体现和典型范例，其儒雅中庸的内质得到很好的体现。“薄利多销”成为新安商人的经营手段，自己少赚些，让消费者不吃亏，成为“中庸”思想在商业领域的一种表现，即双赢。新安宗族在“中庸”思想的指导下，和睦相处，很少发生械斗。就是宗族间有了矛盾，也是协调处理，互相谦让。在艺术上，也非常讲究中庸平和。新安篆刻中的雅逸隽秀、平和光洁；新安版画内蕴的恬静和安乐，也是儒雅中庸的一种表现。儒雅中庸的和谐精神，使得新安江流域社会平稳安定，是新安文化不断发展的基础。

新安江流域靠近越文化核心区，其文化既具有新安文化特点，又带有钱塘江流域良渚文化特色，体现出新安文化与良渚文化融合的趋势。对河系流域上下游文化碰撞、交融的研究，具有重要价值。

新安江流域至今保存下来的地面文物遗存 10000 多处、8000 余种文献、100 余万件文书，跨越千年历史，涵盖政治、经济、文化各个领域。尤其地面文物遗存、非物质文化遗产和文书档案，均为第一手资料，是人们了解中国封建社会后期农村社会实态不可多得的资料，为按历史本来面貌做综合实态研究创造了前所未有的有利条件。中国社会科学院历史研究所周绍泉先生指出：“以徽州文书为代表的历史文书档案为主要资料，综合研究历史社会实态，将是我们这个时代的学术潮流。”

新安文化是中国封建社会后期传统文化的典范，独树一帜，在各自领域都处于领先位置。从新安文化中提炼出来，形成新安宗族、新安学术、新安商人、新安教育、新安建筑、新安书画、新安工艺、新安科技、新安文学、新安戏曲、新安饮食、新安民俗等文化现象，是新安文化中的精华，学术界在研究专业史时无法绕开这些课题。对新安文化展开研究，实际也就是对中国封建后期传统文化展开研究，窥一斑而见全豹，具有普遍的学术意义。

新安江流域四面环山，作为一个独立的自然地理单元，风景秀丽，人们的审美观受到山水环境的影响。新安四雕艺术、文房四宝艺术、盆景艺术、新安书画、新安文学等，都是新安江流域自然环境同新安人审美观相结合的产物。而新安饮食、方言的形成，同新安江流域独特的自然地理环境及资源有关；新安宗族社会构成和村落结构，同新安地理环境也是密切相关，具有地理文化单元的人类文化学研究价值。

新安文化是移民文化，中原士族的内迁，决定了其社会与文化的诸多现象和特点，受到中原文化的影响。同时，新安文化的昌盛与发展，还存在着一个由新安江流域再向外移民的过程，并对侨寓地的文化产生影响。如新安学术、徽剧、新安艺术、新安刻书、新安篆刻等对扬州学派、京剧、江南园林、江南版画、浙派篆刻都有渗透和影响。研究新安文化，可以获得中华大文化融合各民族文化、各地方文化的一般与个别规律，为繁荣中华大文化作出贡献。

新安江流域是宗族社会。明清时期，农村基层依靠宗族自治管理，有不少好的做法。现存不少宗族公约中有值得学习和借鉴的条文，如禁止乱砍滥伐和禁止赌博等。从内容上看，它们符合当今所提倡的环境保护和社会文明的主旨。从实施机制上看，它不是依赖于行政系统，而是靠“公约”的形式自我约束，这给建设社会主义新农村带来启示，村民自治要以农民为主体，增强农民的自觉意识，而不是靠行政手段。新安文书中的商业合同，反映了新安人市场观念的成熟；分家契约反映了新安人既遵从中国传统的伦理观，又理性地处理家庭财产等经济问题；诉讼文书，反映了古代新安江流域民间已经有较强的法治观念。新安江流域古村落人与自然和谐，以人为本的思想贯穿村落建设，村落中的防火措施、水系设计都十分讲究，科学性很强，给当代环境规划设计带来启示。

新安文化博大精深，对新安江流域上游的徽州文化研究，已经成为一门专门的学问——徽学。但对整个流域的整体研究还是一个空白，编撰《新安文化》丛书，可以填补全面涵盖新安江全流域文化的研究空白，力求科学、全面、准确、系统地展示新安文化的各个方面，对于新安文化学术研究及开发利用，是一件十分有意义的事情。

《新安文化》丛书编撰委员会

2023 年 4 月

# 目 录

# 绪　言

## 第一节　新安江流域学术文化相关概念界定

本书主要考察新安江流域的传统学术文化，因此关于新安江流域范围、传统学术文化的概念，以及考察对象的时间段等，均需在开篇作一界定。

**一、新安江流域范围**

新安江发源于安徽休宁县境内怀玉山脉主峰六股尖。该山脉东北坡有两大支流，南支称率水，北支称横江，均由西向东横贯休宁县，于屯溪老桥下汇合，称渐江，亦习惯称新安江。

现代水文意义上的新安江正源是南支率水，传统观念上的正源是黟县南端的横江。新安江干流由屯溪向东北流入歙县，经南源口、坑口、深渡、小川、溪口，在街口流入浙江淳安县。淳安县境内的新安江旧称徽港，至建德市梅城镇与兰江汇合，始称桐江。在桐庐县桐庐镇与分水江汇合，始称富春江。一般新安江干流以建德梅城段为终段。

新安江梅城段以上的主要支流有：

率水，又名南港。发源于休宁六股尖，为冯源河，在屯溪与横江汇流，称新安江。它是现代水文确认的新安江正源。流域面积 997 平方公里。

横江，又名吉阳水、东港、白鹤溪。源于黟县漳岭的白顶山，在屯溪与率水汇流，入新安江。流域面积 1053 平方公里。

练江，发源于黄山之东麓，由丰乐水、富资水、布射水、杨之水（练河）4 条河流于歙县汇合后称练江，为一扇状水系，至浦口入新安江。流域面积 919.96 平方公里。

棉溪，发源于绩溪县铜坑岭西侧，流经孔川入歙县境，至棉溪口注入新安江。流域面积 120.39 平方公里。

昌溪，发源于天目山脉西侧，有昌、华二源。主源昌源流经歙县三阳、杞梓里至石潭乡与华源汇流；华源出绩溪县逍遥岩西南麓，流经石柱坑入境歙县，至石潭汇昌源。昌、华二源汇合，再流经昌溪、定潭至深渡，注入新安江。流域面积

452.4 平方公里。

大洲源，有大、小二源，小源出歙县杨树尖，大源出歙县仙人降、流经周家村，至岔口大、小二源汇合后，再流经洽河、武阳，至大川注入新安江。流域面积158.5 平方公里。

街源，源出白际山脉的连岭、大峰尖等山岭，流经南源口、胡埠口、巨川，至街口注入新安江。流域面积 205.4 平方公里。

武强溪，源于安徽休宁县璜尖。流经淳安余家、中洲、汾口，注入新安江水库。流域面积 420 平方公里。

枫林港，源于淳安、衢县、常山、开化四县交界的千里岗主峰磨心尖，由白马溪、铜山溪两支溪流汇合而成，注入新安江水库。流域面积 292 平方公里。

进贤溪，源于淳安大岭塔，由富强溪和梅川在临岐大桥以上地段汇合，注入新安江水库。临岐大桥以上的流域面积 397 平方公里。

云源港，源于淳安与歙县交界的搁船尖，流经严家、王阜、郑中等，在宋村注入新安江水库。流域面积 249 平方公里。

寿昌江，源于建德长林乡大坑源村，有支流劳村溪、小江溪、乌龙溪等，在罗桐埠注入新安江。流域面积 691 平方公里。

以上新安江干流及其支流构成了新安江流域的范围。自古以来，该流域内涉及

南宋新安江流域示意图（李甜 绘制）

的行政区划有徽州之休宁、黟、绩溪、歙、祁门，严州府之建德、寿昌、淳安、遂安等县。因此本书考察的新安江流域核心区域即包括以上诸府、州、县。历史上长期隶属徽州之婺源县，因其与徽州文化关系极为密切，属于徽州文化的核心区范围，故相关论述中亦兼及该县。

**二、传统学术文化**

“学术”一词，含义较为丰富。《宋史 · 吴潜传》：“潜所陈九事……四曰正学术以还斯文之气脉。”① 此处指学风。清刘献廷《广阳杂记》：“诸葛孔明为千古一人，其学术全从此书出。”② 此学术，盖言治国之术。《后汉书 · 盖勋传》：“凉州寡于学术，故屡致反暴。”③ 此又有教化之意。《水浒传》第96回：“你那学术，都是外道，不闻正法，快下马归顺。”所指是法术、本领。南朝梁何逊《赠族人秣陵兄弟诗》“小子无学术，丁宁困负薪”，明李东阳《求退录》“加以志虑日短，学术愈荒”，黄人《〈清文汇〉序》“有一代之政教风尚，则有一代之学术思想”，以及章炳麟《訄书 · 学变》“汉晋间，学术则五变”等，④ 皆指有系统的较专门的学问。本书讨论的学术，是指有系统的专门学问。

传统学术，在“学术”概念上加“传统”二字，则在内容与时段上有一定的限制。卢钟锋在《中国传统学术史》中，将中国传统学术史分为5个时期：一是发轫期（战国后期至汉初），以总结子学为主要内容；二是形成期（西汉中期至隋唐），以总结儒学（经学）和释老之学为主要内容；三是发展期（宋至明），以总结理学为主要内容；四是全盛期（清初至清后期），以总结汉学、宋学和今文经学为主要内容；五是衰落期（清末至民初），是学术文化的转型期，以总结旧学、引进西学方法论为主要内容。这种划分法，将传统学术的时段设定在战国后期至清末民初。卢先生同时指出：“其发展变化可以概括为：兴起于战国后期社会变革之际，形成于汉代儒学独尊之时，发展于宋明理学一统之世，全盛于清代两次经世致用思潮高涨之间，衰落于清末民初学术文化新旧转型之秋。”⑤ 这里，也归

① [元]脱脱等：《宋史》卷418《宋潜传》，中华书局，1985年。
② [清]刘献廷：《广阳杂记》卷3，中华书局，2007年。
③ [南朝宋]范晔：《后汉书》卷58《盖勋传》，中华书局，1965年。
④ 参见《汉语大词典》第4卷《子部 · 学》，汉语大词典出版社，1994年。
⑤ 卢钟锋：《中国传统学术史 · 导论》，河南人民出版社，1998年。

纳了传统学术的主要内容。冯天瑜等在《中国学术流变》一书中称："现代学人多倾向于将中国学术流变分为前后衔接的七段：'先秦诸子学—两汉经学—魏晋玄学—隋唐佛学—宋元明理学—清代朴学—近代新学。'"[①] 实际上，指明了在现代学人看来，传统学术的主要内容即指历史时期的这些专门学问。

所谓学术文化，是指有系统的专门学问及由此衍生的诸种文化现象。它是一个内涵相对较为宽泛的概念。比如，新安江流域有系统的专门学问，包括佛学、理学、朴学等，学术文化则是这些有系统的专门学问及其衍生的佛教信仰、寺庙建筑、理学流派、宗族生活、朴学风尚、民俗民风、人物言行、书院讲堂、著述讲义、传播空间、文化景观等，举凡与学术相关的区域经济、社会、文化等内容，均在学术文化的范畴之内。

在厘清学术、传统学术、学术文化等概念的基础上，我们界定的"传统学术文化"是指从先秦到民初以先秦诸子学、两汉经学、魏晋玄学、隋唐佛学、宋元明理学、清代朴学、近代新学为核心内容的较为系统的专门学问，以及由此而衍生的与学术相关的区域经济、社会、文化等现象。本书关于新安江流域传统学术文化的论述，即以新安江流域为考察空间，以上述有系统的专门学问及由此衍生的诸种文化现象为研究对象。

## 第二节　新安江流域传统学术文化研究回顾

以新安江流域为视阈的传统学术文化研究成果，迄今并不多见。但关于该流域内具体学术文化人物和文化现象的研究，则成果颇丰。这些研究成果，为宏观视野的新安江流域传统学术文化研究奠定了基础。

### 一、关于新安江流域传统学术人物的研究

此方面的研究，起步较早，成果亦最为丰富，涉及的新安江流域传统学术文化人物，包括吴少微、舒雅、吕文仲、张志和、洪经纶、皇甫湜、皇甫松、方干、朱

① 冯天瑜等：《中国学术流变·序言》，华东师范大学出版社，2003年。

松、朱熹、程大昌、方逢辰、何梦桂、方夔、钱时、吴儆、郑玉、朱升、赵汸、程曈、程敏政、徐贯、商辂、金声、江永、戴震、程瑶田、毛际可、方象瑛、方楘如、凌廷堪、程晋芳、汪莱、胡秉虔、胡匡衷、俞正燮等人。1913 ~ 1914 年，熊与山在《神州丛报》（1913 年第 1 卷第 1 期、1914 年第 1 卷第 2 期）发表《金正希年谱》、1916 年古欢在《进步杂志》（第 9 卷第 2 期）发表《金正希与基督教》，两文首开 20 世纪学界关于新安江流域传统学术文化人物研究之先河。20 世纪 30 ~ 40 年代，有关新安江流域传统学术文化人物的研究，有进一步的拓展，所涉人物渐多。除 1935 年吴景贤在安徽省图书馆主办之《学风》月刊发表《金正希之学术》（第 5 卷第 8 期）、《金正希之思想》（第 5 卷第 9 期），1944 年陈垣在《真理杂志》（第 1 卷第 4 期）发表《休宁金声传》，继续关注金声学术思想之外，另有多位徽州传统学术文化人物进入研究者视野。1933 年蒋元卿在《学风》月刊先后发表《黟县著述人物考略》（第 3 卷第 9 期）、《休宁县著述人物考略》（第 3 卷第 10 期）两文，对黟县和休宁县学术人物群体做了勾勒。1935 年孙忏绮发表的《俞理初先生年谱摘误》（《晨报》1935 年 9 月 17 日）、1942 ~ 1943 年柳雨生在《真知学报》（1942 年第 2 卷第 3 期、1943 年第 3 卷第 1 期）发表的《黟县俞理初先生年谱》，为该时期关于俞正燮学术思想研究的重要成果。关于绩溪“礼学三胡”，王集成在《浙江省图书馆馆刊》（1935 年第 4 卷第 6 期）发表了《绩溪经学三胡先生传》、沈筱瑜在《中日文化》（1943 年第 3 卷第 8、9、10 期）发表了《绩溪三胡氏学通论》，两文较为全面评述了“礼学三胡”的学术特色和贡献。1938 年商承祚发表的《程瑶田桃氏为剑考补正》（《金陵学报》1938 年第 8 卷 1、2 合刊）、1943 年朱芳圃的《程瑶田年谱初稿》（《河南大学学术丛刊》1943 年第 1 期）两文，则是关于徽派朴学名家程瑶田的研究力作。

20 世纪 50 ~ 70 年代，关于新安江流域传统学术文化人物的研究，出现相对停滞的状态。除关于朱熹与戴震的研究之外，为数不多的论文集中在金声、程瑶田等少数几个著名人物身上。[①]20 世纪 80 年代以来，随着“徽学”的勃兴，关于新安江流域传统学术文化人物研究的成果激增，所涉及的人物也较以往更广。

关于吴少微的研究，先后有李晖《享誉神州的第一位新安人——吴少微及其诗文研究》（《太原理工大学学报（社会科学版）》2011 年第 4 期）、郑颖《“北京三杰”

① 参见周绍泉、赵亚光：《徽学研究系年》，载张脉贤：《徽学研究论文集》（一），皖内部图书94—058号。

及其作品考论》(《贵阳师范学院学报》2011 年第 4 期)、吴兆民《经典为本 雅厚雄迈——唐代文学家吴少微的文学成就与地位》(《合肥工业大学学报(社会科学版)》2017 年第 3 期)等 10 余篇论文，主要考察吴少微的生平经历及其文学成就。

关于皇甫湜的研究，江国贞的《皇甫持正学术研究》(幼狮文化事业公司 1975 年)分四编讨论了皇甫湜的传论、交游、思想、著述等，并汇集了从唐代至民国初年诸家对皇甫湜的评论，是有关皇甫湜研究较为全面的一部作品。以较大篇幅研究皇甫湜的文章，还包括李天明《皇甫持正文集版本源流考》(河南大学 2003 年硕士学位论文)、李发亮《皇甫湜的生平和创作》(华中科技大学 2007 年硕士学位论文)、李芊《皇甫湜年谱简编》(厦门大学 2008 年硕士学位论文)等多篇硕士学位论文。在孙昌武《唐代古文运动通论》(百花文艺出版社 1984 年)、吴庚舜等《唐代文学史》(人民文学出版社 1995)、王运熙等《中国文学批评通史(隋唐五代卷)》(上海古籍出版社 1996 年)、陈柱《中国散文史》(东方出版社 1996 年)、聂石樵《唐代文学史》(北京师范大学出版社 2002 年)、郭预衡《中国古代文学史长编》(上海古籍出版社 2007 年)等文学史著述中，也都有相关章节涉及皇甫湜研究的内容。此外，李最欣《韩愈与皇甫湜关系辨正》(《中州学刊》2009 年第 1 期)、姚继舜《皇甫湜生卒年诸说辨证》(《文学遗产》1992 年第 2 期)和《皇甫湜文集版本源流考》(《广西大学学报》1993 年第 1 期)、杨军《皇甫湜评传》(《苏州铁道师范学院学报(社会科学版)》2000 年第 4 期)、赵晓红等《皇甫湜的亲属关系》(《社会科学战线》2010 年第 2 期)等系列论文，就皇甫湜研究中的具体问题展开了较为深入的探讨。关于皇甫湜之子皇甫松的研究，李博昊《皇甫松仕途及创作考论》(《古籍整理研究学刊》2019 年第 6 期)较为全面考察了皇甫松的生平事迹和文学成就，梁萍《皇甫松研究》(四川师范大学 2010 年硕士学位论文)分上编“皇甫松生平、行迹考”和下编“皇甫松文学作品研究”，就皇甫松的生平和词、诗、赋的创作成就做了较为系统的梳理。

关于方干的研究，近年来有吴在庆《方干的隐居生活与诗歌》(《宁波大学学报》1996 年第 1 期)、《关于方干生平的几个问题》(《文学遗产》1997 年第 4 期)和《方干之生平与诗歌系年》(《固原师专学报》1999 年第 2 期)、陶生魁《方干及其诗歌考论》(西北师范大学 2005 年硕士学位论文)、刘丽娜《方干及其诗歌研究》(河北大学 2009 年硕士学位论文)、杨艳《方干与佛教》(上海师范大学 2011 年硕士学位论文）等系列文章发表，就方干的生平经历，特别是诗歌创作成就做了较为深入的考察。

关于程大昌的研究，周晓光在1994年发表了《论新安理学家程大昌》（《安徽师大学报》1994年第3期）一文，就程大昌的学术思想及其在新安理学发展史上的作用和地位作了系统评述。关于方逢辰的研究，主要成果有余经晓的《方逢辰研究》（安徽大学2018届硕士学位论文），该文从方逢辰的生平和作品两方面展开探讨，内容包括方逢辰的家世、交游及著述以及诗歌和散文的内容及艺术特征和学术与思想等。关于钱时的研究，刘玉敏的《本心虚明，无体无方：钱时〈融堂四书管见〉思想发微》（《朱子学刊》2017年第2期）和《钱时的道统论与浙江心学》（《浙江学刊2018年》第5期），以及代天才的《钱融堂著述考》（《四川图书馆学报》2019年第1期）、《从朱陆之争论钱时〈大学管见〉之意义》（《兰台世界》2018年第8期）、方宁《论钱时的理学思想》（《浙江旅游职业学院学报》2015年第1期）等文章，分别考察了钱时的著述与理学思想。

关于吴儆的研究，孙成岗《论新安理学家吴儆的社会政治学说》（《安徽师大学报》2000年第3期）一文，论述了吴氏社会政治思想的主要内容和特色。关于朱升的研究，张海鹏《朱升的从政与退隐》（《安徽史学》1984年第4期）等文，率先对朱升的学术思想及从政活动做了全面的考察。另有王春瑜的《论朱升》（《学术月刊》1980年第9期）、刘尚恒《朱升事迹编年》（《文献》1982年第3期）、解光宇《论朱升理学思想及其价值》（《安徽大学学报》2007年第2期），分别论述了朱升的政治生涯、文献学成就和理学思想。周晓光1994年在《中国哲学史》第2期上发表了《论新安理学家朱升与郑玉》一文，系统考察了朱升与郑玉学术思想的内容、特色，以及在徽州传统学术文化史上的地位。朱冶《朱升为学历程与元末新安理学之趋向》（《安徽史学》2018年第5期）则较为全面考察了朱升的治学经历及其与元末新安理学之趋向的关系。关于郑玉，唐宇元在《元代的朱陆合流与元代的理学家》（《文史哲》1982年第3期）一文中，对郑玉"和会朱陆"的思想亦有评述。此外，刘桂林《郑玉教育思想新探》（《安徽教育学院学报》1994年第2期）专门论述了郑玉的教育思想内容和特色。

关于赵汸的研究，周晓光在《孔子研究》2000年第2期发表了《论元末明初新安理学家赵汸》一文，讨论了赵汸治经的指导思想、学术思想特点，以及他在中国学术史上的地位等问题；另《论新安理学家赵汸的〈春秋〉学说》(《安徽师大学报》1998年第4期）一文，集中讨论了赵氏的春秋学说。吴兆丰的《元儒赵汸的游学、思想特色及其治学历程》(《中国文化研究所学报》第51期，2010年），考察了赵氏的思想与学术经历。关于程敏政的研究，有陈寒鸣《程敏政与弘治己未会试“鬻题”案探析》(《中国社会科学院研究生院学报》1998年第4期）和《程敏政的朱、陆“早异晚同”论及其历史意义》(《哲学研究》1999年第7期)、解光宇《程敏政“和会朱陆”思想及其影响》(《孔子研究》2002年第2期）和《程敏政、程曈关于“朱、陆异同”的对立及其影响》、张健《论明代徽州文献学家程敏政》(《安徽师大学报》2003年第5期）等系列文章，集中讨论了程敏政“和会朱陆”的思想，以及其政治生涯和文献学成就。关于商辂的研究，马长泉《商辂的经世致用思想》(《黄淮学刊（社会科学版）》1995年第3期)、翁福清《商辂生平事迹考略》(《杭州师范学院学报》1995年第4期)、刘沐晗《商辂与景泰、成化政治研究》（湘潭大学2018届硕士学位论文）等文章，考察了商辂的经世致用思想及其政治实践。

关于江永之研究，戴敬标《江永简论》(《徽学》1986年第1期）是较早关于江永的系统研究之文。杨应芹《戴震与江永》(《安徽大学学报》1995年第4期）则对戴震与江永学术思想作了述评。关于方象瑛的研究，王成发表了系列文章《清初文人方象瑛家世生平行迹考论》(《北方论丛》2015年第6期)、《清初文人方象瑛交游考论》(《社会科学辑刊》2016年第3期)、《清初文人方象瑛的谱学观》(《华夏文化》2017年第4期)、《方象瑛佚诗佚文辑考》(《关东学刊》2017年第3期)、《方象瑛行年事迹征略》(《晋中学院学报》2017年第6期）等，对方象瑛的家世、生平、交游、诗文，以及谱学观等进行了较为系统的考察。关于方楘如研究，则有张桂丽《方楘如年表（上)（下)》(《天一阁文丛》第16辑、第17辑）和王成《方楘如传记文的主题取向及其特点》(《井冈山大学学报》2019年第3期）等文章。此外，关于陈栎、胡炳文、毛际可、程瑶田、凌廷堪、程晋芳、汪莱、胡秉虔、胡匡衷、俞正燮等人，20世纪80年代后，学界均有相关著述问世。

除了上述人物的研究之外，学界关于朱熹与戴震的研究最多，成果亦极为丰富。1992年，台北文津出版社出版了林庆彰主编的《朱子学研究书目》，该书著录了1900～1991年关于朱熹与朱子学研究的相关成果；2000年，蔡方鹿据此编撰了1949年以来中国，以及日本等地学者相关研究论著索引，其中专著（包括文集)

46种，论文（包括综述等）139篇。[①] 这些代表性的论著，是从数百种、上千篇朱熹研究著作和论文中精选出来的，于此可见关于朱熹研究成果之丰硕。与朱熹研究相比，关于戴震研究的成果，亦毫不逊色。1949年以后，戴震研究主要专著有王茂《戴震哲学思想研究》（安徽人民出版社1980年）、冒怀辛《孟子字义疏证全译》（巴蜀书社1992年）、李开《戴震评传》（南京大学出版社1992年）、许苏民《戴震与中国文化》（贵州人民出版社2000年）、方利山等《戴学纵横》（中国文联出版社1999年）、戴学研究会《戴震学术思想论稿》（安徽人民出版社1987年）、戴震研究会《戴学新探》（南京大学学报编辑部1991年）以及日本学者树瀬裕也《戴震哲学——唯物主义和道德价值》（山东人民出版社1996年）等十余种，论文千余篇。[②] 目前学术界在新安江流域学术人物的研究方面存在的不足是，研究对象集中于少数大家，如朱熹、朱升、程敏政、戴震、江永、程瑶田等人，而对其他学者的研究相对薄弱，甚至未及关注。从总体来看，有关新安江流域传统学术文化代表人物的研究，虽非新安江流域传统学术研究的全部，但对其研究有重要的奠基作用。

**二、关于新安江流域传统学术流派的研究**

关于新安江流域学术流派的研究，主要集中在新安理学与皖派朴学两个方面。

新安理学是朱子学的重要分支之一，主要流传于徽州（古称新安，今安徽黄山市）一带。该学派崛起于南宋，发展于元代，全盛于明初，衰落于明季，终结于清前期，对12世纪以后中国哲学史和学术思想史的发展演变，产生了巨大的影响。在其近700年的盛衰过程中，始终有一以贯之的学术宗旨，一脉相传的理学家群和鲜明的学派特色。最早关注到徽州理学作为一个流派而存在的是明初新安学者赵汸。他在《商山书院学田记》中说：新安之学“一以郡先师子朱子为归，凡六经传注、诸子百氏之书，非经朱子论定者，父兄不以为教，子弟不以为学也。是以朱子之学虽行天下，而讲之熟、说之详、守之固，则惟新安之士为然”。[③] 这就是说，南宋之后的新安学

① 蔡方鹿：《朱熹与中国文化·附录一》，贵州人民出版社，2000年。

② 参见许苏民：《戴震与中国文化·附录一》《关于戴震研究的主要论著索引》，贵州人民出版社，2000年；方利山：《戴学纵横·戴震研究述略》，中国文联出版社，1999年；李红英：《近十五年戴学研究综述》，《安徽史学》2002年第2期。

③ [明]赵汸：《东山存稿》卷4《商山书院学田记》，四库全书本。

术，有着鲜明的奉朱子学为正宗的特点。赵汸于此处点明了新安学术有宗师、有特色、有传授脉络，已经注意到新安理学成派的一些基本要素。迟至明代中叶，新安理学作为一支重要理学流派的客观存在，已引起当时学者的普遍关注并得到承认。这种认识的明朗化，以正德、嘉靖年间休宁理学家程曈（字启皦，号莪山）所著的《新安学系录》问世为标志。该书共16卷，收集了自宋朝至明朝中叶徽州学者中在学术方面有突出贡献的112人的传记、碑铭、遗事等资料，以朝代为纲，以人为目，贯穿成篇。从体例来看，《新安学系录》是一部徽州学者的传记资料集。但是，如果进一步从资料选择、人物编排等方面考察，更可以视之为第一部新安理学的"学案"。其后不久，在万历年间付梓的新安学者朱升的诗文集《朱枫林集》扉页上，出现了"新安理学名儒"六个正楷大字。这是目前所见的"新安理学"一词的最早出处。

最终明确肯定新安理学成派之说的学者，是清初徽州休宁人赵吉士。在其《寄园寄所寄》一书中，赵吉士单列了"新安理学"条，并列举了始于南宋朱熹，迄于明初朱升、赵汸等十余位"世所其尊者"新安籍理学家。他们的学术倾向、师承渊源、理学观点等，在此条中均有介绍，人们借此可以了解新安理学的基本特色。有关新安理学成派之说，从赵汸经程曈而发展到赵吉士，已经基本成熟。民国15年（1926），缪天绶在《宋元学案选注序言》中，罗列了朱子学之诸学系，其中第三系为新安系，并列举了董梦程、许月卿、胡一桂等代表人物。此新安系，实际就是指新安学派。

此后，虽然研究新安理学中个别人物的著述并不少见，但从学派角度研究新安理学一直是个空白。直到20世纪80年代初，安徽师范大学历史系教授张海鹏先生发表《朱升和〈朱枫林集〉评议》一文，[①] 才重开新安理学研究之先河。文章中提到，新安理学"在宋元时期是一个学派"，并且作者还对朱升作为明初新安理学承先启后人物作了评价。

周晓光从20世纪80年代中期以后，致力于新安理学的研究，先后发表了《论新安理学向皖派经学的转变》（《安徽师大学报》1988年第4期）、《宋元明清时期的新安理学》（《中国典籍与文化》1993年第4期）、《新安理学源流考》（《中国文化研究》1997年夏之卷）等十余篇论文，从学派角度对新安理学展开研究，出版了学界

---

①《中国古代史论丛》编委会：《中国古代史论丛》1982年第2辑，福建人民出版社，1982年。

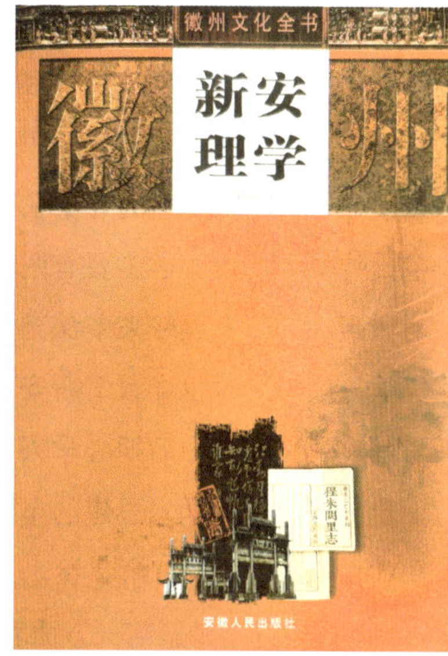


周晓光《新安理学》书影（安徽人民出版社，2005年）

第一部研究新安理学的专著《新安理学》（安徽人民出版社 2005 年）。其后，学界出版的新安理学著述，有解光宇《朱子学与徽学》（岳麓书社 2010 年）、史甄陶《家学、经学和朱子学——以元代徽州学者胡一桂、胡炳文和陈栎为中心》（华东师范大学出版社 2013 年）、刘成群《元代徽州理学家群体与新安理学的传承发展》（中华书局 2015 年）等，均着眼于徽州理学家与新安理学发展的问题。20 世纪 90 年代以来，中国哲学史界对新安理学学派研究的关注度较高，并出现了一批学术论文。如，赵华富《元代的新安理学》（《学术界》1999 年第 3 期）、陶清《“求真是之归”与“求是”——新安理学思想理论特色及其治学特点初探》（《中国哲学史》2003 年第 1 期）、靳友霞《论新安理学的家学传统》（《衡阳师范学院学报》2008 年第 2 期）、苏惠慧《元代新安理学研究》（安徽师范大学 2006 届硕士学位论文）、周春健《元代新安学派的四书学》（《中国哲学史》2007 年第 2 期）、刘成群《元代新安理学的四个“转向”》（《汉学研究》2011 年第 4 期）、陶清《新安理学盛衰始终的内因探微》（《2014 全国戴震学术研讨会论文集》，黄山书社 2015 年）等。《中国哲学史》和《光明日报》先后开辟专栏，发表相关研究成果，推动了新安理学研究的深入。

此外，关于新安理学学派与徽州及新安江流域社会和文化的研究，也成为新安理学学派整体研究的一部分。这方面的文章，有汪银辉《朱熹理学在徽州的流传与影响》（《江淮论坛》1984 年第 1 期），提出朱熹理学与徽州渊源极深，其思想在徽州的流传与影响，是理学在全国流传与影响的一个缩影。王光宇《论新安理学对封建社会后期徽州的影响》（《安徽史学》1993 年第 3 期），认为由宋至清，程朱学说及其继承者新安理学，在徽州地区作为封建的正统思想维系了近 700 年之久，对社会各方面都产生了极大的作用和影响，其中有积极的，也有消极的，有些甚至是灾难性的。周晓光《新安理学与徽州宗族社会》（《安徽师大学报》2001 年第 1 期）认为宋、元、明、清时期，新安理学是徽州宗族制订族规和祖训的理论依据；朱熹的《文公家礼》以及新安理学家的有关礼学著作，是徽州宗族活动的指南性经典；绝大部分的新安理学家热心于宗族活动成为徽州宗族社会发展的有力推动者。《明代中后期心学在徽州的传播和影响》（《安徽史学》2003 年第 5 期）一文则认为，明代中后期，与朱子学“别立宗旨”的心学在徽州得到广泛传播，并在徽州士人中产生了巨大的影响。传入徽州的心学主要有两支，一是湛若水之学，一是王守仁之学。湛、王心学对徽州学术的发展带来了深刻的影响，它既使南宋以来朱子学在徽州一统天下的格局被打破，同时也导致了新安理学学派中形成了两个不同的学术阵营。这种状况一方面反映了明代中后期心学兴起之后，朱子学在全国范围内影响力的削弱；另一方面也体现了徽州学术思想的丰富性和复杂性。王国良《朱熹理学体系及其对徽州文化的影响》（《徽学》第 2 卷，安徽大学出版社 2002 年）探讨了朱熹理学对徽州文化产生的影响，这种影响一方面表现为理学兴盛（新安理学）、教育发达（东南邹鲁）、儒商精神（贾而好儒）与提倡气节（刚毅风节），另一方面则表现为强化宗法等级制度、压迫妇女等。《朱熹理学的传播与徽州和谐社会的建构》（《安徽大学学报》2009 年第 4 期）一文认为，朱熹理学的精义通过教育得以传播并渗透到世风人情、族规民约之中，对徽州地区和谐社会的建构产生了重大影响，为思想学说必然对社会文化模式的形成与发展产生重要作用提供了一个例证。刘成群《新安理学与元代徽州地区的宗族建构》（《学术界》2010 年第 8 期）一文，考察了在徽州理学发展与宗族建构的整合过程中，新安理学家们的中介作用，他们推动着朱子礼制的下移，为宗族建构提供了心灵上的凝聚作用及制度上的保障。元初的新安理学家们在推动理学与宗族互动中做出了一种可贵的坚持；而元代中后期，理学化的乡绅成为这种互动中的一支重要力量。至正壬辰战乱，使新安理学与徽州宗族建构遭到了毁灭性的打击，但这两方面互动浸润的传统保留了下来，并在明清时期得到了长足的发展。周晓光、方宁《朱熹与严州理学的发展》（《安徽师大学报》2012 年第 4 期）一文，论述了在严州理学发展过程中朱熹的作用及其原因。李涵《新安理学对徽州刻书的影响》（《安徽史学》2008 年第 5 期）、傅聪《试论理学对徽州传统戏曲的影响》（《艺术评论》2011 年第 12 期）、洪永稳《论徽州理学美学思想的特征及其对徽派艺术的影响》（《淮北师大学报》2012 年第 6 期）、王键和李新军《徽州理学文化背景下的新安医家风格》（《中医药文化》2014 年第 1 期）、李艳清和达发亮《浅析新安理学思想在婺源木雕中的具象演绎》（《青年文学家》2017 年第 8 期）等文，分别讨论了徽州理学对徽州刻书、徽派艺术、徽州戏曲、新安医学等文化现象的影响，构成了有关新安理学研究的一个方面。

关于新安江流域学术流派的研究，另一个主要内容则聚焦皖派朴学。皖派朴学是继新安理学之后在徽州出现的一个考据学流派，该流派以江永、戴震、程瑶田等为代表人物，其学术影响了有清一代学术的发展，并与以惠栋为代表的考据学“吴派”共同开创了“乾（隆）嘉（庆）考据学”的新局面。

此方面的研究，最早可以追溯到清乾隆中叶，当时论者涉及的皖派朴学主要有两个问题：一是吴、皖两家的异同，二是皖派朴学在清代学术史上的地位。讨论者中不少就是吴皖学术阵营中的人物，包括戴震、王鸣盛、汪中、江藩、凌廷堪等。如王鸣盛在比较惠、戴两家学说后指出：“惠学求实，皖学求是，然离求实，亦无以求其是。”点明了两家治学路径的差异。汪中在论清代学术时说：“古学之兴也，顾氏始开其端；河、洛矫诬，至胡氏而细；中西推步，至梅氏而精；力攻古文书者，阎氏也；专言汉儒《易》者，惠氏也。凡此皆千年不传之绝学，及戴氏出而集其成焉。”[①] 推举戴震领军的皖派朴学有集大成之功。江藩著有《国朝汉学师承记》，详载有清一代学术，其中涉及皖派朴学作用时称：“三惠之学盛于吴中，江永、戴震诸君继起于歙，从此汉学昌明，千载沉霾，一朝复旦。”[②] 其时，也有一些学者因学术观点、立场的不同，对皖派朴学有不同的看法，如翁方纲、章学诚、姚鼐、方东树等，在其著述中质疑皖派朴学的学术和地位。20 世纪 30 ~ 40 年代，学界出版了的一批清代学术研究专著和专文，如章炳

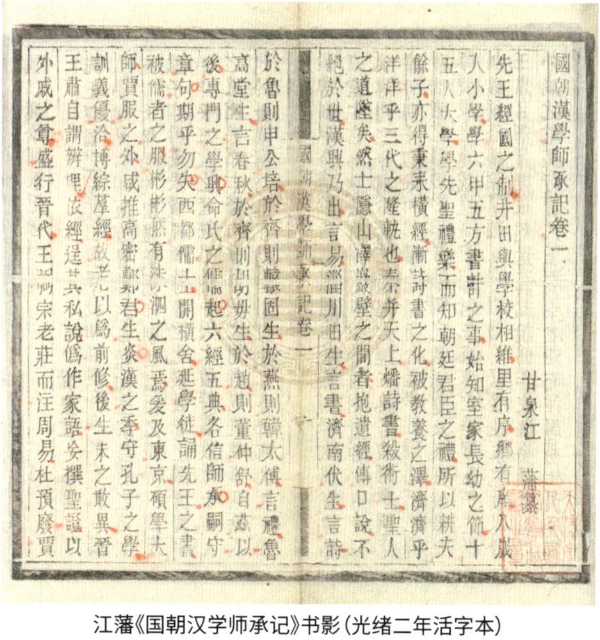
國朝漢學師承記卷一
甘泉江藩纂
先王經國之制井田與學校相維里有序鄉有庠八歲
入小學學六甲五方書計之事始知室家長幼之節十
五入大學學先聖禮樂而知朝廷君臣之禮所以耕夫
餘子亦得秉耒橫經漸詩書之化被教養之澤濟濟乎
洋洋乎三代之隆軌也秦并天下燔詩書殺術士聖人
之道墜矣然士隱山澤巖壁之間者抱遺經傳口說不
絕於世漢興乃出言易淄川田生言書濟南伏生言詩
國朝漢學師承記卷一
於魯則申公培於齊則轅固生於燕則韓太傅言禮魯
高堂生言春秋於齊則胡毋生於趙則董仲舒自茲以
後專門之學興命氏之儒起六經五典各信師承嗣守
章句期乎勿失西都儒士開橫舍延學徒誦先王之書
被儒者之服彬彬然有洙泗之風焉爰及東京碩學大
師賈服之外咸推高密鄭君生炎漢之季守孔子之學
訓義優洽博綜羣經故老以爲前修後生未之敢異晉
王肅自謂辨理依經違其私說僞作家語妄撰聖證以
外戚之尊盛行晉代王弼何晏宗老莊而注周易杜預廢賈

江藩《国朝汉学师承记》书影（光绪二年活字本）

① [清]凌廷堪：《校礼堂文集》卷35《汪容甫墓志铭》，中华书局，1998年。
② [清]江藩：《国朝汉学师承记》卷1之首，中华书局，1983年。

麟《清儒》、梁启超《清代学术概论》《中国近三百年学术史》、钱穆《中国近三百年学术史》、刘师培《近代学术统系论》《近代汉学变迁论》、支伟成《清代朴学大师列传》等，以及纵论性的经学著述如皮锡瑞《经学历史》《经学通论》、马宗霍《中国经学史》等，其中有不少内容涉及徽派朴学。50 ～ 70 年代，关于徽派朴学的研究进一步深入，余英时、陆宝千、张舜徽、侯外庐、杨向奎等学者，就吴皖学派的分野等问题进行了深入的研究，形成了一批产生重要影响的学术成果。20 世纪 80 年代以来，以陈祖武、汪世清、王俊义、漆永祥、王茂、高翔、黄爱平、朱昌荣、徐道彬等学者为代表，发表了大量有关皖派朴学的论文论著，从不同层面对徽派朴学做了剔抉勾画，取得了较大的成绩。其中代表性的著述有陈祖武《清初学术思辨录》（中国社会科学出版社 1992 年）、《清代文化志》（上海人民出版社 1998 年）、《清儒学术拾零》（湖南人民出版社 1999 年）、《乾嘉学派研究》（河北人民出版社 2005 年），汪世清《汪世清谈徽州文化》（姚邦藻、鲍义来等编，当代中国出版社 2004 年）、《汪世清书简》（鲍义来编，安徽省徽学学会 2009 年印），王俊义《清代学术与文化》（合著，辽宁教育出版社 1993 年）、《清代学术探研录》（中国社会科学出版社 2002 年），漆永祥《乾嘉考据学研究》（中国社会科学出版社 1998 年）、《江藩与〈汉学师承记〉研究》（上海古籍出版社 2006 年），王茂《清代哲学》（安徽人民出版社 1993 年），高翔《近代的初曙》（社会科学文献出版社 2000 年），黄爱平《清代学术文化史论》（合著，文津出版社 1999 年）、《朴学与清代社会》（河北人民出版社 2003 年），朱昌荣《皖派朴学述论》（安徽师范大学 2003 届硕士学位论文），洪湛侯《徽派朴学》（安徽人民出版

支伟成《清代朴学大师列传》书影（岳麓书社1986年）

洪湛侯《徽派朴学》书影（安徽人民出版社2005年）

社 2005 年)，徐道彬《皖派学术与传承》(黄山书社 2012 年) 等。这些代表性的著述，以及一大批相关论文，展示了 20 世纪 80 年代以来，关于皖派朴学研究的基本风貌和成果。

**三、关于新安江流域书院的研究**

文献记载的新安江流域最早的书院，是北宋时由绩溪人胡忠所建的桂枝书院(景德四年，1007)，这也是迄今所知安徽最早的书院。宋代以降的新安江流域方志、谱牒等地方文献中，对历代书院之兴废多有记载。较早研究新安江流域书院的学者是吴景贤，他在 1932 年《学风》第 2 卷第 8 期的《安徽书院沿革考》一文中,考订了 7 所徽州在两宋时期所建的书院。刘秉铮《论徽州的书院》(《江淮论坛》1993 年第 3 期) 一文在此基础上补充考订了徽州另外三所书院，并探讨了徽州书院兴盛的原因,以及学规和讲学等问题。他的《漫话徽州书院与学术之关系》(《中国典籍与文化》1999 年第 2 期) 一文，提出徽州书院孕育了新学派的崛起，新学派的各学术团体又促进了书院的发展。庄华峰《明清徽州书院考述》(《江淮论坛》1993 年第 3 期) 讨论了明清徽州书院兴盛的原因及教学特点。李琳琦发表的《徽州书院略论》(《华东师大学报 (教育科学版)》1999 年第 2 期)、《清代徽州书院的教学和经营管理特色》(《清史研究》1999 年第 3 期)、《明清徽州书院的官学化和科举化》(《历史研究》2001 年第 6 期) 等系列论文，关注到徽州书院的数量、教学与管理、官学化和科举化等问题。同样关注到徽州书院的教学相关问题的，还有陈伍香《徽州书院教学内容及形式细探》(《广西社会科学》2006 年第 10 期) 一文。张绪《论施璜对清初徽州理学及书院文化的贡献与影响》(《安徽大学学报》2015 年第 1 期) 以施璜为中心，考察了徽州的书院文化。方宁《理学与宋明时期的严州书院》(《宁波大学学报》2013 年第 4 期) 一文，考述严州是一个理学十分发达的地区，该地区理学的传播主要依托于书院来进行。在浓厚的理学思想氛围的作用下，严州的书院与理学的发展密切结合，其主要表现于理学家在书院的兴建与维系过程中发挥的重要作用，书院讲习的内容和学规的制定包含着理学色彩，书院推动当时及后世理学的发展。兰军、邓洪波《书院文献编纂与尊朱辟王实践——以瀛山书院为中心的讨论》(《湖南大学学报》2017 年第 3 期) 将研究视野聚焦于晚明以来浙江遂安士人在书院志、地方志编纂过程中展开的“尊朱辟王”活动，揭示学术思潮嬗变背景下书院士人对朱、王两种学术资源的褒贬历程。

王立斌《瀛山书院的前世今生》(《杭州文博》2017 年第 2 期)则考察了瀛山书院的历史变迁及历史名人。一些研究者还从建筑学、艺术学等角度探究了新安江流域书院的基础设施情况，如夏淑娟《从〈还古书院志〉看徽州书院建筑的建置与维系》(《学术界》2012 年第 7 期)、叶澜《明清徽州书院建筑雕饰的常规主题与文化意蕴》(《开封大学学报》2016 年第 3 期)、杨会勇《徽州建筑特征及其文化底蕴》(《长江大学学报》2016 年第 3 期)、吴凡吉《徽州书院的建筑及其空间特色初探》(《门窗》2017 年第 3 期)、李宁宁《从地方性谈瀛山书院建筑与历史文化比较》(《大众文艺》2019 年第 13 期)等。一批硕博士学位论文，如姚辉《徽州书院教育研究》(广西师大 2005 年硕士论文)、张晓婧《明代安徽书院研究》(安徽师范大学 2007 年硕士论文)和《清代安徽书院研究》(安徽师范大学 2014 年博士论文，社会科学文献出版社 2019 年)、张敏《徽州紫阳书院研究》(浙江大学 2012 年硕士论文)、丽娟《徽州还古书院研究》(安徽大学 2018 年硕士论文)、尤进《清代徽州书院志编纂研究》(安徽大学 2020 年硕士论文)等，也是聚焦于新安江流域的书院，较为全面开展了相关书院的研究。

此外，陈瑞和方英《徽州古书院》(辽宁人民出版社 2002 年)是一部从书院设置、理学发展、讲学制度等方面，介绍徽州书院的著述。涉及新安江流域书院的著

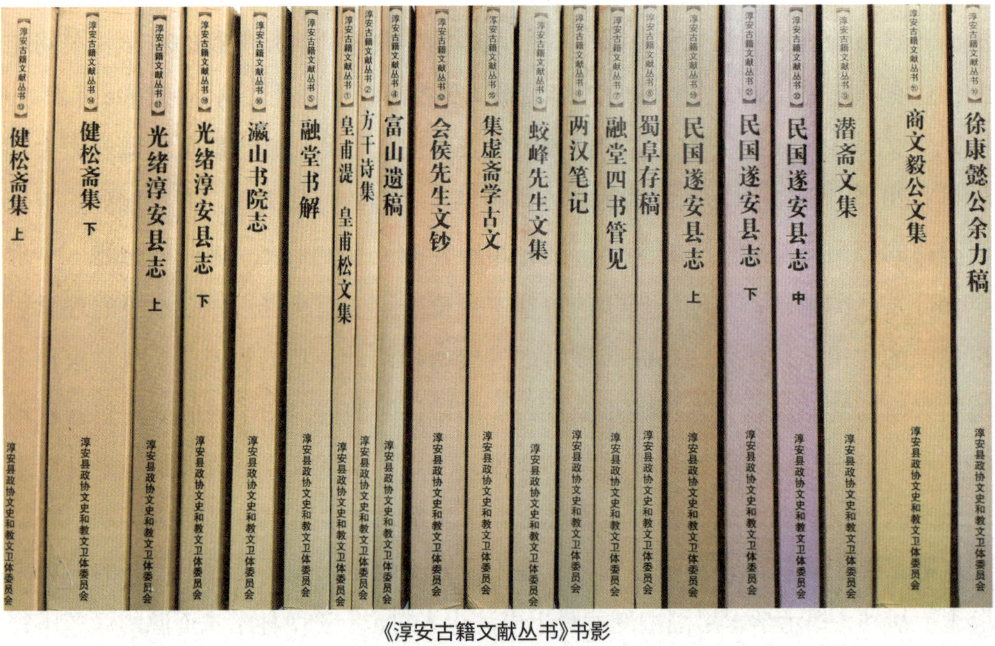


《淳安古籍文献丛书》书影

述，还包括张海鹏等主编的《安徽文化史》（南京大学出版社 2000 年）、李琳琦《徽商与明清徽州教育》（湖北教育出版社 2003 年）、邓洪波《中国书院史》（东方出版中心 2004 年）、周晓光《徽州传统学术文化地理研究》（安徽人民出版社 2006 年）、翟屯建等主编的《徽州文化史》（安徽人民出版社 2015 年）等。近年出版的新安江流域各市县新编方志，对各地历史上的书院也有不同篇幅的描述。

书院与新安江流域的传统学术文化有着紧密的相辅相成关系。书院是该流域传统学术文化的研究和传播中心，也是人才聚集和培养中心。考察新安江流域的学术文化，离不开对书院的研究。

**四、关于新安江流域传统学术著述的整理和研究**

此方面以朱熹与戴震两位大家著述的研究最为集中。从时间上来看，关于朱熹著述的整理和研究，南宋以来即持续不断展开，由此产生的研究成果汗牛充栋，数不胜数。乾隆以降，关于戴震著述的整理与研究，也是成果丰富。从研究内容来看，朱熹与戴震的所有著述，均得到了后人的挖掘、整理、研究或阐释。值得一提的是，今人整理和考述的朱、戴部分著作。如 1996 年四川教育出版社出版的郭齐、尹波点校的《朱熹集》（全 10 册），该书对传世的朱熹文集重要版本逐一进行了通校，广泛吸取历代校勘成果，被看作是“集大成式的精校本”。2008 年河南大学出版社出版的白寿彝《朱熹撰述丛考》（《白寿彝文集》第 7 卷），考订了多部朱熹重要的学术著述。2019 年郭齐、尹波编校的《朱熹文集编年评注》，由福建人民出版社出版。该书在校勘辑佚的基础上，对文集中的每篇诗文，考订年月，添加解题、注释，整理历代评论，并附有版本考略、传记资料、文集序跋、篇名索引等参考资料，是有关朱熹文集的“深度整理本”。近年，上海古籍出版社推出了严佐之等整理的《朱子学文献大系》，其中包括《历代朱子学著述丛刊》《历代朱子学研究文类丛编》《历代朱子著述珍本丛刊》《朱子学文献研究学术文库》等四部不同类型的丛书，着力打造“整体、通贯的朱子学”研究文献大平台，嘉惠学界，其功甚巨。

关于戴震著述的整理，1980 年中华书局出版了赵玉新校注的《戴震文集》，同年上海古籍出版社出版了汤志均校点的《戴震集》（2009 年再版）。《戴震集》分上、下两编，上编收录了经韵楼刊本《戴东原集》，下编则收录了《孟子字义疏证》《原善》《绪言》《孟子私淑录》，另附录了戴震所撰若干序跋，以及段玉裁所撰《戴东原先生年谱》《戴东原集序》、卢文弨撰《戴氏遗书序》、彭绍升撰《与戴东原书》，成为收录、整理戴震著述较为集中的一部文献资料集。20世纪90年代初，清华大学出版社印行了由黄山市戴震研究会、原徽州师专古籍整理研究室、戴震纪念馆联合搜集、考辨、编纂而成的《戴震全集》。该集共6卷，为“戴震逝世两百多年后第一次辑集出版的比较完备的专集”。1994年，由张岱年领衔主编的《戴震全书》在黄山书社出版，该全书是一部收录较为全面并受到了学术界高度关注的戴震著述合集。随后在此基础上，杨应芹、诸伟奇主持了《戴震全书》修订版的编纂工作，于2010年由黄山书社出版了修订本。修订本遵循初版的体例，以标点、校勘和部分注释为主要内容，同时根据学术界最新研究成果，增收了新发现的佚作，也剔除了误收的文字，成为迄今最为完备的戴震著述合集。除此之外，单本的戴震著述也有整理出版，如1956年古籍出版社出版了章锡琛校点的《原善·孟子字义疏证》合刊标点本，1982年中华书局出版了何文光整理的《孟子字义疏证》等。

张岱年主编《戴震全书》书影（黄山书社，1994年）

朱熹与戴震之外，新安江流域其他学者的著述也得到了部分整理和研究。如程敏政《新安文献志》（全三册，黄山书社2004年）、汪道昆《太函集》（全四册，黄

陈俊民校订《朱子文集》书影（德富古籍丛刊）

山书社 2004 年）、俞正燮《俞正燮全集》（全三册，黄山书社 2005 年）、程曈《新安学系录》（全一册，黄山书社 2006 年）、程瑶田《程瑶田全集》（全四册，黄山书社 2008 年）、黄生《黄生全集》（全四册，安徽大学出版社 2009 年）、凌廷堪《凌廷堪全集》（全四册，黄山书社 2009 年）和《礼经释例》（全一册，江西人民出版社 2017 年）等先后整理出版。2011 年，浙江淳安县印行了《淳安古籍文献丛书》，该丛书收录了民国之前的淳安古籍文献 17 种 21 册，其中包括著名学者唐代皇甫湜、皇甫松、方干，宋代方逢辰、何梦桂、方夔、钱时，明代徐贯、商辂，清代毛际可、方象瑛、方棨如等个人文集。这是有关新安江流域淳安境内传统学术著述的一次较为系统的整理。

关于新安江流域传统学术著述的研究，亦常见诸书刊。如卢钟锋《中国传统学术史》（河南人民出版社 1998 年）第八章《明初的朱学统治与理学史的朱学特色》专门讨论了明代程曈《新安学系录》的编修意图和朱学特色；第十三章《清代后期的文化走向与传统学术史的编修》则考察了清代汪佑的《明儒通考》，认为“在汪佑看来，明代学术的发展应以程朱为主线，故此书的编修，实为程朱在明代的传承明其宗续其统”。周晓光《新安理学》（安徽人民出版社 2005 年）中的有关章节，对程大昌《易原》、程敏政《道一编》、程曈《新安学系录》等学术著述做了较为详细的考察。廖云仙《元代论语学考述》（台北新文丰出版公司 2005 年）中，则专门讨论了胡云峰的《论语通》体例、特色及影响。史甄陶《家学、经学和朱子学——以元代徽州学者胡一桂、胡炳文和陈栎为中心》（华东师范大学出版社 2013 年）中，评述涉及多部新安江流域传统学术著述。此外，单篇论文还有张海鹏《朱升和〈朱枫林集〉评议》（《中国古代史论丛》1982 年第 2 辑，福建人民出版社 1982 年）、许华峰《从陈栎〈定宇集〉论其与董鼎〈书传辑录纂注〉的关系》（台湾《中国文哲研究通讯》1998 年第 8 卷第 2 期）和《论陈栎〈书解折衷〉与〈书蔡氏传纂疏〉对〈书集传〉的态度——驳正》（载杨晋龙主编《元代经学国际研讨会论文集》上册，2000 年）、周晓光《程敏政〈道一编〉评议》（《古籍研究》2003 年第 4 期）、江增华《胡炳文生平、著述叙评与〈云峰集〉版本流变》（《宿州学院学报》2014 年第 1 期）、毛国民《〈朱子家礼〉真伪考的历史回顾与探索》（《现代哲学》2018 年第 1 期）、刘依平《朱子〈祭礼〉纂修经过与内容辑考》（《宗教学研究》2021 年第 2 期）等。

从总体来看，关于新安江流域传统学术文化的研究，取得了丰硕成果。这些成果为相关研究的进一步推进，奠定了基础。但过往的研究也存在诸多不足，其中最主要问题是大多数研究集中在具体现象的研究方面，且偏重于新安江上游的徽州区域。以流域的整体视野考察传统学术文化，尚需进一步努力。

# 第一章　新安江流域学术文化的肇兴

具有丰富内涵和区域特色的地域文化之发展，一般都有久远的源头和文明基础。1974 年冬，中国科学院古脊椎动物与古人类研究所和浙江省博物馆的考古专家，在建德市李家镇新桥村乌龟洞里发掘出一枚古人类的牙齿化石，这枚人牙化石距今约有 50000 年的历史，后被命名为“建德人”。“建德人”的出现，表明新安江流域是人类的摇篮。在新石器时代，该流域就有了多处人类活动的踪迹。目前发现的石器时代遗址，有新安江上游歙县北郊的新洲遗址、歙县富堨镇冯塘村遗址和徽州区岩寺镇桐子山遗址、淳安县千岛湖镇进贤村高祭台进贤遗址、千岛湖镇五龙岛遗址等。2002 年，在新安江源头的祁门县凫峰乡，发现一处距今 5000 多年的人类生活遗址，当时定居的人们从事狩猎、捕捞、种植等生产生活活动，这些先人创造了这块土地上远古的文明。考古学者认为，由于“自然环境的制约，人类进入和开发新安江中上游地区的时间比较晚”，但“到新石器时代晚期，新安江中上游地区的渔猎经济已经比较发达，农业也具备了一定规模，基本赶上了周围发达地区。在适应当地自然

屯溪西郊奕棋村出土春秋跪踞铜俑（陈琪 摄）

屯溪西郊奕棋村出土春秋云纹五柱铜器（陈琪 摄）

环境的同时，他们创造的生产和生活工具也烙上了鲜明的地方特色”。[①] 淳安县文物保护管理所藏新石器时期的文物有玉琮、玉钺、石斧、石铲、石锛、石矛、石镞等 8 种，这些器件反映了当时高超的玉石器制作水平，也是文明发展程度的一个标志。1959 年发现的屯溪西郊奕棋村附近的古墓葬群，出土了一大批青铜器、陶器、玉石件和漆器残件，器物制作精良，技术高超，地域文化特色鲜明，反映了从西周至战国早期这里的土著古越人的聪明才智和文化创造力。[②]

屯溪西郊奕棋村出土汉双耳桶形印纹罐（陈琪 摄）

秦汉以降，新安江流域的文明得到快速发展。比如，行政区划设置逐步完备，历朝开展了有效的地方管理；上游的山越土著文化与东南吴越相对先进文化的交融进一步加强；大量北方移民进入，带来了中原的汉文化和农耕技术；皖南的山林经济与平原的农耕经济得到不同程度的发展等。新安江流域千百年文明的发展，为此后其学术文化的出现奠定了基础。不过，相较于春秋战国时期齐鲁、三秦、三晋等北方已然出现的“百家争鸣”的学术文化盛况而言，新安江流域学术文化的出现则要晚得多。甚至与出现老、庄思想的今皖北区域相比，皖南新安江流域学术文化的出现亦是晚了千年。从相关历史资料的记载来看，其学术文化的肇兴，始于唐宋时期。诚如许承尧在《歙事闲谭》中详录的《歙风俗礼教考》记述：“武劲之风，盛于梁、陈、隋间，如程忠壮、汪越国，皆以捍卫乡里显。若文艺则振兴于唐、宋，如吴少微、舒雅诸前哲，悉著望一时，而元、明以来，英贤辈出，则彬彬然称‘东南邹鲁’矣。”[③] 这不仅是就新安江上游歙县一地而言，其实也反映了整个新安江流域的状况。

① 房迎三、宫希成：《新安江中上游流域的史前遗存调查》，《东南文化》2000年第1期。
② 参见李国梁：《屯溪土墩墓发掘报告》，安徽人民出版社，2006年。
③ 许承尧：《歙事闲谭》卷18《歙风俗礼教考》，黄山书社，2001年。

# 第一节　经济开发与文化初兴

文化的勃兴，离不开一定的经济基础。唐宋时期，新安江流域的经济得到了前所未有的跨越式发展，它为该区域学术文化的出现奠定了坚实基础。

从新安江上游的徽州来看，该地虽开发甚早，但长期“刀耕火种”的山区经济模式，导致其发展较为落后。这一现象的改变，始于唐代。其时以坝、堨为主的各类水利工程得到兴修，一年两季的水稻种植得到推广，以银、铅开采为主的矿业和以布、丝为主的纺织业，以及以“文房四宝”为主的制造业得到飞速发展。尤其是经济作物茶叶的种植、加工和销售，使徽州成为当时最重要和最著名的产茶区之一。张途《祁门县新修阊门溪记》载：“邑之编籍民五千四百余户，其疆境亦不为小。山多而田少，水清而地沃，山且植茗，高下无遗土。千里之内，业于茶者七八矣。由是给衣食，供赋役，悉恃此。祁之茗，色黄而香，贾客咸议，愈于诸方。每岁二三月，赍银缗缯素求市，将货他郡者，摩肩接踵而至。”[①]刘津在《婺源诸县都制置新城记》中说：“婺源、浮梁、祁门、德兴四县，茶货实多，兵甲且众，甚殷户口，素是奥区。”[②]可见，徽州以茶叶贸易为主的商品经济的繁荣。韩愈在《送陆歙州诗序》中说：“当今赋出于天下，江南居十九。宣使之所察，歙为富州。”[③]宋代徽州经济在唐代发展基础上，更进一步提升。由于非农产业就业的多样性和高度的劳动密集化，[④]以及因此被视为“民事繁剧”“繁难去处”的大州，反映了宋代徽州经济发展质的提升，尤其是其中

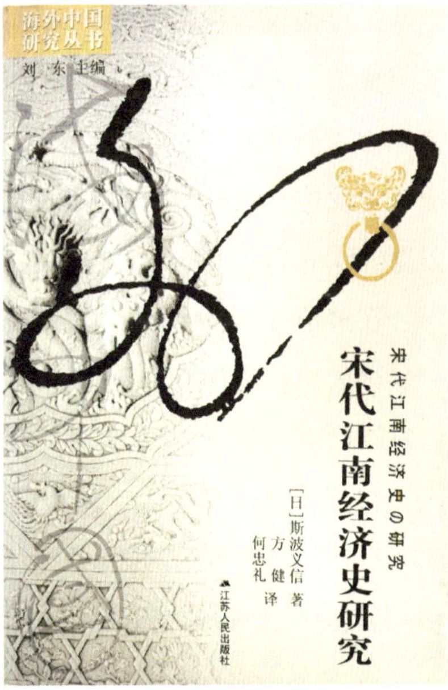

斯波义信《宋代江南经济史研究》书影（江苏人民出版社，2012年）

---

① [宋]李昉等：《文苑英华》卷813《张途：祁门县新修阊门溪记》，中华书局，1966年。

② [清]董诰等：《全唐文》卷871《刘津：婺源诸县都制置新城记》，上海古籍出版社，1990年。

③ [唐]韩愈：《韩昌黎集》卷19《送陆歙州诗序》，四部丛刊本。

④ [日]斯波义信著，方键、何忠礼译：《宋代江南经济史研究》前篇5《局部地区事例》。江苏人民出版社，2001年。

商品经济的飞速发展。

新安江中下游的今浙西地区，经济开发与文化发展都具有较为久远的历史。尽管与杭嘉湖平原、宁绍平原及金衢丘陵地带等浙北、浙中地区尚有一定的差距，后者早在6000年前，生活在此的于越人已穿戴丝织品了，“冬披毛裘，夏披絺绤”①。到了良渚文化时期，家蚕驯化成功，养蚕业由南而北传到了中原，②包括水稻的生产工具、运输工具、加工工具、食用器具，以及生产形式、社会习俗等“稻作文化”达到了相当的高度，新安江中下游地区在生活于此的先民的开发中，农耕和渔业经济亦有了初步的规模。《史记·货殖列传》记载越人居住的广袤的江南地区“地广人稀，饭稻羹鱼，或火耕而水耨……不待贾而足……无冻饿之人，亦无千金之家”。与新安江上游地区相似的是，新安江中下游地区经济突飞猛进的进步，也在隋唐之后。隋代，新安、遂安等地“一年蚕四五熟，勤于纺织”，③是当时重要的区域纺织业中心。唐时，严州西湖、寿昌西湖、于潜紫溪等一批水利工程得到兴修。④五代吴越时期，“吴越之地，自钱氏时独不被兵。又以四十年都邑之盛，四方流徙，尽集于千里之内，而衣冠贵人，不知其几族。故以十五州之众，当今天下之半”。⑤可见当时包括新安江流域中下游地区在内的吴越之地人口日众，经济繁荣。宋代，新安江中下游地区的冶铸业发达，北宋朝廷曾在睦州设有神泉监，在神宗元丰年间铸钱十万贯。⑥此外，以席、漆等为代表的手工艺品生产十分繁盛，产品畅销各地。

在耕地开垦、水利兴修的基础上，农业经济获得长足发展，随之而来的是生齿日繁，人口快速增长。崇宁元年（1102），建德府所属六县的户数增长到82341户，口数107521口。⑦宋室南渡，随着北方人口大规模南迁，新安江中下游的浙西地区人口规模进一步扩大，经济开发力度也迅速增强。《宋会要辑稿》记载，淳熙二年（1175）浙西修治的陂、塘、沟、堰等水利设施达到2100余所。⑧优良品种的水稻、棉花等农作物种植普遍，先进的农业生产技术得到推广。在手工业发展的基础上，

①《越绝书》卷12，商务印书馆，1956年。
②魏东：《略论中国养蚕业起源于长江三角洲》，《中国农史》1983年第1期。
③[唐]魏徵等：《隋书》卷2《高祖纪下》，中华书局，1973年。
④参见林正秋：《浙江经济文化史研究》，浙江古籍出版社，1989年，第22～25页。
⑤[宋]叶适：《水心别集》卷2《民事中》，四部备要本。
⑥[宋马端临：《文献通考》卷9，引毕仲衍《中书备对》，中华书局，2006年。
⑦梁方仲：《中国历代户口、田地、田赋统计》甲编《统计表》甲表38，上海人民出版社，1980年，第155页。
⑧[清徐松等辑：《宋会要辑稿》《食货》卷61，中华书局，1987年。

出现了星罗棋布的商业集镇。隋唐之后的新安江流域中下游地区，经济发展有了跨越式的进步。结合新安江上游经济发展的历史轨迹，从总体来看，唐宋时期新安江流域经济的发展，呈现出全流域整体并进的特征。

经济的发展，为学术文化的兴起奠定了基础。正如恩格斯所说："人们首先必须吃、喝、住、穿，然后才能从事政治、科学、艺术、宗教等等。"建立在一定经济基础上的基本生活条件的满足，是从事文化活动的前提与保障。中国古代先贤管仲也曾表达过同样的意思："仓廪实则知礼节，衣食足则知荣辱。"[①]文化其实是以经济发展为基础的。这种基础作用，对学者来说，主要表现在两个方面：

一是解决了学者的基本生计问题。在经济发展到一定程度的时候，社会人群中一部分人从事的生产活动，已可以满足全体成员衣食住行的基本生活需求。于是社会分工进一步细化，从事文化艺术活动的人群开始独立于整个群体，成为专门的精神文化耕耘者。传统社会中，不同群体享受经济发展成果往往是通过朝廷的税收体制得以实现的。唐朝初年，实行租庸调赋税制，即"有田则有租，有家则有调，有身则有庸"。在财政管理体制上，采取统收统支的财政制度，全国财政由户部统一管理。各州及其属县的开支由地方造册申请，按中央核准数目，在应上交粮物中予以扣留。显然，地方政府官员俸禄、各种行政开支，以及包括学者基本生计在内的社会文化事业发展所需等，与当地经济发展的程度密切相关。安史之乱后，唐朝推行了刘晏与杨炎的财税改革，废除租庸调而行"两税法"，即征户税与地税，一年分春、秋两次征收。"两税法"的要义是"定额以给资"的财政支出定额包干管理体制，两税收入划分为留州、留使、上供三部分，地方财政自主权加大，留存收入的占比扩大。这种财税体制，为包括州县学师生在内的当地学者提供了较为稳定的生活保障。据《旧唐书》卷44《职官志》记载，州县官学教师和学生有明确的定额，其中上州设经学博士1人、助教2人、学生60人，医学博士1人、助教1人、学生15人；中州设经学博士1人、助教1人、学生50人，医学博士1人、助教1人、学生12人；下州设经学博士1人、助教1人、学生40人，医学博士1人、学生10人。"经学博士掌《五经》教授诸生，医药博士以百药救民疾病"。[②]在县一级，上县博士1

---

①［春秋］管仲：《管子·牧民》。西汉史学家司马迁在《史记·管晏列传》中把"则"改为"而"。

②［后晋］刘昫等：《旧唐书》卷44《职官三》，中华书局，1975年。

人、助教1人、学生40人，中县博士1人、助教1人、学生25人，中下县博士1人、助教1人、学生25人，下县博士1人、助教1人、学生20人。[①]州县官学教师的“俸料”由朝廷财政支付，地方官学生与中央官学生一样享受廪食优待。朝廷还勘定各级各类学校的公廨钱和食利本钱，由户部追加和划拨，为教育提供了物质保障。宋代地方财政基于经济的发展，官员俸禄、各种行政开支、军队供给、工程水利等，亦由户部调拨。州县官学教授有俸禄和食钱，学生则提供吃住。南宋叶适曾提及学校说：“今州县有学宫，室廪饩无所不备。”[②]州县官学经费的主要来源是学田租，学田则多由朝廷赐拨，以保障州县官学师生的生活所需。宋仁宗庆历四年（1044），“令州若县皆立学”；神宗熙宁四年（1071），“始命诸州置学官，率给田十顷赡士”。[③]崇宁元年（1102），有官员奏请“天下州县并置学，州置教授二员，县亦置小学。……州给常平或系省田宅充养士费，县用地利所出及非系省钱”。后又定诸路增养县学弟子员，大县50人，中县40人，小县30人。[④]无论是赐田养士、州给常平、田宅租金，抑或“赡学添酒钱”等其他名目繁多的杂项收入，都确保了州县官学师生的基本生活来源。而这些与地方经济的发展，有着密切的关系。特别是“县用地利所出及非系省钱”的规定，更是把学者的生活水平与一地经济发展的程度紧密结合在了一起。宋代地方学者，除官学师生外，还有为数众多的普通读书人。《宋史·选举志》中说，“仁宗时，士之服儒术者不可胜数”。[⑤]他们中不少人在各地民间书院中皓首穷经，从事学术事业。朱熹在《衡州石鼓书院记》中曾提到：“惟前代庠序之教不修，士病无所于学，往往相与择胜地，立精舍，以为群居讲习之所。”[⑥]书院的经费，主要来源是民间的捐助，特别是私人捐赠的学田收入，由此书院中的士子有较为稳定的基本生活保障。如朱熹《白鹿洞牒》中提到：“四方之士愿就学者，亦给其食。”[⑦]唐宋时期新安江流域书院众多，得益于民间捐助层出不穷，而捐助多寡正是基于一地经济发展水平的高低。

---

①[后晋]刘昫等：《旧唐书》卷44《职官三》，中华书局，1975年。

②[宋]马端临：《文献通考》卷42《学校考·太学》，中华书局，2006年。

③[元]脱脱等：《宋史》卷157《选举三》，中华书局，1985年。

④[元]脱脱等：《宋史》卷157《选举三》，中华书局，1985年。

⑤[元]脱脱等：《宋史》卷157《选举三》，中华书局，1985年。

⑥[宋]朱熹：《朱子文集》卷第79《衡州石鼓书院记》，(台)德富古籍丛刊本。

⑦[宋]朱熹：《朱子文集》卷第99《白鹿洞牒》，(台)德富古籍丛刊本。

二是提供了学者必要的研学条件。在经济发展的基础上，唐宋时期新安江流域的官学、书院等学者的研学场所大规模出现。上游的徽州府学，始建于唐代。从唐至宋，其址在郡城（歙县）东北隅。后几经迁移，南宋绍兴十一年（1141），知州汪藻于唐建原址重建，中设知新堂，左为先师庙，右为学宫，专门辟殖斋、懋斋、益斋、裕斋、毓斋、定斋、觉斋、浩斋等八斋以安顿学者，奠定了后世徽州府学的基础。徽州府学设有学田，“宋初迄于元初，前后郡守教官经画增置田地山共一十八顷八十八亩有奇，岁之入八百余石。……凡教官师生廪禄，及耆儒之养、百需之供，咸仰给焉”。[①] 唐宋时，徽州府六县都建立了县学。歙县学始建于南唐保大八年（950），原在县南，淳祐十年（1250）州守谢堂重建于县治东，置学田二顷有奇。[②] 祁门县学始建于唐永泰二年（766），位于城北。宋端拱元年（988）知县张式重建学宫于城南，“规模略备”，绍兴（1131 ~ 1162）时知县张益再建，后几经增广，“规制始备”。[③] 婺源县学始建于北宋庆

弘治《徽州府志》卷首《府治城垣图》标注的徽州府学

① 道光《徽州府志》卷3《学校》。
② 民国《歙县志》卷2《营建志》。
③ 同治《祁门县志》卷17《学校志》。

道會司　在玄妙觀
分水縣　治在市正中雙峰山麓唐武德中建元季燬
國朝洪武三年知縣余德賢即舊址建正廳其幕廳
耳房架閣庫六房承發司戒石亭儀門譙樓洪武
二十八年知縣毛思敏建正統八年知縣李觀建
後堂成化十二年知縣龐璣建榜房隆慶三年川
堂土地祠申明旌善亭迎賓舘縣門譙樓則皆知
縣侯汝白次第增置而正廳則知縣吳希孟重建
於嘉靖間也
知縣廨　在正堂後
典史廨　在堂之西吏舍隨地分置之
浙西分署　舊在譙樓前萬曆三年知縣方夢龍
移建於城隍廟西杭人馬三才記
公舘　在縣治東洪武間即古三皇廟基建
陰陽學醫學僧會司道會司總舖俱在縣治前
學校
黌序育才教養備至聖代三元累朝名士文
學彬彬益昌以熾景仰前修其求有譽
嚴州府儒學　在府治三元橋西坐烏龍山脉新安

万历《严州府志》卷3《学校》书影

历四年（1044），初址在县治东。熙宁三年（1070），县令刘定迁县治西；乾道四年（1168），县令彭烜再迁于县东，并先后建藏书阁、周程三先生祠。端平元年（1234）县令许应龙复迁于县治西旧址，至是“始定基址不移”。[①] 绩溪县学始于宋，绍兴二十五年（1155）知县滕廥、淳熙六年（1179）县令张杰增建。淳熙十五年（1188），知县叶楠购书 2700 余卷赠学宫，又买田 36 亩以养士。[②] 黟县学宋初在县南。淳熙十六年（1189），知县叶崧、县尉鲍叔源等修建后，历任官员屡修之。端平（1234 ~ 1236）初，知县舒泳之重建三门、讲堂、殿宇等建筑，籍绝户田 20 亩于学以养士，奠定了黟县学的规模。[③] 新安江中下游的严州府儒学，旧址在府治东南，北宋雍熙二年（985）知州田锡迁于西北。景祐（1034 ~ 1037）中，范仲淹任知州，增建堂宇、斋庑。嘉祐（1056 ~ 1063）中，知州赵抃置田养士。大观（1107 ~ 1110）、绍兴（1131 ~ 1162）年间，严州府儒学多次重建、扩建。[④] 严州府下辖诸县的官学，也多在唐宋时期设立。建德县儒学旧址在县侧东南隅。南宋嘉定八年（1215）在卷书堂旧址建大成殿，淳祐十年（1250）又扩建了两庑、明伦堂、左右四斋等建筑。[⑤] 淳安县儒学始建于北宋至道三年（997），绍兴九年（1139）重建，两年后知县孔括置学田 400 亩。淳熙六年（1179）、庆元五年（1199）、嘉定九年（1216）、淳祐（1241 ~ 1252）年间，淳安县学多次重修、扩建，空间规模日益扩大。[⑥] 遂安县学始建于北宋嘉祐（1056 ~ 1063）年间，后几度迁移重建，绍兴八年（1138）知县林待问为葺其圮。绍熙四年（1193），居民徐嘉师火延庙学，于是在县治西百余步献地重建，后

① 民国《重修婺源县志》卷6《学校》。
② 嘉庆《绩溪县志》卷5《学宫》。
③ 详见（道光）《徽州府志》卷3《学校》、（嘉庆）《黟县志》卷10《学校》。
④ 万历《严州府志》卷3《学校》。
⑤ 万历《严州府志》卷3《学校》。
⑥ 光绪《淳安县志》卷2《方舆志二》。

建德县儒学旧址（方韦 提供照片）

桂枝书院遗址（方静 摄）

历代扩修，渐成规模。[①] 寿昌县儒学宋初在县治南。建炎（1127 ~ 1130）年间徙县治西，绍兴九年（1139）县令王�重修，嘉定二年（1209）县令巩峤置学田 200 亩赡士。[②]

由此可见，新安江流域的府县官学，在唐宋时期已是布局完整，它为学者提供了较为完善的研学空间环境。[③] 此外，为学者提供研习环境的书院，唐宋时期在新安江流域也如雨后春笋，随处可见。根据方志等相关史料记载，编制《新安江流域唐宋书院简表》如下：

**新安江流域唐宋书院简表**

| 县名 | 书院名 |
|---|---|
| 歙 | 灵山精舍、紫阳书院、秘阁书院、友山藏书楼、西畴书院、友陶书院、江东道院、岑山书院 |
| 休宁 | 西山书院、竹洲书院、秀山书院、柳溪书院 |
| 绩溪 | 桂枝书院、乐山书院、槐溪书院、云庄书堂、东麓书院[④] |
| 祁门 | 梧冈书院、白杨书院 |
| 建德 | 青山书院、龙山书院 |
| 淳安 | 五峰书院、云峰书院、蜀阜书院、石硖书院、柘山书院 |
| 遂安 | 瀛山书院 |
| 寿昌 | 默山书院、岑山书院、石台书院 |

“书院之设，所以资讲肄，广集益，古家塾党庠之遗意也。”[⑤] 作为“尊儒重道、栖徒讲学之地”[⑥] 的书院，弥补了地方官学人员受限、空间不足的短处，成为学者的重要研习场所。

① 民国《遂安县志》卷5《学宫》。
② 万历《严州府志》卷3《学校》。
③ 上述府县学元、明、清时期的发展状况，见本书第五章《新安江流域学术文化的传播》。
④ 东麓书院，为宋侍郎殿中胡舜陟所建，坐落在绩溪华阳镇。宋靖康初年，岳飞曾过东麓书院，留有诗作一首。今人统计徽州书院数，均未涉此。参见胡成业：《绩溪书院考略》，1998年国际徽学学术讨论会论文。
⑤ [清]方宏绶：《瀛山书院志》卷1《营建》，乾隆三十九年（1774）刊本。
⑥ 施璜：《紫阳书院志》卷18《唐皋：紫阳书院记》，雍正三年（1725）刻本。

歙县紫阳山上的紫阳书院（张建平 摄）

唐宋时期，新安江流域提供学者研修环境的地方府县学、书院等办学机构的出现，固然跟朝廷的倡举有关，还有一个重要的因素则是依赖当地的经济发展。比如，官学的兴修，多数得益于地方政府的拨款。罗愿《新安志》记载：婺源“庙学在县东。先是熙宁（1068 ～ 1077）中秘书丞鄱阳刘定为县，从学者率常百余人，以旧学之庳，相与请于州，即县治西为屋百二十楹”。[①] 类似情况，并不鲜见。总体来看，唐宋时期新安江流域的官学兴办和维持，仰仗地方政府的财政支持；而财政支持的力度，则与地域经济的发展紧密关联。至于创建和维系书院的经费，其来源多样，民间捐助则是最主要的途径，这也同样以地域经济的发展为基本前提。

经济发展除解决学者的基本生计问题、提供学者必要的研学条件之外，还促进了学者的相互访学交流。《瀛山书院志》称：“瀛山肇于南宋，一时醇儒辈出，最著名若詹虚舟、詹晋卿，来游者若子朱子，及张南轩、吕东莱、真西山，称极盛焉。”[②] 经济发展提供的基础保障，为包括学术交流在内的文化活动开展给予有力支撑。在

① [宋]罗愿：《新安志》卷5《婺源》，康熙四十六年（1707）刊本。
② [清]方宏绶：《瀛山书院志》卷1《营建》，乾隆三十九年（1774）刊本。

一定意义上说，经济的发展水平决定着文化的活跃程度。新安江流域在唐宋时期频繁的学术交流，正是立足于地域经济的发展。

## 第二节　文教兴盛与人才辈出

在经济发展提供基本保障的基础上，唐宋时期新安江流域出现了文教兴盛的局面。

首先，是地方官员积极推行兴学讲经的文教政策。

唐宋时期，凡为新安江流域府、县地方官者，多以兴学讲经的文教政策作为施政要义。比如，北宋太平兴国八年（983）嘉州人田锡（字表圣）知睦州，“时睦始归朝廷，人阻礼教。锡下车，大兴庠序，建孔子庙”。[①] 一代名臣范仲淹（字希文）

建德县青山书院遗址（方韦 提供照片）

① 万历《严州府志》卷10《治行志》。

曾出知睦州，“既至，大兴学校，建严子陵祠于钓台”，[①] 致力于振兴文教，创办了睦州历史上的第一所书院——青山书院。丹阳人葛胜仲（字鲁卿）在大观初年，“由礼部员外郎议礼件权贵，出知（休宁）县事。勤恤民隐，奖进士类，识金公安节于童幼，使与诸子偕学，卒显当世”。[②] 所谓“奖进士类”，即是重视文教的举措。南兰陵人陈之茂（字阜卿）在绍兴六年（1136）出任休宁县尉，“邑人争从讲学，乃相率出钱建邑校，以其赢买书千卷，日至学为诸生讲诵，造就子弟多显名，为达官。邑由此益多学者”。[③] 陈氏推行文教称得上是不遗余力，所建学校“殿堂有序，门庑有翼，环列六斋”，颇成规模。[④] 淳熙五年（1178）主簿傅公本、淳祐年间县令张抃等历任休宁地方官都进行过修缮。罗愿《新安志》在《贤宰》中记载，宣城人王荐登第后，“以雄州防御推官知歙县事。其为政捐利于民，专务兴崇学校，招后进使就学，作劝学文以率之”，[⑤] 是又一位视文教为第一要务的地方官员。被称为“淳熙四先生”之一的舒璘（1136 ~ 1199），学者称广平先生，于南宋乾道八年（1172）中进士。曾任徽州府教授，倡盛学风，丞相留正称之为“当今第一教官”，也是一位积极推行文教的地方官员。其学说折中陆九渊与朱熹思想，对朱、陆后学影响甚大，在宋明理学史上有显著地位。金华人王佖在淳祐元年（1241）知严州，“修州学，行乡饮，新钓台书院，始教养严氏子孙”，[⑥] 在推行文教方面，成效显著。数百年享誉大江南北的徽州紫阳书院之建，也是得益于南宋徽州地方官员的努力。先是嘉定元年（1208），郡守孟植在学宫内建晦庵祠堂；后淳祐六年（1246），时任郡守韩补请建书院，选址在歙县城南门外，并请得理宗御书赐额“紫阳书院”；此后该书院衍流600余年而不衰。在新安江流域方志的相关篇目中，有关这类记载，俯拾皆是。它表明了唐宋时期新安江流域地方官员在积极推行兴学讲经文教政策方面，已是蔚然成风。

其次，是学者名儒努力践行传播学术的文化使命。

唐宋时期新安江流域的诸多名儒，致力于传播学术的活动，践行文化传承的使命，成为共同绘就新安江流域文教兴盛图景的重要群体。该群体的贡献，一是创建

---

① 万历《严州府志》卷10《治行志》。
② [宋]罗愿：《新安志》卷4《休宁》，康熙四十六年（1707）刊本。
③ 嘉靖《徽州府志》卷6《名宦》。
④ 弘治《休宁志》卷1《学校》。
⑤ [宋]罗愿：《新安志》卷3《贤宰》，康熙四十六年（1707）刊本。
⑥ 万历《严州府志》卷10《治行志》。

书院。其中载诸史籍且较为重要的书院，包括：青山书院，位于建德，唐代进士翁洮创建，是当时浙江五大书院之一，也是建德历史上最早的书院；默山书院，位于寿昌西南，北宋仁宗庆历六年（1046）的进士胡楚材创办；岑山书院，位于寿昌县东岑山，北宋元祐年间（1086 ~ 1094）国子丞郑彦创建；西山书院，位于休宁会里，南宋绍兴、庆元间（1131 ~ 1194）由龙图阁学士程大昌创建；愧溪书院，位于绩溪城东，南宋淳熙年间（1174 ~ 1189）由戴季仁所建；云庄书屋，位于绩溪县西北，南宋淳熙年间（1174 ~ 1189）为汪龟从所建；蜀阜书院，位于淳安蜀阜，南宋学者钱时所建；柳溪书院，位于休宁城西，南宋嘉定年间（1208 ~ 1224）为名儒汪莘所建；石硖书院，位于淳安县城北门外龙山北麓，南宋名儒方逢辰创建；秀山书院，位于休宁藏溪南山之阳，南宋咸淳年间（1265 ~ 1274）汪若楫建；西畴书院，位于歙县棠樾，宋末歙县人鲍寿孙建；万山书院，宋人程传宸建于婺源县；竹洲书院，南宋理学家吴儆建于休宁商山；山屋书院，南宋名儒许月卿建于婺源许村，等等。这些书院，分布在新安江流域的各个州县，成为该区域文教兴盛的重要地标。二是著书立说。唐宋时期，新安江流域的学者通过著书立说，广泛开展学术研究，积极

寿昌县默山书院旧址（方韦 提供照片）

传播学术文化。据道光《徽州府志》记载，宋代徽州学者（非新安江流域的婺源除外）共有著述309种，其中歙143种、休宁97种、绩溪23种、祁门11种、黟35种，覆盖了除婺源之外的徽州其他5个县。[①] 光绪《严州府志》亦说“若夫六睦为人文渊薮，博物君子，后先相望，诗文著述，名作如林”，认为其“彬彬郁郁，美不胜收”，[②] 对包括唐宋时期在内的新安江中下游区域著述之丰，大加赞誉。三是讲学交流。新安理学的开山宗师朱熹曾在绍兴二十年（1150）、淳熙三年（1176）两度从福建到徽州祭扫祖墓并拜会宗族长老，特别是第二次回徽州，那年朱熹47岁，业已成名。婺源县令张汉借此机会，率诸生请朱熹撰写《藏书阁记》，朱熹将程氏《遗书》《外书》《文集》《经说》等书留给学中。徽州学者日执经请问，朱熹随其资质高下，诲诱不倦，至六月初旬始归。朱熹借两次扫墓的机会，在徽州积极从事学术文化教育活动，这是徽州学术发展史上的一件大事。它对朱熹理学思想在徽州广泛传播，以及徽州出现统一的学术文化理念，起到了重要的作用。朱熹亦曾到访严州从事学术活动，与遂安名儒詹仪之切磋学问。《瀛山书院志》记载：“淳熙中，朱晦翁与商格致，尝馆瀛山，题方塘诗以见志，其他与詹公书问商订甚多。”[③] 后世对朱熹与詹仪之的切磋交流，引为学术盛事。比如，瀛山书院有春秋两祭，其中有三献乐章，“初献歌曰：高贤曾此咏方塘，分别源流悉此章。今日欲酬君子泽，无穷教思水悠长。亚献歌曰：高贤曾此补亡传，两字商量来此院。今日欲酹觉梦功，功如长夜日重见。终献歌曰：高贤曾此访詹公，辑注题诗此院中。三爵何堪劳降止，将予寤寐意无穷”。[④] 三献乐章，都是围绕朱熹与詹氏讨论“格致”而展开的。朱熹之外，宋代曾应邀在瀛山书院讲学交流的还有张栻（南轩）、吕祖谦（东莱）、真德秀（西山）等人，“称极盛焉”。[⑤] 通过创建书院、著书立说、讲学交流等活动，一批学者名儒努力践行传播学术的文化使命，造就了唐宋时期新安江流域文教兴盛的局面。

再次，是显宦名族虔诚力行诗书传家的家族风尚。

新安江流域的名族，大多由北方迁徙而来，尤其是上游的徽州，历史上曾经历

① 道光《徽州府志》卷15《艺文志》。

② 光绪《严州府志》卷首《吴士进序》。

③ [清]方宏绶：《瀛山书院志》卷6《瀛山书院行状》，乾隆三十九年(1774)刊本。

④ [清]方宏绶：《瀛山书院志》卷1《祀事》，乾隆三十九年(1774)刊本。

⑤ [清]方宏绶：《瀛山书院志》卷1《营建》，乾隆三十九年(1774)刊本。

过三次北方人口大规模入迁的浪潮。据明人程尚宽《新安名族志》记载，“名族”迁徽定居最早的是汉代吴、方、汪三姓，之后大规模迁入有三次：一是在西晋“永嘉之乱”后，北方世家大族和百姓避难江左，其中有10余万人进入皖南山区，入徽的大族有程、鲍、俞、余、黄、谢、詹、胡、郑等9姓；二是中唐的安史之乱和唐末的黄巢起义之后，因北方久罹兵火，居无宁日，特别是在“天街踏尽公卿骨”的劣境下，不少官僚士大夫、地主举室南逃，其中迁居徽州的大族有陆、程、叶、孙、洪、罗、舒、姚、赵、戴、康、施、冯、夏、李、朱、潘、刘、曹、毕、王、江、许、廖等24姓；三是在宋“靖康之难”之后，随着宋室南渡，宋朝的官员和一部分中原地区的缙绅地主也举家南迁，其中有一部分人就选择徽州作为定居之地。这次入徽的大族有柯、宋、张、周、阮、杨、蒋、刘、饶、马、滕、孔、徐、吕、韩等15姓。徽州方志载：新安大族“半皆由北南迁，略举其时，则晋、宋两南渡及唐末避黄巢乱，此三朝为最盛。”① 严州府下辖诸县的大姓名族，也是由北方迁入者居多。比如，淳安县的大姓方、余、王、徐、汪、胡、郑、洪、吴、童、叶、张、章、程、唐、陈、钱、江、宋、卢等，均有北方的渊源。② 三国两晋南北朝以降，“学在家族”是中国学术文化的明显特征。正如陈寅恪先生所言：“盖自汉代学校制度废弛，博士传授之风气止息后，学术中心移于家族，而家族复限于地域，故魏、晋、南北朝之学术、宗教皆与家族地域两点不可分离。”③

序之以彰其志云
嘉靖己酉歲冬十二月望
賜進士第亞中大夫江西布政司左參
政巖鎮雙溪鄭佐書

新安名族志凡例
一本志元儒陳定宇櫟著有新安大族惜未梓行間見抄本疎畧未備且立例泥於他郡姓名今之采輯惟著姓于吾新安有足徵者志書之其無所考據及遷徙外郡者遺之
一族姓之首以朝代先後爲定其邑里之首以郡治領屬爲定然後據各源流事畧分註于各宗之下間有各派未及者止書地名以存遺意
一族姓之始有一郡之同祖者備述于首姓之下

戴廷明等撰《新安名族志》书影（明嘉靖刻本 国家图书馆藏）

唐宋时期，从北方迁入新安江流域的大族，带来了以儒家文化为主体的中原汉文化，一般都有诗书传家的家族风尚。明人汪道昆在《太函集》中描述徽州习俗时说：“新安自昔礼仪之国，习于人伦，即布衣编氓，途巷相遇，尊卑少长以齿。此其遗

① 民国《歙县志》卷1《舆地志·风土》。
②《淳安县志（1986～2005）》第4编《人口与姓氏》，浙江人民出版社，2014年，第288～318页。
③ 陈寅恪：《隋唐制度渊源略论稿》，三联书店，2004年，第17页。

俗醇厚，而揖让之风行，故以久特闻贤于四方。”[1]张海鹏先生认为，徽州文化中“读书、礼教、文章、五伦、六经”等儒家文化“精粹”，本为中原“旧物”；其崇礼教、习人伦、重诗书之“醇厚”的“遗俗”，正是“遗”自古代的中原。[2]有关谱牒和文献记载显示，迁入新安江流域的大族，多重诗书传家，形成了家族传统风尚。其中如歙县罗氏、休宁陈氏、歙县程氏、祁门倪氏、淳安方氏等，均有源远流长的读经传统和遐迩闻名的学术成就。这种现象，构成了唐宋时期新安江流域文教兴盛的重要一景。

在地方官员、学者名儒、显宦家族等合力打造的文教兴盛局面下，唐宋时期新安江流域的学术文化人才辈出。南宋罗愿《新安志》说：“黄巢之乱，中原衣冠避地保于此，后或去或留，俗益向文雅。宋兴则名臣辈出。”[3]《严州府志》则称：“即如吾睦，居浙上游，夙称都会，名卿硕士，先后比肩。”[4]“名卿硕士，先后比肩”描述的正是严州府唐宋以来的情形。有学者认为，“窃计两浙多前贤遗躅，而遂又比邻

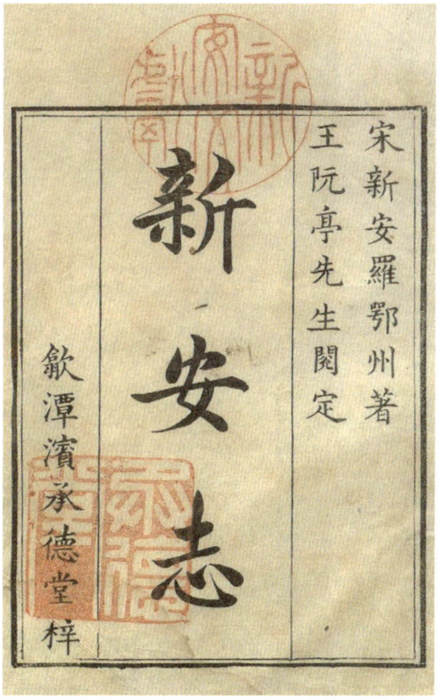

罗愿《新安志》书影（康熙刻本 公文书馆藏）

洪经纶容像（翟屯建 提供）

① [明]汪道昆：《太函集》卷1，万历十九年（1591）金陵刊本。
② 张海鹏：《徽学漫议》，《光明日报》2000年3月24日。
③ [宋]罗愿：《新安志》卷1《风俗》，康熙四十六年（1707）刊本。
④ 光绪《严州府志》卷首《毛际可序》。

徽国。新安一江，源流澄澈，其扬圣学之波澜而启后学之津逮者，当更大有人在。……山不骞而源不绝，宜乎数百年后之闻风兴起者，绵延弗绝也”。[1] 唐宋时期，“绵延弗绝”的新安江流域重要的学术文化人才数以百计，其中佼佼者，唐代有歙县人吴少微、舒雅和吕文仲，祁门人张志和、洪经纶，淳安人皇甫湜、皇甫松、方干等；宋代有歙县人祝穆、吴昶、刘伯谌、吕溱、方恬、罗愿、章如愚、汪仪凤、吴云龙，[2] 休宁人程大昌、吴儆、程卓、程先、程永奇、汪莘、许文蔚、吴垕、黄何、程若庸、吴锡畴、黄智孙，绩溪人汪晫、汪梦斗，黟县人汪义和，祁门人谢琎，建德人喻樗、赵彦肃，遂安人詹仪之，淳安人皇甫湜、钱时、徐孝恭、胡子廉、方镕、胡应玑、洪扬祖、吕人龙、陆震发、黄宗仁、钱允文、项庚老、方一夔，寿昌人郭颐、徐文凤、傅崧之等。这些学者在文教兴盛的环境中，师友相传，著书立说，谱写了新安江流域学术文化最初的灿烂篇章。

## 第三节　民风崇文与士人向学

唐宋之前，新安江流域的民风，以彪悍尚武著称。《越绝书》云：“锐兵任死，越之常性也。”作为古越文化圈的一部分，新安江流域的早期居民“山越”被描述为“断发文身”“依山阻险，不纳王租”“勇捍尚武”“民多果劲”“俗好武习战，高尚力气”的“化外之民”。《汉书·地理志》称：“吴、粤（越）之君皆好勇，故其民至今好用剑，轻死易发。”[3] 而地方文献中，关于唐宋以前新安江流域的民风民俗也多有勇悍尚武的记载。宋人罗愿在《新安志》中指

许承尧《歙事闲谭》书影（黄山书社2001年）

① [清]方宏绶：《瀛山书院志》卷首《钟元冶四刻序》，乾隆三十九年(1774)刊本。
② 民国《歙县志》卷7《人物志》。
③ [汉]班固：《汉书》卷28下《地理志》，中华书局，1962年。

出“其人自昔特多以材力保捍乡土为称”。① 许承尧在《歙事闲谭》中说：“武劲之风，盛于梁、陈、隋间，如程忠壮、汪越国，皆以捍卫乡里显。”② 而《祁门县志》则称：“自唐以前，以武功著，其文不少概见。”③ 所谓其文“不少概见”，就是基本上没有见到，而所见的只是“以武功著”。

唐宋时期，新安江流域的民风开始出现由“尚武”到“崇文”的转向。宋人洪适在《休宁县建学记》曾记载当时情形：“休宁之人，益以乡校为先务，早夜弦诵，洋洋秩秩，有洙泗之风。”④《绩溪县志》谓：“学校者，化民成俗之本也。州县立学，始自宋之庆历。而南渡后，徽为朱子阙里，彬彬多文学之士，其风埒于邹鲁。”⑤《严州府志》则称“一郡之绅士人民，沐浴圣天子之深仁厚泽，久道化成，户尚诗书，家敦礼让，田野开辟，治法修明，未尝不称羡为浙中一名郡也”。⑥“户尚诗书，家敦礼让”，可见该地尚文风气之盛。推崇文教的风气，在新安江流域迅速扩散，渐渐深入百姓的日常生活。明人赵汸曾总结徽州唐宋以降的民风时说：“自井邑田野以至于深山远谷、居民之处，莫不有学、有师、有书史之藏。”⑦ 彬彬然而成“东南邹鲁”。

輿地志
風土
按風土與時遷異舊志所錄殊病未周今昔不同里閭各別零星掇拾甄補爲艱茲撮取大端附書于後昔之所記亦加更定焉
邑俗四鄉不同東接績溪習尚儉樸類能力田服賈以裕其生南分水陸二路陸南卽古邑東民質重厚耐勞苦善積聚婦女尤勤勉節嗇不事修飾往往夫商於外所入甚微數口之家端資內助無凍餒之虞水南村落棋布新安江上游左右地少人多山農輒梯山築舍號曰山棚遠望之如燕巢然賈善奇贏農工纖儉習事糲粢之食藜藿之羹刻苦過於陸南重厚亦稍遜之惟以多山之故均矜㦗任氣集衆鬥訟間不能免而嗜賭亦其一疵默化潛移猶賴教育北有黃
歙縣志 卷一 輿地志 風土 一

民国《歙县志》卷一《风土》书影（民国26年活字本）

崇文的风气一旦形成，士人积极向学的现象就开始流行。朱熹两度回徽州省墓并讲学，“乡人子弟愿学者众”。⑧ 南兰陵人陈之茂任官休宁时，“邑人争从讲学，户内人满，每坐户外”。⑨ 徽州理学名家吴儆与其兄吴俯讲学授徒于乡，从其游者，“岁

① [宋]罗愿：《新安志》卷1《风俗》，康熙四十六年（1707）刊本。
② 许承尧：《歙事闲谭》卷18《歙风俗礼教考》，黄山书社，2001年。
③ 同治《祁门县志》卷4《风俗》。
④ 嘉庆《休宁县志》卷21《艺文纪述》。
⑤ 乾隆《绩溪县志》卷3《学校》。
⑥ 光绪《严州府志》卷首《吴士进序》。
⑦ [明]赵汸：《东山存稿》卷4《商山书院学田记》，四库全书本。
⑧ [宋]朱熹：《晦庵集》卷79《徽州婺源县学三先生祠记》，四库全书本。
⑨ 嘉庆《休宁县志》卷7《职官》。

常数百”。[1] 罗愿《新安志》称，婺源“庙学在县东……从学者率常百余人”。[2] 遂安之瀛山书院，“熙宁时有讳安者（虚舟先生之祖），构堂于山岗为书院，群宗戚子弟教之。下凿方塘，注源头活水，以便游息。”[3] 其时，在瀛山书院求学者甚众。

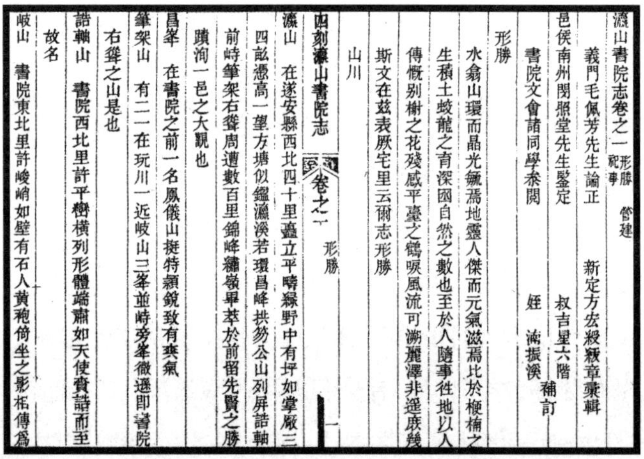
瀛山書院志卷之一 形勝 祀事 營建
義門毛佩芳先生論正　新定方宏綬穎章彙輯
邑侯南州閔照堂先生鑒定　叔吉星六階
書院文會諸同學參閲　姪 滈振溪 補訂
形勝
水翕山環而晶光氤焉地靈人傑而元氣滋焉比於梗楠之
生積土蛟龍之育深國自然之數也至於人隨事徃地以人
傳慨別榭之花殘感平臺之鶴唳風流可溯麗澤非遥庶幾
斯文在兹表厥宅里云爾志形勝
山川
四刻瀛山書院志 卷之一 形勝 一
瀛山 在遂安縣西北四十里矗立平疇綠野中有坪如掌廠三
四畝憑高一望方塘似鑑瀛溪若環昌峰拱勢公山列屏誥軸
前峙筆架右聳周遭數百里錦峰繡嶺畢萃於前留先賢之勝
蹟洵一邑之大觀也
昌峯 在書院之前一名鳳儀山挺特穎鋭致有爽氣
筆架山 有二一在玩川一近岐山三峯並峙旁峯微遜即書院
右聳之山是也
誥軸山 書院西北里許平巒横列形體端肅如天使賚誥而至
故名
岐山 書院東北里許峻峭如壁有石人黃袍倚坐之影相傳爲

方宏绶编《瀛山书院志》书影（《中国历代书院志》第8册）

士人向学的一个重要结果是，新安江流域自唐宋以来的科举可谓鼎盛。罗愿《新安志》记载，宋室南渡后，徽州每科的应试者“毋虑二千人”。[4] 南宋绍兴年间，仅休宁一县参加科考者，“常过八百人”。[5] 据徽州府县旧志载，终宋一代，徽州有科举功名者，达到了 781 人。[6]《瀛山书院志》记载遂安县科第盛况时曰：“余维遂邑，地丁万岭，县甲三安，中必叠双，鸿词入选，胪传第一，螭陛抡元。且其间，科第缙绅，蝉联鹊起，莫不书窥东观，名籍南宫。则是邑之文教蔚蒸，英才秀发，彬彬乎郁郁乎，盛实过于登瀛焉。”[7] 此段记载，基本反映了唐宋时期整个新安江流域的科举盛况。

经济开发、文教兴盛、民风尚文，为唐宋时期新安江流域学术文化的肇兴奠定了基础。

---

① [宋]吴儆：《竹洲集》卷首《竹洲集原序》，四库全书本。

② [宋]罗愿：《新安志》卷5《婺源》，康熙四十六年（1707）刊本。

③ [清]方宏绶：《瀛山书院志》卷6《瀛山书院行状》，乾隆三十九年（1774）刊本。

④ [宋]罗愿：《新安志》卷8《叙进士题名》，康熙四十六年（1707）刊本。

⑤ 嘉庆《休宁县志》卷21《艺文纪述》。

⑥ 周晓光：《徽州传统学术文化地理研究》第1章《徽州传统学术文化区的形成与变迁》。安徽人民出版社，2006年，第23页。

⑦ [清]方宏绶：《瀛山书院志》卷首《丁樾五刻序》，乾隆三十九年（1774）刊本。

# 第四节 学术转向与理学初兴

新安江流域的徽州与严州，宋代以来素称“理学之邦”。朱熹所开创的新安理学流派，对12世纪以后中国哲学和学术思想的发展，以及明清时期的新安江流域社会产生了重大影响。[①] 徽州方志记载：“自宋元来，理学阐明，道系相传，如世次可缀。”[②] 该区域内之理学，既有名家辈出的规模，更有传承有绪的学脉。至于理学最早何时传入新安江流域，尚不见确切记载。根据徽州文献考索，北宋时当已有徽州学者开始接触理学。天禧二年（1018），向敏中撰《闵氏尊圣阁记》，文中曰：

> 歙西地之佳胜者，有岩寺镇。据镇中之优胜者，则有尊圣阁，为闵氏贮书处，故名尊圣。岿然屹立于岩溪，高薄云霄。黄罗、黄山诸峰，如屏如障，如阁如楼，龙马诸形，映带左右。南山紫极宫对峙。阁旁建石塔一座，以象文笔峰，与东鲁轩、闾阎堂相为特立。乃镇之隐士闵景芬先生所创，贮书万卷余，日夕与子弟侄辈及从游者讲明奥理，不就征辟，专志于理学，远近学者咸宗之。阁成二十稔，先生遗世。又十稔，从子惟庆始以其学登第，官拜屯田员外，以清慎见重于时，实予榜中之翘楚者。虑先生之德弗彰，而向未有记之者，乃请于予。
>
> 窃谓圣道不传，异端得肆，邪说得以欺世，理学不明，后进从事辞章以干时，苟趋功利，而于圣贤传道之要，不复有明之者。汉、唐盛时，表彰者惟仅数人；迨至五季扰攘之际，干戈糜烂，斯道遂晦。天启我宋，太祖、太宗皆以天纵之圣，以斯道为己任，作兴人才，五星聚奎，以彰文明之治。化行天下，风俗移易，诗书礼乐，比隆三代。先生值兹景运，高蹈林泉，以明经为事，建阁贮书，而以尊圣为名，其志可尚也已。[③]

这是一篇有关新安江流域理学史的重要文献。尽管关于闵景芬之行实，包括收

① 参见周晓光：《新安理学》，安徽人民出版社，2005年。

② 康熙《祁门县志》卷1《风俗》。

③ [清]佘华瑞：《岩镇志草·艺文上》，雍正年间刻本。见《中国地方志集成·乡镇志专辑》第27册，江苏古籍出版社，1992年。

录该文的《岩镇志草》在内的徽州文献未见记载，但从上述文献中，可以得到一个明确的重要信息，即早在北宋天禧年之前，新安江流域已有学者在探究并传播“理学”。[①]据“远近学者咸宗之”一语推测，新安江流域当有一批士子热衷于理学。其时，北宋理学思潮刚刚兴起，理学体系尚未成形，被后世尊为宋代理学真正奠基人的周敦颐（1017 ~ 1073）和张载（1020 ~ 1077）或刚满周岁，或还未出生，因此闵景芬“专志于理学”，其实是追踪北宋理学初起时的学风，讲究“圣贤传道之要”。这条史料说明新安江流域的理学史，与宋代理学的兴起、发展是同步的。

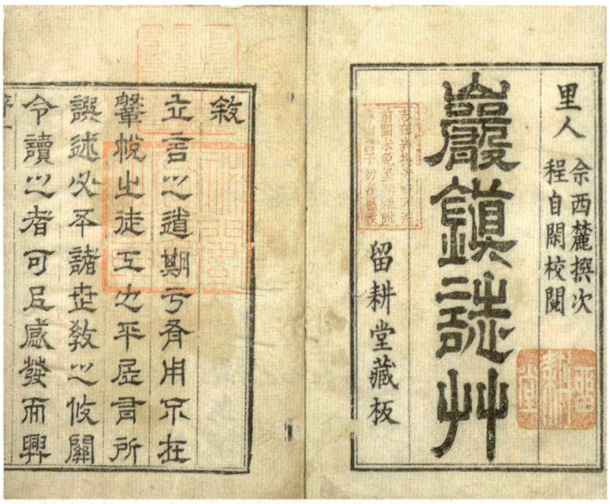

《岩镇志草》书影（乾隆三年刻本）

类此信息在徽州文献中还有透露。明人程敏政《新安文献志》中收录一篇《江石室致一传》，文曰：

> 江致一，字得之，休宁石佛人。少与兄致虚游安定胡公之门。致虚以优校释褐，授太学录，号松菊先生。致一宣和乙卯乡举首选，继入太学。靖康中，伏阙上书者六，乞斩京、贯等六奸臣，复李刚相位。皆如其请，名震中外。寻中兵科优等，授承信郎。高宗即位，赦书下江东，访求致一。有旨特换文资与正录，力辞不拜。乃归营别墅，学者号石室先生。有集五十卷。三子裒、衮、褒，衮从学东莱吕公，号南斋，著临淄家传；褒子宋符，乡贡两魁，授本府儒学正；宋符子应求，魁漕试，授登仕郎，号畏斋。[②]

① 此处“理学”一词，与后世又称“道学”之理学者，其内涵当有所区别。但据向敏中评述闵景芬针对“圣道不传”，专门“以明经为事”，注重“圣贤传道之要”来看，其学术的出发点与后来以性命义理为主要内容的“理学”是一致的。

② [明]程敏政：《新安文献志》卷77《江石室致一传》，弘治三年（1490）刊本。该传又见道光《徽州府志》卷11《人物志·儒林·儒林续编》，道光七年（1827）刻本。《宋元学案》卷1《安定学案》列江致一为“安定门人”，有小传。

传中言及休宁江致一与其兄江致虚曾从学于胡安定门下。胡安定即著名的“宋初三先生”之一胡瑗(993 ~ 1059)。胡氏所创的“苏湖教法”主张分科教学,立“经义”和“治事”两斋,前者讲明六经,后者研究致用之学,在当时影响广泛。[①]北宋名臣蔡襄在《太常博士致仕胡君墓志》中称胡瑗:“解经至有要意,恳恳为诸生言其所以治已而后治乎人者。学徒千数,日月刮劘为文章,皆传经义,必以理胜;信其师说,敦尚行实,后为大学,四方归之。”[②]侯外庐等著《宋明理学史》称:“这一学风的转变,意味着理学的开端。”[③]这种看法在理学史上,可以说是公论。黄宗羲在《宋元学案》中,就首列“安定学案”和“泰山学案”,全祖望按曰:“宋世学术之盛,安定、泰山为之先河,程、朱二先生皆以为然。”[④]将胡瑗视为开宋代理学风气之先的人物。明世宗嘉靖九年(1530),正式以胡瑗从祀孔庙,称“先儒胡子”。由此可见,胡瑗在宋代理学史中的重要地位。

休宁江致一与其兄江致虚早在宋初即拜在胡瑗门下,再次证明新安江流域理学史的书写,可以从北宋前期理学思潮甫兴开始。在北宋年间,类似闵景芬、江氏兄弟接触、研习理学的新安江流域学者,当不在少数。在早期新安江流域专注义理的学者中,还有不少人生活在北宋后期,或者两宋之交。其中的代表人物有朱松、程鼎、滕恺、李缯等。

朱松,朱熹之父,字乔年,婺源人。生于北宋绍圣四年(1097),南宋绍兴十三年(1143)去世,享年47岁。《宋史》虽无朱松传记,但同时代名相周益公(必大)撰有《朱献靖公神道碑》,朱熹在庆元五年(1199)亦亲撰《皇考左承议郎守尚书吏部员外郎兼史馆校勘累赠通议大夫朱公松行状》,叙其一生行实甚详。关于朱松的学术,朱熹在《行状》中有一段详细叙述:

> 公生有俊才,自为儿童时,出语已惊人。少长,游学校,为举子文,即清新洒落,无当时陈腐卑弱之气。及去场屋,始放意为诗文。其诗初亦不事雕饰,

① [宋]欧阳修:《欧阳文忠公集》卷25《胡先生墓表》云:“其在湖州之学,弟子去来常数百人,各以其经转相传授,其教学之法最备,行之数年,东南之士莫不以仁义礼乐为学。”

② [宋]蔡襄:《端明集·莆阳居士蔡公文集》卷第33《太常博士致仕胡君墓志》,宋刻本,载《中国基本古籍库》。

③ 侯外庐等:《宋明理学史》第1章《理学先驱“宋初三先生”及其思想》,人民出版社,1984年。

④ [明]黄宗羲、[清]全祖望:《宋元学案》卷1《安定学案》,中华书局,1986年。

而天然秀发，格力闲暇，超然有出尘之趣，远近传诵，至闻京师，一时前辈以诗为鸣者，往往未识其面而已交口誉之。其文汪洋放肆，不见涯涘，如川之方至，而奔腾飚沓，浑浩流转，顷刻万变，不可名状，人亦少能及之。然公未尝以是而自喜，一日喟然顾而叹曰："是则昌矣，如去道愈远何？"则又发奋折节，益取六经、诸史、百氏之书，伏而读之，以求天下国家兴亡理乱之变，与夫一时君子所以应时合变先后本末之序，期于有以发为议论，措之事业，如贾长沙、陆宣公之为者。既又得浦城萧公顗子庄、剑浦罗公从彦仲素，而与之游，则闻龟山杨氏所传河洛之学，独得古先圣贤不传之遗意。于是益自刻励，痛刮浮华，以趋本实，日诵《大学》《中庸》之书，以用力于致知诚意之地。自谓"卞急害道"，因取古人"佩韦"之义，以名其斋。早夜其间，以自警饬。由是，向之所得于观考者，益有以自信，而守之愈坚。故尝称曰："士之所志，其分在于义利之间，两端而已。然其发甚微，而其流甚远。譬之射焉，失毫厘于机栝之间，则差寻丈于百步之外矣。"又常以为："父子主恩，君臣主义，是为天下之大戒，无所逃于天地之间，如人食息呼吸于元气之中，一息之不属，理必至于毙。是以自昔圣贤立法垂训，所以维持防范于其间者，未尝一日而少忘其意，岂特为目前之虑而已哉？[①]

朱熹在此段文字中，描述了朱松一生的学术轨迹：先是少年时，为应科举考试，乃"游学校"，专一于"举子文"，此为第一阶段；告别场屋后，遂"放意为诗文"，学术之路进入第二阶段；其后又伏读"六经、诸史、百氏之书"，特别是与剑浦罗从彦（仲素）结交，罗氏乃著名的"程门四大弟子"之一杨时的高足，朱松因此得闻杨时所传的"河洛学问之要"，并且"拳拳服膺"，成为二程理学的信徒，这是第三阶段。宋代有不少学者一生的学术之路，也先后走过这三个阶段，而朱松最后的学术归宿，则达到了一定的境界。据《宋元学案》记载，罗从彦对朱松的为学、立身十分赞赏，称之"才高而智明，其刚不屈于俗"。[②]

朱松极为推崇《大学》，认为它是"入道之门，其道以为欲明明德于天下，在致

① [明]程敏政：《新安文献志》卷68《朱熹：皇考左承议郎守尚书吏部员外郎兼史馆校勘累赠通议大夫朱公松行状》，弘治三年（1490）刊本。

② [明]黄宗羲、[清]全祖望：《宋元学案》卷39《豫章学案》，中华书局，1986年。

知格物以正心诚意而已”，人们若能不断地学仁学义，则“朝发轫乎仁义之途，而夕将入大学之门，以躏中庸之庭也”。他主张尊德敬，贱功利，严义利之辨。他还强调君臣之义，并指出士人“溺于俗学，不明君臣之大义，是以处成败之间者，常有苟生自恕之心，而暗于舍生取义之节，将使三纲沦坠，而有国家者无所恃以为安”，呼吁“奖名节”以弘扬君臣之义。[①] 在学术的最后立足点上，朱松已经俨然是理学一醇儒矣。所以，黄宗羲说：“故朱子之学虽传自延平，而其立朝气概，刚毅绝俗，则依然父之风也。”[②] 将朱熹理学与朱松联系在了一起。

程鼎（1106～1165），字复亨，自号韩溪，朱松内弟。朱熹有《环溪翁程君鼎墓表》云：

> （程鼎）少孤，从先君子学于闽中，因得讲闻。一时儒先长者之余论而心悦之，抄缀诵习，晨夕不少懈。先君子爱其勤敏，于其归，书六言以赠之，皆事亲修身为学之要。君拜受其言以归，益自树立，务记览为词章，思所以大其门户者。然君为人坦夷跌宕，不事修饬，好读左氏书，为文辄效其体，不能屈意用举子尺度，以故久不利场屋。家故贫，至君益困，终岁奉亲徙居穷山中，自号环溪翁。山田数十亩，环堵萧然，无以卒岁，而君处之泊如也。晚益不得志，因自放杯酒间，酒酣讽左氏书，杂以国风雅颂之篇。闻者耸然倾听，俯仰疾徐之间，顿挫抑扬，如有节奏。至于放臣孤子，怨夫寡妇之词，又未尝不三复感慨而出涕流涟也。庸夫孺子，从傍窃观或笑侮之，君謷然不以为意，盖其中所抱负有不得骋者，故托以自遣。至他行事，则其不合于理者固鲜矣。乾道元年五十九，以疾卒。[③]

朱熹《墓表》描述的程鼎，是一个穷困潦倒、落魄不得志的学者。他的学术，受于朱松。据朱松《送程复亨序》谓，“六言”乃“葬吾舅而后加吉服；葺尔居，以宁尔亲；非尔父之类者，勿亲也；广学问以资见闻，宴安鸩毒不可怀也；勿怀安；

---

① [明]黄宗羲、[清]全祖望：《宋元学案》卷39《豫章学案》，中华书局，1986年。
② [明]黄宗羲、[清]全祖望：《宋元学案》卷39《豫章学案》，中华书局，1986年。
③ [明]程敏政：《新安文献志》卷87《朱熹：环溪翁程君鼎墓表》，弘治三年（1490）刊本。

无忘四方之志”。[①] 此六言，确实是朱熹讲的“皆事亲修身为学之要”。从《墓表》所述看，程鼎学术尤长于《左传》《诗经》。只可惜，程鼎入《左传》太深，所以“为文辄效其体，不能屈意用举子尺度”，在科场上一败涂地。但这并不影响程鼎在徽州理学史谱系中的地位，一方面他本人从学于朱松，是当时徽州理学学者中一位有代表性的人物；另一方面，其子程洵后来从学于朱熹，是南宋新安理学的主要代表人物之一。从新安学派的学术渊源上来说，程鼎是其中传递的重要一环。

同时期有代表性的徽州理学学者还有滕恺(字南夫)。程曈《新安学系录》卷3《滕户曹》称其“受学于尹和靖门人吕公广，同登绍兴五年（1135）进士，调信州司户参军，卒。所著有《溪堂集》。李钟山述其行实，为传。朱子称其“笔力奔放，法度严谨。今访求未得，无以考其言行之详”。说明最迟到明代中叶，关于滕恺的学术思想及其行迹之详，已经湮没。宋代婺源人程洵撰有《钟山先生李公缯行状》，其中部分文字涉及滕恺，该《行状》为了解滕氏的学术来路提供了线索：

> 自朝廷设元祐学术之禁，士非王氏书不读。宣和禁稍弛，而远方人士，狃于所习，未尽变也。婺源又居重山复岭间，见闻尤狭陋。逮兵兴，四方云扰，贤士大夫多避地其间，于是有吕公兄弟曰和问、曰广问者，和靖尹先生高第，传伊洛致知笃敬之学。又有俞公靖者，亦里儒先也，多识前言往行，其学出入坡、洛之间。先生与里人滕公恺悉从此三君子游。滕公长先生六岁，负才气，不肯友不如己者，独器重先生，目为小友。尝将闽中所刻东坡先生文章号大全集者，相与读之，叹其编次无法，真赝相杂，奋然取朱黄尽涂去不类者。滕公见之惊曰：“子后生，敢尔邪？”他日得苏氏家传本校之，果皆非也。益奇之，乃出一编书示之曰：“好文而不知道，空文也。此书吾得之罗公，皆河洛遗言，公戒勿轻示人，吾今日为子发内府之秘矣。”先生受之以归，口诵心惟，默若有省。间有所疑，又从诸公质之。于是学问日进。[②]

李缯行状中涉及滕恺的记述，说明滕氏的学术受于尹和靖高足吕和问、吕广问，

① [明]程敏政：《新安文献志》卷87《朱松：送程复亨序》，弘治三年(1490)刊本。
② [明]程敏政：《新安文献志》卷87《程克庵：钟山先生李公缯行状》，弘治三年(1490)刊本。

以及乡先贤俞靖。这一点，黄宗羲、全祖望《宋元学案·和靖学案》也有提及。按照《宋元学案》的说法，“和靖尹肃公于洛学最为晚出，而守其师说最醇”。① 而俞靖之学，也是“出入坡、洛之间”。因此，从学源来说，滕恺可谓是宋代理学奠基人二程的嫡传。

与滕恺几乎同时且为知交的李缯，也是两宋之交徽州的知名理学学者。李缯（1116～1193），字参仲，“世新安婺源儒家也”，学者称钟山先生。其父李镛曾游太学，建炎初累举补官，为南康军建昌尉、饶州司法参军、太平州军事推官等。据朱熹《跋〈吕仁甫诸公帖〉》云：“靖康之乱，中原涂炭，衣冠人物萃于东南。吕公广问仁父来主婺源簿，而奉其兄和问节夫以俱。……于是李氏父子得从之游，而滕户曹恺南夫亦受其学。观于此卷，可见一时问学源流之盛矣。”② 因吕氏兄弟乃“洛学”嫡传尹和靖高足，故二吕所传皆“伊洛致知笃敬之学”，李缯之学术，可谓“其来有自”。尽管李缯一度曾“出入释老，求之者数年”，但最终还是“知其说不出乎吾宗，乃益自信”，③ 成为理学的坚定信徒。朱熹有《书李参仲家藏〈二程语录〉后》，其中言：

> 程氏书初出时，人以其难得而珍贵之，然未必皆能讲究而践行之也。近时以来，传者甚广，而后人知其如丝麻谷粟之不可一日无。然真能好之而不舍者，则亦鲜矣。因观吕、滕、李三君子传授旧编及李文跋语，窃有感焉，谨识于后。④

朱熹在文中表彰了李氏等对二程学说“真能好之而不舍者”。在朱熹看来，这种发自肺腑的尊崇，才是至为难得的。李缯一生不事科举，独钟情于问学。其治学，“不务多为训说，独尝著《〈论语〉〈西铭〉解义》《山窗业书》数篇而已”。⑤ 虽然著述无多，但李缯于义理之学发明不少。特别是提出“致心之道敬为要”和“持身之道，知耻为要”，于后学者启发颇大。关于“敬”为“致心之道”，李缯说：“敬者，心之闲訾也。心有不敬焉，则驰矣。敬而不已则明，明则诚。故学者致心之道，敬为要。”他强调，“学者于道，能致知以玩索之，笃敬以涵养之，久则见面盎背，气象自别，非声音笑貌

① [明]黄宗羲、[清]全祖望：《宋元学案》卷27《和靖学案》，中华书局，1986年。
② [明]程曈：《新安学系录》卷3《朱熹：跋〈吕仁甫诸公帖〉》，康熙三十五年（1696）绿荫园重修本。
③ [明]程敏政：《新安文献志》卷87《程克庵：钟山先生李公缯行状》，弘治三年（1490）刊本。
④ [明]程曈：《新安学系录》卷3《朱熹：书李参仲家藏〈二程语录〉后》，康熙三十五年（1696）绿荫园重修本。
⑤ [明]程敏政：《新安文献志》卷87《程克庵：钟山先生李公缯行状》，弘治三年（1490）刊本。

所能为也”。[①] 关于持身之道以“知耻”为要，李缯也有一番论说：“礼义廉耻，是谓四维，勇于弃廉耻，则勇于废礼义。一维苟绝，四维皆灭，理之相牵联者也。四维张，其心康，其身昌；四维不张，其心荒，其身灭亡。故学者持身之道，知耻为要。”[②] 在李缯看来，礼义廉耻“四维”是相互牵连的，若是其中一维灭绝了，则四维皆灭；而若四维灭绝，人无颜存活于世。他还就如何“学道”告诫后学者：“道有远近，学无止法。近者道也，远者亦道也。学者见其近而不见其远，遽止于见，则陋矣。惟于见处，更加功夫，进进不已，自然所造深远，而其成也宏矣。”[③] 主张“学道”需要“进进不已”，方能“所造深远，而其成也宏矣”。与世儒抵触学文不同的是，李缯推崇眉山苏氏关于文章的见解：“物固有是理，患不能知之，知之患不能达之于口于手。辞者，达是而已矣。”传记记载李缯“雅好文词，既老不衰”，曾说：“文者所以载道，言之不文，行之不远。而世儒或以文为不足学，非也。顾其言于道何如耳。”他为文“指事析理，引物托喻，要以达意。所欲言者，而词采自然，如风行水上，如浮云游太空中，姿态横生，可喜可愕”。朱熹也曾推许李缯之文“笔力奔放，而法度谨严，学者所难及也”。[④] 由于李缯“优游涵养，学益成，行益尊”，所以乡人多“宗慕之”，而大凡有来求学者，李缯亦“随其资诱之，循循不倦”，为理学在新安江流域的早期传播做出了积极贡献。

上述人物的言行，谱写了理学在新安江流域地域化的序章。

北宋及两宋之交，新安江流域出现理学思潮，有着深刻的学术背景和特殊的地域因素。

首先，传统学术的转型，为新安江流域理学思潮的出现奠定了基础。

有学者指出，“唐代文化的繁荣，究其内容，文风特盛，一般知识分子尤为崇尚文学艺术，在声律浮华之中优游岁月”。[⑤] 新安江流域在唐、五代时，风尚开始由此前的“崇武”转变为“重文”，而学者之学风，亦偏倾在文学艺术。如开徽州学术文化风气之先者吴少微（659 ~ 743），名远，字仲芳，又字仲材，号邃谷。武则

① [明]程敏政：《新安文献志》卷87《程克庵：钟山先生李公缯行状》，弘治三年（1490）刊本。
② [明]程敏政：《新安文献志》卷87《程克庵：钟山先生李公缯行状》，弘治三年（1490）刊本。
③ [明]程敏政：《新安文献志》卷87《程克庵：钟山先生李公缯行状》，弘治三年（1490）刊本。
④ [明]程敏政：《新安文献志》卷87《程克庵：钟山先生李公缯行状》，弘治三年（1490）刊本。
⑤ 韩钟文：《中国儒学史（宋元卷）》第2章《宋代文化的复兴与新儒学的崛起》，广东教育出版社，1998年。

天长安元年（701）中进士。宋罗愿《新安志》记载："（少微）长安中累至晋阳尉，与武功富嘉谟同官友善。先是天下文章以徐、庾为宗，气调益弱。独少微、嘉谟属词本经学，雄迈高雅，时人慕之，文体一变，称为吴富体。"[①] 稍后于吴少微的祁门人张志和（714 ~ 774）和洪族徽州始迁祖洪经纶，是另两位开徽州学术文化风气之先的人物。前者早年以明经登第，任翰林待召，以诗画扬名天下；[②] 后者为唐玄宗天宝六年（747）进士，曾出为宣歙观察使，常与士人讲经论道，被视为宣歙文学的首倡者。其时新安江流域学者的儒学成就，并不突出。

入宋之后，新安江流域学者开始关注儒学。而在此过程中，中国传统学术正面临重要的转型。陈钟凡先生在《两宋思想述评》中认为，"考宋学勃兴之主因，更以下列四事明之"，即"儒学之革新""道家之复起""佛教之调和""西教之东渐"。其中关于"儒学之革新"，言"前儒说经，竺守古说，无取新奇，自宋代斯风丕变。……盖宋人不信传注，进而议及本经也。……庆历以来，学风之变，荒经蔑古，莫兹为甚。然怀疑之风既著，治学之道日新，诸儒乃能舍训诂而言性与天道，以造成近代之'新儒学'也"。[③] 也就是说，宋之前学者治经，多重经注、经解，而宋人则不信传注，主张直接从经文中探求心性义理。传统学术的这一转型，开启了宋代学术的新学风，也成为宋代理学思潮出现的重要原因。学界对此现象多持相同看法，如有学者认为："宋儒治经，大多不拘泥于章句注疏，重在发新见、创新义、立新论，甚至疑经改经，一扫汉、唐经学末流烦琐、僵固的章句训诂之学的沉闷气氛，蕴成疑古惑经的时代思潮，复活了先秦儒家的原创精神、理性精神。"[④] 新安江流域在北宋及两宋之交出现理学思潮，正是基于其时儒学之复兴，尤其是传统学术的转型。上文提及的朱松"日诵《大学》《中庸》之书，以用力于致知诚意之地"，认为《大学》是"入道之门，其道以为欲明明德于天下，在致知格物以正心诚意而已"；[⑤] 李缯著《< 论语 >< 西铭 > 解义》等书，提出了"致心之道敬为要"和"持身之道，知耻为要"

---

① [宋]罗愿：《新安志》卷7《先达》，黄山书社，2008年标点本。吴少微籍贯有两说：《新唐书》和《旧唐书》皆称新安人，《祥符图经》具体指为歙县人；《唐御史台记》则言其为渤海人。自罗愿《新安志》始，徽州地方文献均以少微为歙县人。

② 张志和今传《玄真子》三卷，诗词9首。其《渔父词》五首之一："西塞山前白鹭飞，桃花流水鳜鱼肥，青箬笠，绿蓑衣，斜风细雨不须归。"最为著名。

③ 陈钟凡：《两宋思想述评》第2章《两宋学术复兴之原因》，东方出版社，1996年。

④ 韩钟文：《中国儒学史（宋元卷）》第2章《宋代文化的复兴与新儒学的崛起》，广东教育出版社，1998年。

⑤ 黄宗羲、全祖望：《宋元学案》卷39《豫章学案》，中华书局，1986年。

等观点。[①] 他们的学术理路不再是汉儒的章句注疏、字义训诂，而是直探经义、阐发性理，是典型的理学路子。这一现象，正是传统学术转型之所致。

其次，北宋理学的发展，为新安江流域理学思潮的出现提供了支撑。

理学作为一个时代的思潮，滥觞于唐代中叶。韩愈提倡“文以载道”，提出了儒家的“道统说”，推崇《大学》，著《五原》以排斥佛老，力图恢复先秦的儒学。其弟子李翱据《中庸》而著《复性说》，发展了孟子的“性善”论。韩、李在佛教盛行的氛围中，开创了一代学风。而与他们同时代的经学家啖助及其门人赵匡、陆淳所治的《春秋》学，主张破注从经，以己意说经。这些都为北宋理学的兴起开了先河。按照南宋理学家朱熹的看法，北宋理学的发展“亦有其渐”：“自范文正以来已有好议论，如山东有孙明复，徂徕有石守道，湖州有胡安定，到后来遂有周子、程子、张子出，故程子平生不敢忘此数公，依旧尊他。”[②] 就是说，北宋初，胡瑗、孙复、石介开创的以义理说经之风，是后来理学大家们出现的重要原因。因此，黄宗羲、全祖望《宋元学案·泰山学案》中引黄震的《黄氏日钞》语：“宋兴八十年，安定胡先生、泰山孙先生、徂徕石先生始以师道明正学，继而濂、洛兴矣。故本朝理学，虽至伊、洛而精，实自三先生而始。”[③]

宋初三先生之后，理学大家迭出，先有周敦颐继承韩氏“道统说”，并融会佛道思想，著《太极图》及《通书》40篇，“明天理之根源，究万物之始终”，[④] 成为北宋理学的开山祖。稍后，河南二程受业周氏，“扩大其所闻，表章《大学》《中庸》二篇，与《语》《孟》并行，于是上自帝王传心之奥，下至初学入德之门，融会贯通，无复余蕴”。[⑤] 关中有张载作《西铭》，极言“理一分殊”之旨；又有河南邵雍著《皇极经世书》，建立了象数学思想体系。“五子并时而生，又皆知交相好”，[⑥] 他们著书立说，推动了北宋理学的发展。

新安江流域在北宋和两宋之交出现理学思潮，与北宋理学的发展有着极深的渊源。这种渊源最集中表现是新安江流域的理学人物大多与北宋理学先驱或名家有着

---

① [明]程敏政：《新安文献志》卷87《程克庵：钟山先生李公缯行状》，弘治三年（1490）刊本。

② [宋]朱熹：《朱子语类》卷129《本朝三》，中华书局，1986年。

③ [明]黄宗羲、[清]全祖望：《宋元学案》卷2《泰山学案》黄百家按语引，中华书局，1986年。

④ [元]脱脱等：《宋史》卷427《周敦颐传》，中华书局，1985年。

⑤ [元]脱脱等：《宋史》卷427《道学一》，中华书局，1985年。

⑥ [明]黄宗羲、[清]全祖望：《宋元学案》卷9《百源学案》，中华书局，1986年。

师承关系。比如，休宁人江致一与其兄江致虚曾从学于胡瑗门下，当时胡氏“以经术教授吴中”“从之游者常数百余人”。① 史称“东南之人知以经行为先，道德为本，实先生始之也”。② 朱松之学术，则出于杨时（龟山）。而杨时为二程四大弟子之一，被奉为“程氏正宗”。程鼎为朱松内弟，也与二程理学有着一脉相承的关系。李缯、滕恺的学术受于尹和靖高足吕和问、吕广问，而尹和靖又是程门“守其师说最醇”③ 的弟子。因此，从学源来说，李缯、滕恺是宋代理学奠基人二程的三传弟子。这一现象表明，正是因北宋理学先驱或名家的嫡传，新安江流域学者开始致力于性理之学的探讨，出现了理学思潮。

师承关系之外，北宋理学的发展对新安江流域理学思潮影响的另一个重要表现是，新安江流域的学者还直接继承了北宋理学家的论题和思想成果。如朱松讨论的“致知”“诚意”“格物”“正心”，李缯阐述的“敬”“致心之道”“持身之道”等论题，为北宋理学大家所反复讨论和发挥。李缯还著有《〈西铭〉解义》，梳理和阐释理学大家张载的思想，曾将二程之书“受之以归，口诵心惟，默若有省。……于是学问日进”。④

此外，新安江流域风尚的转变，也为区域内理学思潮的出现准备了条件。一是“尚文”的环境，造就了新安江流域的一批士人，为理学思潮的出现提供了人才基础。在书院和府、县学中，士人研习儒家经典，传承儒学文化传统，成为一地学术文化人才。受“尚文”风气影响，北宋徽州“业儒”者众多，如宋初歙县闵景芬“专志于理学，远近学者咸宗之”；⑤ 婺源李缯“优游涵养，学益成，行益尊，乡人宗慕之”，⑥ 表明当时徽州有一批士人倾心于儒学。明万历年间编撰的《严州府志》，也专门列有《理学》一门，以彰显该地学术人物之盛。一种思潮的流行，离不开传播者和从学者。正是基于“尚文”环境下造就的这些学者，新安江流域理学思潮得以出现和传播。二是“尚文”的风气，推动了新安江流域学者的学术交流，由此引发了理学思潮在该区域内的传播。据相关史料记载，在“尚文”的风气推动下，北宋新

① 脱脱等：《宋史》卷432《胡瑗传》，中华书局，1985年。

② 黄震：《黄氏日钞》卷45《读诸儒书十二·石徂徕文集》，元后至元刻本，载《中国基本古籍库》。

③ 黄宗羲、全祖望：《宋元学案》卷27《和靖学案》，中华书局，1986年。

④ 程敏政：《新安文献志》卷87《程克庵：钟山先生李公缯行状》，弘治三年（1490）刊本。

⑤ 佘华瑞：《岩镇志草·艺文上》，雍正年间刻本。见《中国地方志集成·乡镇志专辑》第27册，江苏古籍出版社，1992年。

⑥ 程敏政：《新安文献志》卷87《程克庵：钟山先生李公缯行状》，弘治三年（1490）刊本。

安江流域学者之间的学术交流频繁。如李缯与滕恺之间，学术交往密切，而两人又与洛学传人吕和问、吕广问以及“里儒”俞靖来往甚密，传记资料谓其“从此三君子游”。他们所习所传者，“皆伊洛致知笃敬之学”。[①] 由此可见，学术交流其实是理学思潮传播的重要途径。

在新安江流域理学思潮出现后，呈现了几个值得关注的现象：一是以传承“洛学”为主，二是讲学风气盛行，三是境内外交流频繁，四是不少学者对相关问题有一己之见。虽然在北宋新安江流域的理学思潮中，并未出现有重大影响的学者，但该时期理学的发展仍具有特殊的地位。它为其后这一区域出现朱子学的重要学术流派——新安理学，奠定了至关重要的学术基础。

① [明]程敏政：《新安文献志》卷87《程克庵：钟山先生李公缯行状》，弘治三年(1490)刊本。

# 第二章　新安江流域学术文化的繁荣

唐宋时期，新安江流域的学术文化在经济发展、文教兴盛，以及浓郁的尚文风气基础上，渐现发达气象。其官学、书院等学术文化机构遍布流域之内各县，灿若繁星；以朱熹、程大昌、詹仪之等为核心的学术文化大家群体涌现，成就斐然；《四书章句集注》《演繁露》《易原》等一批学术文化名著问世，蔚为大观；流域内外的学术文化交流频繁，影响深远。这些现象，反映了唐宋时期新安江流域学术文化肇兴时的大气格局。元、明、清三代，新安江流域的学术文化在唐宋基础上，进入了全面繁荣的时期。

## 第一节　名家辈出

元、明、清三代新安江流域学术文化的繁荣，首先表现在这一时期该区域内出现了一批学术文化名家，他们薪火相传，著书立说，在中国学术文化史上做出了重大的学术贡献。

明代休宁人赵汸曾在《汪古逸行状》中说："新安自朱子后，儒学之盛称天下，号'东南邹鲁'。宋亡，老儒犹数十人，其学一以朱子为宗。其议论风旨，足以师表后来；其文采词华，皆足以焜煌一世。"此一段说明，入元的徽州学者人数众多，其学术宗旨在于阐发朱子之学，而这些学者的学术地位与成就"皆足以焜煌一世"。根据历代正史和地方文献的记载，元代新安江流域的重要学者有：[①]

程若庸，字达原，号勿斋，又号徽庵，休宁人。宋咸淳四年（1268）进士。鹤

① 元代徽州府重要学者，参见拙作：《新安理学》第3章《新安理学的发展》，安徽人民出版社，2005年。严州府重要学者，参见万历《严州府志》、光绪《严州府志》等。

林罗大经谓其“生徽公之乡，寝饭徽公之四书，充然有得”。[①] 后又师事饶鲁（双峰）及沈毅斋。因此，若庸学术，出自朱熹正传。同郡陈定宇（栎）称：“学朱子之学而精到似程勿斋甚少。此公才质钝，只是勤，其文字颇絮烦。然学问精到，絮烦得好。”[②] 将他推为当时朱学大师。若庸一生致力于讲学，先后被聘为湖州安定书院山长、抚州临汝书院山长，“为诸生讲说朱子之学”。咸淳四年（1268）登进士第后，授福建武夷书院山长。[③] 方志称他“累主师席，及门之士最盛”。[④] 范元奕、金若洙、吴锡畴、程钜夫及外郡的吴澄等人，都是若庸门下弟子中的佼佼者。著有《洪范图说》《性理字训讲义》百篇及《太极图说》《近思录》注释等书。《四库全书》著录其《性理字训》1卷。若庸去世后，入祀乡贤祠。明代万历年间，休宁建“理学名儒”九贤坊，若庸紧随前辈理学大师吴儆之后。

方逢振，字君玉，淳安人。其兄方逢辰是南宋著名学者，人称“蛟峰先生”。逢振于南宋景定三年（1262）考中进士，历官太府寺簿等职。宋亡，退隐聚徒讲学于石峡书院，人称山房先生。[⑤]

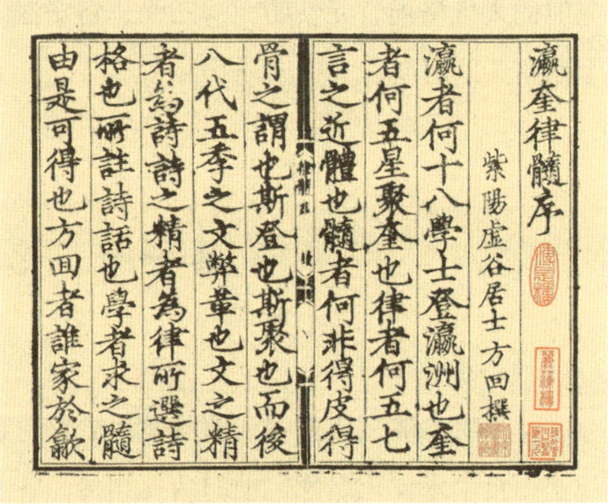
瀛奎律髓序
紫陽虚谷居士方回撰
瀛者何十八學士登瀛洲也奎者何五星聚奎也律者何五七言之近體也髓者何非得皮得骨之謂也斯登也斯聚也而後八代五季之文弊革也文之精者爲詩詩之精者爲律所選詩格也所註詩話也學者求之髓由是可得也方回者誰家於歙

方回《瀛奎律髓》书影（中华再造善本）

方回（1227 ~ 1305），字万里，号虚谷，歙县人。曾仕宋朝，知建德府。宋亡入元，屡迁至通议大夫。[⑥] 其“学问议论，一尊朱子。崇正辟邪，不遗余力，居然醇儒之言”。[⑦] 著有《瀛奎律髓》《桐江集》《古今考》等书。[⑧]

何梦桂（1229 ~ 1303），字岩叟，号潜斋，淳安人。自幼从学于乡先生夏纳斋。咸淳元年（1265）以廷试第三名考中进士，授台州判官。后历官太常博士、监

① [明]程曈：《新安学系录》卷9《程徽庵遗事》，康熙三十五年（1696）绿荫园重修本。
② [明]程曈：《新安学系录》卷9《程徽庵遗事》，康熙三十五年（1696）绿荫园重修本。
③ [明]黄宗羲、[清]全祖望：《宋元学案》卷83《双峰学案》，中华书局，1986年。
④ 嘉庆《休宁县志》卷12《人物》。
⑤ 光绪《严州府志》卷19《人物》。
⑥ 民国《歙县志》卷7《人物志·文苑》。
⑦ [清]永瑢：《四库全书总目》卷166《集部·别集类一九》，中华书局，1965年。
⑧《四库全书》卷118《子部·杂家类二》著录为《续古今考》37卷，与魏了翁《古今考》1卷合为一种。

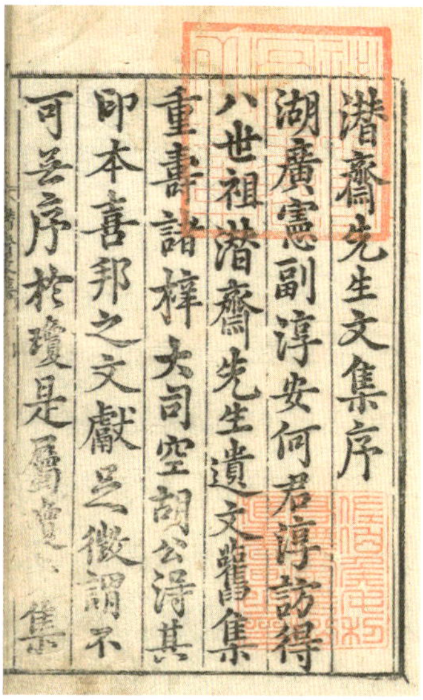
潛齋先生文集序
湖廣憲副淳安何君淳訪得
八世祖潛齋先生遺文舊集
重壽諸梓大司空胡公得其
印本喜邦之文獻足徵謂不
可無序於瓊是屬

何梦桂《潜斋先生文集》书影（明刻本）

察御史等职。入元之后，因御史程文海推荐，授江西儒学提举，梦桂以疾病推脱，不赴。筑室于小有源，著书自娱，学者称之为潜斋先生。殁后，祠于石峡书院。著有《易衍》《大学说》《中庸致用》等书，《四库全书》收录其《潜斋文集》11卷。①

程逢午（1236～1303），字信叔，休宁人。早年颖悟好读书，在准备科举考试的同时，也钻研理学书籍，探索其奥义。新安为朱熹故乡，其他士人从朱熹学者不在少数。逢午当时犹能结识这批学者，从之商讨理学，接受朱熹学说。逢午与精于朱子之学的族父程若庸过从甚密，经常竟日讲明正学，由此逢午对朱熹学说有较深的把握，"得其指归"。入元后，逢午闭门以诗书教子，不复有仕禄意。元贞二年（1296），因郡官力荐，遂出任新安紫阳书院山长。秩满授海盐州儒学教授，未赴，以疾卒，葬休宁县和睦乡上山林祖墓旁。逢午学术特色，专长《中庸》。著有《中庸讲义》3卷，《程教授墓志铭》称："其说本之朱先生，而言外不传之妙，则心得之也。"时人认为其文可传，由紫阳书院雕版刊行。②

程龙（1242～1322），初名渊，字舜俞，号苟轩，又号不不翁，新安本地人。咸淳七年（1271）考中进士，先后任黄州黄陂县主簿、安庆府教授、池阳司户参军、严州推官等职。元军下严州，程龙被执，元丞相伯颜以文学士委任其为同知江西赣州路总管府事，勒令上任。程龙中途逃归，隐居十余年。后元廷强迫其出任温州永嘉县尹，又历任松江府判官、兴化路总管府判官、奉化知州、潭州路同知等职。延祐五年（1318），以中顺大夫徽州路同知总管府事致仕，官场生涯长达50余年。程龙为官清廉，"善政甚多"，曾将自己读书之室命名为"不不堂"，而称所居之屋为"政政堂"。程龙学术，源于朱熹，后人作传称之"所学最有源委"。其学术特色是长于治《尚书》，并以之成名。一生著有多种著作，最有代表性的是《尚书毛诗二传释疑》

① 光绪《严州府志》卷19《人物》。
② [明]程曈：《新安学系录》卷10《程教授墓志铭》，康熙三十五年（1696）绿荫园重修本。

《礼记春秋辨正》《弄环余说》《三分易图》《龙陂程氏世谱》等，诗文集名《归田录》。[①]

吴浩，字义夫，号直轩。初名英卿，字孟和。休宁人，为南宋新安理学名家吴锡畴之子。从小得家传学术，专务性理之学。宋亡后，隐居不仕，以讲学著述为业。吴浩的学术，本于朱熹学说，明初学士解缙称之“不失为文公（朱熹）之徒”。著有《大学口义》《直轩稿》等。[②]

黄智孙，字常甫，休宁人，生活在南宋宝庆到元至元年间。其祖父黄发，是当地有名的耆儒，从之学者常百人，为此黄发还专门建造了翠岩书院以处学生。智孙早年就学于家，承家学渊源，年十四通诸经。后师从婺源滕和叔、文叔。二滕在新安讲明理学，从者如云，其先人滕璘、滕珙为朱熹高足，故所传之学“有原委者也”。景定五年（1264），黄智孙由郡庠贡京师入太学。时太学生多以辞藻为工，时文相角，独智孙用心于朱熹学说。后南宋灭亡，智孙结茅于深山穷谷中，日与门生弟子讲明理学，不复有入世之念。[③]著有《草窗集》8卷、《四书讲义》200篇等。黄智孙的学术，议论纯正，讲究躬行实践，时人谓之能固守紫阳（朱熹）之传而不失。[④]陈栎（定宇）等新安学派中坚人物，都曾拜在智孙门下。在阐述朱熹学说、光大新安理学学派等方面，黄智孙发挥了重要的作用。

汪华，字荣夫，号东山，祁门人。曾学于乡先生赵永如，后师从朱熹再传弟子饶鲁，“问难扣恳，悉得其蕴”，因此荣夫学术，出于朱熹嫡传一脉。史称“祁邑理学之盛”，由荣夫与其兄魏夫首发，两人在新安理学学派中有着特殊的地位。[⑤]

汪相，字魏夫，祁门人。与族弟荣夫师从双峰饶鲁，得朱熹学术真传。后授徒讲学，开祁门理学风气之先。[⑥]

李伟，字敬叔，祁门人。曾师事新安理学大师胡方平（玉斋）。入元后，被授予邵武教谕，不赴。胡一桂著《易本义附录纂疏》，李伟与之讨论甚多。尝患经史训注，繁多未易寻究，遂编撰二图，以便观览。[⑦]

---

① [明]程曈：《新安学系录》卷10《程苟轩家传略》，康熙三十五年（1696）绿荫园重修本。

② 嘉庆《休宁县志》卷12《人物》。

③ [明]程曈：《新安学系录》卷10《黄草窗行实略》，康熙三十五年（1696）绿荫园重修本。

④ [明]程曈：《新安学系录》卷10《黄智孙遗事》，康熙三十五年（1696）绿荫园重修本。

⑤ [明]程曈：《新安学系录》卷9《汪荣夫》，康熙三十五年（1696）绿荫园重修本。

⑥ [明]程曈：《新安学系录》卷16《门人无记述文字者》，康熙三十五年（1696）绿荫园重修本。

⑦ [明]程曈：《新安学系录》卷16《门人无记述文字者》，康熙三十五年（1696）绿荫园重修本。

曹泾，字清甫，歙县人（一说休宁人）。为文典雅有法度，丞相马廷鸾曾聘请曹泾主教席。在廷鸾诸子中，以马端临最博学知名。马端临后来著有史学名著《文献通考》，史称“其学实出自（曹）泾”。南宋咸淳戊辰（咸淳四年，1268）榜题名，授迪功郎、昌化县主簿。元至元年间，因江东按察使之请，出任紫阳书院山长。后辞职归养，州里士林宗之。① 著有《讲义》4卷、《书稿》5卷、《文稿》5卷、《韵稿》5卷、《俪稿》5卷，另编著《服膺录》《读书记》《管见》《泣血录》《过庭录》《课余杂记》《曹氏家录》《古文选》等书藏于家。②

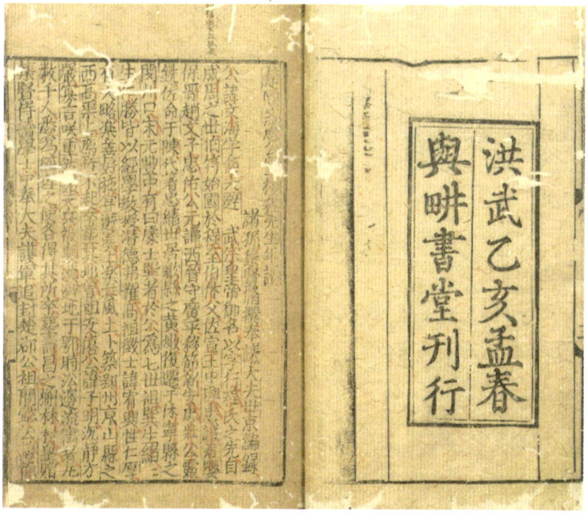

程文海《楚国文宪公雪楼程先生文集》书影（洪武二十八年刻本）

程文海（1249～1318），字钜夫，号雪楼。谥文宪，祖籍休宁。《元史》有传。③ 至元十三年（1276）以功臣子被授予宣武将军管军千户，后迭授修撰、中顺大夫秘书少监、嘉议大夫侍御史行御史事、福建闽海道肃政廉访使、翰林学士知制诰同修国史、山南江北道肃政廉访使等官。文海为官，敢于谏言，其学术则出于朱熹一脉。他与元代理学大家吴澄同在抚州临汝书院师从新安学派大师程若庸，“学有渊源，德广气充”，对朱子之学深有领悟。入仕后曾上奏倡议“经学当祖程朱传注”。文海门生众多，史称其“每接后学才艺之士，叹赏奖进，或为之筑馆授室，有终身留客门下不去者。所荐士后多为名臣。”④ 揭文安公（傒斯）对文海一生有很高的评价，他说：“平生潜心圣贤之学，博闻强识，诚一端庄，融会贯通，穷极蕴奥，而复躬践力行，始终不息。故其措诸事业，发为文章，非他人之所可及也。风采足以倾动四方，言论

① [清]施璜等：《紫阳书院志》卷9《列传》，雍正三年（1725）刻本。

② [明]黄宗羲、[清]全祖望：《宋元学案》卷89《介轩学案》，中华书局，1986年。

③ [明]宋濂等：《元史》卷172，中华书局，1976年。

④ [明]程曈：《新安学系录》卷11《程文宪公神道碑》，康熙三十五年（1696）绿荫园重修本。

足以垂示百世。”[1] 斯言代表了时人对文海的共同看法。著有《雪楼文集》45卷。《四库全书》在收录此书时，称“钜夫宏才博学，被遇四朝，忠亮鲠直，为时名臣。文章亦舂容大雅，有北宋馆阁余风。……其诗亦磊落俊伟，具有气格”。[2] 对文海及其文集评价甚高。

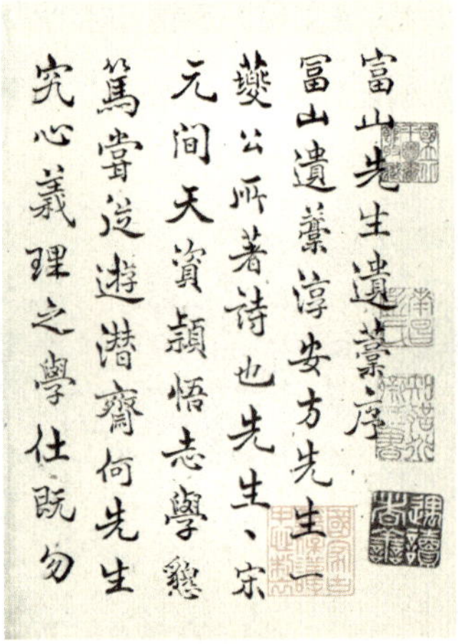

方一夔《青溪富山先生遗稿》书影
（清抄本 国家图书馆藏）

方一夔（1253～1314），字时佐，号知非子，淳安人。南宋理学名家方逢辰族侄。幼承家学，复从名儒何梦桂等游，方志言其“学问赅博，行谊醇笃”。隐居淳安富山之麓，授徒讲学，门人称富山先生。至元十五年（1278），有司亲临拜访，一夔坚辞不见。著有《富山先生遗稿》10卷，被收入《四库全书》。[3]

陈栎（1253～1334），字寿翁，自号东阜老人，学者称定宇先生。休宁人。《元史》有传。[4] 其上代多通人显士，曾大父伯仝、大父庆、源长等以教授《春秋》知名一时。陈栎始受学于家，后师事新安理学名儒黄常甫（智孙）。宋亡后，隐居乡间，以教书为业。“四方来学，谆谆善诱”。[5] 其学“以朱子为归”，所著《四书发明》《书传纂疏》《礼记集成》《论孟训蒙》《口义书解》《深衣说》《读易编》《读诗记》《六典撮要》《三传集注》《增广通略》等书，“凡诸儒之说，有畔于朱氏者刊而去之，其微词隐义引而伸之，而其未备者，复为书以补其缺，于是朱子之说复明于世”，[6] 被称为“朱子功臣”。[7] 明代纂修《四书大全》，引陈栎之说颇多。《四库全书》现收录了陈栎《尚书集传纂疏》6卷、《历朝通略》4卷、《勤有堂随录》1卷、《定宇集》16卷。陈栎在新安有诸多弟子，其中著名者有吴彬（字仲文）、叶龙（字仲明）、程存（号澹成）、叶大有（字谦甫）、朱克正（字平仲）、金若愚（字伯明）、金震祖（字宾旸）、朱模（字子范）、

---

① [明]程曈：《新安学系录》卷11《程文宪公遗事》，康熙三十五年（1696）绿荫园重修本。
② [清]永瑢：《四库全书总目》卷166《集部·别集类十九》，中华书局，1965年。
③ 光绪《严州府志》卷19《人物》。
④ [明]宋濂等：《元史》卷189《儒学一》，中华书局，1976年。
⑤ [明]程曈：《新安学系录》卷12《陈定宇墓志铭》，康熙三十五年（1696）绿荫园重修本。
⑥ 嘉庆《休宁县志》卷12《人物》。
⑦ [清]赵吉士：《寄园寄所寄》卷11《泛叶寄》，康熙刊本。

程植（字仲本，号古愚）等，他们都是新安陈栎门下弟子中的佼佼者，也是元代新安理学的骨干成员。

吴霞举（1257 ~ 1307），字孟阳，号默室，歙县人。曾任县学教谕 10 余年。其高祖吴昶（友堂）是朱熹及门弟子。霞举世其家学，学术亦出于朱熹一脉。著有《文公丧礼考异》《太玄潜虚说》《皇极经世书说》《四图混一论》《讲义》百篇等。⑧

程荣秀（1262 ~ 1333），字孟敷，休宁人。程氏家传朱熹学说，代有理学名家出现。荣秀曾从婺源许月卿（山屋）受《周易》，学成而归，以讲学为事，“非程、朱之书，盖不之好也”。⑨ 延祐中，学士邓文原荐举荣秀任建康路明道书院山长，后历任平江路儒学录、嘉兴路儒学教授、江浙儒学副提举等职。曾以朱熹之《礼》出于其门人之手，中多缺漏及未定之论，因取朱熹平日言行中有涉于礼者，为《翼礼》以传，目的则在阐扬朱熹礼学思想。⑩

邵大椿，字春叟，寿昌人。年十二领乡魁，后励志讲明理学，历寿昌、龙游教谕，主持晦庵书院。方志称：“元初士子溺于辞章之习，大椿倡明理学以淑人心，学者始知所趋向。”对大椿倡导一地学风，评价甚高。著有《四书讲》若干卷。⑪

倪士毅（1302 ~ 1348），字仲弘，休宁人。一生不仕，在黟县教书 23 年，门人众多。他曾师从乡老儒朱敬舆和陈栎，学术一本朱子之学。史称凡仁义道德之说，非经朱熹论定者，士毅不以教人。⑫ 代表作有《重订四书辑释》20 卷。该书内容包含两部分：一是专门纠正诸儒“异说”的辩词，二是阐明朱子之学本旨的训释。这是一部反映新安学派元代理学家的学术风格、理学思想的重要著作，对明以后的理学界产生了重大的影响。《宋元学案》将士毅归入《沧州诸儒学案 · 定宇门人》中，并谓士毅与赵东山、汪环谷朝夕讲学，时称“新安三有道”。⑬

汪克宽（1304 ~ 1372），字德辅，一字仲裕，号环谷，学者称环谷先生，祁门人。6 岁学《孝经》《论语》《孟子》，10 岁其父中山处士导之学饶鲁之书，入理学之门，成为朱门第四代弟子。延祐五年（1318），新安学派大家胡炳文（云峰）于郡学开堂

---

⑧ [明]程曈：《新安学系录》卷13《吴教谕遗事》，康熙三十五年（1696）绿荫园重修本。

⑨ [明]黄宗羲、[清]全祖望：《宋元学案》卷89《介轩学案》，中华书局，1986年。

⑩ [明]程曈：《新安学系录》卷13《程提举墓志铭》，康熙三十五年（1696）绿荫园重修本。

⑪ 光绪《严州府志》卷19《人物》。

⑫ [明]程曈：《新安学系录》卷14《倪道川墓志》，康熙三十五年（1696）绿荫园重修本。

⑬ [明]黄宗羲、[清]全祖望：《宋元学案》卷70《沧州诸儒学案下》，中华书局，1986年。

考试，克宽屡试屡中。泰定三年（1326）秋，应江浙乡试，名列前茅。第二年参加会试，因论《春秋》与主考官观点不合，且对策切直，遂被黜落。归里后隐居著述，教书授徒，四方学者从之者甚众，《大明一统志》称“临郡学者皆宗师之”。[①] 洪武二年（1369）正月被聘入朝，同翰林宋濂等删修《元史》，被称为明朝史局布衣第一人。克宽学术，《六经》皆有钻研，而《春秋》独盛，是新安学派中治《春秋》的名家。所著《春秋胡传附录纂疏》30卷对明以后的理学界产生了重大的影响。明朝永乐年间胡广等奉命纂修《春秋大全》，大部分依据克宽是书。[②] 另著有《经礼补逸》《易传音义考》《诗传音义会通》《左传分纪》《周礼类要》《四书音证考异》等书，今多散佚不存。《四库全书》收录了《环谷集》8卷。《宋元学案》将克宽归入《双峰学案·东山再传》。[③]

夏希贤，淳安人。学宗陆九渊（象山）、杨简（慈湖），杜门不出30余年，安贫乐道，方志言其“有古君子风”，学者称自然先生。二子皆承家学。[④]

方道睿，字以愚，淳安人。至顺二年（1331）进士，先后历官翰林编修、嘉兴推官、杭州判官等职。明初，曾两次征召，坚辞不出。著有《春秋集释》《愚泉集》《诗稿》《诗说》等书。[⑤]

汪时中，字天麟，祁门人。博学善吟，不乐仕进。元季隐居查山，筑书堂，与兄克宽讲学其中，学者称查山先生。著有《三分稿》。[⑥]

此外，元代与新安江流域有密切学术关系的重要新安理学学者还有许月卿（1216 ~ 1286），字太空，后字宋士，时人称山屋先生；胡斗元（1223 ~ 1295），字声远，弟子私谥孝善；胡一桂（1246 ~ ?），字廷方，胡方平之子；程直方（1251 ~ 1325），字道大，号前村；汪炎昶（1260 ~ 1338），字懋远，自号古逸民，学者称古逸先生；赵仲然，字勉耘；程显道（1247 ~ 1331），字元吉，号松谷；俞皋，字心远；胡炳文，字仲虎，学者称云峰先生；程可绍，字致和；王偁，字伯武，号绝毄居士；汪九成，字文善；程质，字仲文；张存中，字得庸；徐骧，字伯骧；胡默，字孟成，号石丘生；程复心（1256 ~ 1340），字子见，号林隐；汪睿（1322 ~ 1401），字仲鲁，号蓉峰，

① [明]李贤等：《大明一统志》卷16《徽州府》，三秦出版社，1990年。
② [清]永瑢：《四库全书总目》卷28《经部·春秋类三》，中华书局，1965年。
③ [明]黄宗羲、[清]全祖望：《宋元学案》卷83《双峰学案》，中华书局，1986年。
④ 光绪《严州府志》卷19《人物》。
⑤ 光绪《严州府志》卷19《人物》。
⑥ [明]黄宗羲、[清]全祖望：《宋元学案》卷83《双峰学案》，中华书局，1986年。

别号贞一道人。这些都是徽州婺源籍的学者。婺源虽不在新安江流域，但它长期属于徽州府六属县之一，婺源籍的学者是新安学术文化的重要开创者和建设者，考察新安江流域的学术文化，当不能忽略这一重要的学术群体。

宋末及元代，真正不为科举功名计，而醉心于义理的士人，为数并不多。胡云峰给汪古逸的信中说："年来老成凋谢，时文愈盛，而古学寝衰。……浓郁于文公之学者，百无一二。"[①] 但元代新安江流域先后涌现了庞大学术人物群体，他们致力于讲学授徒，著书立说，阐扬理学，不媚时俗，不计功名，表明了该区域学术文化的繁盛。

进入明代，新安江流域有一定成就的学术文化人物数量更多、影响更大。略举其中的代表人物，明代前期有：

郑玉（1298～1358），字子美，号师山，歙县人。曾师从乡贤研读朱熹之书，后又外出求学，深受淳安慈湖学派吴暾（朝阳）的影响。一生多次参加科考，屡试不第。至正十四年（1354），元政府授郑玉翰林待制、奉议大夫，郑玉坚辞不起。至正十八年（1358），朱元璋大军下徽州，郑玉惧为新朝征召，自缢而死。郑玉对《六经》皆有研究，而尤精《春秋》，士人从之学者如云。曾筑师山书院，"集诸朋游，讨论《春秋》笔削之旨"，[②] 并为之注释，著有《春秋经传阙疑》一书。另有《周易大全附注》《程朱易契》《余力稿》等行世。

朱升（1299～1370），字允升，号枫林，又号枫林病叟、隆隐老人、墨庄主人。休宁人，后徙居歙县。曾受学于新安理学大师陈栎，先后近20年，"谊莫厚焉"。[③] 至正三年（1343），朱升与赵汸联袂西行，在资中黄楚望门下游学一年，第二年春回乡后，即讲学于郡城紫阳祠，并逐渐丰富自己的学术思想，形成了自己的学术特色。[④] 至正四年（1344）经江南行省举荐，为进士第二名。至正八年（1348），授池州路学正。至正十二年（1352），朱升"秩满归里"，隐居歙县石门，讲学授徒，不复出仕元朝。至正十七年（1357）朱元璋部队下徽州，朱升应召进呈"高筑墙、广积粮、缓称王"三策，见重于朱元璋。吴元年（1367），授翰林侍讲学士、中顺大夫知制诰同修国史，"备

① [明]程曈：《新安学系录》卷13《汪古逸遗事》，康熙三十五年（1696）绿荫园重修本。
② [明]程敏政：《新安文献志》卷49《郑待制》，弘治三年（1490）刊本。
③ [明]朱升：《朱枫林集》卷6《勤有堂记》，安徽古籍丛书，黄山书社，1992年。
④ [明]程曈：《新安学系录》卷14《朱学士传》，康熙三十五年（1696）绿荫园重修本。

顾问于内庭，参密命于翰苑”，[①]晚年以“开国功勋”名称一时。朱升的著述，除后人编纂的《朱枫林集》外,还有《书旁注》《诗经旁注》《地理阴阳五行书》《刑统赋解》《墨庄率意录》等10余种。

赵汸（1319～1370),字子常,学者称东山先生,休宁人。他以《朱子四书》《朱子大全集》《朱子语类》等书，“求程朱绪余，诵习经训辨释”，[②]入理学之门，成为元末明初理学界中最重要的代表人物之一。《明史》称其“初就外傅,读朱子《四书》,多所疑难，乃尽取朱子书读之。闻九江黄泽有学行，往从之游……后复从临川虞集游，获闻吴澄之学。乃筑东山精舍，读书著述其中。鸡初鸣辄起，澄心默坐。由是造诣精深，诸经无不贯通，而尤邃于《春秋》”。[③]从有关资料来看，赵氏学术思想的最大特色是“和会朱陆”，而其学术研究的重心则是关于《春秋》的探讨。著有《春秋左氏传补注》10卷、《春秋属辞》15卷、《春秋师说》3卷、《春秋集传》15卷、《春秋金锁匙》，其中有4部被《四库全书》及《通志堂经解》收录，获得极高评价。另有文集《东山存稿》传世。

张复，字明善，人称书隐先生，淳安人。史载其“博通五经，而尤邃于《春秋》”。受聘讲学于郡庠,“学者翕然宗之”,被称为淳安《春秋》学“四先生”之一。著有《春秋中的》1卷。[④]

范准（1337～1385),字平仲,休宁人。长期师事新安理学名儒朱升、赵汸和汪睿,深得其学说真传。曾游学于闽，从学者甚众，颇有名师风范。归隐徽州后，编辑赵汸诗文及赵氏的《春秋集传》，广为刊布。洪武十一年（1378），以明经举本邑训导。洪武十四年（1381),出任葭川吴堡令,后升为工部主事。著有《齏甕稿》《西游率稿》《谬稿》《塞白稿》《何陋轩稿》《宗谱》等书。[⑤]

鲍同仁，字国良，歙县人。曾历官至会昌州同知，所至皆有政绩。天性慧巧，旁通针砭之术。著有《通玄指要赋注》2卷、《经验针法》1卷,《宋元学案》列为“师山讲友”。[⑥]

---

①[明]朱升:《朱枫林集》卷1《翰林院侍讲学士朱升诰》,安徽古籍丛书,黄山书社,1992年。
②[明]程曈:《新安学系录》卷15《赵东山行状》,康熙三十五年(1696)绿荫园重修本。
③[清]张廷玉等:《明史》卷281《赵汸传》,中华书局,1974年。
④光绪《严州府志》卷19《人物》。
⑤[清]施璜:《还古书院志》卷7《传》,道光二十三年(1843)刻本。
⑥[明]黄宗羲、[清]全祖望:《宋元学案》卷94《师山学案》,中华书局,1986年。

唐仲实，字桂芳，学者称白云先生。歙县人。曾为建宁路崇安县教谕，“重修孔子庙庭，建斋舍，师道严肃，诸生云集”，有“天下教官，当以唐桂芳为第一”的称誉。① 后被荐为南雄路儒学正，不赴。徽州紫阳书院原在县城南门内，因兵燹被毁。仲实度地移建于县学旁，太守胡善与同知何翔延聘仲实到书院讲学，一时徽州学者“翕然宗之”。著有《武夷稿》《白云集》，《宋元学案》列为“师山学侣”。②

姚琏，一名廷用，字叔器，学者称凤池先生，歙县人。弱冠从新安理学名家胡云峰游，与唐仲实往来密切。曾出任紫阳书院山长，历官松江青龙镇、杭州钱塘教谕、太平教授。元末时局动荡，居家日与宋景濂、孙道安等论文讲学，“于世泊如也”。③ 著有《凤池山房集》，《江南通志 · 文苑传》载其行实。④

郑琏，字希汞，郑玉之弟。少有伟志，曾仕至歙县尹。长期追随郑玉，学术与郑玉出于一门。郑玉赴难后，终身不仕明朝。⑤

郑潜，字彦昭，歙县人。与郑玉不同谱，而以叔父事之。后官至监察御史、泉州总管。入明后，又担任过同知之职。著有《白沙集》《樗庵集》。⑥

金居敬，字元忠，休宁人。师从朱升、赵汸，学业精进。朱升所著《经传旁注》、赵汸著《春秋属词》，居敬“校正之力居多”。著有《通鉴纲目凡例考异》《春秋五论》等书。⑦

杨琢，字季成，号放鹤翁，休宁人。先后从学于新安理学家吴古墩、倪道川。杨琢曾筑楼于芳溪之上，自题曰心远，经常与朱枫林、汪环谷、赵东山、黄季纶讲道楼中。明朝定鼎金陵，被授为休宁儒学教谕。晚年居家讲学，“四方执经问业者益众，著述益精”。著有《心远楼存稿》《道园天藻集》。⑧

朱同，字大同，号石门，别号紫阳山樵，学者称石门先生。朱升之子。少时受学于家，受朱升影响，“尤崇正学”。⑨ 明初，举明经任本府儒学教授，又以人才举

① [清]施璜等:《紫阳书院志》卷9《列传》，雍正三年(1725)刻本。
② [明]黄宗羲、[清]全祖望:《宋元学案》卷94《师山学案》，中华书局，1986年。
③ [明]施璜等:《紫阳书院志》卷13《列传》，雍正三年(1725)刻本。
④ [明]黄之隽等:《江南通志》卷167《文苑传》，四库全书本。
⑤ [明]黄宗羲、[清]全祖望:《宋元学案》卷94《师山学案》，中华书局，1986年。
⑥ [明]黄宗羲、[清]全祖望:《宋元学案》卷94《师山学案》，中华书局，1986年。
⑦ 嘉庆《休宁县志》卷12《人物》。
⑧ [清]施璜等:《紫阳书院志》卷9《列传》，雍正三年(1725)刻本。
⑨ [清]施璜:《还古书院志》卷7《传》，道光二十三年(1843)刻本。

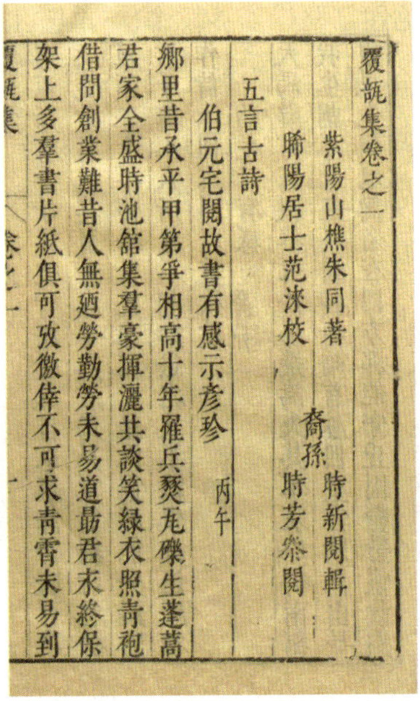
覆瓿集卷之一
紫陽山樵朱同著　裔孫時新閲輯
鄱陽居士范淶校　時芳參閲
五言古詩
伯元宅閲故書有感示彥珍　丙午
鄉里昔承平甲第爭相高十年罹兵燹瓦礫生蓬蒿
君家全盛時池館集羣豪揮灑共談笑緑衣照青袍
借問創業難昔人無遐勞勤勞未易道勗君永終保
架上多羣書片紙俱可攷徼倖不可求青霄未易到
覆瓿集　卷之一

朱同《覆瓿集》书影（明万历四十四年刻本）

为吏部司封员外郎，晋礼部侍郎。后遭诬告，卒于官。《明史》将其附于《朱升传》后。[①] 著有《覆瓿集》8 卷、《新安志》10 卷。

黄枢，字子运，人称后圃先生，休宁人。曾从学于朱升、赵汸。元末，居家致力于授徒讲学，日以诗文自娱。明朝洪武初年，举为校官，辞不就。著有《后圃集》4 卷。[②]

方定，字志安，淳安人。擅长《诗经》学，曾预修《永乐大典》。后任长泰县学教谕，“所至造就有方”。著有《止轩集》行世。[③]

程昆，字汝器，休宁人。洪武二十三年（1390）贡生。初任黟县训导，荐擢金华府浦江知县，为政勤勉，改任山东寿张知县。永乐三年（1405）升任蕲州知州，卒于官。《明史 · 艺文志》著录了程氏经学著作《周易集传》10 卷。[④]

方汉，字孔殷，号寿山，淳安人。景泰元年（1450）浙江乡试中举，天顺二年（1458）中五经单科第一，授监察御史，巡按甘肃。后官至南京太仆寺卿。著有《寿山文集》。

商辂（1414 ~ 1486），字弘斋，号素庵，淳安人。宣德十年（1435）乡试、正统十年（1445）会试及殿试均列第一，历仕至内阁秩一品事。著有《商文毅疏稿略》《商文毅公集》《蔗山笔尘》《宋元通鉴纲目》等。

汪循，字进之，号仁峰，休宁人。弘治九年（1496）登进士第，出为永嘉令，力行《吕氏乡约》，“毁淫祠几尽”，创建鹿城书院，当地先哲“凡忠节理学者，皆表彰之”。[⑤] 后丁忧归，服阕补玉田令，复迁判顺天。正德初，诏求直言，汪循上陈外攘内修十策，颇受朝议重视。后因看不惯宦官刘瑾专权，辞官归隐。著有《存正学辨》

---

① [清]张廷玉等：《明史》卷136，中华书局，1974年。
② 嘉庆《休宁县志》卷12《人物》。
③ 光绪《严州府志》卷19《人物》。
④ [清]张廷玉等：《明史》卷96，中华书局，1974年。
⑤ [清]施璜等：《紫阳书院志》卷9《列传》，雍正三年（1725）刻本。

《帝祖万年金鉴录》《日录》等。《明史 · 艺文志》著录汪氏《仁峰文集》25卷。[①]

以上诸人之外，见载于史籍的明前期新安江流域学术人物还有陈鎜（字自新）、曹汉川（字子纯）、汪洗（字养晦）、倪明善（字尚德）、程叔春（字仁友）、程定夫（字天保）及郑玉门人鲍深（字伯原）、鲍頖（字聚尚）、鲍观（字以仁）、汪自明（字俊德）、洪斌（字节夫）、洪杰（字仲德）、洪宅（字季安）、郑桓（字居贞）、吴虎臣（字道威）等。正如《明史·儒林传》所说："夫明初诸儒，皆朱子门人支流余裔，师承有自，矩矱秩然。"[②] 明前期新安江流域学术文化的代表人物，大多以朱子之学为旨归。他们的出现，将新安江流域打造成了当时朱子学的重镇。

明代中后期，随着王阳明"心学"的传播，新安江流域的传统学术文化亦渐染其风。主要代表人物分成两大阵营，即坚守朱子之学的"朱学"阵营和宣扬陆王学说的"王学"阵营。其主要代表人物如下：

程敏政（1445 ~ 1499），字克勤，休宁人。成化二年（1466），以顺天乡试第一名的身份参加会试，高中进士第一甲第二名（俗称榜眼），被授予翰林院编修。后历任詹事府少詹事、翰林院侍讲学士、礼部右侍郎等职。弘治十二年（1499）因涉唐寅科场舞弊案，被勒令致仕，含恨而终。方志称敏政"淹贯群籍，研究理道"，为文"一本诸经史"，京师还曾流传"天下文章程敏政"之谚。[③] 著有《宋遗民录》15卷、《宋纪受终考》3卷、《心经附注》4卷、《道一编》6卷、《篁墩集》93卷、《新安文献志》100卷、《明文衡》98卷、《唐氏三先生集》28卷附录3卷等书。

程曈（1480 ~ 1560），字启皦，号练江，又号莪山，休宁人。早年失怙，弱冠即弃举子业，一生不举不仕，始终潜心于"涵养致知之学"，以"求真是之归"，并当"正（德）、嘉（靖）之际，禅陆盛行"时，能够"独立狂澜，抵排攘斥，崇正道，辟邪说"，[④] 抱守新安理学的宗旨朱子之学，因而成为此期新安理学学派的重要代表人物。著有《闲辟录》《阳明传习录考》《朱子晚年定论考》《朱子早年定论》《新安学系录》《新安经籍志》《紫阳风雅》等书。

方应时，字以中，遂安人。方志言其"锐志潜修，一宗紫阳之学"。为诸生时，

① [清]张廷玉等：《明史》卷99《艺文志四》，中华书局，1974年。
② [清]张廷玉等：《明史》卷282《儒林传》，中华书局，1974年。
③ 嘉庆《休宁县志》卷12《人物》。
④ 嘉庆《休宁县志》卷12《人物》。

就提出要重修瀛山书院，建格致堂以祀朱熹。后领乡荐，知长泰县。告归后，创修宗祠，按照《文公家礼》恢复古风。①

范涞，字原易，号晞阳，休宁人。万历二年（1574）进士，始任南城县知县。后任南京刑部员外郎，屡迁至南昌知府、浙江布政使、浙江按察使、福建左布政使等官。范涞“学宗程朱，期以实践”，著有《休宁理学先贤传》《范子咙言》《晞阳文集》《朱子语录纂述》等书。

翁恒吉，字尚一，寿昌人。曾任温州教授，所至“每训人以穷理致知、躬行实践为先”，学者称为贞一先生。②

汪康谣，字淡衷，号鹤屿，休宁人。弱冠举于乡，万历四十一年（1613）考中进士，被任命为诸暨县令。旋调任户部，复出仕临清，后升为郎中，出守漳州。守漳三年，离任后漳州百姓念汪康谣恩德，将其奉祀于朱文公祠，额曰“新安两夫子”。崇祯改元后不久，以疾告归，在徽州天泉书院和还古书院讲学不辍。著有《书传删补》《菉漪园集》《闽谳漫记》等行于世。

洪德常，字常伯，歙县人。少有远志，潜心研究六经及宋、元、明诸儒之书。著有《中庸要领》《周程张朱五子学约》《知行合一录》《养生格言》等书。③

江恒，字于常，歙县人。父湛然，曾官桂林太守。早年曾攻举子业，欲通过科举登第而达济天下。崇祯十年（1637）正式放弃诸生学业，致力于研究程朱理学。他与当时一些名儒在徽州紫阳书院开课讲学，传播“程朱之言”，被人誉为“言简理析有矩度”。主要代表作有《王学类禅臆断》，④旨在维护朱子之学，抵排王学在当时的影响。

吴汝遴，字慎先，别号抑庵，休宁人。因感世事沧桑，遂绝意仕途，一生以讲学为重，“尝与诸子讲学紫阳、还古，不以风雨疾病而阻，负担道脉称有力焉”。⑤著有《葩经臆说》《中庸臆说》《诗经集解》等书。

汪宗讯，字君畴，黟县人。曾从“东林党三君”之一的邹元标学，后归里“杜

---

① 光绪《严州府志》卷19《人物》。

② 光绪《严州府志》卷19《人物》。

③ [清]赵弘恩、黄之隽等：《江南通志》卷164《人物志·儒林二》，四库全书本。

④ [清]施璜等：《紫阳书院志》卷12《列传·江文学》，雍正三年（1725）刻本。

⑤ [清]施璜：《还古书院志》卷7《传》，道光二十三年（1843）刻本。

门不出，穷究理学，以程朱为的”。著有《秋鸿草》《蘧庐草》《独居录》等书。①

汪璲，字文仪，休宁人。曾从无锡高世泰游，讲学东林书院。后流寓江汉，平生未尝一日废书，在病危时，仍手答吴门蔡方炳，阐述格物致知之义数千言。去世后，祀于东林书院，学者称默庵先生。著有《周易质疑》《语余谩录》《大学章句绎义》《评点学蔀通辨》诸书。②

汪学圣，字惕若，号石樵，休宁人。早年随父母旅居于外，应试长沙，入府学就读。汪氏之学术，“初亦染俗杂禅，及近证紫阳，远联道南，通其原委，脉络始一协于正”。③他曾在徽州紫阳书院和还古书院“日与诸子互相难诘，斥邪扶正之功，赖以不坠”。④著有《读易述》《学庸章句绎》《语孟偶存》等书。

金声（1598 ~ 1645），又名子骏，字正希，号赤壁，休宁人。崇祯元年（1628）考中进士，官翰林院庶吉士，屡迁至御史、监军。后辞官回到故里，一方面讲学于还古书院，钻研学术；另一方面组织乡勇，习武于县城西门外凤山上。顺治二年（1645）八月，清兵分三路围攻徽州，金声与学生江天一等人率领团练凭关固守，后因寡不敌众，战败被俘。同年底，在南京雨花台不屈就义。著有《金太史集》《尚志堂集》等书。

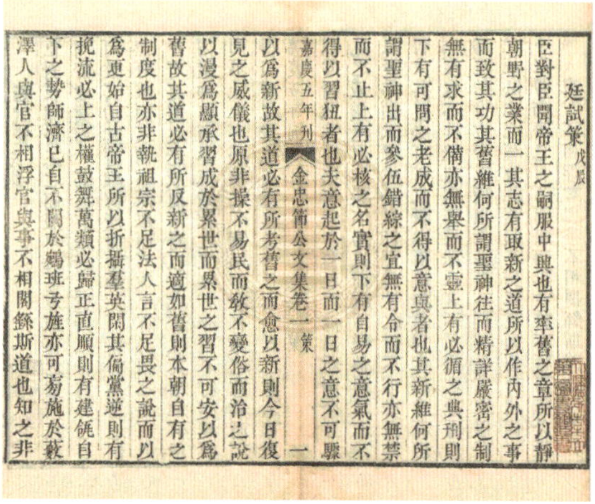
廷試策 戊辰
臣對臣聞帝王之嗣服中興也有率舊之章所以靜
朝野之業而一其志有取新之道所以作內外之事
而致其功其舊維何所謂聖神往而精詳嚴密之制
無有求而不備亦無舉而不盡上有必循之典刑則
下有可問之老成而不得以意輿者也其新維何所
謂聖神出而參伍錯綜之宜無有命而不行亦無禁
而不止上有必核之名實則下有自易之意氣而不
得以習狃者也夫意起於一日而一日之意不可驟
嘉慶五年刊 金忠節公文集卷一 策 一
以爲新故其道必有所考舊之而愈以新則今日復
見之威儀也原非操不易民而敎不變俗而治之說
以漫爲顯承習成於累世而累世之習不可安以爲
舊故其道必有所反新之而適如舊則本朝自有之
制度也亦非執祖宗不足法人言不足畏之說而以
爲更始自古帝王所以折攝羣英閑其偏黨逆則有
挽流必上之權鼓舞萬類必歸正直順則有建瓴自
下之勢師濟已自不闘於鵷班弓旌亦可旁施於藪
澤人與官不相浮官與事不相關繇斯道也知之非

金声《金忠节文集》书影（嘉庆五年刻本 天津图书馆藏）

上述人物，是明代中后期新安江流域信奉朱熹理学思想的核心群体。而另一个宣扬陆王学说的阵营，亦不乏颇有学术建树的学者。比如，刘侯，字原道，寿昌人。年 19 以《诗经》领乡荐，受业于王阳明之门，嘉靖间受聘主教天真书院。⑤谢芊，字时春，祁门人。与侄谢显同师事明代心学大师湛若水于留都南京，深得乃师赞许。

① 道光《徽州府志》卷11《人物》。
② 康熙《休宁县志》卷12《人物》。
③ [清]施璜：《还古书院志》卷7《传》，道光二十三年（1843）刻本。
④ [清]施璜等：《紫阳书院志》卷12《列传》，雍正三年（1725）刻本。
⑤ 光绪《严州府志》卷19《人物》。

学成后“与东南人士讲道，从者益众”，学者称凤山先生。[①]谢显，字惟仁，祁门人。少时家贫，沉慧好学。后从湛若水学，颇得其精髓，曾有感而叹曰：“此学如过独木桥，绝无倚靠立脚处。”督学耿定山将谢显祀于乡贤祠，并有“迹其所至，已在善信之间；充其所志，不抵圣人不已”的评语。[②]汪道昆，字伯玉，号南溟，又号太函，歙县人。道昆“于学则远推象山，近推东越”，是明代中后期徽州“心学”阵营中的重要学术人物。陈履祥，字文台，祁门人。曾从学于心学名家罗汝芳与耿定向，后讲学于金陵，著有《四书翼》《易会通》等书。[③]张振德，字觉之，祁门人。初为诸生时，“见谢显讲学，悦之，遂专用力于圣贤之学”，[④]成为湛若水再传弟子。方敏，字汝修，祁门人。嘉靖三十二年（1553）进士，“尝从邹守益讲学”，[⑤]而邹氏乃明代王阳明“心学”的重要传承者。

明朝中后期新安江流域的学术文化人物，或坚守朱子之学，或倾向陆王心学，构成了一个在中国学术史上影响广泛的群体。入清之后，该群体传薪不绝，并顺应学术文化由“宋学”向“汉学”的转向，涌现了一批引领时代学术潮流的重要学者。

方志之《儒林传》，所录皆学有所成者，他们是新安江流域最重要的传统学术文化代表人物群体。兹据道光《徽州府志》之《儒林》《儒林续编》[⑥]以及《严州府志》之《儒林》[⑦]，统计所录清代人物并展示其分布状况如下：

**【歙】**

吴曰慎，字徽仲，曾长期主教徽州紫阳书院，学者称敬庵先生。方志称其“自年十五迄八十，深潜易学，无须臾不在爻画间”，[⑧]易学成就斐然。著有《周易本义翼》《周易愚按》《周易集粹爻征》《学庸章句翼》《太极图说翼》《孝经刊误》《西铭通书讲义》《朱子性理吟》《圣学约旨》《春秋约义》等。

金榜，字蕊中，一字辅之，号盘斋。从学于江永和戴震。乾隆二十九年（1764）考中举人，授内阁中书，军机处行走。乾隆三十七年（1772）进士，授翰林院编修，

① 同治《祁门县志》卷23《人物志·儒林》。
② [清]赵弘恩、黄之隽等：《江南通志》卷164《人物志·儒林二》，四库全书本。
③ 同治《祁门县志》卷23《人物志·儒林》。
④ 同治《祁门县志》卷23《人物志·儒林》。
⑤ 同治《祁门县志》卷25《人物志·宦绩》。
⑥ 道光《徽州府志》卷11《人物》。
⑦ 光绪《严州府志》卷19《人物》。
⑧ [清]施璜等：《紫阳书院志》卷12《列传》，雍正三年（1725）刻本。

曾为山西副考官。后以病辞官，致力于学术研究。一生“邃于经学，尤擅长三礼”。著有《礼笺》10卷等著述。[①]

汪中，字容甫。乾隆四十二年（1777）举为拔贡生，曾参与检校《四库全书》。能诗，工骈文，长于史学。有“学殊赅博”之称，[②]与阮元、焦循均为扬州学派的重要代表人物。著有《广陵通典》《述学》《容甫先生遗诗》等书。

凌廷堪，字次仲，又字仲子。乾隆五十四年（1789）进士，曾为宁国府学教谕。一生“究心经史，冀为其乡先辈江戴之学”。[③]其学“博览强记，识力精卓，于群经子史六书历算，无所不窥，而尤深于礼”。[④]著有《礼经释例》《燕乐考原》等书。

吴定，字殿麟。嘉庆初年，举孝廉方正，赐六品服。从学于枞阳名儒刘海峰。晚年居家，“专力经学”，锐意探求义理，注《易》《中庸》各一编。

汪莱，字孝婴，号衡斋。以优贡生入国史馆纂修《天文志》《时宪志》，嘉庆十五年（1810）调任池州石埭县训导，卒于任上。主要著作有《衡斋算学》《四边形算法》《十三经注疏正误》《禹贡图考》以及《衡斋诗集》等。

汪龙，字叔辰。乾隆五十一年（1786）举人，曾应聘主讲徽州古紫阳书院。经学研究中以《诗》成就最大，数十年浸润其中，著有《毛诗异义》4卷、《毛诗申成》10卷。[⑤]晚年与戴震弟子段玉裁交往，得段氏所注《说文》，补正自己早年著作《毛诗异义》，缮为定本。而段玉裁所著《说文解字注》中，亦多采汪龙之说。

郑旼，字慕倩。方志记载其“尤嗜理学”，有《拜经斋》《致道堂》《正己居》等集。

汪德元，字正叔。晚明王学兴盛之后，“学者多不诣紫阳会讲”。顺治十六年（1659）德元召集生徒，春秋萃聚，后主持书院7年，“言行端方，后学推尊先正，必以德元为首”。

汪知默，字闻增，号月岩。明末时曾为府学诸生，后长期讲学于紫阳书院，颇为当时徽州学者推崇。著有《紫阳通志》《理学归一书》等书。

张习孔，字念难。顺治六年（1649）进士，曾任刑部郎中、山东督学佥事。著有《大易辨志》24卷、《檀弓问》4卷、《诒清堂集》16卷、《云谷卧余》28卷等。

---

① 支伟成：《清代朴学大师列传》卷6，岳麓书社，1986年。

② 民国《歙县志》卷7《人物志》。

③ 支伟成：《清代朴学大师列传》第6《凌廷堪》，岳麓书社，1986年。

④ 民国《歙县志》卷7《人物志》。

⑤ 支伟成：《清代朴学大师列传》卷6，岳麓书社，1986年。

程思聪，字谋伯，号钝庵。学术偏重在理学，而不屑章句之学，“日与其徒阐明格物致知之义”。著有《钝人萍问》。

方启大，字裕昆。精于《毛诗》而兼通六经，著有《孝经全书》等书。

程宏敬，字俨存。方志言其“言规行矩，礼法自持”，精于《易》学，著有《易学辑闻》一书。

汪梧凤，字在湘。与休宁戴震、郑牧为同学，晚年尤致力于《毛诗》研究。著有《松溪文集》《诗学女为》等书。

项淳，字芸堂，号任田。乾隆二十六年（1761）考中进士。其学术“于性理主程朱，而参以宋元诸儒；于制度治术，主《三通》《大学衍义补》，而兼取汉唐以来之说”。著有《一辐集》18卷、《续编》12卷。

【休宁】

施璜，字虹玉，号诚斋。为学崇尚朱子之学，力主抵排陆王心学。方志谓其“日以存何念、接何人、行何事、读何书、吐何语五者自勘，教人九容以养其外，九思以养其内，九德以要其成”，主讲徽州紫阳、还古两书院40余年，著有《诚斋问答》《五经臆说》《紫阳通志》等书。

戴震，字东原，少从婺源江永游，后入四库馆任纂修官。乾隆四十年（1775）特旨参加殿试，赐同进士出身，授翰林院庶吉士。提出“由声音文字以求训诂，由训诂以寻义理，实事求是，不偏主一家”的治经理路，成为乾嘉考据学派中皖派的主要代表人物。著有《孟子字义疏证》《原善》《孟子私淑录》《读易系辞论性》《读孟子论性》，以及后人编撰的《戴震全书》等。

赵继序，字芝生，号易门，其学“一以朱子为宗”。曾会讲于徽州紫阳、还古两书院，主持直隶鸳亭、江西白鹭洲讲席，“一事一言，必折衷于圣人之经，以穷理尽性为宗旨，以躬行实践为功修”。著有《周易图书质疑》24卷。

程瑶田，字易田，又字易畴，号让堂。乾隆三十五年（1770）考中举人，选授嘉定县教谕。曾与休宁戴震、歙县金榜等人俱学于江永。瑶田学贯汉宋，多才多艺，著有《通艺录》29种，《附录》7种等著述。①

汪学圣，字惕若。曾从无锡高世泰游，归里后会讲于紫阳、还古两书院。著有《问

① 1933年编印的《安徽丛书》收录了程瑶田的《通艺录》。其中多种著述也被《皇清经解》收录。

易》《思成录》等书。

朱宏，字济臣，与汪学圣等一起讲学切磨，著有《读书存问》2卷、《文集》1卷、《诗集》1卷。

孙琅，字诒仲。精究学术，集《四书》诸家论说，著为《绪言》。

【祁门】

张藴，字合之。为文根据理要，学术以"尊程朱、斥佛老"为立足点，著有《石渠稿》。

谢天达，字兼善，号容岩。初专攻制艺，后弃科举业，崇奉朱子之学。曾辑录明儒笃信朱子者十数家，题曰《明儒语要》。

陈二典，字书始。为人"纯谨笃厚"，为学则"究心理学，一以程朱为的"。晚年积极参与六邑会讲，力主"抑王尊朱""以紫阳为宗"。去世后被旌为"紫阳学者"。

【绩溪】

胡清聚，字思平。幼承家学，方志言其学术"刻苦自励，以致知力行为本"。著有《四书注说参证》《尚书存真》《诗经积疑》及文集等。

胡匡宪，字懋中，号绳轩。诸经皆通，而于《诗》发明尤多。著有《毛诗集释》《绳轩读经记》《读史随笔》《石经详考》等书。

胡匡衷，字寅臣，号朴斋。治学讲究以经证经，其学一重易学，二重礼学。著有《周易传义疑参》《三礼札记》《周礼井田图考》《春秋列国职官谱》《左传翼服》《论语古本证异》等书。

章熺，字玉亭，县学生。著述丰富，有《理鉴统宗》等书行世。

葛士光，字辉楚。精于《尚书》。著有《禹贡注释》等书。

程南，字圣可，号庸庵。著有《诗经录要》《性理纂要》《庸庵集》《类方秘录》《脉症应绳录》。

胡行学，一名兆佐，字尔辅。"笃学力行，专求程朱遗绪"，著有《灵石斋性理图说》等书。

胡从圣，字思谏。潜修积学，坚守朱熹学说，"不惑外教"。著有《南栖偶兴诗集》《未信录》等。

【黟】

孙汉，字广思，号蘧庵。史载其刻苦为学，"诸子百家亦究其原流，而必以程朱为宗”。[1] 著有《孝经集解》《蘧庵诗草》等书。

胡士育，字基仁。好学富于立言，“所言务关世教，不尚浮夸之词”，著有《性理标旨》《野史汇录》《黟山古迹》等书。

舒度，字越凡。父舒其芳曾著有《周易会通》。舒度继承家学，而于朱熹所注《四书》尤其用力，著《四书会通》，“剖析先儒之说，最为精详，往往发其未尽之蕴”。

汪廷榜，字自占，学者称仰山先生。乾隆三十六年（1771）举人，后补旌德训导。曾在钟山书院读书，从梅氏学勾股法，精通算学。

【建德】

王纳表，字乾所。方志称他“事亲孝，性颖悟”，博览群书，尤其潜心理学，“日与生徒发明性命宗旨”，是一位勤勉的学者。著有《四书周易训要》，并旁及医方、地理等著述。

【淳安】

方元亮，字乾一。康熙十七年（1678）举人，任平湖教谕，其教以白鹿洞书院学规和胡居仁规训为宗。后迁宁波教授，著有《下学浅言》8卷等书。

周上治，字六云。于《易》《论语》二书用力颇深。著有《易解》《论语解》《苔园诗文集》等若干卷。

方苿如，字药房。工诗，尤沉潜经训，探析义理往往深入毫厘，授徒课子也多再三不倦。著有《经书通解》32卷、《仪礼句读》2卷、《性理本义》3卷、《自咏诗》8卷、《杂著》2卷等。

吴华，字子翼。刻苦力学，一生“敦行穷经”，授徒百余。著有《四书大全》《尚书确论》等。

【遂安】

余叔纯，字与文。方志言其“经史诸书，靡不披览贯穿，而尤精于《易》”。著有《周易读》5卷，“多阐先儒未发之蕴”。

方词林，字文山。方志称其“腹笥淹博，尤精于经学”。著有《诗说》《春秋类言》《尚书节注》《礼记纂要》等书。

周群，字雅远。家贫好学，尤潜心于理学，及门弟子数百人。著有《周易解》《中

① 嘉庆《黟县志》卷6《人物》。

庸解》《性理旁训》《孝经纂注》《九经集解》《澹庵诗集》等。

姜聚元，字萃如。其学长于《易》，兼通《春秋》。方志言其“为文纵横蜿蜒，归于清洁”，颇获士林推崇。

毛抟霄，字南溟。一生教学授徒无虚日，被人称为“道与艺”皆备。著有《涧滨堂诗文稿》。

方引彭，字商贤。早年失怙，稍长即潜心经史，手不释卷，并形成了“雄深雅健”的文风。著有《语石庵记》等。

上述《儒林传》著录的人物，展示了清代新安江流域学术文化人物的基本规模。当然，这还不是当时该流域全部的学术文化人物，一些重要人物因具有学者、官员等多重身份，出现在其他传记类中。至于县志中著录的学术人物，则比府志中著录人物更广、更丰富。此外，与新安江流域密切相关的徽州婺源县学术文化人物，尚不在上述名单中。我们注意到，《徽州府志》的《儒林传》及《儒林续编》著录了清代婺源县的江永、汪绂、游有伦、胡璇、潘显道、戴思孝、詹绍庆、汪荣祖、汪于沚、潘第、俞塞、俞鲲化、汪大业、汪士汉、余元昌、叶正蕃、戴元侃、游琯、游国良、江清征、胡文璧、王朝玥、程日宏、黄声谐、胡霞、汪升、李健、潘书磬、胡潮、王鸿嵩、王作霖、王煜文、王祺、戴逢旦、施大业、董昌祠、程廷祚、王廷桂、江一鸿、余德恬、余元遴、洪腾蛟、俞皋、汪钢、王佩兰、胡光琦、余宗英、李士睿、董桂新等重要学者多达 49 人，这从一个侧面反映了清代新安江流域徽州府和严州府学术文化人物群体之庞大。

大量文献记载表明，元、明、清三代，在新安江流域出现了规模庞大的学术文化人物群体。该群体学术思想丰富多彩，师承渊源脉络明晰，地域范围相对集中，并先后形成了“新安理学”“皖派朴学”学术流派，在中国学术文化史上留下了浓墨重彩的一页。元、明、清三代，辈出的学术文化人物，表明了该时期新安江流域传统学术文化的繁荣。

## 第二节 著述迭现

一地学术文化繁荣的程度，学术著述的多寡是重要的指标。元、明、清三代，新安江流域学术文化出现空前繁荣的盛况，重要的标志之一是该地其时学术文化著述迭现。

新安江上游的徽州，向来被视为文献之邦。“大江之南畿辅为郡九，而以文献称者吾徽为最”。① 民国《歙县志》称：“歙人著作繁富，博访难周。”② 道光《休宁县艺文志序》亦言：“邑自文简公程大昌、格斋先生程永奇而下，师友渊源，贤哲林立，其鸿篇巨制，见于宋明史志、陈氏解题、晁氏读书志、马氏经籍考者，盖彬彬矣。”③ 道光《徽州府志》编撰者按称：

> 新安自唐以来，名流辈兴，著作宏富，欣逢圣朝《四库全书总目》多所著录。今并采诸史及各家书目……国朝则如《续文献通考·经籍考》《千顷堂书目》《传是楼书目》《读书敏求记·经义考》《明诗综》《天一阁书目》之类，悉皆采录。益以《江南通志》、郡邑志洎采访之书，遵《四库全书》目录之例，编次所有都为一志。④

这些描述，皆真实反映了新安江上游徽州一府文献之丰富。与此类似的是，新安江中下游的严州府，也是一个文献名郡。光绪《严州府志》卷首《吴士进序》说：严州“博物君子，后先相望，诗文著述，名作如林”。⑤ 同书卷 23《艺文志》则称：“严郡自唐宋以来，名贤著述，难更仆数”。⑥ 道光《徽州府志》著录了唐、宋、元、明、清（道光之前）徽州府的著述数量，其中元代 288 种（经部 113 种、史部 35 种、子部 43 种、集部 97 种），明代 1245 种（经部 200 种、史部 171 种、子部 295 种、

---

①《新安歙北许氏东支世谱》卷5《寿昌许公八秩序》。
② 民国《歙县志》卷15《艺文志》。
③ 道光《休宁县志》卷15《休宁县艺文志序》。
④ 道光《徽州府志》卷15《艺文志》。
⑤ 光绪《严州府志》卷首《吴士进序》。
⑥ 光绪《严州府志》卷23《艺文志》。

集部579种），清代道光以前1295种（经部278种、史部115种、子部244种、集部658种）。据此，元、明、清三代徽州府学者的著述总数合计2829种。[①] 这一数字，占到了《徽州府志》著录数的84.9%。可见，这一时期徽州学者著述数量的庞大，同时也反映了徽州学术文化的繁荣程度。

清代乾隆年间，朝廷组织编纂了一部规模空前的丛书——《四库全书》。该书收录3462种图书，计79338卷，由纪昀等360多位学者耗时13年编撰而成。凡入选《四库全书》的图书，均为中国古代文化史上最重要的代表作品。我们根据《四库全书总目》，分朝代和县级行政区划，编制了《〈四库全书〉收录元明清新安江流域学术文化著述表》，以反映元、明、清三代新安江流域具有全国影响的学术文化著述的状况（见表1～3）。

《四库全书》（董家魁 摄）

① 道光《徽州府志》卷15《艺文志》。

## 表1 《四库全书》著录新安江流域元代学者著述表

| 县名 | 作　者 | 书名 | 卷数 | 备注 |
|---|---|---|---|---|
| 歙 | 郑玉 | 《春秋经传阙疑》 | 45 | 浙江鲍士恭家藏本<br>卷二十八 经部二十八 春秋类三 |
| | | 《师山文集》 | 8 | 安徽巡抚采进本<br>卷一百六十八 集部二十一 别集类二十一 |
| | | 《遗文》 | 5 | 安徽巡抚采进本<br>卷一百六十八 集部二十一 别集类二十一 |
| | | 《附录》 | 1 | 安徽巡抚采进本<br>卷一百六十八 集部二十一 别集类二十一 |
| | 方回 | 《续古今考》 | 37 | 副都御史黄登贤家藏本<br>卷一百十八 子部二十八 杂家类二 |
| | | 《桐江续集》 | 37 | 浙江孙仰曾家藏本<br>卷一百六十六 集部十九 别集类十九 |
| | | 《文选颜鲍谢诗评》 | 4 | 永乐大典本<br>卷一百八十六 集部三十九 总集类一 |
| | | 《瀛奎律髓》 | 49 | 内府藏本<br>卷一百八十八 集部四十一 总集类三 |
| | 杨公远 | 《野趣有声画》 | 2 | 浙江鲍士恭家藏本<br>卷一百六十六 集部十九 别集类十九 |
| | 洪焱祖 | 《杏亭摘稿》 | 1 | 浙江鲍士恭家藏本<br>卷一百六十七 集部二十 别集类二十 |
| | 唐元 | 《筠轩集》 | 13 | 安徽巡抚采进本<br>卷一百六十七 集部二十 别集类二十 |
| 歙 | 张存中 | 《四书通证》 | 6 | 两江总督采进本<br>卷三十六 经部三十六 四书类二<br>张氏为元新安人，具体籍贯不详 |
| | 佚名 | 《天文秘略》 | 无卷数 | 浙江吴玉墀家藏本<br>卷一百十 子部二十 术数类存目一<br>《总目》："旧本题'新安胡氏撰'，不注名字……当为元末、明初之人" |

续表

| 县名 | 作　者 | 书名 | 卷数 | 备注 |
|---|---|---|---|---|
| 休宁 | 赵汸 | 《周易文诠》 | 4 | 两淮马裕家藏本<br>卷四 经部四 易类四 |
| | | 《春秋集传》 | 15 | 两江总督采进本<br>卷二十八 经部二十八 春秋类三 |
| | | 《春秋诗说》 | 3 | 两江总督采进本<br>卷二十八 经部二十八 春秋类三 |
| | | 《春秋属辞》 | 15 | 两江总督采进本<br>卷二十八 经部二十八 春秋类三 |
| | | 《春秋左氏传补注》 | 10 | 两江总督采进本<br>卷二十八 经部二十八 春秋类三 |
| | | 《春秋金锁匙》 | 1 | 两江总督采进本<br>卷二十八 经部二十八 春秋类三 |
| | | 《东山存稿》 | 7 | 内府藏本<br>卷一百六十八 集部二十一 别集类二十一 |
| | | 《附录》 | 1 | 内府藏本<br>卷一百六十八 集部二十一 别集类二十一 |
| | 倪士毅 | 《重订四书辑释》 | 20 | 浙江巡抚采进本<br>卷三十七 经部三十七 四书类存目<br>《总目》载倪氏为歙县人,应为休宁人 |
| | | 《作义要诀》 | 1 | 永乐大典本<br>卷一百九十六 集部四十九 诗文评类二 |
| | 陈栎 | 《尚书集传纂疏》 | 6 | 两江总督采进本<br>卷十二 经部十二 书类二 |
| | | 《历朝通略》 | 4 | 浙江巡抚采进本<br>卷八十八 史部四十四 史评类 |
| | | 《勤有堂随录》 | 1 | 编修程晋芳家藏本<br>卷一百二十二 子部三十二 杂家类六 |
| | | 《定宇集》 | 16 | 浙江鲍士恭家藏本<br>卷一百六十七 集部二十 别集类二十 |
| | | 《别集》 | 1 | 浙江鲍士恭家藏本<br>卷一百六十七 集部二十 别集类二十 |

续表

| 县名 | 作者 | 书名 | 卷数 | 备注 |
|---|---|---|---|---|
| 祁门 | 汪克宽 | 《经礼补逸》 | 9 | 两淮马裕家藏本<br>卷二十 经部二十 礼类二 |
| | | 《春秋胡传附录纂疏》 | 30 | 浙江吴玉墀家藏本<br>卷二十八 经部二十八 春秋类三 |
| | | 《环谷集》 | 8 | 浙江鲍士恭家藏本<br>卷一百六十八 集部二十一 别集类二十一 |
| 绩溪 | 舒頔 | 《贞素斋集》 | 8 | 浙江鲍士恭家藏本<br>卷一百六十八 集部二十一 别集类二十一 |
| | | 《附录》 | 1 | 浙江鲍士恭家藏本<br>卷一百六十八 集部二十一 别集类二十一 |
| | | 《北庄遗稿》 | 1 | 浙江鲍士恭家藏本<br>卷一百六十八 集部二十一 别集类二十一 |
| 淳安 | 邵亨贞 | 《野处集》 | 4 | 浙江巡抚采进本<br>卷一百六十七 集部二十 别集类二十<br>《总目》:“……杨枢《淞故述》载其本淳安人……占籍华亭” |

## 表2 《四库全书》著录新安江流域明代学者著述表

| 县名 | 作者 | 书名 | 卷数 | 备注 |
|---|---|---|---|---|
| 歙 | 方时化 | 《易引》 | 9 | 江苏周厚堉家藏本<br>卷八 经部八 易类存目二 |
| | | 《周易颂》 | 2 | 江苏周厚堉家藏本<br>卷八 经部八 易类存目二 |
| | 方时化 | 《学易述谈》 | 4 | 江苏周厚堉家藏本<br>卷八 经部八 易类存目二 |
| | | 《易指要绎》 | 3 | 江苏周厚堉家藏本<br>卷八 经部八 易类存目二 |
| | | 《易疑》 | 4 | 江苏周厚堉家藏本<br>卷八 经部八 易类存目二 |

**续表**

| 县名 | 作　者 | 书名 | 卷数 | 备注 |
|---|---|---|---|---|
| 歙 | 方时化 | 《易通》 | 1 | 江苏周厚堉家藏本<br>卷八 经部八 易类存目二 |
| | | 《中庸点缀》 | 1 | 江苏周厚堉家藏本<br>卷三十七 经部三十七 四书类存目 |
| | | 《阴符经质剂》 | 1 | 安徽巡抚采进本<br>卷一百四十七 子部五十七 道家类存目 |
| | 程观生 | 《四易通义》 | 6 | 内府藏本<br>卷八 经部八 易类存目二 |
| | 章佐圣 | 《周易时义注》 | 无卷数 | 浙江巡抚采进本<br>卷八 经部八 易类存目二 |
| | 方芬 | 《易经补义》 | 4 | 浙江巡抚采进本<br>卷八 经部八 易类存目二 |
| | 程明哲 | 《考工记纂注》 | 2 | 浙江巡抚采进本<br>卷二十三 经部二十三 礼类存目一 |
| | 吴元满 | 《六书正义》 | 12 | 江苏巡抚采进本<br>卷四十三 经部四十三 小学类存目一 |
| | | 《六书总要》 | 5 | 江苏巡抚采进本<br>卷四十三 经部四十三 小学类存目一 |
| | | 《六书溯源直音》 | 2 | 江苏周厚堉家藏本<br>卷四十三 经部四十三 小学类存目一 |
| | | 《谐声指南》 | 1 | 浙江汪启淑家藏本<br>卷四十三 经部四十三 小学类存目一 |
| | 程元初 | 《律古词曲赋叶韵》 | 12 | 江苏周厚堉家藏本<br>卷四十四 经部四十四 小学类存目二 |
| | 程元初 | 《历代二十一传残本》 | 12 | 浙江巡抚采进本<br>卷四十八 史部四 编年类存目 |
| | 谢陛 | 《季汉书》 | 56 | 内廷藏本<br>卷五十 史部六 别史类 |
| | 黄训 | 《名臣经济录》 | 53 | 浙江巡抚采进本<br>卷五十五 史部十一 诏令奏议类 |

**续表**

| 县名 | 作　者 | 书名 | 卷数 | 备注 |
|---|---|---|---|---|
| 歙 | 黄训 | 《读书一得》 | 4 | 两淮马裕家藏本<br>卷一百二十七 子部三十七 杂家类存目四 |
| | 赵滂 | 《程朱阙里志》 | 8 | 两淮马裕家藏本<br>卷六十 史部十六 传记类存目二 |
| | 郑烛 | 《济美录》 | 4 | 兵部侍郎纪昀家藏本<br>卷六十一 史部十七 传记类存目三 |
| | 潘京南 | 《衡门晤语》 | 6 | 两江总督采进本<br>卷六十二 史部十八 传记类存目四 |
| | 潘之恒 | 《黄海》 | 60 | 两江总督采进本<br>卷七十六 史部三十二 地理类存目五 |
| | | 《名山注》 | 无卷数 | 内府藏本<br>卷七十八 史部三十四 地理类存目七 |
| | | 《亘史钞》 | 无卷数 | 两江总督采进本<br>卷一百三十八 子部四十八 类书类存目二 |
| | | 《涉江诗选》 | 7 | 浙江孙仰曾家藏本<br>卷一百七十八 集部三十一 别集类存目五 |
| | 鲍应鳌 | 《明臣谥汇考》 | 2 | 浙江巡抚采进本<br>卷八十二 史部三十八 政书类二 |
| | 汪砢玉 | 《古今鹾略》 | 9 | 浙江汪启淑家藏本<br>卷八十四 史部四十 政书类存目二 |
| | | 《鹾略补》 | 9 | 浙江汪启淑家藏本<br>卷八十四 史部四十 政书类存目二 |
| | | 《珊瑚网》 | 48 | 浙江孙仰曾家藏本<br>卷一百十三 子部二十三 艺术类二 |
| | 江瓘 | 《名医类案》 | 12 | 通行本<br>卷一百四 子部十四 医家类二<br>此书其子应宿增补 |
| | | 《江山人集》 | 7 | 浙江汪汝瑮家藏本<br>卷一百七十八 集部三十一 别集类存目五 |
| | 方有执 | 《伤寒论条辨》 | 8 | 内府藏本<br>卷一百四 子部十四 医家类二 |

续表

| 县名 | 作　者 | 书名 | 卷数 | 备注 |
|---|---|---|---|---|
| 歙 | 方有执 | 《本草钞》 | 1 | 内府藏本<br>卷一百四　子部十四　医家类二 |
| | | 《或问》 | 1 | 内府藏本<br>卷一百四　子部十四　医家类二 |
| | | 《痉书》 | 1 | 内府藏本<br>卷一百四　子部十四　医家类二 |
| | 吴正伦 | 《养生类要》 | 2 | 两淮盐政采进本<br>卷一百五　子部十五　医家类存目 |
| | 吴勉学 | 《河间六书》 | 27 | 通行本<br>卷一百五　子部十五　医家类存目 |
| | | 《唐乐府》 | 18 | 两江总督采进本<br>卷一百九十三　集部四十六　总集类存目三 |
| | 鲍泰 | 《天心复要》 | 3 | 浙江范懋柱家天一阁藏本<br>卷一百七　子部十七　天文算法类二 |
| | 程君房 | 《程氏墨苑》 | 12 | 浙江巡抚采进本<br>卷一百十六　子部二十六　谱录类存目 |
| | | 《程幼博集》 | 6 | 浙江孙仰曾家藏本<br>卷一百七十九　集部三十二　别集类存目六 |
| | 方于鲁 | 《方氏墨谱》 | 6 | 浙江汪启淑家藏本<br>卷一百十六　子部二十六　谱录类存目 |
| | | 《方建元诗集》 | 12 | 浙江孙仰曾家藏本<br>卷一百七十八　集部三十一　别集类存目五 |
| | | 《续集》 | 1 | 浙江孙仰曾家藏本<br>卷一百七十八　集部三十一　别集类存目五 |
| | 江应晓 | 《对问编》 | 8 | 副都御史黄登贤家藏本<br>卷一百二十七　子部三十七　杂家类存目四 |
| | 黄奂 | 《黄元龙小品》 | 2 | 浙江巡抚采进本<br>卷一百二十八　子部三十八　杂家类存目五 |
| | | 《黄元龙诗集》 | 8 | 浙江巡抚采进本<br>卷一百八十　集部三十三　别集类存目七 |

**续表**

| 县名 | 作　者 | 书名 | 卷数 | 备注 |
| --- | --- | --- | --- | --- |
| 歙 | 黄奂 | 《尺牍》 | 2 | 浙江巡抚采进本<br>卷一百八十 集部三十三 别集类存目七 |
| | 曹臣 | 《舌华录》 | 9 | 浙江巡抚采进本<br>卷一百三十二 子部四十二 杂家类存目九 |
| | 程荣 | 《山居清赏》 | 28 | 内府藏本<br>卷一百三十四 子部四十四 杂家类存目十一 |
| | 程允兆 | 《天都阁藏书》 | 25 | 两江总督采进本<br>卷一百三十四 子部四十四 杂家类存目十一 |
| | 汪道昆 | 《五车霏玉》 | 34 | 两淮马裕家藏本<br>卷一百三十七 子部四十七 类书类存目一<br>《总目》:“明吴昭明撰,汪道昆增订……<br>道昆,字伯玉,歙县人” |
| | | 《太函集》 | 120 | 安徽巡抚采进本<br>卷一百七十七 集部三十 别集类存目四 |
| | | 《副墨》 | 5 | 内府藏本<br>卷一百七十七 集部三十 别集类存目四 |
| | 汪道贯 | 《汪次公集》 | 12 | 浙江汪汝瑮家藏本<br>卷一百七十七 集部三十 别集类存目四<br>《总目》作休宁人。汪氏系汪道昆之弟,应是歙县人 |
| | 吴之俊 | 《狮山掌录》 | 28 | 浙江吴玉墀家藏本<br>卷一百三十八 子部四十八 类书类存目二 |
| | 江旭奇 | 《朱翼》 | 无卷数 | 浙江巡抚采进本<br>卷一百三十八 子部四十八 类书类存目二<br>《总目》:“旭奇字舜升,歙县人……” |
| | 汪宗姬 | 《儒函数类》 | 62 | 安徽巡抚采进本<br>卷一百三十八 子部四十八 类书类存目二 |
| | 汪瑗 | 《楚辞集解》 | 8 | 两淮盐政采进本<br>卷一百四十八 集部一 楚辞类 |
| | | 《蒙引》 | 2 | 两淮盐政采进本<br>卷一百四十八 集部一 楚辞类 |
| | | 《考异》 | 1 | 两淮盐政采进本<br>卷一百四十八 集部一 楚辞类 |

**续表**

| 县名 | 作　者 | 书名 | 卷数 | 备注 |
| --- | --- | --- | --- | --- |
| 歙 | 唐桂芳 | 《白云集》 | 7 | 安徽巡抚采进本<br>卷一百六十九 集部二十二 别集类二十二 |
| | 郑潜 | 《樗庵类稿》 | 2 | 永乐大典本<br>卷一百六十九 集部二十二 别集类二十二 |
| | 唐文凤 | 《梧冈集》 | 8 | 安徽巡抚采进本<br>卷一百七十 集部二十三 别集类二十三 |
| | 程诰 | 《霞城集》 | 24 | 浙江汪汝瑮家藏本<br>卷一百七十六 集部二十九 别集类存目三 |
| | 王寅 | 《十岳山人诗集》 | 4 | 浙江孙仰曾家藏本<br>卷一百七十七 集部三十 别集类存目四 |
| | 方弘静 | 《素园存稿》 | 18 | 浙江巡抚采进本<br>卷一百七十八 集部三十一 别集类存目五<br>《总目》作“方宏静”，避清高宗之讳。 |
| | 方扬 | 《方初庵集》 | 16 | 浙江孙仰曾家藏本<br>卷一百七十九 集部三十二 别集类存目六 |
| | 方问孝 | 《苍耳斋诗集》 | 17 | 浙江孙仰曾家藏本<br>卷一百七十九 集部三十二 别集类存目六 |
| | 江东之 | 《瑞阳阿集》 | 10 | 两江总督采进本<br>卷一百七十九 集部三十二 别集类存目六 |
| | 吴士奇 | 《史裁》 | 26 | 江苏巡抚采进本<br>卷六十五 史部二十一 史钞类 |
| | | 《绿滋馆稿》 | 9 | 江苏巡抚采进本<br>卷一百七十九 集部三十二 别集类存目六 |
| | 方承训 | 《复初集》 | 36 | 庶吉士戴震家藏本<br>卷一百八十 集部三十三 别集类存目七<br>《总目》:“承训……徽州人……”,方氏系歙县人 |
| | 汪逸 | 《汪遗民诗》 | 1 | 两江总督采进本<br>卷一百八十 集部三十三 别集类存目七 |
| | 吴文奎 | 《荪堂集》 | 10 | 浙江孙仰曾家藏本<br>卷一百八十 集部三十三 别集类存目七 |

续表

| 县名 | 作　者 | 书名 | 卷数 | 备注 |
| --- | --- | --- | --- | --- |
| 歙 | 潘纬 | 《潘象安诗集》 | 4 | 浙江孙仰曾家藏本<br>卷一百八十　集部三十三　别集类存目七 |
| | 胡镇 | 《梦草堂稿》 | 12 | 浙江孙仰曾家藏本<br>卷一百八十　集部三十三　别集类存目七 |
| | 汪汝谦 | 《绮咏》 | 1 | 安徽巡抚采进本<br>卷一百八十　集部三十三　别集类存目七 |
| | | 《绮咏续集》 | 1 | 安徽巡抚采进本<br>卷一百八十　集部三十三　别集类存目七 |
| | 程文潞 | 《顺则集》 | 8 | 编修励守谦家藏本<br>卷一百九十三　集部四十六　总集类存目三 |
| | 程明善 | 《啸余谱》 | 10 | 副都御史黄登贤家藏本<br>卷二百　集部五十三　词曲类存目 |
| | 姚应仁 | 《檀弓原》 | 2 | 浙江吴玉墀家藏本<br>卷二十四　经部二十四　礼类存目二<br>《总目》注姚氏为徽州人，具体籍贯不详 |
| | | 《大学中庸读》 | 2 | 浙江汪启淑家藏本<br>卷三十七　经部三十七　四书类存目 |
| | 吴继仕 | 《七经图》 | 7 | 副都御史黄登贤家藏本<br>卷三十四　经部三十四　五经总义类存目<br>《总目》注吴氏为徽州人，具体籍贯不详 |
| | | 《音声纪元》 | 6 | 通行本<br>卷四十四　经部四十四　小学类存目二 |
| | 程汝文 | 《易数总断》 | 无卷数 | 两江总督采进本<br>卷一百十一　子部二十一　术数类存目二<br>《总目》："旧本题新安和玉山人程汝文撰……盖明人书也。"程氏具体籍贯不详 |
| | 黄凤池 | 《唐诗画谱》 | 5 | 内府藏本<br>卷一百十四　子部二十四　艺术类存目<br>《总目》："凤池，徽州人。"黄氏具体籍贯不详 |
| | 赵枢生 | 《含元斋别编》 | 10 | 浙江朱彝尊家曝书亭藏本<br>卷一百三十八　子部四十八　类书类存目二<br>《总目》："枢生字彦才，徽州人。"<br>赵氏具体籍贯不详 |

续表

| 县名 | 作者 | 书名 | 卷数 | 备注 |
|---|---|---|---|---|
| 歙 | 朱师孔 | 《性灵稿》 | 2 | 浙江巡抚采进本<br>卷一百八十 集部三十三 别集类存目七<br>《总目》:"师孔字时行,徽州人,家于武昌。"<br>朱氏具体籍贯不详 |
| | 杜桓 | 《柳黄同声集》 | 2 | 浙江鲍士恭家藏本<br>卷一百九十一 集部四十四 总集类存目一<br>《总目》:"桓字宗表,徽州人。"<br>杜氏具体籍贯不详 |
| | 汪士贤 | 《汉魏名家》 | 无卷数 | 通行本<br>卷一百九十三 集部四十六 总集类存目三<br>《总目》:"士贤,徽州人。"<br>汪氏具体籍贯不详 |
| 休宁 | 朱升 | 《周易旁注图说》 | 2 | 山东巡抚采进本<br>卷七 经部七 易类存目一 |
| | | 《尚书旁注》 | 6 | 两江总督采进本<br>卷十三 经部十三 书类存目一 |
| | | 《枫林集》 | 10 | 安徽巡抚采进本<br>卷一百七十五 集部二十八 别集类存目二 |
| | | 《风林类选小诗》 | 1 | 两江总督采进本<br>卷一百九十一 集部四十四 总集类存目一 |
| | 金瑶 | 《六爻原意》 | 1 | 编修郑际唐家藏本<br>卷七 经部七 易类存目一 |
| | | 《周礼述注》 | 6 | 编修郑际唐家藏本<br>卷二十三 经部二十三 礼类存目一 |
| | | 《栗斋文集》 | 11 | 安徽巡抚采进本<br>卷一百七十八 集部三十一 别集类存目五 |
| | 王邦柱<br>江柟 | 《易经会通》 | 12 | 浙江巡抚采进本<br>卷八 经部八 易类存目二 |
| | 范王孙 | 《诗志》 | 26 | 两江总督采进本<br>卷十七 经部十七 诗类存目一<br>(此人寄籍钱塘) |
| | 刘剡 | 《四书通义》 | 20 | 江苏巡抚采进本<br>卷三十七 经部三十七 四书类存目 |

**续表**

| 县名 | 作　者 | 书名 | 卷数 | 备注 |
| --- | --- | --- | --- | --- |
| 休宁 | 程一枝 | 《史诠》 | 5 | 内府藏本<br>卷四十六 史部二 正史类二 |
| | 程敏政 | 《宋遗民录》 | 15 | 副都御史黄登贤家藏本<br>卷六十一 史部十七 传记类存目三 |
| | | 《宋纪受终考》 | 3 | 编修汪如藻家藏本<br>卷八十九 史部四十五 史评类存目一 |
| | | 《心经附注》 | 4 | 浙江巡抚采进本<br>卷九十五 子部五 儒家类存目一 |
| | | 《道一编》 | 6 | 浙江汪汝瑮家藏本<br>卷九十五 子部五 儒家类存目一 |
| | | 《篁墩集》 | 93 | 两淮马裕家藏本<br>卷一百七十一 集部二十四 别集类二十四 |
| | | 《明文衡》 | 98 | 两江总督采进本<br>卷一百八十九 集部四十二 总集类四 |
| | | 《新安文献志》 | 100 | 两淮马裕家藏本<br>卷一百八十九 集部四十二 总集类四 |
| | | 《咏史集解》 | 7 | 浙江巡抚采进本<br>卷一百九十一 集部四十四 总集类存目一 |
| | | 《唐氏三先生集》 | 28 | 安徽巡抚采进本<br>卷一百九十一 集部四十四 总集类存目一<br>《总目》:“明程敏政编” |
| | | 《附录》 | 3 | 安徽巡抚采进本<br>卷一百九十一 集部四十四 总集类存目一 |
| | 程曈 | 《新安学系录》 | 16 | 安徽巡抚采进本<br>卷六十一 史部十七 传记类存目三 |
| | | 《闲辟录》 | 10 | 浙江巡抚采进本<br>卷九十六 子部六 儒家类存目二 |
| | 邵正魁 | 《续列女传》 | 9 | 浙江鲍士恭家藏本<br>卷六十二 史部十八 传记类存目四 |
| | 姚允明 | 《史书》 | 10 | 浙江巡抚采进本<br>卷六十五 史部二十一 史钞类 |

**续表**

| 县名 | 作者 | 书名 | 卷数 | 备注 |
| --- | --- | --- | --- | --- |
| 休宁 | 范涞 | 《两浙海防类考续编》 | 10 | 浙江汪启淑家藏本<br>卷七十五 史部三十一 地理类存目四 |
| | | 《咙言》 | 10 | 江苏巡抚采进本<br>卷九十六 子部六 儒家类存目二 |
| | 丁惟曜 | 《海阳山水志》 | 4 | 江苏周厚堉家藏本<br>卷七十六 史部三十二 地理类存目五 |
| | 程嘉燧 | 《破山兴福寺志》 | 4 | 两淮马裕家藏本<br>卷七十七 史部三十三 地理类存目六 |
| | 程至善 | 《史砭》 | 2 | 浙江巡抚采进本<br>卷九十 史部四十六 史评类存目二 |
| | 孙一奎 | 《医旨绪余》 | 2 | 浙江巡抚采进本<br>卷一百四 子部十四 医家类二 |
| | | 《赤水玄珠》 | 30 | 浙江巡抚采进本<br>卷一百四 子部十四 医家类二 |
| | 方广 | 《丹溪心法附余》 | 24 | 内府藏本<br>卷一百五 子部十五 医家类存目 |
| | 孙泰来<br>孙明来 | 《孙氏医案》 | 5 | 浙江巡抚采进本<br>卷一百五 子部十五 医家类存目<br>二人系孙一奎之子 |
| | 程大位 | 《算法统宗》 | 17 | 内府藏本<br>卷一百七 子部十七 天文算法类二 |
| | 张复 | 《爨下语》 | 2 | 浙江巡抚采进本<br>卷一百二十五 子部三十五 杂家类存目二 |
| | 黄澍<br>叶绍泰 | 《汉魏别解》 | 16 | 内府藏本<br>卷一百三十四 子部四十四 杂家类存目十一<br>《总目》未注籍贯。考该书与康熙《徽州府志》，黄氏系休宁人 |
| | 范泓 | 《典籍便览》 | 8 | 安徽巡抚采进本<br>卷一百三十七 子部四十七类书类存目一<br>《总目》注范氏为婺源人。考其人其书，范泓系范涞之兄，应是休宁人 |
| | 朱同 | 《覆瓿集》 | 7 | 两江总督采进本<br>卷一百六十九 集部二十二 别集类二十二 |

**续表**

| 县名 | 作　者 | 书名 | 卷数 | 备注 |
|---|---|---|---|---|
| 休宁 | 朱同 | 《附录》 | 1 | 两江总督采进本<br>卷一百六十九 集部二十二 别集类二十二 |
| | 张旭 | 《梅岩小稿》 | 30 | 浙江汪汝瑮家藏本<br>卷一百七十五 集部二十八 别集类存目二 |
| | 汪循 | 《仁峰文集》 | 24 | 安徽巡抚采进本<br>卷一百七十六 集部二十九 别集类存目三 |
| | | 《外集》 | 1 | 安徽巡抚采进本<br>卷一百七十六 集部二十九 别集类存目三 |
| | 汪少廉 | 《汪山人集》 | 18 | 浙江孙仰曾家藏本<br>卷一百七十八 集部三十一 别集类存目五 |
| | 吴子玉 | 《大鄣山人集》 | 53 | 安徽巡抚采进本<br>卷一百七十八 集部三十一 别集类存目五 |
| | 汪淮 | 《汪禹乂诗集》 | 8 | 浙江孙仰曾家藏本<br>卷一百七十九 集部三十二 别集类存目六 |
| | 吴宗儒 | 《巢云轩诗集》 | 6 | 安徽巡抚采进本<br>卷一百七十九 集部三十二 别集类存目六 |
| | | 《续集》 | 5 | 安徽巡抚采进本<br>卷一百七十九 集部三十二 别集类存目六 |
| | | 《诗余》 | 1 | 安徽巡抚采进本<br>卷一百七十九 集部三十二 别集类存目六 |
| | 汪廷讷 | 《环翠堂坐隐集选》 | 4 | 安徽巡抚采进本<br>卷一百八十 集部三十三 别集类存目七 |
| | | 《文坛列俎》 | 10 | 内府藏本<br>卷一百九十三 集部四十六 总集类存目三 |
| | 程可中 | 《程仲权诗集》 | 10 | 浙江巡抚采进本<br>卷一百八十 集部三十三 别集类存目七 |
| | | 《文集》 | 12 | 浙江巡抚采进本<br>卷一百八十 集部三十三 别集类存目七 |
| | 李永昌 | 《画响》 | 无卷数 | 浙江巡抚采进本<br>卷一百八十 集部三十三 别集类存目七<br>《总目》:“永昌字周生……盖徽州人。”李氏系休宁人 |

**续表**

| 县名 | 作　者 | 书名 | 卷数 | 备注 |
|---|---|---|---|---|
| 休宁 | 施璜 | 《诚斋文集》 | 2 | 安徽巡抚采进本<br>卷一百八十 集部三十三 别集类存目七<br>《总目》:“明施璜撰。璜字虹玉,休宁人” |
| | | 《西铭问答》 | 1 | 安徽巡抚采进本<br>卷一百八十 集部三十三 别集类存目七 |
| | 金德玹<br>苏大 | 《新安文粹》 | 15 | 两淮马裕家藏本<br>卷一百九十一 集部四十四 总集类存目一 |
| | 陈有守<br>汪淮<br>李敏 | 《徽郡诗》 | 8 | 安徽巡抚采进本<br>卷一百九十二 集部四十五 总集类存目二<br>三人均休宁人 |
| 祁门 | 汪机 | 《针灸问对》 | 3 | 两淮盐政采进本<br>卷一百四 子部十四 医家类二 |
| | | 《外科理例》 | 7 | 两淮盐政采进本<br>卷一百四 子部十四 医家类二 |
| | | 《附方》 | 1 | 两淮盐政采进本<br>卷一百四 子部十四 医家类二 |
| | | 《续素问钞》 | 9 | 两淮盐政采进本<br>卷一百五 子部十五 医家类存目 |
| | | 《运气易览》 | 3 | 两淮盐政采进本<br>卷一百五 子部十五 医家类存目 |
| | | 《痘症理辨》 | 1 | 两淮盐政采进本<br>卷一百五 子部十五 医家类存目 |
| | | 《附方》 | 1 | 两淮盐政采进本<br>卷一百五 子部十五 医家类存目 |
| | 陈桷 | 《石山医案》 | 3 | 两淮盐政采进本<br>卷一百四 子部十四 医家类二 |
| | | 《附案》 | 1 | 两淮盐政采进本<br>卷一百四 子部十四 医家类二 |
| | 马大壮 | 《天都载》 | 6 | 浙江巡抚采进本<br>卷一百二十八 子部三十八 杂家类存目五<br>《总目》注马氏为徽州人,罗汝芳门人,具体籍贯不详。<br>考同治《祁门县志》,知为祁门人 |

续表

| 县名 | 作　者 | 书名 | 卷数 | 备注 |
| --- | --- | --- | --- | --- |
| 祁门 | 谢复 | 《西山类稿》 | 5 | 两淮马裕家藏本<br>卷一百七十五　集部二十八　别集类存目二 |
|  | 汪禔 | 《檗庵集》 | 2 | 编修汪如藻家藏本<br>卷一百七十八　集部三十一　别集类存目五 |
| 绩溪 | 胡桂奇 | 《胡梅林行实》 | 无卷数 | 两淮盐政采进本<br>卷六十　史部十六　传记类存目二 |
|  | 胡宗宪 | 《筹海图编》 | 13 | 安徽巡抚采进本<br>卷六十九　史部二十五　地理类二 |
|  | 程通 | 《贞白遗稿》 | 10 | 浙江孙仰曾家藏本<br>卷一百七十　集部二十三　别集类二十三 |
|  |  | 《显忠录》 | 2 | 浙江孙仰曾家藏本<br>卷一百七十　集部二十三　别集类二十三 |
| 绩溪 | 汪茂槐 | 《西园遗稿》 | 无卷数 | 安徽巡抚采进本<br>卷一百九十三　集部四十六　总集类存目三 |
| 黟 | 许天赠 | 《诗经正义》 | 27 | 安徽巡抚采进本<br>卷十七　经部十七　诗类存目一 |
| 建德 | 朱辅 | 《韦弦自佩录》 | 12 | 浙江巡抚采进本<br>卷一百三十二　子部四十二　杂家类存目九 |
|  | 柯暹 | 《东冈集》 | 10 | 两淮盐政采进本<br>卷一百七十五　集部二十八　别集类存目二 |
| 寿昌 | 洪鼐 | 《读易索隐》 | 6 | 浙江巡抚采进本<br>卷七　经部七　易类存目一 |
| 淳安 | 郑良弼 | 《春秋续义发微》 | 12 | 两淮马裕家藏本<br>卷三十　经部三十　春秋类存目一 |
|  | 商辂 | 《商文毅疏稿略》 | 1 | 浙江范懋柱家天一阁藏本<br>卷五十五　史部十一　诏令奏议类 |
|  |  | 《蔗山笔麈》 | 1 | 编修程晋芳家藏本<br>卷八十九　史部四十五　史评类存目一 |
|  |  | 《商文毅公集》 | 10 | 浙江巡抚采进本<br>卷一百七十五　集部二十八　别集类存目二 |

续表

| 县名 | 作　者 | 书名 | 卷数 | 备注 |
|---|---|---|---|---|
| 淳安 | 商汝颐 | 《商文毅公行实》 | 1 | 浙江范懋柱家天一阁藏本<br>卷六十 史部十六 传记类存目二 |
| | 商振伦 | 《商文毅年谱》 | 4 | 两淮马裕家藏本<br>卷六十 史部十六 传记类存目二 |
| | 陈衡 | 《半隐集》 | 10 | 浙江汪汝瑮家藏本<br>卷一百七十五 集部二十八 别集类存目二 |
| | 徐贯 | 《余力稿》 | 12 | 副都御史黄登贤家藏本<br>卷一百七十五 集部二十八 别集类存目二 |
| | 徐楚 | 《青溪诗集》 | 7 | 两淮马裕家藏本<br>卷一百九十二 集部四十五 总集类存目二 |
| 遂安 | 毛一公 | 《历代内侍考》 | 10 | 两淮盐政采进本<br>卷六十二 史部十八 传记类存目四 |

## 表3 《四库全书》著录新安江流域清代学者著述表

| 县名 | 作　者 | 书名 | 卷数 | 备注 |
|---|---|---|---|---|
| 歙 | 王艮 | 《易赘》 | 2 | 安徽巡抚采进本<br>卷九 经部九 易类存目三 |
| | | 《鸿逸堂稿》 | 无卷数 | 安徽巡抚采进本<br>卷一百八十二 集部三十五 别集类存目九 |
| | 徐在汉 | 《易或》 | 10 | 江苏巡抚采进本<br>卷九 经部九 易类存目三 |
| | 吴守一 | 《春秋日食质疑》 | 1 | 编修程晋芳家藏本<br>卷三十一 经部三十一 春秋类存目二 |
| | 吴应申 | 《春秋集解读本》 | 12 | 安徽巡抚采进本<br>卷三十一 经部三十一 春秋类存目二 |
| | 吴之騄 | 《孝经类解》 | 18 | 安徽巡抚采进本<br>卷三十二 经部三十二 孝经类 |
| | 黄生 | 《字诂》 | 1 | 安徽巡抚采进本<br>卷四十 经部四十 小学类一 |

续表

| 县名 | 作 者 | 书名 | 卷数 | 备注 |
|---|---|---|---|---|
| 歙 | 黄生 | 《义府》 | 2 | 安徽巡抚采进本<br>卷一百十九 子部二十九 杂家类三 |
| | | 《叶书》 | 1 | 安徽巡抚采进本<br>卷一百三十三 子部四十三 杂家类存目十 |
| | | 《杜诗说》 | 12 | 内府藏本<br>卷一百七十四 集部二十七 别集类存目一 |
| | 闵麟嗣 | 《黄山志》 | 7 | 两江总督采进本<br>卷七十六 史部三十二 地理类存目五 |
| | 闵叙 | 《粤述》 | 1 | 大学士英廉家藏本<br>卷七十七 史部三十三 地理类存目六<br>《总目》疑其寄籍(江都) |
| | 江德中 | 《西粤对问》 | 无卷数 | 江苏巡抚采进本<br>卷七十七 史部三十三 地理类存目六 |
| | | 《卮坛对问》 | 6 | 江苏巡抚采进本<br>卷一百二十九 子部三十九 杂家类存目六 |
| | 郑重光 | 《伤寒论条辨续注》 | 12 | 大学士英廉购进本<br>卷一百五 子部十五 医家类存目 |
| | 江之兰 | 《医津筏》 | 1 | 通行本<br>卷一百五 子部十五 医家类存目 |
| | 程良玉 | 《易冒》 | 10 | 江苏巡抚采进本<br>卷一百十一 子部二十一 术数类存目二 |
| | 张潮 | 《焦山古鼎考》 | 1 | 两江总督采进本<br>卷一百十六 子部二十六 谱录类存目 |
| | | 《昭代丛书》 | 150 | 编修励守谦家藏本<br>卷一百三十四 子部四十四 杂家类存目十一 |
| | | 《檀几丛书》 | 50 | 浙江吴玉墀家藏本<br>卷一百三十四 子部四十四 杂家类存目十一<br>《总目》:“国潮王晫、张潮同编。” |
| | 曹素功 | 《曹氏墨林》 | 2 | 通行本<br>卷一百十六 子部二十六 谱录类存目 |

续表

| 县名 | 作　者 | 书名 | 卷数 | 备注 |
|---|---|---|---|---|
| 歙 | 吴菘 | 《笺卉》 | 1 | 安徽巡抚采进本<br>卷一百十六 子部二十六 谱录类存目 |
| | 陈均 | 《画眉笔谈》 | 1 | 安徽巡抚采进本<br>卷一百十六 子部二十六 谱录类存目 |
| | 王堂 | 《知新录》 | 32 | 安徽巡抚采进本<br>卷一百二十六 子部三十六 杂家类存目三 |
| | 张习孔 | 《云谷卧余》 | 20 | 浙江巡抚采进本<br>卷一百二十九 子部三十九 杂家类存目六 |
| | | 《续》 | 8 | 浙江巡抚采进本<br>卷一百二十九 子部三十九 杂家类存目六 |
| | 程哲 | 《蓉槎蠡说》 | 12 | 浙江孙养曾家藏本<br>卷一百二十九 子部三十九 杂家类存目六 |
| | 吴瞻泰 | 《陶诗汇注》 | 4 | 江苏周厚堉家藏本<br>卷一百七十四 集部二十七 别集类存目一 |
| | 程庭 | 《若庵集》 | 5 | 两江总督采进本<br>卷一百八十四 集部三十七 别集类存目十一 |
| | 张愉曾 | 《十六国年表》 | 1 | 浙江汪启淑家藏本<br>卷六十六 史部二十二 载记类<br>《总目》注张氏为徽州人，具体籍贯不详 |
| | 程允基 | 《琴谈》 | 2 | 浙江鲍士恭家藏本<br>卷一百十四 子部二十四 艺术类存目<br>《总目》："允基字寓山，徽州人。"程氏具体籍贯不详 |
| 休宁 | 赵继序 | 《周易图书质疑》 | 24 | 安徽巡抚采进本<br>卷六 经部六 易类六 |
| | 汪璲 | 《读易质疑》 | 20 | 浙江巡抚采进本<br>卷十 经部十 易类存目四 |
| | 汪基 | 《三礼约编》 | 19 | 江苏巡抚采进本<br>卷二十五 经部二十五 礼类存目三 |
| | 赵吉士 | 《续表忠记》 | 8 | 副都御史黄登贤家藏本<br>卷六十三 史部十九 传记类存目五 |

续表

| 县名 | 作　者 | 书名 | 卷数 | 备注 |
| --- | --- | --- | --- | --- |
| 休宁 | 赵吉士 | 《寄园寄所寄》 | 12 | 江西巡抚采进本<br>卷一百三十三 子部四十三 杂家类存目十 |
| | | 《万青阁全集》 | 8 | 内府藏本<br>卷一百八十二 集部三十五 别集类存目九 |
| | | 《林卧遥集》 | 3 | 浙江巡抚采进本<br>卷一百八十二 集部三十五 别集类存目九 |
| | 汪楫 | 《中山沿革志》 | 2 | 安徽巡抚采进本<br>卷六十六 史部二十二 载记类 |
| | 程雄 | 《松风阁琴谱》 | 2 | 浙江巡抚采进本<br>卷一百十三 子部二十三 艺术类二 |
| | | 《抒怀操》 | 1 | 浙江巡抚采进本<br>卷一百十三 子部二十三 艺术类二 |
| | 金维嘉 | 《圣学逢源录》 | 18 | 安徽巡抚采进本<br>卷一百二十五 子部三十五 杂家类存目二 |
| | 姚际恒 | 《庸言录》 | 无卷数 | 浙江吴玉墀家藏本<br>卷一百二十九 子部三十九 杂家类存目六 |
| | 汪由敦 | 《松泉文集》 | 20 | 工部侍郎汪承霈进呈本<br>卷一百七十三 集部二十六 别集类二十六 |
| | | 《诗集》 | 26 | 工部侍郎汪承霈进呈本<br>卷一百七十三 集部二十六 别集类二十六 |
| | 汪晋徵 | 《双溪草堂诗集》 | 1 | 两淮盐政采进本<br>卷一百八十三 集部三十六 别集类存目十 |
| | | 《游西山诗》 | 1 | 两淮盐政采进本 卷一百八十三 集部三十六 别集类存目十 |
| | 汪森 | 《粤西诗载》 | 25 | 浙江巡抚采进本<br>卷一百九十 集部四十三 总集类五<br>《总目》:“森字晋贤,桐乡人,休宁籍,官桂林府通判。” |
| | | 《粤西文载》 | 75 | 浙江巡抚采进本<br>卷一百九十 集部四十三 总集类五 |
| | | 《粤西丛载》 | 30 | 浙江巡抚采进本<br>卷一百九十 集部四十三 总集类五 |

续表

| 县名 | 作　者 | 书名 | 卷数 | 备注 |
|---|---|---|---|---|
| 休宁 | 范良 | 《诗苑天声》 | 21 | 江苏巡抚采进本<br>卷一百九十四 集部四十七 总集类存目四<br>《总目》："良字眉生，徽州人。"范氏系休宁人 |
| | 孙默 | 《十五家词》 | 37 | 浙江巡抚采进本<br>卷一百九十九 集部五十二 词曲类二 |
| 黟 | 胡与高 | 《道德经编注》 | 2 | 安徽巡抚采进本<br>卷一百四十七 子部五十七 道家类存目 |
| 淳安 | 方荣如 | 《周易通义》 | 14 | 浙江巡抚采进本<br>卷九 经部九 易类存目三 |
| | | 《尚书通义》 | 14 | 浙江巡抚采进本<br>卷十四 经部四 书类存目二 |
| | | 《毛诗通义》 | 14 | 浙江巡抚采进本<br>卷十八 经部十八 诗类存目二 |
| 淳安 | 方楘如 | 《离骚经解》 | 1 | 浙江巡抚采进本<br>卷一百四十八 集部一 楚辞类 |
| | | 《集虚斋学古文》 | 12 | 浙江巡抚采进本<br>卷一百八十四 集部三十七 别集类存目十一 |
| | 方士颖 | 《恕斋偶存》 | 7 | 浙江巡抚采进本<br>卷一百八十二 集部三十五 别集类存目九 |
| 遂安 | 方象瑛 | 《封长白山记》 | 1 | 大学士英廉家藏本<br>卷五十四 史部十 杂史类存目三 |
| | | 《健松斋集》 | 24 | 浙江巡抚采进本<br>卷一百八十三 集部三十六 别集类存目十 |
| | | 《续集》 | 10 | 浙江巡抚采进本<br>卷一百八十三 集部三十六 别集类存目十 |
| | 余国桢 | 《见闻记忆录》 | 5 | 浙江巡抚采进本<br>卷一百二十八 子部三十八 杂家类存目五 |
| | 毛际可 | 《安序堂文钞》 | 20 | 浙江巡抚采进本<br>卷一百八十二 集部三十五 别集类存目九 |
| | | 《会侯文钞》 | 20 | 浙江巡抚采进本<br>卷一百八十二 集部三十五 别集类存目九 |

以上所录，系最能体现传统学术文化的经部、子部和集部著作。从中可见，新安江流域被《四库全书》收录的学术文化著述，元代35种，明代180种，清代65种，[①]总数达到了280种，且呈现了全流域的分布。这反映了元、明、清三代，新安江流域学术文化的持续繁荣。

## 第三节 学术创新

元、明、清三代新安江流域学术文化的繁荣，不仅体现在人物辈出、著述如林等现象上，更反映在其学术与时俱进、不断创新的追求与成就方面。

南宋时期，新安江流域的学术在徽州人朱熹、程大昌、吴儆、汪莘等人和严州人詹仪之、方镕等人的积极推动下，开始形成地域特色鲜明的风格。自朱熹讲学徽州和严州，原先新安江流域崇文而溺于科举的风气，一变而为讲学而探求义理的学风。朱熹在《书徽州婺源县〈中庸集解〉板本后》说：

> 熹故县人，尝病乡里晚学见闻单浅，不过溺心于科举程式之习。其秀异者，又颇驰骛乎文字纂组之工而不克其专业于圣门也。是以儒风虽盛而美俗未纯，父子兄弟之间其不能无愧于古者多矣。[②]

为此，朱熹利用两次回徽州省墓的机会，讲学授徒，开创了新的研习理学的学风。原来醉心于科举功名的徽州士人，转而“多明义理之学”。[③]这些奉“朱子之学”为学术宗旨的徽州士人，兴修书院，大倡理学，并结成了中国学术史上重要的朱子学流派之一的新安理学。汪环谷（克宽）说：“近代以来，濂、洛诸儒先继出，吾邦紫阳夫子集厥大成，揭晦暝之日月，开千载之盲聋。于是六合之广、四海之外，家诵

---

① 因《四库全书》编纂于清乾隆年间，故乾隆之后新安江流域的大量清人著述并不包含在内。

② [明]程敏政：《新安文献志》卷22《朱文公：书徽州婺源县〈中庸集解〉板书后》，弘治三年（1490）刊本。

③ 弘治《徽州府志》卷1《风俗》。

其书，人攻其学。而吾邦儒风丕振，俊彦之辈出，号称东南邹鲁，遐迩宗焉”。①这些“俊彦之辈”能够脱颖而出，使徽州以“理学之邦”名世，朱熹之功莫大焉。《婺源县志》说：“自唐宋以来，卓行炳文，固不乏人，然未有以理学鸣于后世者。至朱子得河洛之心传，以居敬穷理启迪乡人，由是学士各自濯磨以翼闻道。”② 这就是说，徽州研习理学的风气，实朱熹倡导之所致。徽州之外，朱熹亦曾于乾道、淳熙年间至严州的丽泽书院和遂安的瀛山书院讲学交流，与遂安名儒詹仪之切磋学问，就“格致”之说，有过深入探讨。严州的知名理学家方逢辰、赵彦肃、喻仲可等都是朱熹的及门或再传弟子，在他们的传承与传播之下，朱学在该地区渐趋隆盛。南宋时期，尊奉“朱子之学”成为新安理学学派和区域学术文化的重要标识。

元代新安江流域学术文化的宗旨未变，即依然以朱熹理学思想为指南。但在学术研究的路径上，有了新的探索。朱熹之后，朱子学内部出现了“异论”和分化。揭文安公（傒斯）说：“圣人之学，至新安子朱子广大悉备。朱子既没，天下学士群起著书，一得一失，各立门户，争奇取异，附会缴绕，使朱子之说翳然以昏然。”③ 如董梦程（字万里，号介轩）、陈淳（字安卿，亦称北溪先生）、王柏（字会之，号鲁斋）等人，将朱熹体验“天理”的方法读书博览，视为学问之大端，因而其成就不免“流于训诂之学”，从而背离了专事义理的朱子之学家法；而朱门弟子中“专事义理”的吴澄（字幼清，晚字伯清）、何基（字子恭，号北山）、黄震（字东发，号文洁）、金履祥（字吉父，号次农）、詹初（字以元）等人，其说“多不同于朱子”，④“解说经义，或引诸家以翼朱子，或舍朱子而取诸家，亦不坚持门户”。⑤ 正如明人程敏政在谈到朱熹身后的朱子之学状况时说：“再传能不失真者，则已寡矣。”⑥ 针对朱子之学的这种传承状况，为维护朱子学的纯洁性，元代新安江流域学者在学术研究路径上，做了新的探索。

一是大刀阔斧排斥“异论”。采用这种方式最有代表性的人物是休宁人陈栎（定宇，1252 ~ 1334)。揭文安公（傒斯）在《陈定宇墓志铭》中说：陈定宇“慨然发

① [明]程敏政：《新安文献志》卷14《汪环谷：万川家塾记》，弘治三年(1490)刊本。
② 光绪《婺源县志》卷3《风俗》。
③ [明]程曈：《新安学系录》卷12《陈定宇墓志铭》，康熙三十五年(1696)绿荫园重修本。
④ [明]黄宗羲、[清]全祖望：《宋元学案》卷92《草庐学案》，中华书局，1986年。
⑤ [明]黄宗羲、[清]全祖望：《宋元学案》卷86《东发学案》，中华书局，1986年。
⑥ [明]程敏政：《篁墩集》卷17《定宇先生祠堂记》，四库全书本。

奋圣人之学，涵濡玩索，废寝忘食，贯穿古今，罗络上下。以有功于圣人，莫甚于朱子，惧诸家之说乱朱子本真，乃著《四书发明》《书传纂疏》《礼记集义》等书”，反复论述达数十万言，“其畔于朱子者，刊而去之”。与陈栎这种治学方式相类似的，还有休宁人倪士毅（1302 ~ 1348）。士毅一生不仕，在黟县教书 23 年，门人众多。史称凡仁义道德之说，非经朱熹论定者，士毅不以教人。① 此外，婺源人吴师道（字正传）“务在发挥义理，而以辟异端为先务”；② 婺源人程复心《纂释》等书“辨证异同，增损详略”，以发明“修、齐、治、平”的要旨；③ 陈定宇得意门生吴彬辨朱熹“四游升降”之说，为朱氏门人所记之误，④ 等等。这是元代新安江流域学者在治学方法上积极探索和实践的重要方面之一，目的是维护朱子之学的纯洁性。

二是深入剖析阐释朱学。元代新安江流域学者的治学，在极力抵排“异说”的同时，亦多致力于发明朱子之学的本旨。陈定宇于“朱子《四书》，则贯穿出入，尤所用意”，所著书“补先儒未补之缺”，号为“朱子世适”。⑤《四库》馆臣称其学术的宗旨是“力崇朱子之学”。⑥ 此期另一位学术大家胡云峰，其学“一以朱子为宗。故其答陈栎书云：‘我辈居文公乡，熟文公书，自是本分中事’”。⑦ 云峰对朱子之学的阐释，颇多心得。元代理学大师吴澄说：“有功朱子，炳文居多。”陈、胡之外，此期新安江流域学者中，于朱子之学阐发贡献较大的还有程逢午、程复心、汪古逸等人。逢午“本文公之说”，著《中庸讲义》三卷，“益畅朱子之旨”；⑧ 复心著《四书章图》等书，“发明文公未尽之说”“有补于理学甚大”；⑨ 古逸“取朱子《孟子》《论语》《大学》《中庸》四书，采择群言，发挥微旨”。⑩ 元代新安江流域学者在治学方法上，将阐释朱学与排斥“异论”有机结合起来，体现出区域学术文化一以贯之的基本宗旨。

三是条分缕析解读概念。这是此期新安江流域学者在治学路径上的又一新探索。

---

① [明]程曈：《新安学系录》卷14《倪道川墓志》，康熙三十五年（1696）绿荫园重修本。
② [明]宋濂等：《元史》卷190《儒学二》，中华书局，1976年。
③ [明]程曈：《新安学系录》卷12《赵与虎：荐状》，康熙三十五年（1696）绿荫园重修本。
④ [明]程曈：《新安学系录》卷13《吴古墩传》，康熙三十五年（1696）绿荫园重修本。
⑤ [明]程曈：《新安学系录》卷11，康熙三十五年（1696）绿荫园重修本。
⑥ [清]永瑢：《四库全书总目》卷167《集部·别集类二〇》，中华书局，1965年。
⑦ [清]永瑢：《四库全书总目》卷166《集部·别集类十九》，中华书局，1965年。
⑧ [明]程曈：《新安学系录》卷10，康熙三十五年（1696）绿荫园重修本。
⑨ [明]程曈：《新安学系录》卷12，康熙三十五年（1696）绿荫园重修本。
⑩ [明]程曈：《新安学系录》卷13《汪古逸行状》，康熙三十五年（1696）绿荫园重修本。

其最有代表性的成果是程若庸的《性理字训讲义》。该书对朱子之学中的性、命、义、理等范畴，共183条，四字一句，作了简洁明了的归纳。比如：

> 天理流行，赋予万物，是之谓命；人所禀受，莫匪至善，是之谓性；主于吾身，统乎性情，是之谓心；感物而动，斯性之欲，是之谓情；为性之质，刚柔强弱，善恶分焉，是之谓才；心之所之，趋向期必，皆由是焉，是之谓志；人伦事物，当然之理，是之谓道；行此之道，有得于心，是之谓德；真实无妄，是之谓诚；循物无违，是之谓信；发己自尽，是之谓忠；推己及物，是之谓恕；无所偏倚，是之谓中；发必中节，是之谓和；主一无适，是之谓敬；始终不二，是之谓一；善事父母，是之谓孝；善事兄长，是之谓悌；天命流行，自然之理，人所禀受，五性具焉，是曰天理；人性感物，不能无欲，耳目鼻口，斯欲之动，是曰人欲；无为而为，天理所宜，是之谓谊；有为而为，人欲之私，是之谓利；纯粹无妄，天理之名，是之谓善；凶暴无道，不善之名，是之谓恶；物我兼照，扩然无私，是之谓公；蔽于有我，不能大公，是之谓私。①

对这些概念条分缕析的解读，既是学者所思所想的成果，有利于大众化的传播，同时也是学者们在治学方式上的创新之举。

明初新安江流域的学术创新，突出体现在郑玉、朱升、赵汸“三大家”新的“求真是之归”治经指导思想的提出。针对元代学术界“未知本领所在，先立异同”的状况，郑玉批评说：“宗朱则毁陆，党陆则非朱，此等皆是学术风俗之坏。”在尚未真正领悟理学“本领”之先，却宗朱宗陆，立门户之见，郑玉认为“殊非好气象也”。②他强调，“不可先立一说，横于胸中，主为己见，而使私意得以横起”，③实质就是反对盲从，希望通过自己的思考，探求理学真谛。他的“本领”之说，显然是突破了元儒盲目迷信的风气，以及与之紧密相关的唯“朱”是归的治经指导思想，从而开创了新的学术风气和路径。朱升曾发表过同样看法：“濂、洛既兴，考亭（朱熹）继作，而道学大明于世。然后学者往往循途守辙，不复致思其已明者。既不求其真知，

---

①［清］永瑢：《四库全书》子部《儒家类存目一》《性理字训》，中华书局，1965年。

②［明］黄宗羲、［清］全祖望：《宋元学案》卷94《师山学案》，中华书局，1986年。

③［元］郑玉：《师山遗文》卷3《与汪真卿书》，四库全书本。

而未明者遂谓卒不可知。”[①] 这就是说，周敦颐、二程倡明理学之后，朱熹集其大成，圣人之道因而得以大明于世。但后代学者却循着朱子之学的成说，不再探究如何会有此“成说”。如此知其然而不知其所以然，并不是“真知”，并没有真正领悟朱子之学的真谛。由此，对朱子之学中“未明”的道理，也无从可知，最终造成了“圣学名明而实晦”的后果。[②] 这里，朱升提出的求“真知”的主张，显然与元代学者“未有发明，先立成说”的观点不同。他希望能明源察始，表达了摆脱盲从的愿望，具有比较清醒的意识。朱升的求“真知”，与郑玉的求“本领”，其实辞异而意同。

同时代新安江流域持有相同看法的学者，还有休宁人赵汸。詹烜撰《赵东山行状》中说：“新安自朱子后，儒学之盛，四方称之为东南邹鲁。然其末流，或以辨析文义、纂辑群言，即为朱子之学。先生独超然有见于圣贤之授受，不徒在于推究文义之间。故其读书，一切以实理求之，反而验之于己，非有以信其必然不已。”[③] 这里表明，赵汸已深感元代新安理学家唯唯诺诺，以解析文义、纂辑群言作为发明朱子之学方法的不足。而所谓求“实理”，则包含了二层意思：一是指读书求理应求真实之理、本来之理，而非仅止于推究文义中的“理”；二是指对于所得之理，不仅要“知其然”，而且应“知其所以然”，即“非有以信其必然不已”。在《与袁诚夫先生论四书目录疑义书》中，赵汸一再表示：“义理无穷，故不当以先入之言为主。……徒欲守先哲之见以为己见，诵先哲之言以为己言，则小子虽陋亦未忍自画于斯。”[④] 赵汸求“实理”的治经主张，表达了与郑玉、朱升相同的观点，即希望通过自己的思考，探求理学真谛。

郑玉的“本领”之见、朱升的“真知”之说，以及赵汸的“实理”主张，形成了元明之交及明初新安江流域学术的创新思潮。学者们本着求真实之理的心态，思维渐趋活跃、大胆，从多种途径探索朱子之学的真谛，出现朱升“旁注诸经”发明理学本旨，郑玉、赵汸通过“和会朱陆”以求弘扬理学要义的新气象。

明代中后期新安江流域的学术创新，主要表现在“心学”在该区域内得到广泛传播。新安江流域作为朱子学的重要传衍地，南宋之后朱子学一直占据了重要的地

---

① [明]程敏政：《新安文献志》卷76《朱学士传》，弘治三年（1490）刊本。
② [明]程敏政：《新安文献志》卷76《朱学士传》，弘治三年（1490）刊本。
③ [明]程曈：《新安学系录》卷15，康熙三十五年（1696）绿荫园重修本。
④ [明]赵汸：《东山存稿》卷3《与袁诚夫先生论四书目录疑义书》，四库全书本。

位。《明史·儒林传》就整个明初学术界的情形说："原夫明初诸儒，皆朱子门人支流余裔，师承有自，矩矱秩然。"① 新安江流域也是相同的情况。而到了明代中后期，在学术创新的动因下，新安江流域的学术文化发生了重大变迁，"心学"在该区域内得到了广泛传播，并出现了一批"心学"的学者。光绪《婺源县志》说："盖有明中叶后，学术渐漓，大率谓学有宗旨，重在体认，而诋程朱之格物、轻朱子之传注为支离、为务外。又复和合朱陆两家而一之，虽紫阳故乡亦不免染，其余波溺焉不返。"②《紫阳书院志》中记载：明中后期，新安江上游的徽州"文成之教盛行，讲会者大多不诣紫阳"。③《还古书院志》也说其时徽州"闽洛绝响，遵者寥寥"，而"新建之说，沦人骨髓"。④ 这里提到的"文成之教"和"新建之说"，指的是王守仁的心学。明末休宁学者汪佑曾感叹："自阳明树帜宇内，其徒驱煽薰炙，侈为心学，狭小宋儒。嗣后新安大会，多聘王氏高弟阐教，如心斋、绪山、龙溪、东廓、师泉、复所、近溪诸公，迭主齐盟。自此新安多王氏之学，有非复朱子之旧者矣。"⑤

据有关文献记载，传入新安江流域的"心学"主要有两支：一是湛若水之学，一是王守仁之学。⑥ 湛若水（1466 ~ 1560），字元明，广东增城人。因家居增城甘泉都，学者称之甘泉先生。弘治十八年（1505）会试，中进士第二名，历任编修、侍讲、南京国子监祭酒、南京吏部右侍郎、礼部右侍郎、礼部尚书、吏部尚书、兵部尚书等职。他曾从明代心学大师陈献章游，深得陈氏器重。新安江流域湛若水的著名弟子有谢显，与谢显同"师事湛若水如留都"者，还有其叔父谢芊。谢芊后在徽州也是名噪一时的心学传播者。此外，徽州婺源人洪垣（字竣之，号觉山）、方瓘（字时素，号明谷）等，也是湛若水门下弟子中的佼佼者。

王守仁（1472 ~ 1529），字伯安，号阳明，浙江余姚人。弘治十二年（1499）考中进士，历任贵州龙场驿丞、庐陵知县、右佥都御史、南赣巡抚、两广总督、南

---

① [清]张廷玉：《明史》卷282《儒林传》，中华书局，1974年。

② 光绪《婺源县志》卷首《旧凡例一乾隆甲戌》。

③ [清]施璜等：《紫阳书院志》卷12《汪县尹》，雍正三年（1725）刻本。

④ [清]施璜：《还古书院志》卷7《吴抑庵先生》，道光二十三年（1843）刻本。

⑤ [清]施璜等：《紫阳书院志》卷16《会纪》，雍正三年（1725）刻本。

⑥ 湛若水初与王守仁同讲学，后各立宗旨：王守仁以致良知为宗，而湛若水则以随处体验天理为宗。两人虽同倡心学，但异处甚多。王守仁曾说湛若水之学是"求之于外"；湛若水亦批评王守仁格物之说"不可信者四"。若水还明确表示："阳明与吾言心不同。阳明所谓心，指方寸而言。吾之所谓心者，体万物而不遗者也。"一时学者遂分王、湛之学。

京兵部尚书、左都御史等职，谥号文成。尽管王守仁本人并未亲临徽州讲学，但他与徽州学者联系十分密切，书信往来颇为频繁。而王守仁弟子中曾到过新安江流域讲学者，包括钱德洪（绪山）、王畿（龙溪）、邹守益（东廓）、刘邦采（师泉）、罗汝芳（近溪）、王艮（心斋）等一批名士。不少新安江流域的学者和官员走上了信奉和研习王阳明心学的道路。譬如，歙县人汪道昆“于学则远推象山，近推东越”，[①] 休宁人程默“负笈千里，从学阳明”，歙县程大宾受教于王学传人钱德洪等。[②] 还有嘉靖时婺源人程文德（字舜敷，号松溪），著有《论学书》，曾师从王守仁高足王畿，主张“以真心为学之要”；[③] 万历年间婺源人潘士藻（字去华，号雪松），著《暗然堂日录》，师从王门最有影响的弟子之一王艮，讲究“默识二字，终身味之不尽”。[④] 新安江流域的王门弟子，不仅人数多，且学术影响亦大。明代中后期，新安江流域学术中出现的“心学”潮流，既反映了湛若水、王阳明“心学”的广泛影响，同时也体现了新安江流域学术的创新、丰富和深化。

不过，在新安江流域广泛传播的湛、王“心学”，其学术体系及践行路径存在较大的弊端。虽然王阳明“门徒遍天下，流传逾百年”，在晚明学术界影响极大，但王学讲究“内省”，易流于空疏。一般未悟个中三昧的迂儒，更显得不学无术。既未得“道”之真谛，更无经世之才。其中“高者谈性天、纂语录，卑者疲精毙神于举业，不惟圣道之礼、乐、兵、农不务，即当世之刑名、钱穀，懵然罔识，而搦管呻吟，遂曰有学”。[⑤] 明亡之后，有识之士痛定思痛，起而抨击“王学”末流祸国殃民，形成了明末清初反理学的潮流。其代表人物有：黄宗羲（1610 ~ 1695，字太冲，浙江余姚人著有《宋元学案》《明儒学案》《明夷待访录》《南雷文定》等）；孙奇逢（1584 ~ 1675，字启泰，直隶容城人，著有《理学宗传》《夏峰先生文集》等）；李颙（1627 ~ 1705，字中孚，陕西人，著有《四书反身录》《二曲集》等）；唐甄（1630 ~ 1704，字万铸，四川达州人，著有《潜书》等）；顾炎武（1613 ~ 1682，字宁人，江苏昆山人，著有《天下郡国利病书》《日知录》《音学五书》《亭林诗文集》等）；王夫之（1619 ~ 1692，

---

① 许承尧：《歙事闲谭》卷6，安徽古籍丛书本，黄山书社，2001年。
② [明]黄宗羲：《明儒学案》卷25《南中王门学案一》，中华书局，1985年。
③ [明]黄宗羲：《明儒学案》卷14《浙中王门学案》，中华书局，1985年。
④ [明]黄宗羲：《明儒学案》卷35《泰州学案四》，中华书局，1985年。
⑤ [清]李塨：《恕谷集》卷9《书明刘户部墓表后》，《清代诗文集汇编》本。

字而农，湖南衡阳人，著有《周易外传》《尚书引义》《读通鉴论》《张子正蒙注》《思问录内外篇》等）；陆世仪（1611 ~ 1672，字道威，江苏太仓人，著有《思辨录》等）；颜元（1635 ~ 1704，字浑然，河北博野人，著有《四存编》《习斋记余》等）；潘平格（字用微，浙江慈溪人，著有《求仁录》《著道录》等）；陈确（1604 ~ 1677，字乾初，浙江海宁人，著有《大学辨》《性解》等）；傅山（1607 ~ 1684，字青主，山西阳曲人，著有《霜红龛集》等）。[①] 他们在学术方法上，一改宋明儒空谈义理的风气，转而注重考核，由此开启了有清一代的学风。受此学风的影响，新安江流域的学术发展出现重大转向和变革创新。

首先是出现了一位“能肩随亭林而为有清一代朴学之先登者”歙县人黄生。黄生（1622 ~ ?），原名琯，又名起溟，字扶孟，号白山。晚明诸生。康熙年间，曾客居京师二年。著有《字诂》《义府》等字书 4 部，因戴震访求而著录于《四库全书》。《提要》评价《字诂》“于六书多所阐发，每字皆见新义，而根据博奥，与穿凿者有殊”。[②] 方志在评价黄氏学术贡献时说：“论古文尚书非原书，在阎百诗前；解孟子气次焉为次舍，在毛西河前；解泄泄沓沓为多言，在朱竹君前；以追蠡之追即考工记凫氏之隧，在江慎修前；以毕郢为毕程，在刘端临前；以尔雅豹文鼮鼠谓豹文二字属上，在邵二云前；以书涂炭为染污，在王西庄前；以凫氏之衡为即甬上平处，在程易畴前；以易艮之夤当从肉而通胂，在段若膺前；以坤字作巛为借用，在王伯申前。”[③] 以上所及，均是经学史上的重要创见。故支伟成说：“综阙学业之绩，品谊之醇，碻乎坚贞。”[④] 黄生的出现，表明新安江流域学术从理学到朴学的重大变化。

随后，皖派朴学的开宗代表人物江永、戴震等应时而生。

江永（1681 ~ 1762），6 岁时开始接受家庭教育，“庭受父训，日记数千言。父奇其敏，以远大器期之”。[⑤]21 岁考中秀才后，“心游科举之外”，在乡间著述、讲学长达 60 年之久。江永学术的起步是《十三经注疏》，而后闭门授徒，“束修所入，尽以购书，遂通经义”。[⑥] 其研究范围，涉及了推步、钟律、音声、文字之学，尤长于

① 参阅吴雁南：《明末清初的反理学潮流》，载《贵阳师院学报》1984年第3期。
② [清]永瑢：《四库全书总目》卷40《经部·小学类一》，中华书局，1965年。
③ 民国《歙县志》卷7《人物志》。
④ 支伟成：《清代朴学大师列传》第1《黄生》，岳麓书社，1986年。
⑤ [清]汪世重、江锦波：《江慎修先生年谱》。
⑥ [清]江藩：《国朝汉学师承记》卷5《江永》，中华书局，1983年。

治《礼》，著有《礼经纲目》88 卷、《周礼疑义举要》6 卷、《礼记训义择言》6 卷、《深衣考误》1 卷、《仪礼释宫增注》等书。其他关于天文、地理、声韵等多方面研究的重要成果有《律吕阐微》11 卷、《春秋地理考实》4 卷、《乡党图考》11 卷、《读书随笔》12 卷、《古韵标准》6 卷、《四声切韵表》4 卷、《音学辨微》1 卷、《推步法解》5 卷、《七政衍》1 卷、《金水二星发微》1 卷、《冬至权度恒气注》1 卷、《历辨》1 卷、《岁实消长辨》1 卷、《历学补论》1 卷、《中西合法拟草》1 卷等。其中被《四库全书》收录的著述有 16 种凡 166 卷。戴震推崇江氏在训诂学上的贡献，自汉经师康成后“罕其俦匹”。[①] 江藩以为此论“非溢美之词”。[②]

婺源县江湾村江永故居（周晓光 摄）

戴震（1724 ~ 1777），字东原，休宁人。曾与程瑶田等从江永学，有师徒之谊。他性格内向，“读书好深湛之思”，[③] 但拙于背诵科举程文，“不喜随人治世俗学”。[④] 因此，一生 6 次进京参加会试，均名落孙山。乾隆四十年（1775）53 岁时，特旨参

① [清]戴震：《戴震文集》卷12《江慎修先生事略状》，中华书局，1980年。
② [清]江藩：《国朝汉学师承记》卷5《江永》，中华书局，1983年。
③ 赵尔巽：《清史稿》卷481《戴震传》，中华书局，1977年。
④ [清]余廷灿：《存吾文集》卷4《戴东原先生事略》，咸丰年间重刻本。

加殿试，赐同进士出身，授翰林院庶吉士。其后不过两年，便在京病逝。戴震是新安江流域学术文化从新安理学到皖派朴学转变的最关键人物。

首先，戴震彻底否定了新安理学的宗旨朱子之学。他对朱熹学说指名道姓的抨击，不像江永等人游移于新安理学与徽派朴学之间，而是明显地表现出两种不同学术之间质的区别。因此，戴震及其学说，是新安理学演变为徽派朴学的转折点。其次，戴震将新安学术风气，从空谈义理，导向侧重考证。他的治学方法乃是以“小学”为基础，从音韵训诂、字义名物、典章制度等方面阐明经典大义。这与新安理学家空谈义理的学风，大相径庭。由此，在戴震身上，可以看出新安理学与徽派朴学的明显界限。再次，戴震培养了一批以“求是”为宗旨，以考据为学术特色的徽州经学家。新安学术由朱熹发展到戴震，经历宋、元、明三朝的新安理学已被彻底否定；传统的空谈义理的学风，为侧重考据实证的方法替代；新安江流域的学者大多致力于音韵训诂、天文地理、典章制度的研究，形成了皖派朴学。这表明，新安学术已经完成了从新安理学到徽派朴学的转变。戴震在其中，则是一个划时代的人物。

屯溪戴震纪念馆(张建平 摄)

江、戴之后，新安江流域涌现了一大批考据学者，如歙县有程廷祚、汪龙、程晋芳、金榜、汪中、洪榜、凌廷堪、汪宗沂、江有诰、汪梧凤、程恩泽、汪莱、方矩等人，绩溪有胡匡衷、胡匡宪、胡秉虔、胡培翚、胡匡裁、胡澍、胡绍勋、胡绍瑛、江立璨等人，黟县有汪廷榜、汪文台、俞正燮等人，祁门有洪嘉木等人。他们的出现及学术研究的趋同，表明了新安江流域学术的转向和更新，而这一转向和更新则终致形成了新一代的学术风貌。

总体来看，创新是新安江流域元、明、清学术发展的一条主线。它是该时期学术繁荣的重要表现之一。

## 第四节 书院林立

书院是中国传统社会一种特有的教育组织形式，兴起于唐、五代，经宋、元发展，至明、清而大盛。[①] 作为“尊儒重道，栖徒讲学之地”，[②] 书院最初之设，纯属民间行为。两宋时期，尤其是宋室南渡之后，出现朝廷赐匾额和学田之举，开始有了官方色彩，元代书院则出现官立和私立之分。衡量一地学术发达繁荣的程度，书院数量的多寡及其分布也是重要的指标。元、明、清三朝，新安江流域的书院呈现出数量快速递增、分布遍及各县的特征。

歙县雄村竹山书院内景（张建平 摄）

从新安江上游的徽州府来看，元代徽州书院就已经遍及徽州全境。据不完全统计，具有一定规模的书院的总数为 26 所。其中歙县 10 所、休宁 3 所、绩溪 1 所、祁门 4 所、婺源 6 所、黟县 2 所。

① 白新良：《中国古代书院发展史》，天津大学出版社，1995年；陈谷嘉、邓洪波：《中国书院制度研究》，浙江教育出版社，1997年。

② [清]施璜：《紫阳书院志》卷18《唐皋：紫阳书院记》，雍正三年（1725）刻本。

明代徽州书院数量有大幅度增长，总数达51所，分布在徽州六县。其中歙县12所、休宁8所、绩溪6所、祁门8所、婺源14所、黟县3所。

清代徽州有一定规模的书院数达到徽州历史上的最高水平，为61所。其中歙县16所、休宁5所、绩溪11所、祁门4所、婺源20所、黟县5所。[①]

黟县宏村南湖书院（张建平 摄）

徽州书院是徽州传统学术文化的研究和传播中心，也是徽州传统学术文化的人才聚集和培养中心，在数量和影响上较之其他地区有着绝对优势。正如道光《徽州府志·学校》所言："天下书院最盛者，无过东林、江右、关中、徽州"。[②]

严州府在元、明、清三代的书院也是遍及所属各县。其中，有的书院系前代所建，延续数百年而不坠；有的书院为当朝新建，影响一时一地。兹据严州及其所属各县之方志记载，将重要书院列表如下：

**表4　元、明、清严州府书院一览表**

| 书院名 | 地址 | 建置沿革 |
|---|---|---|
| 钓台书院 | 府城东富春山下汉严子陵耕钓处 | 宋景祐中，知府范仲淹始创。邵定戊子（1228）山阴陆子遹知州事，辟书院于台下。淳祐辛丑（1241年）金华王佖守郡，辟建斋舍。辛亥（1251）知州赵汝历益以栋宇，榜曰钓台书院。历元迄明，时加修建。弘治四年（1491）知府李德恢更新之，树坊表于祠堂之前，规模较以往更大 |
| 龙山书院 | 原址在府城拱辰门外 | 因久废，康熙十一年（1672）建德县知县项一经改建于兴仁门外文昌阁之前。后圮于水 |

① 元、明、清三朝书院数，统计自徽州新、旧方志。包括道光《徽州府志》、民国《歙县志》、光绪《婺源县志》、道光《休宁县志》、光绪《祁门县志》、嘉庆《绩溪县志》、嘉庆《黟县志》，《歙县志》（中华书局，1995年）、《婺源县志》（档案出版社，1993年）、《休宁县志》（安徽教育出版社，1990年）、《祁门县志》（安徽人民出版社，1990年）、《绩溪县志》（黄山书社，1998年）、《黟县志》（光明日报出版社，1988年）。

② 道光《徽州府志》卷3《学校》。

续表

| 书院名 | 地址 | 建置沿革 |
| --- | --- | --- |
| 文渊书院 | 府城儒学东 | 康熙五十八年(1719)知府吴昌祚创建,知县薛景珏董理,六县公捐延请掌教,造就人才,一时称盛。乾隆十二年(1747)知府富绅、知县胡士圻重修。光绪时知府胡士进率同六县捐资延请掌教,专司课迪 |
| 石硖书院 | 淳安县东北五里 | 宋代方逢辰讲道之所。始建于南宋淳熙元年(1174),宋度宗御书赐额名。自南宋始,历元、明、清、民国,兴废更替,前后传承了700年。1959年新安江水电站蓄水淹没于水底 |
| 五峰书院 | 淳安县 | 宋黄蜕、徐梦高、徐唐佐、吕人龙读书于此。张栻题额。明代金廷绶重修 |
| 蜀阜书院 | 淳安县招贤里 | 宋儒钱时讲学处。明代邑人徐楚重建,名雉峰书院,后改社学 |
| 云峰书院 | 淳安县太平乡 | 宋进士吴攀龙建。后人吴钦重建 |
| 清溪书院 | 淳安县东 | 明成化十一年(1475),通判刘永宽建。弘治四年(1491)知县刘簏重修。嘉靖年间知县海瑞改建于城隍庙左 |
| 仙居书院 | 淳安县南 | 明商辂建 |
| 南山书院 | 淳安县南 | 明按察副使应颙建 |
| 宾兴书院 | 淳安县西 | 明淳安县令萧元冈建。旧名鹿鸣书院 |
| 吾溪书院 | 淳安县西 | 明邑人徐楚致仕归老,于钱融堂故址东建为诸子侄肄业所 |
| 蛟池书院 | 淳安县西 | 明邑人王之言建 |
| 高山书院 | 淳安县城隍庙左 | 明淳安县令高秉衡为进士吴希哲立 |
| 龙山书院 | 淳安县东 | 明进士方学龙建 |
| 琼林书院 | 淳安县东 | 明淳安县令李光德建。清顺治十五年(1658),知县张一魁重修 |
| 东山书院 | 淳安县茶坡 | 清康熙壬戌科进士方瑞合读书讲学处 |
| 狮山书院 | 遂安县治东 | 宋淳熙乙未科状元詹骙故址。其后有巨石,宋时建亭其上,名状元台。明隆庆六年(1572)知县吴扔谦即其地修建书院,置田二十九亩三分。万历年间知县韩晟改名五狮书院,复置田三十二亩四分 |
| 瀛山书院 | 在遂安县北 | 宋熙宁间邑人詹安建,其孙詹仪之与朱熹论学于此,朱熹有“半亩方塘一鉴开”句。明隆庆三年(1569)知县周恪访名贤遗迹重建。后改为祠,祀朱熹与詹仪之二先生,并置田若干亩以供祭祀 |
| 松皋书院 | 遂安县城西 | 清顺治十五年(1658)进士毛际可读书处。其子士仪、士储重修,兰溪知县方迈记 |
| 莲谷书院 | 寿昌县北 | 明国子监助教洪鼐讲学处,嘉靖年间知县李思悦题匾 |

此外，严州府的桐庐、分水两县，亦有沧江书院、蓝田精舍、崇正书堂、桐江书院、凤鸣高阁、兴贤书院、志学书院等书院设立。[①]这些书院与上游的徽州府书院遥相呼应，共同展现了整个新安江流域书院处处林立的学术文化景观。

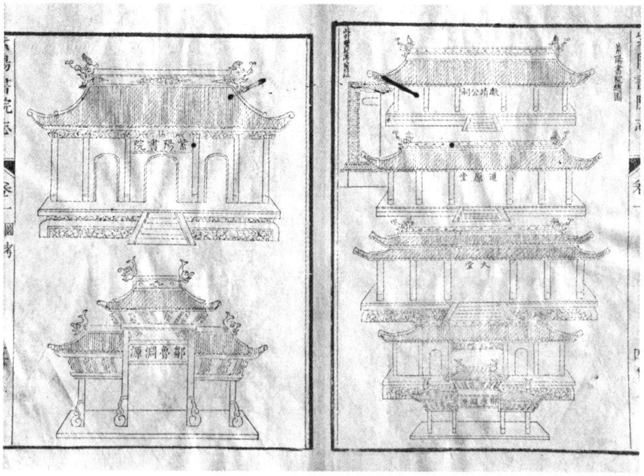

紫阳书院总图

名家辈出、著述迭现、学术创新、书院林立等现象，反映了元、明、清三代新安江流域学术文化的繁荣。

① 光绪《严州府志》卷6《学校》。

# 第三章　新安江流域学术文化大家

历史上，新安江流域曾涌现了众多的学术文化人物。道光《徽州府志》称："自晋太康中易名新安以来，代有伟人，于江左实为望郡。"① "徽州据浙江上游，为江左名郡。山水奇秀，人才代兴"。② 在这些"代兴"的人才中，学术文化人物风骚独领。元儒汪元相在《祁门县志》序中称："新安郡，文公朱夫子阙里，祁为属邑，教化渐被，有邹鲁之遗风。地灵人杰，代不乏才。"③ 康熙《祁门县志》说："自宋元以来，理学阐明，道系相传，如世次可缀。"④ "四方谓新安为东南邹鲁"。⑤ 道光《休宁县志》在《风俗篇》中，描述此地"百年来比屋诗书，衣冠鼎盛"，称"新安名多士地，而吾邑又特著。自南渡来，师友渊源，得所从受，故士多长于谈经"。⑥ 明代著名学者赵汸在《商山书院学田记》中，对此现象有一段精辟的叙述："新安自南迁后，人物之多，文学之盛，称于天下。当其时，自井邑田野，以至于远山深谷、居民之处，莫不有学、有师、有书史之藏。其学所本，则一以郡先师子朱子为归，凡六经传注、诸子百氏之书，非经朱子论定者，父兄不以为教，子弟不以为学也。是以朱子之学虽行天下，而讲之熟、说之详、守之固，则惟新安之士为然。故四方谓东南邹鲁，其成德达材之出为当世用者，代有人焉。"⑦ 与上游学术人物代代相传遥相呼应的是，新安江中下游的严州府及其属县，学术文化人物亦是代不乏人，斯文道统传薪不绝。诚如《严州府志》中称："即如吾睦，居浙上游，夙称都会，名卿硕士，先后比肩。"⑧ "若夫六睦为人文渊薮，博物君子，后先相望，诗文著述，名作如林"。⑨ 还有《淳安县志》

---

① 道光《徽州府志》卷首《麟庆：重修徽州府志叙》。
② 道光《徽州府志》卷首《马步蟾：重修徽州府志序》。
③ 同治《祁门县志》卷首《汪元相：至顺癸酉志原序》。
④ 康熙《祁门县志》卷1《风俗》。
⑤ 道光《休宁县志》卷1《风俗》。
⑥ 道光《休宁县志》卷1《风俗》。
⑦ [明]赵汸：《东山存稿》卷4《商山书院学田记》，四库全书本。
⑧ 光绪《严州府志》卷首《毛际可序》。
⑨ 光绪《严州府志》卷首《吴士进序》。

中也提到“文学彬彬，代有其人。观诸唐有皇甫湜，宋有钱时、方逢辰，明有商辂诸公，皆以文行取重一时，由是人文兴起日滋盛矣”。[①] 新安江流域在唐宋以降雄厚的士人谈经基础上，出现了一批深具学术影响力的学者，他们著书立说，传播学术，谱写了中国传统学术文化史上的灿烂篇章。

## 第一节 朱熹：明辨义理，格物致知的理学集大成者

朱熹像（张建平 摄）

朱熹是宋代理学的集大成者，中国古代著名思想家和教育家。他所构建的完整而系统、缜密而精致的思想体系，被后人称为“朱子学”。元、明、清三代，朱子学成为“显学”，被朝廷确立为官方意识形态。无论是解经释义，还是科举取士，都以其学说为唯一准绳。因此，朱子学对中国传统社会后期各个方面产生了深远的影响。作为“孔子以后，一人而已”的朱熹，在中国历史上有着重要的地位。

### 一、朱熹的人生可谓有失亦有得

朱熹，字元晦、仲晦，号晦庵，别号紫阳。晚年亦号晦翁、云谷老人、沧州病叟等。南宋高宗建炎四年（1130）生于福建南剑（今福建南平）尤溪县，宁宗庆元六年（1200）去世，享年 71 岁。朱熹虽生在福建，且其一生的学术活动亦在此地，故后人也称朱子之学为“闽学”。但据谱牒、方志及相关史籍记载，朱熹之祖籍在婺源（原属安徽徽州，今属江西），直到乃父任官福建尤溪尉，方迁居外地。从血缘来看，朱熹为徽州婺源朱氏的九世孙。

朱熹父亲朱松（1097 ~ 1143），字乔年，号韦斋，曾就学于徽州郡学，为诸

① 光绪《淳安县志》卷1《风俗》。

生。当时歙县府城有一个商人祝确，拥有万贯家产，号称“祝半州”。他非常器重朱松，因以女嫁朱松为妻。祝氏18岁嫁到朱家，德性纯厚，“逮事舅姑，考谨笃至”，是一个谨守封建妇道、治家有方的大家闺秀。据有关传记资料记载，朱熹小时聪慧，8岁就傅，“励志圣贤之学”，读《孝经》时题字“不若是，非人也”。绍兴十年（1140），朱松因上书主张抗金而遭贬，退居福建建瓯，朱熹随行。当时朱熹11岁，于是“受学于家庭”，开始了“十年寂寞抱遗经”的苦读生活。朱松早年曾师事由程颢、程颐开宗的“洛学”传人罗从彦，对洛学深为服膺。因此，朱熹在其父指导下的启蒙教育，深受二程洛学影响。绍兴十三年（1143），朱松因病去世。在弥留之际，他曾将朱熹唤到床前说：籍溪胡原仲、白水刘致中、屏山刘彦冲，这三人都是我的好友。他们“学皆有渊源”，我一向很敬重。我死后，你要前往“父事之，而惟其言之听”。时年14岁的朱熹失怙无依，于是遵照父亲遗命，师事胡原仲、刘致中、刘彦冲。此三人的学问，按照清人全祖望说法，是“皆不能不杂于禅”。①受此三人影响，朱熹泛滥于诸家，“无所不学，禅、道、文章、《楚辞》、诗、兵法，事事要学，出入时无数文字，事事有两册”。②这为朱熹以后创立朱子之学博大体系，尊有所归，黜有所据，奠定了坚实的基础。

婺源朱熹祖墓（张建平 摄）

绍兴十六年（1146）刘致中将其女许配给朱熹为妻。次年，朱熹参加建州乡贡考试。意气风发的朱熹“三篇策皆欲为朝廷措置大事”，③深得考官蔡兹的赏识，科场小试即中。绍兴十八年（1148），朱熹又赴临安应考进士。受禅学影响甚深的朱熹以禅理答题，恰逢是年的考官周执羔、沈该、汤思退等人皆好佛老，结果一试而中，成为进士。绍兴二十一年（1151），朱熹被授予左迪功郎泉州同安县主簿。在此任上，朱熹办事非常认真，“许

① [明]黄宗羲、[清]全祖望：《宋元学案》卷43《刘胡诸儒学案》，中华书局，1986年。
② [宋]黎靖德：《朱子语类》卷104《自论为学功夫》，中华书局，1986年。
③ [清]王懋竑：《朱子年谱》卷上1，粤雅堂丛书本。

多赋税出入之簿，逐日点对佥押，以免吏人作弊”。绍兴二十五年（1155）夏，同安县“饥民”暴动，朱熹一方面组织吏民积极防守县城，以免县城百姓受劫掠之苦，同时又组织赈济，以缓“饥民”冻馁之急，结果很快稳定了社会秩序。人们对他在同安县主簿任上的评价是“莅职勤敏，纤悉必亲”。[①] 任满后，朱熹归居崇安，以事亲、讲学、交游为务。绍兴三十年（1160），三十岁的朱熹再次师从罗从彦弟子李侗。侗字愿中，学者称延平先生，南剑州剑浦（今属福建）人。李侗从罗氏多年，儒学根底纯厚。朱熹正式拜李侗为师后，学术思想发生重大变化。经过李侗的指点，朱熹由杂返约，专心于儒学，只看“圣贤言语”，在总结北宋理学的基础上，集诸子大成，开始架构“朱子之学”理论体系。

宋孝宗即位后，诏求直言。朱熹上《封事》，主张抗金，反对议和，并提出了“立纪纲”“厉风俗”“选守令”等一系列建议。淳熙五年（1178），居家著述、讲学长达二十余载的朱熹，被任命为知南康军。在此任上，朱熹力行赈济、请免赋税、修建书院，政绩卓著。从淳熙八年（1181）到绍熙五年（1194），朱熹先后任提举两浙东路常平茶盐公事、江南西路提点刑狱公事、主管华州云台观、秘阁修撰主管西京嵩山崇福宫、荆湖南路转运副使等职，均能向朝廷条陈时弊，在地方力行政事。绍熙五年七月，光宗内禅，宁宗继位。八月因赵汝愚等荐举，朱熹出任焕章阁待制兼侍讲，为宁宗讲解经义。其时，韩侂胄专权，朱熹利用讲经的机会，多次向宁宗进言时事，并指斥韩侂胄独断害政。此举引起了宁宗的反感。在宁宗看来，朱熹的职责只是讲经，不该“事事欲与闻”，过多干预朝政。于是，担任侍讲仅46日的朱熹被宁宗免职。虽然赵汝愚等朝中官员上书谏留，但仍然无法让宁宗回心转意。庆元二年（1196）元月，与朱熹友善的宰相赵汝愚在流放途中病死，朝中掀起了一股反对朱熹及其学说的恶浪。是年，端明殿学士叶翥知贡举，右正言刘德秀为同知贡举。叶翥上书指斥朱熹学说“空疏”“欺人”，乃是“伪学”；[②] 刘德秀更直指朱熹为“伪学之魁”，要求将朱熹著述“尽行除毁”。在他们主持下的科举考试，考生凡有涉程朱学说者，一概“黜落”。[③] 此后，在权臣韩侂胄支持下，朱中出现了反道学的高潮。监察御史胡纮授意沈继祖弹劾朱熹，极言朱熹“剽窃张载、程颐之绪余，寓以吃菜

① [清]王懋竑：《朱子年谱》卷上1，粤雅堂丛书本。
② [清]徐松辑：《宋会要辑稿》第109册《选举五》，中华书局，1987年。
③ [宋]李焘：《续资治通鉴长编》卷154，中华书局，1979年。

事魔之妖术，簧鼓后进……如鬼如魅”。[①] 此外，还列举了朱熹六大罪状。选人余嚞趁火打劫，上书“乞斩朱熹以绝伪学”。[②] 结果，当年十二月，朱熹被彻底削夺官职，大弟子蔡元定也被流放道州。庆元三年（1197），朝廷立“伪学逆党籍”，计有 59 人上榜，几乎包括了当时所有的道学精英。至此，朱熹及其学说遭到了沉重的打击。其后三年，朱熹一直居于福建建阳考亭家中，继续从事讲学活动。庆元六年（1200）3 月，朱熹卒于家，享年 71 岁。宁宗听从大臣言，诏令朱门弟子不得为之送葬。不过，冲破禁令而来自各地的送葬者仍有千人以上。

开禧三年（1207），韩侂胄为立“盖世功名”，北伐金国，结果一败涂地。在金人的威胁下，主和派礼部侍郎史弥远等杀韩侂胄，函其首送金人。韩氏一死，客观上使得当时朝中反对朱熹及道学之风稍息。嘉定二年（1209），宁宗诏赐谥曰“文”；三年，赠中大夫特赠宝谟阁直学士；五年，又以朱熹《论语》《孟子》集注立学。至此，朱子之学已是绝处逢生，境况日益好转。理宗继位后，理学与理学大师们的地位被逐步确立。宝庆三年（1227），朱熹被追封为信国公，后改为徽国公。淳祐元年（1241），朝廷复下诏推崇二程、朱熹等理学大师，再次强调朱熹之书“有补治道”。周敦颐、张载、二程、朱熹等人先后封公封伯，从祀孔庙。此时距朱熹去世已过了整整 40 年。以后，朱熹地位扶摇直上，朱子学在钦定哲学中，又居于最显赫的位置。历元、明、清，朱熹及其学说“其传弥广”，影响深远。

朱熹一生，虽官运不佳，但勤于讲学、长于思考、精于著述，有大量的重要作品传世。其中代表作如《周易本义》《诗集传》《仪礼经传通解》《家礼》《孝经刊误》《大学章句》《论语集注》《孟子集注》《中庸章句》《四书或问》《伊洛渊源录》《名臣言行录》《通鉴纲目》《延平问答》《近思录》《杂学辨》《小学集注》《阴符经考异》《周易参同契考异》《楚辞集注》《韩文考异》《晦庵集》等，涉及哲学、史学、文学、法律、伦理、教育、宗教、科学等诸多领域，为后人留下了一笔宝贵的文化遗产。

**二、朱熹的学术可称海纳而特立**

朱熹早年曾广泛接触包括佛、道在内的各家思想，“诸子、佛老、天文、地理之学，无不涉猎而讲究”。中年以后又专心儒学，特别是接受了北宋理学家的思想，以传

---

① [宋]李焘：《续资治通鉴长编》卷154，中华书局，1979年。

② [宋]李焘：《续资治通鉴长编》卷154，中华书局，1979年。

承传统儒学为己任。因此，朱熹创立的“朱子之学”，以孔孟思想为主，同时又兼容了佛、道之说，并集北宋理学思想之大成，显现了海纳百家的特征。同时，朱子之学在兼容并包的过程中，也形成了特立的学说个性，其内容博大而又自成体系。有学者说，朱子之学“一面极具传统性，另一面又极具开创性”。

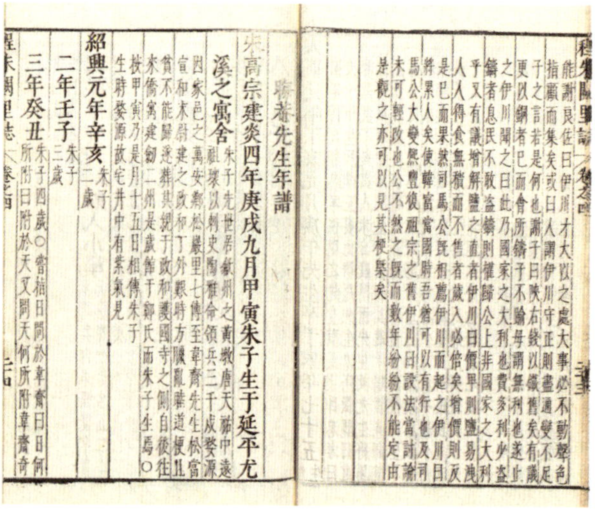
晦菴先生年譜
宋高宗建炎四年庚戌九月甲寅朱子生于延平尤溪之寓舍
紹興元年辛亥
二年壬子
三年癸丑

《程朱阙里志》卷四《晦庵先生年谱》(万历四十三刻本 公文书馆藏)

朱熹理学思想的核心是天理论。它承继自北宋理学大师程颐，而经朱熹的梳理、阐释和论证，则更为严密精致。朱熹认为，非物质性的“理”或者“天理”，无始无终，无形无迹，不依赖天地万物而永恒并独立存在。在天地宇宙产生之前，理就已经存在了；而一旦天地万物塌陷之后，理依然存在。这个无始无终、独立于天地万物之外的理，不仅不被生，且还是产生世界上万事万物的根本。他说：“有此理，便有此天地。若无此理，便亦无天地。……有理便有气，流行发育万物。”就是说，理是宇宙万物的本源和根本，有了理，就有气，气化流行，万物得以发育产生。朱熹天理论的另一个核心观点，是关于理、气关系的论述。他认为，理与气密切相连，“天下未有无理之气，亦未有无气之理”，但非物质性的理在先，是根本，而气则是造成天地万物的材质，必须依理而运行。在朱熹的天理论中，曾对“理一分殊”理论做过详细的阐释。“理一分殊”源于佛教华严宗的理事说，朱熹认为，北宋著名理学家周敦颐、张载、程颐等人，都是“理一分殊”理论的早期倡导者。他解释“理一分殊”说，“合天地万物而言，只是一个理”，这就是“理一”；而每个事物也都各有一个理，这就是“分殊”。朱熹强调，每个事物中的理，不是别有一理，而是“理一”的体现，也就是所谓“万物各具一理，万理同出一原”。“理一分殊”其实就是一理摄万理。他曾用佛教“月印万川”的比喻来说明“理一分殊”的性质和含义。他说，天上有一个月亮（“一理”），而在地上的江湖河海中则会倒映出万月（“万理”）。江湖河海中的万月尽管千变万化，但其本体就是天上的一个月亮。朱熹以此来说明“理一”与“分殊”之间的关系。他还指出，“分”并不是分割或部分的意思，而是“个个完全”“万个是一个，一个是万个”。朱熹“理一分殊”的理论说明了总体与分支的关联、整个的理与万物各具之理的关联，在宋明理学史上具有重要的理论意义。

人性论是中国古代哲学讨论的重要问题。在朱熹理学思想中，关于人性的论述，是其整个思想体系的重要组成部分。朱熹认为，性是一切有生命的生物所具有的天理。这里的生物包括人与物两类，人指人类，物指草木、鸟兽、昆虫等。在朱熹看来，性作为人与物“所得以生之理”，人性与物性是相同的。人和物都是“得天地之理以为性”“得天地之气以为形”。不同之处在于，人得形气之正，所以可以全其性；而禽兽不能得形气之正，也就无法全其性。朱熹继承了先秦孟子的性善论，并在进一步发展北宋理学大师张载的“天地之性”理论的基础上，反复论证了“人性即天理”的命题。朱熹认为，天地之性或称天命之性决定了人性是全善的；但因受到了气质禀赋的影响，所以人性也表现出有善有恶。用朱熹自己的话来说，就是“天地间只是一个道理，性便是理。人之所以有善有不善，只缘气质之禀，各有清浊”。他更进一步认为，气禀不仅决定了人的贤愚、贵贱、贫富、夭寿，还决定了人的仁义孝悌等伦理道德。这里，朱熹从人性论的角度为现实社会的等级秩序、伦理纲常作了论证，把圣贤之富贵和下民之贫贱，归结为气禀所定，生来如此。此外，朱熹的人性论还就心、情、欲、意、才等作了阐述，进一步丰富和发展中国古代的人性论。

认识论是朱熹理学思想体系中重要而又最富特色的内容之一。其核心则是格物致知论。朱熹的格物致知论由《大学》“致知在格物”“格物而后知至”两言推衍而来。所谓格物，就是穷究事物之理，达到其极处；所谓致知，就是推及我心固有的知识，以达到全知。在朱熹看来，格物致知的目的，在于“知所止”，也就是认识所当止的“至善之所”。正如中国古代的大多数哲人一样，朱熹把“求真”与“求善”视为一事之两面，这也是其格物致知论的本质。朱熹还提出了“即物穷理”的体认天理的方法，并把“敬”看作极为重要的涵养功夫。所谓敬，即“主一”，意思就是精神专注，不能游移。朱熹曾作有《敬斋箴》，集中概括了他的持敬说。

**三、朱熹的史学思想、教育思想、政治思想等亦有特色和系统**

朱熹的史学思想，集中体现在其《资治通鉴纲目》一书中，同时也散见于他的文论之中。朱熹认为，天理是史学的最高准则，作史的要求是“合于天理之正，人心之安”。在朱熹看来，读书须以经为本而后才可以读史，只有如此，才能以义理的标准对历史上的是非争论进行论断。否则,如果先读史多了,看其中的文理反而“看粗着眼”。他批评宋朝自神宗以后“史弊”是以党争牵连《实录》,所以“大抵史皆不实”,损害了史官秉笔直书的优良传统。依据义理的标准,朱熹对《左传》和《史记》都作了批评,认为《左传》的好恶与圣人(孔子)不同,而《史记》则是讲权谋功利,不讲义理。

他继承孔子《春秋》的传统,亲自编撰了《资治通鉴纲目》(后世也称《紫阳纲目》)一书。该书以编年纪事,每年之中,按照所谓的“义例”和“书法”。先列大事,谓之“纲”;再分细节,谓之“目”。全书通过“辨正润”“明顺逆”“严篡弑”“褒尊贤”等方式,体现了扶植纲常名教的鲜明特色。该书被崇拜者奉为“《春秋》后第一书”,明代宪宗皇帝曾在《御制纲目序》中说:“是书诚足以继先圣之《春秋》,为后世之规范,不可不广其传也。”清代康熙皇帝也亲自为朱熹《资治通鉴纲目》作御批。《资治通鉴纲目》是中国传统社会后期一部法定的历史教科书,在当时政治生活和社会生活中起了重要的维护纲常名教的作用。

朱熹的教育思想是其思想体系的重要组成部分之一。他认为,教育的目的是“明人伦”。在《白鹿洞书院揭示》中,朱熹说:“父子有亲,君臣有义,夫妇有别,长幼有序,朋友有信,此人之大伦也。庠、序、学、校,皆以明此而已。”也就是说,要培养学生成为“仁人”“圣贤”,能够“格物致知、诚意、正心、修身”,最终是齐家、治国、平治天下。因此,朱熹反对教育停留在“使人缀辑言语,造作文辞”的层面上,更抨击当时以科举为目的的学校教育。根据学生不同的年龄,朱熹提出教育分两个阶段:8至15岁入“小学”,15岁之后入“大学”。小学阶段的教育内容,主要是“教人以洒扫、应对、进退之节,爱亲、敬长、隆师、亲友之道”和“礼、乐、射、御、书、数之文”。在朱熹看来,这些内容都是“修身、齐家、治国、平天下之本”,所以非常重要。大学阶段的教育内容,主要是“教之穷理、正心、修己、治人之道”。小学与大学之间的关系,“小学者,学其事;大学者,学其小学所学之事之所以”。意思是说,“小学”教人怎么做事,“大学”教人明白这样做事的道理。朱熹非常重视“小学”阶段教育对学生成才、成人的作用,曾编撰了《小学》《童蒙须知》《训蒙绝句》等蒙学读物,以便“小学”教育的实施。

朱熹对“为学之道”和“读书之法”提出过自己的主张。他说:“为学之道,莫先于穷理,穷理之要,必在于读书,读书之法,莫贵于循序而致精,而致精之本,则又在于居敬而持志。”就是说，“为学”的首要目标是要“穷理”，而“穷理”的关键则在读书。就读书方法而言，应该遵守循序渐进的原则，最后达到精通的境界。那么，如何“致精”呢？朱熹提出了关键的二点：一是“居敬”，二是“持志”。朱氏门人曾编有《朱子读书法》一书，其中用“循序渐进、熟读精思、虚心涵泳、切己体察、著紧用力、居敬持志”六句话对朱熹主张的学习原则进行了概括，十分精炼。

此外，在道德教育、教学方法、教材选用、教学过程开展等方面，朱熹也都有独到的见解。朱熹不仅提出了系统的教育思想，且一生讲学不辍，将理论付诸实践，取得了极高的教育成就。朱门弟子遍及天下，其中有影响、有作为的学者以百千计。他的教育思想和教育活动，深刻影响了中国传统社会后期教育的发展方向和面貌。因此，朱熹也被视为中国历史上自孔子之后，又一位伟大的教育家。

朱熹的政治思想，丰富而完整。首先，他提出了“德礼为本，政刑为辅”的治国主张。朱熹认为，“德”与“礼”都是治国之本。德是要求君主修德，而礼则是以“三纲五常”等道德要求规范臣民行为。在朱熹看来，治国之要，当把“德”与“礼”放在首位，然后辅以“刑罚号令”。因为“政刑”虽能使百姓“远罪”，而“德礼”之效，则更能让百姓在不知不觉中“迁善”。所以前者是“末”，后者是“本”，治国虽然两者不可或缺，但“本”与“末”当分清楚。朱熹“为政以德”的德治观，虽以中国儒家传统思想为基础，但在具体阐释中，表现了其独立的思考。

其次，朱熹总结了“任贤使能、唯才是举”的人才思想。曾有人问朱熹：“今日之治，当以何为先？”回答是：“只是要得人。”在朱熹看来，能否得人，是治理国家的头等大事。所以，在朱熹给朝廷的诸多章奏中，人才问题一直是其关注的焦点。朱熹认为，人才选拔的原则应当是任贤使能、唯才是举，而标准则当包括“德行”和“道艺”两个方面。针对当时人才选用的弊端，朱熹主张革除任人唯亲的“荫恩”制和只凭年龄和资历升官的“资考”制。

再次，朱熹提出了“爱养民力，民富邦宁”的重民论。他认为，“天下国家之大务，莫大于恤民”，统治者应当把“爱养民力”放在治国的首位。他还提出了“恤民”的一些具体措施，如减轻赋税、规范税收、设仓救荒、屯田养兵等。朱熹认为“民生之本在食，足食之本在农”。所以，应该大力发展农业生产，足食以保民。在社会财富的分配上，朱熹反对统治者聚敛贪财。他说：“民富，则君不至独贫；民贫，则君不能独富。”在朱熹看来，只有百姓富足了，国家才能长治久安。

此外，作为学识渊博且曾长期任职地方的官员，朱熹对有关国计民生的大事非常留意，在节用、治兵、救荒、赈恤以及地方政治体制等方面，都有系统的思想和方法。这些政治思想对当时社会产生了影响，其中的合理成分，对今人仍有借鉴意义。

**四、朱熹的学说在历史上产生了广泛而深远影响**

清人全祖望在《宋元学案》中，评价朱熹的学说是“致广大，尽精微，综罗百代”。就是说，朱熹的学问极其广大、极其精微，集宋朝以前百代学术之大成。钱穆赞誉朱熹是我国学术史上中古时期的“唯一伟人”。朱熹及其体系宏大、条理缜密的学说，对中国传统社会后期历史发展和文化风貌产生了广泛而深远的影响。侯外庐等主编的《宋明理学史》从五个方面较为全面指出了朱熹及其学说的这种影响：

第一，朱熹是中国传统社会后期最重要的理学家。其思想虽出自二程（颢、颐），但学术成就则在二程之上。理学史上的一些名家如周敦颐、陆九渊、王守仁等，地位亦不及朱熹。在整个理学史上，以成就和影响论，当以朱熹为首。

第二，朱熹构建的包括天理论、人性论、格物致知论、持敬说等在内的理学思想体系，把中国历史上的客观唯心主义推进到一个新的阶段。该体系集宋代理学之大成，同时也熔铸了传统儒家思想、佛学思想和道教思想，理论色彩更为丰富。朱熹将天理论引入社会政治思想和历史哲学，使得这些领域呈现出不同的面貌。

第三，朱熹学术修养广泛，遍注群经，著作等身，影响极大。他的《四书》《五经》注释，大部分成为元、明、清三代的官书，大量印行，且远及海外。而关于天文、地志、律历、兵机等著作，也深有影响。一人而有如此广博的学术，在中国传统社会后期并不多见。

第四，朱熹及其学生形成了一个有势力的学派。在朱熹的培养下，其学生中有学术成就的不少，在政治上有地位的也不少。他们薪火相传，使得朱子之学“其传弥广”。

第五，朱熹的学说对后世影响巨大。宋明理学对后世的影响，主要是朱熹理学思想的影响。朱熹的《四书集注》《诗集传》等，是科考的准绳。其《家礼》一书，为传统士大夫所奉行，在社会上具有规范风俗的作用。封建社会后期儒家的传统思想，实际上就是朱熹的理学思想，它对巩固封建统治、维护封建礼教，起了重要的作用。

朱熹一生讲学不辍，门生弟子数千人，遍及闽中、两浙和江右等南方地区。他们同尊朱熹，而于朱子学的发明则各具特色、各有心得，形成了众多流派。其中徽州婺源系朱熹祖籍，徽州的朱门弟子以朱熹嫡传自誉，在发明、诠释朱子学方面独树一帜，被称为新安理学。新安理学在南宋形成学派后，在元代得到进一步的发展，并于明初达到鼎盛阶段。一直到清朝中叶，因皖派经学的兴起，新安理学才结束了长达600余年的发展历史。期间，它始终有一以贯之的学术宗旨、一脉相传的理学家群和鲜明的学派特征，对12世纪以后中国哲学史和中国学术思想史的发展演变，以及徽州和周边地区社会生活的各个领域产生了巨大的影响。同时，朱熹亦曾于乾道、淳熙年间至严州的丽泽书院和遂安的瀛山书院讲学，在瀛山书院论道讲学时，还写下了著名的《题方塘诗》：“半亩方塘一鉴开，天光云影共徘徊。问渠那得清如许？为有源头活水来。”严州的知名理学家詹仪之、方逢辰、赵彦肃、喻仲可都是朱熹的及门或再传弟子，在他们的传承与传播之下，朱子之学在该地区渐趋隆盛，以至于元、明、清三代严州地区的理学都深受其影响。严州曾一度被称为“理学名邦”，朱熹之功莫大焉。

总体来看，朱熹在新安江流域的学术文化发展过程中，贡献巨大，影响深远。

## 第二节　程大昌：探赜索隐，钩深致远的三朝理学名臣

程大昌（1122 ~ 1195），字泰之，休宁会里人。在南宋新安理学学派形成时期，程氏是与朱熹齐名的重要人物。

据《宋史》《徽州府志》《新安文献志》《新安学系录》等相关传记文献资料记载，徽州的人文环境，对程氏学术思想的形成，有至关重要的影响。宋人洪适在《休宁县建学记》中说，程大昌的家乡休宁“以乡校为先务，早夜弦诵，洋洋秩秩，有洙泗之风”。[①] 自宋朝立国以来，休宁一地“亟多学者”。[②] 正是在这种儒风的熏陶下，程大昌开始了他的求学生涯。据《新安文献志》收录的《程公大昌神道碑》记载，程氏“十岁能为文”，从小就展露了“业儒”的天赋。绍兴六年（1136），南兰陵人

① 嘉庆《休宁县志》卷21《艺文纪述》。
② 淳熙《新安志》卷1《风俗》。

陈之茂（字阜卿）任休宁县尉后，更加不遗余力推崇文教。乡人“相率出钱建校于县之南，以其赢买书千卷，之茂日至为诸生讲说一经”。[①]此后，程大昌拜在以“经术文章重于时”的陈之茂门下，开始步入经学之门。吴天骥在《休宁进士题名记》中说，徽州“自南渡来，师友渊源，得所从受，故士多长于谈经”。[②]当时徽州学者谈经说理、悟性体道，从中涌现了一大批卓有成就的理学家，并开始形成了新安理学学派。其中，著名人物有朱熹、吴昶、程永奇、吴儆、汪莘、程洵、程先等。在程大昌学术思想的形成过程中，这些新安理学家对程氏有直接的影响。譬如，朱熹同程大昌之间常以文章往还，翰墨之交甚笃。朱氏在《答程大昌书》中，称程氏《禹贡》之书“披图按说，如指诸掌”，[③]大有益于学者。并对《易老通言》推崇备至，称“病中得窥易老新书之秘，有以见立言之旨，深远奥博，非先儒思虑所及”。[④]程大昌所著《雍录》和《禹贡图》《演繁露》诸书，亦曾得同时著名新安理学家吴昶“为之折衷”。[⑤]作为新安理学学派的“先哲”，程大昌学术思想具有鲜明的个性特征。

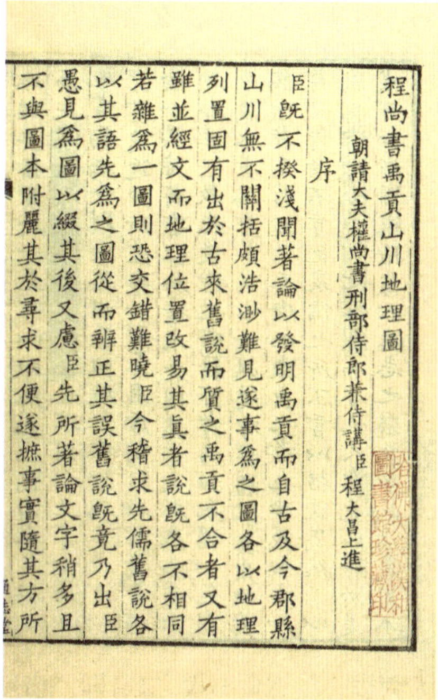
程尚書禹貢山川地理圖
朝請大夫權尚書刑部侍郎兼侍講臣程大昌上進
序
臣既不揆淺聞著論以發明禹貢而自古及今郡縣山川無不關括頗浩渺難見遂事爲之圖各以地理列置固有出於古來舊說而質之禹貢不合者又有雖並經文而地理位置改易其真者說既各不相同若雜爲一圖則恐交錯難曉臣今稽求先儒舊說各以其語先爲之圖從而辨正其誤舊說既竟乃出臣愚見爲圖以綴其後又慮臣先所著論文字稍多且不與圖本附麗其於尋求不便遂摭事實隨其方所

程大昌《禹贡论》书影（哈佛燕京图书馆藏本）

## 一、朴素辩证的宇宙生成观

关于宇宙生成论，集中在程氏易学著作《易原》一书中。《六经》中《易经》素号难治，[⑥]即使圣如孔子，也是感叹“五十以学《易》，可以无大过矣”。[⑦]必须到了“知天命”的年纪，才能真正读透《易》。不过，《易》由卜筮之书发展为义理之

① 嘉庆《休宁县志》卷7《职官》。
② 嘉庆《休宁县志》卷1《风俗》引。
③ [明]程曈：《新安学系录》卷5，康熙三十五年（1696）绿荫园重修本。
④ [明]程曈：《新安学系录》卷5，康熙三十五年（1696）绿荫园重修本。
⑤ [明]程敏政：《新安文献志》卷69《友堂吴先生（昶）小传》，弘治三年（1490）刊本。
⑥ [金]刘祁：《归潜志》卷14，元明史料笔记丛刊本，中华书局，1983年。
⑦ 《论语·述而篇》。

书，因其包含了丰富玄奥的哲理，称得上是群经之首。① 所以，宋代理学家每多援《易》以述自己的思想。如倪天隐有《周易口义》十二卷、司马光有《温公易说》六卷、张载有《横渠易说》三卷、程颐有《易传》四卷、魏了翁有《了翁易说》一卷等，诸如此类。

程大昌《易原》成书于淳熙十二年（1185），这一年程氏63岁，确实是过了“知天命”的年龄。自汉以来，解《易》者众说纷纭，莫衷一是。大昌作是书，“疑众人之所不疑，不主久传，而务求其切”。② 陈振孙称其首论五十有五之数，参以《河图》《洛书》《大衍》之异同，以此为《易》之原，其见“出先儒外”。程大昌在书中推阐数学，对“一生二、二生三、三生万物”的宇宙生成模式，用理学思想作了解释。

“道生一，一生二，二生三，三生万物”，语出老子《道德经》，③ 本是道家关于宇宙以至万物生成的哲学命题。《易原》则避而不谈作为老子哲学思想核心的“道”，直言“一生二，二生三，三生万物”。程大昌认为“一”并不是实实在在的本数，乃是圣人为表达尽意而所设之数，即“借数寓名”罢了。④ 那么，这个“一”寓的是何名呢？程氏说：“一之为太极也。予固数言，不待申复矣。”这就是说，程大昌在书中所反复讨论的“一”就是“太极”，即“一”寓“太极”之名。因此，在程大昌的宇宙生成论中，所谓“一生二，二生三，三生万物”，实则就是“太极生二，二生三，三生万物”。他把宇宙以至万物的本原，归诸“太极”，跳出了老子的命题，把它转化为理学的范畴。

程大昌学说中的“一”即“太极”，在天地未判、变化未形之先已存在。⑤ 而且，它“随在随有”“无间乎幽明大小，而皆能与之为祖也”。⑥ 可见，“一”具有超越、决定一切的性质。他一再强调，“一”不在“有形有体之域”。⑦ 当知程大昌认为产生世界万事万物的本原，乃是非物质的。因此，在宇宙生成论上，程氏虽然能站在对立变化的立场，用阴阳变化观点来认识世界，然而最终依然不免陷于唯心主义的泥潭。

---

① 参阅黄沛荣：《论周易地位之提升——兼论六经之次第》，载《孔孟月刊》1984年23卷3期。
② [宋]程大昌：《易原·自序》，商务印书馆，丛书集成初编本。
③《老子》第42章。
④ [宋]程大昌：《易原》卷4《论“一”》，商务印书馆，丛书集成初编本。
⑤ [宋]程大昌：《易原》卷5《太极生两仪论》，商务印书馆，丛书集成初编本。
⑥ [宋]程大昌：《易原》卷5《太极生两仪论》，商务印书馆，丛书集成初编本。
⑦ [宋]程大昌：《易原》卷5《太极生两仪论》，商务印书馆，丛书集成初编本。

程大昌继承了《周易》中朴素辩证的思想。他根据《河图》《洛书》，叙述了五行相生相克的原理，认为金、木、水、火、土五种原始物质是“互生互克、往来交午”的关系。[①] 也就是说，一种物质的产生、运动，受制于其他的物质；同时又制约另一种物质的产生与运动。世界上万物之间便是这样相互影响、相互制约的辩证关系。不过，程大昌所说的五行相生相克的关系，仍然是一种机械的圆圈式循环。在这里，程氏的思想并没有超越前人。

**二、以“无为”思想为核心的政治观**

程大昌的政治观，以“无为”思想为核心。在程大昌的学术思想中，“无为”一词并非指无所事事，而有其特定的解释。他在《考古编》卷五《舜论》中说：“惟察知事物情状，而循理以行，不自作为，斯以为‘无为’与欤！”这就是说，顺其自然之理，不追加人为意志，乃是“无为”的含义。其中多少有着老、庄思想的影子。

不过，程氏并不欣赏老、庄那种消极遁世的态度。他在《舜论》中评价三皇五帝时代的舜的作为时说：“方其理不当作，则忘世自适，非独不异于野人，亦将不异于木石，无为之至矣。举世言行，苟有一善，则果于有行，如江河沛然，莫之御遏。则其作为，孰勇于是！”可见，“有为”在程氏的学术思想中还是被提倡的。程氏的政治观，尽管举着“无为”的招牌，其实依然本之于儒家积极入世的思想。

既然程大昌一方面主张顺其自然，无为而治；另一方面推重“江河沛然”般的作为。那么，如何从无为到有为呢？关键在于把握时机。时机没有成熟，“不强其所不能为，不致其所不可遂”，顺从其理而不强加人愿；一旦有了时机，则行动有如“江河沛然”，做出“无勇于是”的作为。程氏的政治观既反对盲目冲动，不循理以行；又主张积极入世，把握时机，有所作为。本之于儒家思想，又融会了道家主张，这就是程大昌以“无为”思想为核心的政治论的特色。

**三、本之于《中庸》的修养论**

强调心性修养，是宋代理学家的共同看法。在南宋新安理学学派中，“养心”“复性”一直是理学家们追求的目标。如程洵以“尊德性”为座右铭、程永奇奉“敬”为学问根底。朱熹在修养论上，更有一套完整的思想体系。

程大昌论修养，推崇《中庸》。为什么要特别看重这部书呢？他认为：“子思之

① [宋]程大昌：《易原》卷1《河图洛书论》，商务印书馆，丛书集成初编本。

著书也以道，道苟在是，则据摅发所见，展竭无余。”这就是说，在程大昌看来，《中庸》一书中有子思“展竭无余”的“道”，便于学者明白体味。它不像孔子“因人而教”，倘若“人未进是，则不躐等以告”，所以《论语》一书，“皆仁、义、礼、乐之具，至为道日损以上无诏焉”。①《中庸》本是《礼记》中的一章，唐代李翱据以描述性、情及道德修养，排斥佛教。及宋二程子出，从《礼记》中抽出《中庸》，与《大学》《论语》《孟子》并称“四书”，朱熹为之传，称《四书集传》。在宋代，《中庸》得到了理学家的普遍关注和推崇。②因此，程氏推重《中庸》，也是受当时风气的影响。

程大昌修养论的出发点是“虽匹士亦可成为圣人”。③这种观点，其实脱胎于佛教大乘派“人人皆可以成佛”的教义，同时也与朱熹“人人皆可为尧舜”的认识共通。在程大昌看来，人不分贵贱与智愚，只要通过自身的修持，就能够成为具有完善人性的“圣人”。那么，如何做到这一点呢？程氏认为，其关键在于“体道”，达到“高明博厚”的境界。④依据《中庸》“至诚可以参天地”的观点，程大昌进一步提出了“极乎高明博厚”又在于“至诚”，并且这种“至诚”必须“不息而久”。⑤这就是只要通过持之以恒、经久不息的至诚“体道”，就能达到“高明博厚”的境界。在这种境界中，人格升华后可与天地匹配，“天命之性”因此而复，达到人性的完善，常人就成为“圣人”。这些观点，表明程大昌在修养论上不仅提出了终极目标，而且还阐述了与之相应的达到目标的途径与方法。

### 四、注重躬行实践的经世观

经世观是人们关于人与社会关系的认识和看法。有关这方面的内容，是程大昌学术思想的重要组成部分。

宋儒讲心性，主张“养心”“复性”。不过，程氏与迂儒空谈性命义理不同。他在提倡心性修养和至诚体道的同时，主张积极入世，参政议政，将其学说付诸实践。儒家经典《大学》所说的诚意、正心、修身、齐家、治国、平天下，在程大昌看来，其中并无偏废。修身的目的，在于治国经世。钱穆先生说：“当知宋学所重，外面看来，

---

① [宋]程大昌：《考古编》卷6《中庸论一》，商务印书馆，丛书集成初编本。
② 贾丰臻：《中国理学史》第2编《上古理学史》中，上海书店，1984年。
③ [宋]程大昌：《考古编》卷6《中庸论二》，商务印书馆，丛书集成初编本。
④ [宋]程大昌：《考古编》卷6《中庸论三》，商务印书馆，丛书集成初编本。
⑤ [宋]程大昌：《考古编》卷6《中庸论二》，商务印书馆，丛书集成初编本。

好像偏倾在私人修养，其实他们目光所注，则在全人类、全社会。”[①] 用程大昌的经世观及其经世实践，印证钱氏这一评语，确实不谬。

程大昌经世观的显著特点是注重躬行实践。它的基本内容是：

一是参政议政、积极入世。程氏活了74岁，为官生涯长达36年。其间，他官职十数迁，历任兵部、吏部、刑部、礼部及国子监等部院官，又曾担任过慕王府、庆王府赞读、直讲，并两次出任地方官。岁月漫漫、职位升降，从来没有改变程氏积极参政议政的态度。

二是积极入世应当做到“在其位，谋其事”，努力“为君分忧，为民解难”。在任京官期间，程大昌敢于直言进谏，屡备孝宗顾问，答疑解惑，内容涉及了治道、守战、世风、刑狱、练兵等各个方面。淳熙二年（1175），程大昌进讲《禹贡》，孝宗问塞外山川形势，当时大昌未能详对。直至绍熙二年（1191），程大昌丁忧居家，仍念念不忘此事，乃采摭史传旧文，考订塞外形胜地理，编成《北边备对》一书。程氏“为君分忧”，真是做到了“家”。至于“为民解难”，程大昌确实也能践行其言。据《宋史》记载，程氏在任地方官期间，力拒增加浙东路酒税、兴修清江县水利、请免江西积欠赋税等，舒缓了一方百姓之困。

三是进退自如、淡泊功名。程大昌既做过秘书省正字、左宣教郎、国子监司业兼权礼部侍郎、秘阁修撰、中书舍人、权刑部侍郎、国子监祭酒及权吏部尚书等京官，也出任过浙东提点刑狱、江东转运副使、江西转运副使等地方官；既有春风得意之时，也有失意寡欢之日。不过，程氏始终抱定宗旨，进退自如，视功名利禄为身外之物。宋孝宗在赐程大昌敕文中，也誉其一生真正做到了“退食自如”，于官职升降了不在意。[②] 积极参政而淡泊功名，正是新安理学家在经世观及其实践中追求的最高境界。具有这等立身行事的官员，在当时官场中，称得上是“寥若晨星”。

作为新安学派的先哲，程大昌的学术思想的内核是传统的儒家理论和学说。不过，在他的学术思想中，也深深地烙上了道教学说的印记，如宇宙生成论中的“宇宙生成模式”，政治论中的“无为”概念等。应当特别指出，在程大昌的学术思想中，佛教的影响甚微。程氏在《考古编 · 序》中自称一生不与“缁黄方技之士”打交道。

① 钱穆：《宋明理学概述》，台北学生书局，1977年，第8页。

② [宋]楼钥：《攻愧集》卷35，中华书局，1985年。

淳熙二年（1175），程大昌第二次入朝为官，首章即反对六和塔寺僧以镇潮为功，免除科徭。并不无讽刺说："自修塔后，潮果不啮岸乎？"[①]从中可见，程大昌对佛教的态度。这一点与南宋新安理学家朱熹、汪莘等人不同。据《崇安县志》卷八《释》记载，朱熹同佛门中圆悟、藻光等人往来密切。汪莘则是"韬钤之书、释老之典，靡不究习"。[②]相比较而言，程大昌的学术思想中更多地掺进了道教色彩，而绝少佛教的影响。

程大昌的学术思想及学术活动，对新安理学学派的形成，起到了极其重要的作用，由此也奠定了他在新安学术发展史上的崇高地位，主要有以下两方面：

一是修建书院，讲学授徒，壮大新安理学家阵容。程大昌是一位典型的学者。尽管为官从政占了他一生绝大部分的时间，然而程氏于讲学及学术活动始终乐此不疲。因曾任国子监司业、祭酒，大昌弟子满天下。周益公称他一时文柄举属，"成就人才不可计，凡今老师宿儒，多公门生也"。[③]据《休宁县志》卷二《考废》记载，程大昌曾在徽州当地修建"西山书院"，作为研讨理学、讲学授徒的场所。新安学者中不少人都拜在程氏门下。经过他的传授，从学者开始入理学之奥堂，壮大了新安学派的阵容。其中卓有成就者，后来还成为新安理学的名家。如，黄何，字景肃，休宁五城人，从学于程大昌，登乾道丙戌年（1166）进士，历任处州、岳州等知府。据《徽州府志》记载，黄何秉承程大昌治学心法，"为学以格物穷理为宗，尤深于洪范、阴阳消长之说，为后进宗"。[④]程卓，字从元，休宁会里人，任官至正议大夫。少时在伯父程大昌的调教下，"潜心经术"，结果"尽得伯父文简公大昌之学"，[⑤]成为新安理学第二代人物中的佼佼者。因此，从培养新安理学人才的角度来说，程大昌对新安学派的经营，做出了积极贡献。

二是研讨理学，著书立说，丰富了新安理学的思想。程大昌毕生精研理学，学术成就斐然。他在《考古编·序》中自称"赋性朴拙，琴奕博射、法书名画，凡可以娱暇消日者，一皆不能"。[⑥]既不信佛门祈禬可以得福，也不求道士卜相推占而避害，"所为交际酬酢者，惟古今新旧书册而已"。这位清心寡欲，唯独痴情于"古今新旧书册"

---

① [明]程敏政：《新安文献志》卷68《程公大昌神道碑》，弘治三年（1490）刊本。

② [明]程敏政：《新安文献志》卷88《汪居士（莘）传》，弘治三年（1490）刊本。

③ [明]程敏政：《新安文献志》卷68《程公大昌神道碑》，弘治三年（1490）刊本。

④ 弘治《徽州府志》卷7《人物》。

⑤ 弘治《徽州府志》卷7《人物》。

⑥ [宋]程大昌：《考古编·序》，商务印书馆，丛书集成初编本。

的理学家，一生著述宏富。流传至今且可考者，有11种，《易原》8卷、《禹贡论》5卷（《后论》1卷、《山川地理图》2卷）、《雍录》10卷、《北边备对》6卷、《考古编》10卷、《演繁露》16卷（《续演繁露》6卷）、《诗论》1卷（又称《毛诗辩证》）、《易老通言》《尚书谱》《文简公词》及《文集》等。在程氏学术著作中所反映的学术思想及其特色，已如前述。新安学者王双溪在《程大昌复谥议》中高度评价其学术："其学富而不杂，其识精密而渊深。其发为文章，则根柢六经，与韩退之、柳子厚相依仿，而驰骋笔力，骎骎上薄西汉，续作者之泒流，立后学之准的。"[①] 他的思想丰富和充实了新安理学，为新安理学发展成一支独具特色的地方理学流派做出了理论上的贡献。

因此，在新安理学发展史上，程大昌占有了突出的地位。明代正德、嘉靖年间，徽州学者程曈编纂了一部类似新安学派学案性质的著作《新安学系录》。在该书篇首，程氏绘有"新安学系图"，将程大昌抬到与朱熹并列的地位上。清代学者赵吉士所著《寄园寄所寄》中，专列"新安理学"一条，选择在新安理学近700年发展史上最重要的15位理学家作了概要介绍。其中，程大昌作为"新安理学的先哲"，名在新安学派一代宗师朱熹之后。从程大昌的学术思想及其对新安学派发展的贡献来看，"新安学派先哲"之誉，应当是恰如其分的评价。明万历年间，在休宁县治东门外建有"休宁理学九贤坊"，用以表彰程大昌、吴儆、程若庸、陈栎、倪士毅、朱升、赵汸、汪循、范准等9位休宁籍学术名家，其中程大昌位列"九贤"之首。

## 第三节　吴儆：关心民瘼，学该体用的学术大师

吴儆（1125～1183），初名偁，字益恭，休宁商山人。[②] 据吴儆《竹洲记》自述，其祖上世代务农，家中"有田百亩，有宅一区，仅如古井田之民。自祖父而上，凡七世皆安耕稼、守丘墓，无乘危涉险、折腰忍耻、匍匐趋走之劳"。[③] 直到吴儆与

① [明]程敏政：《新安文献志》卷26《王双溪：龙图阁学士赠特进程公大昌复谥文简议》，弘治三年（1490）刊本。
② [明]程敏政：《新安文献志·先贤事略》作"上山人"，弘治三年（1490）刊本。
③ [宋]吴儆：《竹洲集》卷10《竹洲记》，四库全书本。

休宁县商山村(张建平 摄)

其兄吴俯(字益章),“始弃祖父之业,失其身于场屋之间”。[①] 吴氏家族命运的转变,也从吴儆弟兄俩开始。据说,吴儆“生而颖悟,日诵千余言。十岁属文,已能道老生宿儒之所不能道”。早年在“四方之英俊萃焉”的太学与兄吴俯齐名,时人有“眉山三苏,江东二吴”的说法。[②] 绍兴二十七年(1157)进士,授明州鄞县尉,改知安仁县,后出任邕州通判,任满转承议郎,数迁至广西四路安抚都监,提举钦、廉等州盗贼公事等职。年59卒,谥文肃。时人对吴儆在政治上的评价是:“英迈慷慨,忠义激烈,虽穷居厄处,抱膝长吟,常以社稷安危为己任。”是一位积极担当、勇于入世的官员。而对他在学术上成就的评价是:

> 资禀雄浑,学该体用,上下数千年间世变升降、制度因革,灿然若指诸掌,而能剂量之以道;出入诸子百家、天官稗说,靡不洞究,而能折衷之以圣人之经。故其发为文辞,涵蓄演漾,严洁渊奥,每一引笔,若飘风骤雨不可止遏。[③]

这就是说,在理学与文学方面,吴氏都有所成就。徽州府县志在收录吴儆传记时,亦颇认可这一评价。[④] 相比较而言,吴儆在理学上的贡献更为突出。他是南宋时期新安理学的重要创始人物之一,在该学派中具有崇高的学术地位。明代休宁修“休

① [宋]吴儆:《竹洲集》卷10《竹洲记》,四库全书本。
② [明]程敏政:《新安文献志》卷69《竹洲先生吴公儆行状》,弘治三年(1490)刊本。
③ [明]程敏政:《新安文献志》卷69《竹洲先生吴公儆行状》,弘治三年(1490)刊本。
④ 道光《休宁县志》卷12《人物·硕儒》。

宁理学九贤坊”，吴儆位在其列；清初学者赵吉士在《寄园寄所寄》中列举的宋、元、明三朝 14 位最有影响的新安理学家，吴儆亦在其中。

吴儆在其一生的交友和官宦生涯中，与当时著名的学者和官员往来密切。据传记资料记载，这些学者和官员包括理学集大成者朱熹，湖湘学派集大成者张栻、“婺学”创始人吕祖谦，永康学派创始人陈亮，“三陆子之学”[①]的兄长陆九韶，南宋中兴四大诗人之一的范成大，永嘉学派代表人物陈傅良等。尤其是朱熹、张栻、吕祖谦，当时被称为“东南三贤”，吴儆的理学思想分别受到了三人不同程度的重要影响。其中，张栻对吴儆的影响最深。吴儆任邕州通判时，张栻正经略广右。凡遇疑事，张栻必写信向吴儆咨询，并多次向朝廷和友人推荐吴氏之才。张栻曾书告朱熹：“吴益恭忠义果断，缓急可仗，未见其匹。”在得知吴儆被召面圣建言时，张栻对多位友人表示：“益恭才气事业，乌可掩抑？对扬忠言，必当上意。”“此君蹉跎日已老矣，今兹得对，或有遇合之理。”[②]张栻曾向吴儆系统传授了胡宏（五峰）的学说，并书“孔子之刚，曾子之勇，南方之强”三言以赠。因此，吴儆的理学思想，与“南轩学派”及“湖湘学派”实际上存在着师承关系。这也反映了新安理学在其形成过程中就已经吸收了其他学派的研究心得和成果。《新安理学》[③]一书曾对吴儆学术思想的主要内容做了归纳和总结：

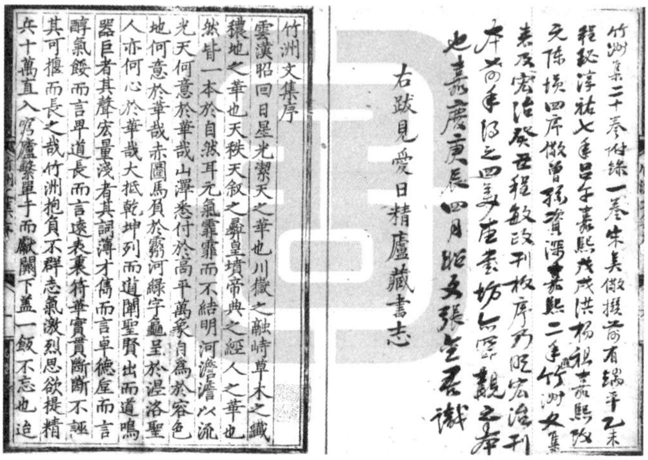
竹洲文集序
雲漢昭回日星光絜天之華也川嶽之融峙草木之織
穠地之華也天秩天叙之彝皇墳帝典之經人之華也
然皆一本於自然耳元氣霏霏而不結明河澹澹以流
光天何意於華哉山澤悉付於高平萬象自爲於容色
地何意於華哉赤圖馬負於露河綠字龜呈於湜洛聖
人亦何心於華哉大抵乾坤列而道闡聖賢出而道鳴
器巨者其聲宏量淺者其詞薄才儁而言卓德庢而言
醇氣餒而言卑道長而言遠表裏符華實貫斷斷不誣
其可擬而長之哉竹洲抱負不群志氣激烈思欲提精
兵十萬直入窮廬繫單于而獻闕下盖一飯不忘也迨

右跋見愛日精廬藏書志

吴儆《竹洲文集》(弘治六年刻本)

第一，是提倡“忠、孝”为本，“君亲一心，忠孝一事”的道德伦理观念。在吴儆的伦理学说中，“忠、孝”被推为人们立身行事之根本。他说：“臣子之所以自立于世者，惟忠与孝。夫子以为事亲孝，故忠可移于君。”[④]这就是说，

① 抚州金溪(今属江西)人陆九韶、陆九龄、陆九渊均为南宋著名学者，兄弟三人学说被合称为“三陆子之学”。

② [明]程敏政：《新安文献志》卷69《竹洲先生吴公儆行状》，弘治三年(1490)刊本。

③ 周晓光：《新安理学》第2章第5节《南宋新安其他著名理学家》，安徽人民出版社，2005年。

④ [宋]吴儆：《竹洲集》附录《见蒋枢丐祠书》，四库全书本。

在吴儆看来，人们立身行事当以“忠、孝”为先。大丈夫只有持忠心、尽孝道，才能“自立于世”。同时，吴氏赞同先贤关于忠、孝之品德在一个人身上是有机统一的看法，即如果某人是个孝子，那么此人同时也必然是个忠臣。针对当时人们普遍存在的“忠孝不两全”的观念和“彼为孝子、彼为忠臣”的绝对说法，吴儆提出了“君亲一心、忠孝一事”的观点。他认为，如果“为臣而获处于可以有为之地，而又智谋足以毗国，才术足以办事，则奋不顾身，义先国家，是为立身扬名以显父母之大也”。这里，忠、孝实际上是统一不悖的，尽忠同时也是尽孝。如果为臣“其智不获用，才不能为”，而双亲又到了奉养之年，那么，人臣尽可辞官归养双亲，这也无妨其“忠心”。按照吴儆的理解，忠与孝本来就是一回事，至于是出为人臣，还是归为人子，应该依据“事有缓急、势有轻重”的原则。

吴儆不仅在理论上提倡这一套忠、孝道德伦理观念，而且在自身的行事中也是坚定的实践者。他曾把做一个忠臣作为自己的奋斗目标，期望尽忠而显亲扬名，达到“忠孝一事”的境界。这种心态在他的《上张南轩书》中有明确的表露。[①] 然而，仕途坎坷，命运不济，吴氏最终还是处于他自认为的“智不获用、才不能为”的境地。于是，吴儆把奉养双亲以尽孝作为“急事”“重势”，多次向朝廷提出尽孝的要求。[②] 综观吴儆一生，确实是把忠孝作为其立身行事之本。这也反映了南宋新安理学家将学说付诸实践的一贯主张。

第二，是主张“先后有序”的治学行事方法。北宋著名理学家程颐（伊川）学说一出，当时天下学之者甚众。其中不少学者不得其门，在治学方法上出现一系列流弊。吴儆在《答汪楚才书》中曾极论“学伊川者之弊”，并进而提出了“先后有序”的治学行事方法。他说：“伊川之所以异于释老者，正以其本末俱举，先后有序。故自格物致知，正心诚意，修身齐家而后治国平天下。”吴儆认为，先后有序的治学方法，乃是一切有建树者包括“圣人”在内的治学行事的基本方法。他特别鄙视“禅家之说，推堕滉漾中也”，批评“学佛之人，窥见一斑，便谓天上地下，唯我独尊”。在吴氏看来，“吾儒之学者，知周万物与天地相似”，应当“自格物致知，以次正心诚意，须要修身齐家而后行天下”。[③] 可以看出，吴儆“先后有序”的主张，不仅仅是就读

---

① [宋]吴儆：《竹洲集》卷8《上张南轩书》，四库全书本。

② [宋]吴儆：《竹洲集》卷8《上五府乞宫观书》，四库全书本。

③ [宋]吴儆：《竹洲集》卷9《答汪楚才书》，四库全书本。

书明理而言的，同时也指人们的立身行事。

第三，是提出了“以民为本”的治国思想。如何治理国家以达到长治久安，国泰民安，儒家先哲们早已有一套说法。其中不乏“重民”的观点。比如，孟子就说过：“民为贵，社稷次之，君为轻。”① 北宋以前的一些政治家也深谙其道。唐太宗曾把人君比作舟，百姓比作水，认为“水能载舟，亦能覆舟”，所以“为君之道，必先存百姓”。② 然而，作为统治者，在治国过程中要真正做到“重民”又何其难也！吴儆在其《富国强兵策》中，从“民本”的思想出发，提出了具体的做法。他说：“圣贤之将欲有为也，必因夫民之所甚病与其所乐为而后为之。立法更制，民情之所未病，法虽善而不为；民情之所欲为，事虽难而必为。”③ 吴儆认为这就是“以民为本”的治国之法。依据其“以民为本”的治国指导思想，吴儆提出了当时现实社会中百姓“所甚病”与“所乐为”的两件的大事：“今者天下之民，其所乐为者，莫大于水旱之有备；而其所甚病者，莫甚于盗贼之不时。”如何解决这两大问题呢？吴儆有一帖“良方”。他说：“因民之乐于有备而预为储蓄之具，因民之病于盗贼而教之战陈之法。”④ 显然，吴氏提出的现实问题以及解决问题的立足点，都是从“民本”的观点出发的。它继承了儒家传统思想中的进步因素，具有一定的积极意义。

第四，是在社会政治论中，提出了“法久必弊，弊极必革”变革主张，同时还提出了地方政治中的“三害论”。祖宗的“成法”是该固守而一成不变，还是应该因势调整？宋代的大臣、学者们曾有过激烈的争论。作为一名学者兼官员，吴儆在许多场合都阐述了其要求变革的社会政治主张。在《论选人改官》的奏疏中，吴儆明确提出：“法久而必敝，敝极而必革，此理势之常然，圣人之所不能易也。”⑤ 吴氏把变革视作一种任何人都无法改变的必然趋势。其所著《竹洲集》中的奏疏充满了革新的主张和精神。凡是不合时宜的政策、制度，吴儆都大胆提出了因势而变的要求和办法。比如，关于选人改官的制度，这是宋朝沿用已久的一种官员选拔考核办法。实行这种办法的本意是“盖欲审知其才，试之以事而无赃私之过，举之得其人

①《孟子·尽心篇》。
②[唐]吴竞：《贞观政要·君道》，中华书局，2003年。
③[宋]吴儆：《竹洲集》卷3《富国强兵策》，四库全书本。
④[宋]吴儆：《竹洲集》卷3《富国强兵策》，四库全书本。
⑤[宋]吴儆：《竹洲集》卷1《论选人改官》，四库全书本。

而无请托之患”。但发展到后来，其流弊越来越明显，一些士大夫“无特立独行之操、慷慨有为之志”，为了谋取高位，“摇尾纳赂，挟势强取，无所不至”。[1] 这种选拔考核官员的办法显然已经不合时宜了。尽管这一制度是祖宗留下的“成法”，但吴儆还是坚决主张更改，并提出了具体的取代措施。

在吴儆的社会政治论中，有关地方政治问题的论述是十分重要的一部分内容。他在《刍言三篇》中首先提出了一个重要的问题：“天下治安之日久矣，水旱不作，赋敛有常，而闾里之间犹有愁叹之声；宽恤之诏，吏不绝书，而遐陬之民或不被上之泽。天下有治安之势，而斯民不获治安之福，此其何故也？”这就是说，现实中的地方政治存在着严重的问题，尽管举国一派歌舞升平的景象，然而生活在社会最底层的百姓依然感受不到“皇恩浩荡”。何以会出现这种情况？吴儆提出了他的“三害论”。他说：

> 古者天下之民止于事其君，故财之供于国者有常数，而力之用于上者有常时。今者天下之民所以屈身而事之者，非止于君而已也。盖一邑之间，其上有长令，其下有吏之黠、民之豪且强者，皆其所从受令者也。故财之供于国者一，而夺之者有三；力之用于上者一，而困之者有三。此三人常以其权力争而迭胜而交病。[2]

吴儆认为，地方之权在长令，则长令得以为私；权在黠吏，则黠吏得以为奸；权在豪民，则豪民得以为横。吴氏指出：“凡所以使民之不安其生，而泽之不被于民者，皆此三人者之为也。”这就是地方问题的症结所在。在吴儆看来，“三害”之中，“长令之为私，其害之及于民者虽大而易防，豪民之为横，其害之及于民者虽众而易服”，唯独是黠吏之害民“甚深而难去”。吴儆提出，抑制“三害”、解决地方政治问题的基本原则应该是“借豪民以去黠吏，抑豪民以养平民”。[3] 可以看出，关注现实、关注百姓是吴氏学说的重要灵魂。

第五，是以吏治为核心的“治民理财”观。吴儆在阐述其社会政治思想时，特别突出州县的地位和作用，认为“国家根本实在州县”，州县稳定与否，关乎国家

---

① [宋]吴儆：《竹洲集》卷1《论选人改官》，四库全书本。
② [宋]吴儆：《竹洲集》卷3《刍言三篇》，四库全书本。
③ [宋]吴儆：《竹洲集》卷3《刍言三篇》，四库全书本。

兴衰与存亡。按照吴儆的看法，州县虽则重要，然而大事不过“两端”：一曰治民，二曰理财。这两件大事“上关九重之念，下廑有司之责”，也是困扰当时君臣的难题。那么，州县究竟如何治民理财呢？吴氏提出了其新颖的以吏治为核心的治民理财观。

在《论治民理财》篇中，吴儆提出，治民理财的关键并不在于“治民”“理财”的本身，而是要了解其弊端从何而来、因何而起。他认为，州县治民理财本是一件并不难行的事，其所以常常成为困扰君臣的难题，是因为“有弊”，而弊的根源则在州县“为守令者”身上！因此，吴儆提出了要从吏治着手，“昏懦不立者易置闲慢，赃私不法者常切觉察，谨畏自全者时加责罚。至于刚洁自将、不畏强御，能为陛下治民、能为陛下理财者，奖借扶持”，[①] 从而最终达到民治、财理的目的。吴氏的治民理财观从吏治角度着眼，确实看到了该问题的症结所在。

此外，撇开治民理财问题，吴儆在其社会政治论中也专门讨论过“吏治”的问题。《竹洲集》中涉及吏治的重要篇章有《论二广官吏》《论文臣当习武事》《论选人改官》《论大臣近臣》《论广西帅臣兼知漕计》《县令》《黠吏》等。其中既有关于吏治问题的具体议论，也有原则性的阐述。如言“今之君子，勇于求进而怠于从事，工于治私而苟于居官”，对当时官场吏治现象有入木三分的剖析。[②]

总体来看，吴儆在社会政治方面的思想有两大鲜明的特点：一是关注现实，二是关注民生。他关于社会政治问题的探讨，并不是专在理论上构建体系，也不作玄远的虚论。吴儆提出的诸多问题，都是针对现实有感而发；而其主张的解决问题的方法，无不是以民生为出发点。因此，吴儆在社会政治方面的思想具有强烈的时代感。形成其社会政治思想特点的原因，有两个因素值得注意：首先，关注现实、积极入世是南宋新安学派的基本倾向。吴儆作为南宋新安学派的重要人物之一，深受学派学术环境的影响，因而其社会政治学说也体现了这一倾向。其次，吴儆自身的经历。吴儆是一位儒家传统的积极入世人生精神的忠诚实践者。嘉定十五年（1222），南宋新安著名学者程卓作《竹洲先生吴公儆行状》，忠实记录了吴氏勇于入世的一生。吴儆社会政治学说体现出关注现实的特点，与其一生接触社会、了解社会有密切的关系。此外，吴儆的出身并不显赫，乃是“家故甚微”。[③] 入仕后，吴氏又长期担任

① [宋]吴儆：《竹洲集》卷1《论治民理财》，四库全书本。
② [宋]吴儆：《竹洲集》卷11《休宁县尉厅壁记》，四库全书本。
③ [宋]吴儆：《竹洲集》卷5《谢李盐使举治状启》，四库全书本。

地方官，终日里与百姓打交道，因此对百姓民生有较深的体会和了解。这为他在社会政治学说中提出贴近现实、贴近百姓的观点奠定了基础。

吴儆的学说具有比较丰富的内容和鲜明的特色。他的思想是南宋新安理学思想的重要组成部分。后人视之为“新安理学先哲”，也是恰如其分的。吴儆对新安理学的贡献，并不止于思想上的成就。他积极讲学，培养了一批新安理学的后起之秀，对新安学派的经营同样功不可没。《竹洲集原序》说，吴氏曾与其兄“授徒棣华旁，近数州之士从之游者，岁常数百”。[①] 说明吴儆对新安江流域学术有传播、启迪之功。《竹洲先生吴公儆行状》对此记载更为详细：

> 公孝友出于天性，常视奉议公（吴儆父）颦笑以为欣戚。所居之前，有洲广数亩，旧种竹，苍翠可爱，奉议公乐之。于是结庐其上，环以秋冬不凋之木，日奉觞酒怡愉其中。又以余闲，与从游之朋，穷经论史，考德订业。四方之士闻之，负笈而至，岁数百人，居不足以容，或相率结茅其旁，因号为竹洲先生。公分斋肄业，如安定湖学之法以教之……言有章、行有操、官有业、问有学，未有不自竹洲之门者。[②]

吴儆按照“宋初三先生”之一的胡瑗分斋教学的“苏湖教法”，培养了一批杰出的弟子，也推动了新安江流域学术文化的发展。

## 第四节　钱时：阐扬心学，著述等身的一代名家

钱时（1175 ~ 1244），字子是，号融堂，淳安蜀阜人。[③]《蜀阜存稿》卷首《融堂先生行实》称其为英烈惠济侯钱鬌之孙。钱鬌与其兄钱峃因共同抗金有功，后于

① [宋]吴儆：《竹洲集》卷首《竹洲集原序》，四库全书本。

② [明]程敏政：《新安文献志》卷69《竹洲先生吴公儆行状》，弘治三年（1490）刊本。

③ 一说徽州府歙县人。民国《歙县志》卷7《人物志·儒林》：“钱时，字子是，号融堂，汝溪人。”汝溪时属歙县东乡，今属淳安。后改名米滩，新安江水库蓄水后，没于水下。

端平元年（1234）由南宋理宗赵昀赐诰，追封钱岦为惠显侯，钱鬵为惠济侯。因此，钱时也称得上是名门之后。传记资料记载，钱时少时聪慧，“幼即奇嶷不群，时皆以奇童目之”。[①]《宋史》本传谓其“以《易》冠漕司，既而绝意科举，究明理学”。[②]钱时何以在科场初出茅庐而旋又“绝意科举”，不得其详。但其“究明理学”，则无疑与杨简有着密切的关系。杨简字敬仲，号慈湖，著名的“淳熙四先生”之一。年轻时就读太学，宋孝宗乾道五年（1169）考中进士。在任富阳主簿时，陆九渊过富阳，杨简便拜陆氏为师。先后任乐平知县、温州知府等地方官，后迁宝谟阁学士、太中大夫致仕，卒谥文元。《融堂先生行实》记载：钱时“从慈湖杨简先生之学，推明道统之原，穷究天人之妙，尽发先贤之未发”。[③]据说，杨简对钱时甚为欣赏，曾说：“人心背驰不知其几，惟子是超然有觉，又能启迪其乡人士，吾道其亨乎。”并大书“融堂”二字赠之。[④]杨简对钱时的学术思想，有着深刻的影响。方志曾评价南宋淳安学者“钱（时）近陆（九渊），方（逢辰）近朱（熹）”，[⑤]反映的正是钱时师从杨简，杨简师从陆九渊的学脉关系及其学术旨趣。钱时对陆九渊、杨简的学说，极为推崇。他在杂体《读书灯》中说：“象山翁，天启秘，嫡嗣慈湖更超诣。陋儒俗学破沉疴，暗室迷途逢宝炬。”[⑥]把陆九渊、杨简视为破陋儒俗学沉疴的圣手，照亮暗室迷途的火炬。在《吴县学慈湖先生祠堂记》中称：“慈湖先师踵象山陆文安公以出，而斯道大明，自汉以来，穿凿附会、冥迷沉痼之习，为之一洗，圣经昭垂如日在天矣！”[⑦]将陆、杨奉为划时代的人物。

钱时《蜀阜存稿》书影

① [宋]钱时：《蜀阜存稿》卷首《融堂先生行实》，淳安古籍文献丛书本。
② [元]脱脱等：《宋史》卷407《钱时传》，中华书局，1985年。
③ [宋]钱时：《蜀阜存稿》卷首《融堂先生行实》，淳安古籍文献丛书本。
④ 光绪《淳安县志》卷10《人物志·理学》。
⑤ 光绪《淳安县志》卷10《人物志·理学》。
⑥ [宋]钱时：《蜀阜存稿》卷2《读书灯》，淳安古籍文献丛书本。
⑦ [宋]钱时：《蜀阜存稿》卷3《吴县学慈湖先生祠堂记》，淳安古籍文献丛书本。

生活中的钱时，是一个追求精神愉悦而淡泊物质享受的智者，这与他的学术之道颇有同趣。钱时曾有《岁寒落成》一诗曰："万间金屋苦嫌少，六尺茅亭宽有余。意惬即为真受用，世间荣谢不关渠。"[①] 豁达的心态，也是在师从杨简并放弃科举后，隐居乡间，以著书、立言、讲学为事的一个重要原因。据说，当时"四方向慕受业者数百人"，颇有影响。甚至朱熹也曾"屡挈诸徒，枉车访论，深合道契"。钱时山居之旁，山岗高峻，不便行路，朱熹还亲自组织人修筑了一段石阶，被称为"朱文公街"。[②] 名声在外的钱时，受到地方官员们的交相举荐。江东提刑袁甫于绍定四年（1231）迁建象山书院，次年得诏赐"象山书院"匾额，该书院后发展为与长沙岳麓书院、金华丽泽书院、庐山白鹿洞书院并称的南宋著名的四大书院。袁甫亦曾师从陆九渊高足杨简，与钱时有同门之谊。书院迁建后，袁甫招钱时为主讲席，一时学者兴起，象山书院成为弘扬陆九渊"心学"的重要阵地。严州、新安、绍兴等郡守，也多"厚礼延请，开讲郡庠"。钱时之学养、学识的名声在新安江流域传播极广。

时任丞相乔行简知其贤，特推荐给朝廷，并称："时夙负才识，尤通世务，田里之休戚利病，当世之是非得失，莫不详究而熟知之，不但通诗书、守陈言而已。"[③] 予钱时极高评价。钱时因而得以面圣，陈述其安邦定国之策。据说，嘉熙元年（1237）以布衣身份在拱辰殿朝见理宗的钱时，就理宗提出的修身、为政、养兵、恤民等问题，一一条陈，"皆圣贤之精微"，理宗大悦，特赐进士出身，[④] 授秘阁校勘。不久，出佐浙东仓幕，太史李心传奏召史馆检阅，预修国史。晚居乡蜀阜玉屏街北山之冈，创建"融堂书院"，每日里与群徒讲道，被视为当世大儒。方志记载钱时讲学著书之所，为斋者四，为堂者三，为亭者五，颇具规模。关于钱时著述，《宋史》记载有《周易释传》《尚书演义》《学诗管见》《春秋大旨》《四书管见》《两汉笔记》《蜀阜集》《冠昏记》《百行冠冕集》等9种，《景定严州续志》补录《国史宏纲》《纪事》2种。今仅存《融堂书解》《四书管见》《两汉笔记》《蜀阜存稿》4种。

钱时弟子吕人龙在《钱融堂先生赴聘叙》中称："融堂先生少负奇才，长通百家，溢而为文章，融而为议论，金声玉振，云拥峰生。年逾四十，崎岖不售。乃一日端

---

① [宋]钱时：《蜀阜存稿》卷1《岁寒落成》，淳安古籍文献丛书本。
② [宋]钱时：《蜀阜存稿》卷首《融堂先生行实》，淳安古籍文献丛书本。
③ [元]脱脱等：《宋史》卷407《钱时传》，中华书局，1985年。
④ "特赐进士出身"一语，唯《蜀阜存稿》卷首《融堂先生行实》言及，《宋史》及相关方志传记均未提及此事。

居内省，洞然入达，遂悔其少作，尽焚其旧所为文，独与古圣贤远相酧酢于千载之上。天之未丧斯文，意于是发之乎？”[①] 描述了钱时由博返约的学术历程。钱时也曾自谦说：“某气质凡下，一无所堪，支离俗学，庞杂半世，老境侵寻，始稍知用力之地。”[②] 一生的学术探索，到了晚年才稍知如何用力。不过，正史对他的学术评价甚高：“其学大抵发明人心，议论宏伟，指擿痛决，闻者皆有得焉。”[③] 是一位根底陆学，而于学术有诸多发明的一代鸿儒。

钱时在人性论上，主张人性善、人心良。他在《蒙养斋记》中说：“夫人，天地之德也，阴阳之交也，鬼神之会也，五行之秀气也。性无有不善，心无有不良，浑然天成。”[④] 就是说，人是宇宙间最灵秀者，其本性善、本心良。而要保持人的善良本性，钱时认为关键在于“养心”：

> 养而无害，不失此赤子之心耳。……侍亲，左右无违，所以养其孝；饮食出入，必后长者，所以养其悌；常视毋诳，所以养其信；温恭毋骄，所以养其谦；不苟笑，不戏色，所以养其庄敬；不窥密，不倾听，所以养其耳目；男女不同席，不共食，防渎乱也，所以养其耻；不裘帛，不屦絇，防侈丽也，所以养其俭；……，若此之类，节密目繁，不可一二数，而其大旨，则无一事之非养者。[⑤]

在钱时看来，养心是人类社会万事的根本。他批评后世之教说：“古之教者养心，后之教者害心；古之教者童而成之，后之教者自童而坏之矣。”所以他认为：“无非僻之侵，无邪妄之累，小子有造，成人有德，教则然也。[⑥] 教以养心，是成人成己的基本途径。

钱时极重人伦之道，认为学者求道，近在“事亲从兄之间”，而不必追逐高远。他引经据典说：“先圣有曰：君子之道，譬如行远必自迩，譬如登高必自卑。”所以从身边开始事亲顺，即是得道修行之法。这一看法深得乃祖师陆九渊的思想精髓。

---

① [宋]钱时：《蜀阜存稿》卷3《吕人龙：钱融堂先生赴聘叙》，淳安古籍文献丛书本。
② [明]程敏政：《新安文献志》卷10《答汪帅卿纲书》，弘治三年(1490)刊本。
③ [元]脱脱等：《宋史》卷407《钱时传》，中华书局，1985年。
④ [宋]钱时：《蜀阜存稿》卷3《蒙养斋记》，淳安古籍文献丛书本。
⑤ [宋]钱时：《蜀阜存稿》卷3《蒙养斋记》，淳安古籍文献丛书本。
⑥ [宋]钱时：《蜀阜存稿》卷3《蒙养斋记》，淳安古籍文献丛书本。

陆九渊曾说过："圣人教人，只是就人日用处开端。"① "道理只在眼前，虽见到圣人田地，亦只是眼前道理。"② 那么，何谓顺？钱时以自己的感悟解释道："予早年丧先君，崎岖万状，年四十有三，始微有省。又二年，拜慈湖先生，方知守中庸之妙，方知视听言动、喜怒哀乐、起居食息、日用常行、变化纵横，莫非大顺。"③ 也就是做好身边常事，关注日常人伦，即为大顺。

关于心性之修养方法，钱时主"静"。他认为，"人生而静，天之性也。性本静，本虚，本清明无所不烛。"在钱时看来，静是人的天性，是与生俱来的本来属性，而其功效与影响则充盈天地之间。他感叹说："大哉静乎，天地万物，纵横妙用，变化其中。"④ 因此，钱时评判世事、倡导修行，均以"静"为准的。这与其师门的心法，一脉相承。陆九渊亦曾说过"人生而静，天之性也"，⑤ 学界也认为，在朱、陆的学术分歧中，陆九渊主"静"，而朱熹则主"敬"。钱时乃师杨简也有关于"静"的诸多论述，如"(元度) 笃之于学，夜则收拾精神，使之于静。某曰：元度所自有本自全成，何假更求……收之实之，乃成造诣，休之静之，犹是放心"。⑥ 钱时关于心性修养的"主静"主张，不出师门规矩。

关于为学之道，钱时主张"为学当以圣人为的，学圣人当以闻道为的"。⑦ 他批评当时的学风说："士习浇讹甚矣，沉冥颠倒，日入于污险而不自知，视古昔圣贤几若异类。"⑧ 认为"三代而下，或志于纵横，或志于刑名，或志于富强，或志于虚无，异端邪说纷纷，千流万派，而卒为名教之罪人。"在钱时看来，为学凡不以"闻道"为目的的行为，均是有罪于"名教"。那么，为学当以何为先？钱时提出："论学先论志，天下之事未有无志而成者。"就是说，立志是为学之始。"是故学圣人以闻道为的，闻道以立志为先。此志一立，金石可化，水火可蹈，况天爵良贵我所自有，全体浑然匪由外铄，而有不可得者乎"？⑨ 在《新安州学讲义》中，钱时就何以言志

---

① [宋]陆九渊：《象山全集》卷35《语录》，中华书局四部备要本。
② [宋]陆九渊：《象山全集》卷34《语录》，中华书局四部备要本。
③ [宋]钱时：《蜀阜存稿》卷3《顺堂记》，淳安古籍文献丛书本。
④ [宋]钱时：《蜀阜存稿》卷3《静安堂记》，淳安古籍文献丛书本。
⑤ [宋]陆九渊：《陆九渊集》卷34《语录上》，中华书局，1980年。
⑥ [宋]杨简：《慈湖遗书》卷3《与张元度》，四明丛书本。
⑦ [明]程敏政：《新安文献志》卷39《钱融堂：新安州学讲义》，弘治三年(1490)刊本。
⑧ [明]程敏政：《新安文献志》卷10《钱融堂：答汪帅卿纲书》，弘治三年(1490)刊本。
⑨ [明]程敏政：《新安文献志》卷39《钱融堂：新安州学讲义》，弘治三年(1490)刊本。

有进一步的阐释：

> 有所嗜好，即不足以言志；有所系累，即不足以言志；有所拘随、有所贪恋，即不足以言志；有苟焉自恕之念，不足以言志；有自诡自欺之念，不足以言志；有剽轻浮动之念，不足以言志；有藩篱物我之念，不足以言志；无深固不拔弗得弗措之见，而有营求卜度揣摩较计之念，不足以言志；或陨获于贫贱，或充诎于富贵，或回挠于忧患变故，或变乱于生死祸福，皆不足以言志。①

也就是说，以上几种情形，都被排斥在“言志”之外。这其实与钱时为学以“闻道”为目的的主张是一致的。同时，钱时还认为，做人做事做学问，要沉浸专心。他的一首《岁寒杂咏》诗即明确表达了这层意思：“生疏只是自生疏，志若专时定不麄。世事从来不两大，莫教错了用功夫。”② 此外，钱时还看重为学要有自己的体悟，而非一味承袭成说。他说：“虽然，圣人之书先得我心之所同然，非徒书也，不反求之，期于自得，而徒支离传注之窟宅，沉溺文义之渊薮，则又非吾之所闻。”③ 把“期于自得”看作治学的基本要求。

钱时在解读“颜渊问仁”句时，认为“仁，人心也。此心即仁，虚明浑融，本无亏阙”。④ 其《求仁铭》亦言：“仁即人心，是之谓人。范围无际，发育无垠，我固有之。”⑤ 那么，为什么有的人会出现“亏阙”的问题呢？钱时认为，“为意所动，始失其所以为仁；为物所迁，始失其所以为仁；为习所移，始失其所以为仁；为欲所纵，始失其所以为仁。狂迷颠倒，醉生梦死，昏昏愦愦，日用而不知皆己私为之窟宅，非本心然也”。⑥ 外界种种的干预，导致迷失了本心。归根结底，这都不是“本心”最初的样子。那么，如何恢复本心呢？由孔子“克己复礼为仁”出发，钱时释读道：

> 礼者，天则之不可逾者也，一逾此则无非己私，有一毫己私，即不足以为

① [明]程敏政：《新安文献志》卷39《钱融堂：新安州学讲义》，弘治三年（1490）刊本。
② [宋]钱时：《蜀阜存稿》卷1《岁寒杂咏》，淳安古籍文献丛书本。
③ [宋]钱时：《蜀阜存稿》卷3《云峤书堂记》，淳安古籍文献丛书本。
④ [明]程敏政：《新安文献志》卷39《钱融堂：新安州学讲义》，弘治三年（1490）刊本。
⑤ [宋]钱时：《蜀阜存稿》卷3《求仁铭》，淳安古籍文献丛书本。
⑥ [明]程敏政：《新安文献志》卷39《钱融堂：新安州学讲义》，弘治三年（1490）刊本。

> 礼；有一毫非礼，即不足以为仁。先圣于此不曰克己为仁，而曰‘克己复礼为仁’，非于礼之外而别有所谓仁也。曰复礼为仁者，所以明复礼之即仁也。”他赞叹“礼”之一字说：“大哉，礼乎。分而为天地者，此也；转而为阴阳者，此也；变而为四时者，此也；列而为鬼神者，此也。此即本心之妙，即所谓仁也。克己即复礼矣，复礼即为仁矣。夫以天地之广大，阴阳之阖辟，四时之运行，鬼神之变化，而此礼实为之，则一日克己，豁然清明，道心大同，范围无外，谓之天下归仁，良不为过。①

这里，钱时强调了克己、复礼与仁之间的关系。在《新安州学讲义》中，钱时还反复论说了克己复礼之事“断断在我，实非他人所能致力”“为仁由己”，强调个人修行的重要。由此我们可以看到，宋明理学家通过解经释义而阐发自己观点的学术路径。

关于童蒙教育问题，钱时认为“古者家有塾，党有庠，术有序，生斯时者，人人有士君子之行”，这是“教则使然也”。他诠释先圣“性相近，习相远”句说：“犹之物焉，藏之丹则赤，藏之漆则黑尔。”因此，如果“不教以义方，不闲于师范，而耳目日热乎小人之事，则其长也乐亲小人而惮见君子，又其甚则安于为小人而仇君子矣”，可见童蒙教育之事极大。在钱时看来，人的本心都是善的，“与天地同，与尧、舜、禹、汤、文、武、周公、孔子同。事亲自孝，事长自悌，自恻隐，自羞恶，自忠信，自笃敬”，但如果失其教，则会出现“安于为小人而仇君子”的极端情形，这“岂不甚可痛哉”！钱时提出，“与其长大而悯其不为君子，孰若教之于童稚而使不为小人也哉”。也就是说，教人守住善之初心，要从孩童教育抓起。那么，如果有家贫而无法接受教育的孩童如何处置？他以自己家族为例，每年请一塾师到家塾教授同宗钱家子弟，自此“无家贫不教之子，咸知孝悌忠信，为士君子之行”。② 于此可见，钱时对童蒙教育的重视。

钱时在诗文上的成就，也颇为时人推重。他的诗处处透着超凡脱俗的清新，也饱含深邃的人生哲理。如《晚坐新亭对溪山有感二首》：“莫道壶中日月长，壶中日

---

① [明]程敏政：《新安文献志》卷39《钱融堂：新安州学讲义》，弘治三年（1490）刊本。

② [宋]钱时：《蜀阜存稿》卷3《广塾规约序》，淳安古籍文献丛书本。

月只寻常。乾坤今古无穷妙，是我庭前一草芒。”颇有天地宇宙皆在心中和掌中之气度。同其妙者，还有《辛簿赵尉夜语新亭二首》：“老夫身世尽山林，门外红尘没膝深。有底一般闲快活，光风霁月夜论心。”[①]虽然钱时早年弃科举而隐居山林，专心于发明本心、著述讲学，但其实他对世事之关注、对人世之作为，还是没有放弃。他曾希望学者“力足以及一乡者，有以善一乡，及一邑者，有以善一邑，随力所及，推而广之，抑或救正其万分”。[②]还赞赏“幼之学，壮之行，弦歌之风，雍雍海峤，他日栋梁斯道，羽仪天朝，经纶变化，阖辟宇宙，与古圣贤相应和”的经世作为。[③]钱时本人亦曾应召廷对，阐述治国理政之策。当时人曾评价他“夙负才识，尤通世务，田里之休戚利病，当世之是非得失，莫不详究而熟知之”。[④]论“乞人盗贼”，他说：“人之为乞为盗，非本心然也，寒饥之所驱迫，又坠不安农亩，遂亡羞恶，不齿于人道，势则然耳。”从生活所迫的角度，分析成为“乞人盗贼”的原因。论官员之所谓“廉”，钱时说：“平居暇日号各卿才大夫，开口历落谈古今得丧，上下驰驱若决河，指天画地以节介自许，冰洁而玉立。一旦出临民上，真知所自爱者寡矣。”[⑤]钱时认为，“廉者，行检之常，非高节也”，这是官员的本分，不值得大众争相称颂。这些议论和看法，确实是洞明世事，切中要害。

钱时是南宋心学一系的重要传承者。明代著名学者程敏政称：“融堂钱氏，实得杨简之传，上宗陆子，其言渊以慤，其行硕以颛，真可谓百世士矣。”给予钱时高度评价。[⑥]《宋元学案》指出，象山后学“严陵一支，自钱融堂而盛”。[⑦]钱时的《四书管见》是心学一派保存下来的第一部四书训解之作，对心学传承有重要的影响。在新安江流域的学术系统中，朱子学长期占有上风，而心学一系则处于劣势。方一蘷有谒融堂墓诗云：“安东束帛此招贤，梦吟冬窝又一年。已自无人守坟墓，空令过客问山川。时方大用文公学，士亦深排陆子禅。回首蜀天青不尽，临风一酹一凄然。”[⑧]所谓“时方大用文公学，士亦深排陆子禅”，描述的就是心学在此地的发展窘况。不过，因

① 两诗收录在钱时《蜀阜存稿》卷1中，淳安古籍文献丛书本。
② [明]程敏政：《新安文献志》卷10《答汪帅卿纲书》，弘治三年(1490)刊本。
③ [宋]钱时：《蜀阜存稿》卷3《海盐县重建儒学记》，淳安古籍文献丛书本。
④ [元]脱脱等：《宋史》卷407《钱时传》，中华书局，1985年。
⑤ [宋]钱时：《蜀阜存稿》卷3《赠黄戎序》，淳安古籍文献丛书本。
⑥ [明]程敏政：《篁墩集》卷16，四库全书本。
⑦ [明]黄宗羲、[清]全祖望：《宋元学案》卷77《槐堂诸儒学案》，中华书局，1986年。
⑧ 光绪《淳安县志》卷3《墓冢》。

有南宋钱时的存在，新安江流域学术的丰富性仍得以呈现。

## 第五节 方逢辰：修己力行，施教为先的经世儒臣

方逢辰（1221 ~ 1291），原名梦魁，字君锡，号蛟峰，严州淳安人。① 其父方镕，“力学笃行，记问赅博”，② 号耐轩先生，当时名儒。方镕“两魁郡试后，弃去举子业，尽心圣贤之学。每曰：人与天地相立者，文艺云乎哉？其训诸子，务先穷理尽性，至应事接物，则以持敬实践为功”。③ 逢辰为方镕长子，早年随乃父习字学文，积累了家学功底。方志言其“自幼天禀卓绝，刻苦问学，夜诵彻旦，无书不读，而会极于周程朱子之学，以格物为穷理之本，笃行为修己之要”。④ 从中折射了其父方镕为学处世的主张。《故侍读尚书方公墓志铭》对这一时期方逢辰的学习生活也有基本相同的记载：“天禀卓绝，自幼刻苦务学，夜诵彻旦，诸子百家之书，无所不读，而会归于周程朱子之学。其所为文，家传人诵，士林素以魁彦期之。”⑤ 逢辰曾与黄蜕、何梦桂同学于石峡书院。据说黄蜕于淳祐七年（1247）考中淳安历史上的第一个“榜眼”，逢辰以“状元留后举，榜眼探先锋”道贺，而黄蜕则回道：“吾与状元留地位，先将榜眼破天荒。”两年后，一语中的。逢

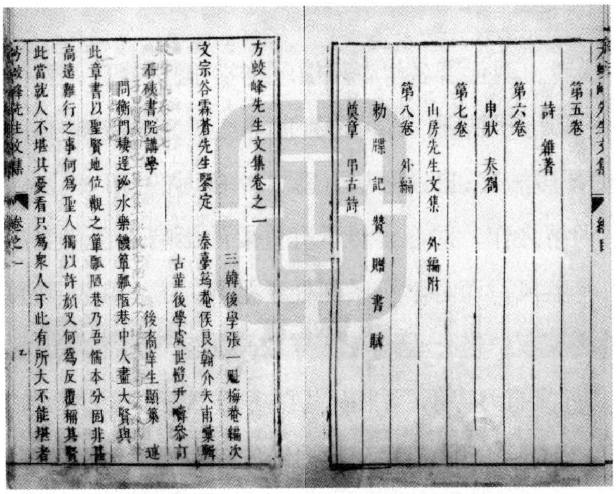


方逢辰《蛟峰先生文集》书影（顺治十六年刻本）

---

① 元修《宋史》没有为方逢辰立传，时黄溍视之为《宋史》编撰的重要失误之一。详见王宇：《简论元人对〈宋史〉的评说》，载《国际社会科学杂志》2020年第3期。

② [宋]方逢辰：《蛟峰先生文集》卷14《故侍读尚书方公墓志铭》，淳安古籍文献丛书本。

③ 光绪《淳安县志》卷10《儒林》。

④ 光绪《淳安县志》卷10《理学》。

⑤ [宋]方逢辰：《蛟峰先生文集》卷14《故侍读尚书方公墓志铭》，淳安古籍文献丛书本。

辰在淳祐九年（1249）己酉乡举首选，翌年中省试第一等，宋理宗亲自面试，见逢辰“敷陈鲠亮”，钦点为进士第一名，即状元，并赐名为“逢辰”。此后，逢辰即以“君锡”为字。咸淳元年（1265），何梦桂考中“探花”，后官至御史。其侄何景文，亦登同榜进士。宋度宗因此有“一门登两第，百里足三元”的联句。由此可见，南宋淳安一县人文郁兴，科举鼎盛。

考中状元后的逢辰，始补承事郎，佥书平江军节度判官厅公事。《墓志铭》中称他“莅事勤恪”，时“吴中有和靖书堂，郡请公领学。事初讲太极，将《图说》分作五节，发明濂洛蕴奥”。① 宝祐元年（1253），以秘书省正字召入。后历任校书郎、著作佐郎等职，因屡次上书就海州丧师、备边之事、大兴工役等发表激烈言论，引起理宗不悦，逢辰遂称疾求去。程元凤拜相后，因惜逢辰之才，多次举荐，除知宁国府，而朝中大臣又以其“交游学舍”论罢。从宝祐三年（1255）辞官归里，到开庆元年（1259）再次应召著作郎，逢辰杜门“潜心于易”，唯以精研学问为事。开庆元年复出不久，贾似道入相，逢辰再次被罢。好友徐国博以书邀请逢辰到婺州书堂讲学，逢辰遂开讲于此，据说当时“生徒从游者数百人”，影响甚大。景定二年（1261）除知婺州，旋又被罢。逢辰乃归里创办塾学，招收生徒，传授其学术思想。后知嘉兴府，因朝中官员反对，被罢；又改知瑞州，未届满又被罢。咸淳元年（1265），度宗继位，逢辰的仕途才算稍稍顺利。历任司封郎兼国史院编修、实录院检讨官兼直舍人院、秘阁修撰、江东提刑、江西转运副使、兵部侍郎、国史实录院修撰兼侍读、吏部侍郎等职，深得度宗信任。“上日御经筵，虚心问道。公每事启沃，所以格君心者多矣”。② 度宗曾问及逢辰旧时读书和讲学之地，遂御书“石峡书院”四字赐之，并赞书曰：“近进士一科，文章盛而古意衰。卿以儒硕创家塾，以程朱之学淑其徒，朕甚嘉之。”③ 德祐年间，丁母忧后，先后辞户部尚书、礼部尚书不受，绝意仕途，惟居家讲学，“日与生徒讲明修己治人之道”。

宋亡，元世祖诏起之，坚辞不赴，并有诗吐露心声：“万里皇华遣使輶，姓名曾覆御前瓯。燕台礼重金为屋，严濑风高玉作钩。丹凤喜从天上落，白驹须向谷中

① [宋]方逢辰：《蛟峰先生文集》卷14《故侍读尚书方公墓志铭》，淳安古籍文献丛书本。
② [宋]方逢辰：《蛟峰先生文集》卷14《故侍读尚书方公墓志铭》，淳安古籍文献丛书本。
③ [宋]方逢辰：《蛟峰先生文集》卷14《故侍读尚书方公墓志铭》，淳安古籍文献丛书本。

求。敲门不醒希夷睡，休怪山云著意留。”[①] 从逢辰一生来看，其仕途坎坷，屡屡被罢，个中缘由，大概与其耿直的性格而得罪权贵有关。明朝翰林侍读学士钱溥在《蛟峰方先生集序》中说：“盖先生直言劲节著于当世。初以父命力请归送祖葬。及其后也，虽度宗欲大用而沮于（贾）似道，退不复起，而运更物改，遂以义终。”[②] 逢辰曾在《辞建状元楼》中说：“某仰蒙圣渥，尘添甲科，则又将以致君泽民之责自任矣。爰自期集来归，闭户焚香，置书一卷，将前贤事业日夜讨论，将天下利害日夜静思，求所以报君父而慰苍生。”[③] 如此“运更物改，遂以义终”的一生，对于一位以天下为己任的学者兼官员来说，未免留有遗憾。

不过，无论是居家还是宦游，逢辰始终是讲学不辍，研学不止。正如黄溍在《蛟峰先生阡表》中云：“公天禀卓绝，于书无所不读，而会于理学以为归宿。自为幕职，官至秉麾持节，所至以教化为先务，暇日辄从容庠序间，授学者以求端用力之方，自躬行上起，自人伦日用上起。”黄氏还历数了逢辰的教学经历：“婺之东阳有好事者创义学，迎致公为之师，从游者数百人”“即家建塾以私淑其徒”“江南新附，乡寇猖獗，官舍民居尽毁，而书院岿然劫火之余。葺治既完，诸生稍来集。公倡明正道，以致知力行名其堂，以仁义礼智名其斋。时所在士风颓靡，公所以振起而作新之者，成效甚著”。据此，黄氏对其评价：“自任以师道之重，期于继往圣而开来学者也。……公之道虽不行于当时，而其学有以传于后世。”[④] 在教学过程中，逢辰曾有诸多创新教法。如，在横城义塾，逢辰让学生“一旬之中，以九日读书，讲明义理，而以一日为科举业”，[⑤] 兼顾了研讨义理与从事举业之间的矛盾双方。时人以及后人也对逢辰学术及教学之功，极多赞誉。何梦桂《石峡书院蛟峰先生碑像赞》曰：“大原孔孟，的派朱张。忠恕弘毅，刚大直方。义存出处，道系存亡。立言垂训，德久弥光。”[⑥] 徐持敬则称：“先生刚直之气，不附时相，归创书院，一以教学为事，直与白鹿洞同一气象，发明于朱子义理之学，其功至今百余年且不废。”[⑦] 逢辰勤于著述，

---

① [宋]方逢辰：《蛟峰先生文集》卷10《被召不赴》，淳安古籍文献丛书本。
② [宋]方逢辰：《蛟峰先生文集》卷首《蛟峰方先生集序》，淳安古籍文献丛书本。
③ [宋]方逢辰：《蛟峰先生文集》卷3《辞建状元楼》，淳安古籍文献丛书本。
④ [宋]方逢辰：《蛟峰先生文集》卷14《蛟峰先生阡表》，淳安古籍文献丛书本。
⑤ [宋]方逢辰：《蛟峰先生文集》卷4《横城义塾序》，淳安古籍文献丛书本。
⑥ [宋]方逢辰：《蛟峰先生文集》卷14《石峡书院蛟峰先生碑像赞》，淳安古籍文献丛书本。
⑦ [宋]方逢辰：《蛟峰先生文集》卷14《立蛟峰先生塑像记》，淳安古籍文献丛书本。

所著有《孝经解》《易外传》《尚书释传》《学庸注》《格物入门》诸书行于世。

逢辰学术，宗朱子之学而有颇多发明。徐持敬《立蛟峰先生塑像记》的“赞”称：“峡山之秀，西挟紫阳，以联其峨；峡水之长，东会新安，以同其波；圣贤之泽，如有元气，浑然大和；仰瞻先生，百世之下，不屈不阿。”[①] 这里“紫阳”“新安”诸词，即指逢辰学术与朱熹学说之关联。

关于“太极”，逢辰认为它是先于万物而存在的，也是事物万化的根源。在《赣州兴国先贤祠堂记》中，逢辰说道：“天之所以高，地之所以下，阴阳之所以动静，此何物哉？必有为之主宰者。未有天地，未有民物，以前又何物哉？必先有是理而后有是物也。”就是说，天高地下、阴阳动静，都是被主宰的；万物出现之前，也是先有理而后有物。所以，逢辰认为，周敦颐“教人以穷理之所自来，不得不探天地之根、极万化之源以为言，故名曰太极。又以其形形而实无形也，故曰无极而太极”。“太极”乃是天地之根、万化之源。那么，作为周敦颐学说的传人，程颢与程颐之教人，专以《论语》《孟子》《中庸》《大学》为主，而并不言及《太极》，这又是何故呢？在逢辰看来，二程子之所以不言太极，正是详言了太极之无在无不在！何以言此？逢辰解释道：“入孝出悌，徐行后长，即太极也；桑麻谷粟，日用饮食，即太极也；出门如宾，承事如祭，即太极也；为尧舜则揖逊，为汤武则吊伐，为禹则胼胝，为回则箪瓢，即太极也；去齐则接淅，去鲁则迟行，为乘田则牛羊茁，为委吏则会计当，即太极也。”二程“教人以体理之所实在，则不得不就日月事物切近者为言，故曰道不离器，器不离道”，他们据《论语》《孟子》《中庸》《大学》所言的事事物物，无一不是在说太极。逢辰认为太极无处不在，乃是“即事在事，即物在物”，所以二程所言道器，其实“得于周子太极之说”。[②]

关于孔子与孟子之教人，逢辰指出：“孔子教人，未尝不言命与仁，未尝不言性与天道。”[③] 那么，为什么孔子的门人会认为孔子罕言利、命、仁，会认为“夫子之言性与天道，不可得而闻也”？逢辰认为，孔子之教人，只在日用处。“凡所言仁，皆是为仁之方，不是正言仁之体；所言性命、天道，皆尽性至命，事天之事，未尝推及性命天道之原也”。所以表面上来看，孔子不言心性，而孟子开口就说性善，说

---

① [宋]方逢辰：《蛟峰先生文集》卷14《立蛟峰先生塑像记》，淳安古籍文献丛书本。
② [宋]方逢辰：《蛟峰先生文集》卷5《赣州兴国先贤祠堂记》，淳安古籍文献丛书本。
③ [宋]方逢辰：《蛟峰先生文集》卷8《讲义》，淳安古籍文献丛书本。

尽心知性，说存心养性；孔子只说一个仁，而孟子说了仁、义、礼、智四端；孔子一部《论语》，尽是教人起居饮食、应事接物上做功夫，而孟子七篇，直教人就心上存养。在逢辰看来，孔子与孟子之教人，并非“两心二道”，孔子之教人，也言命与仁，也说性与天道，他们只是在教人形式上有区别，其实质是一致的。进一步的问题是，孔子与孟子何以在具体教人方面，存在明显的区别呢？逢辰认为，这是因为孔子与孟子所处的时代环境不同。在他看来，孔子所处的春秋时代，“文武之泽未斩，义理之在人心者无恙”，而孟子所处的战国时代则“先王之道影灭迹绝，通天下不知义理为何物”。所以，孔子之时，“人心未亡，愚夫愚妇皆可与知、可与教，故教人以忠信而已，入孝出悌而已，先行后言而已”。孟子之时，“人心已亡，举国皆病狂惑，门人高弟尚不能笃信其师，说谓舜不能怨慕者有之，议周公不仁不知者有之，疑孔子主痈疽瘠环者有之，以管仲、晏子为名世，以公孙衍、张仪为大丈夫。夫人之良心陷溺如此，非湔肠涤胃，破骨洗髓，不足以疗之。故孟子不得不直从其本心下手也”。[①]不同时代环境下的人心存亡不同，决定了孔孟教人的方法和内容的不同。逢辰关于孔子与孟子之教人的看法，充满了思辨的理性色彩，也回应了中国儒学史上的一个千百年未能定论的问题。

关于“彝伦”，逢辰认为它是“人道之大纲，政事之根本”，为齐家治国的关键。在逢辰看来，伦常之在人，“内而至尊者无出乎父子，外而至大者无出乎君臣”。如果在家，父能尽父之慈，子能尽子之孝，那么家庭必然是伦理正、恩义笃，阖家上下“咸得其宜”，如此则“家道齐矣”。如果在国，君能尽君之道，臣能尽臣之忠，那么国家必然是朝廷正、庶务平，上下“咸得其所”，这样就“国体治矣”。由此可见，伦常之重要。进而逢辰还得出一个结论，即为政之本，不出君臣父子彝伦之外。他认为，一个国家，疆土再广、人民再众，如果想要它安如泰山、固如磐石，必须定上下之分。否则，旦夕之间，伦常坠覆，则“家不可为家，国不可为国，而生民之命有不可得而保者矣”。因此，逢辰主张，当“扶植天命，维持世教”，确保君臣父子秩然有序而不乱。[②]

逢辰论童蒙教学，认为“法当从事物上起”。[③]早年在书馆，逢辰曾作有《蒙求》

① [宋]方逢辰：《蛟峰先生文集》卷8《讲义》，淳安古籍文献丛书本。
② [宋]方逢辰：《蛟峰先生文集》卷8《讲义》，淳安古籍文献丛书本。
③ [宋]方逢辰：《蛟峰先生文集》卷4《名物蒙求序》，淳安古籍文献丛书本。

一卷，教童蒙以“天高地下，万物散殊，人物之大原，人伦之大本，次及其饮食、衣服，切己日用处，使之先识其名，次通其义。积习既久，虽木石之愚者，亦豁然为之开朗”。这种童蒙教学的内容和次序，对“未识宇宙内事，虽此身不识其所从来”的孩童来说，不失为一种教学效果甚佳的路径和方法。逢辰认为，正如理学家程颐所说的“今日格一物，明日格一物，然后脱然有贯通处”，① 初学之学“虽与大学之格物不同，然太极之冲，漠无朕者，岂在万象森然之外哉”？因此，童蒙教育要“特先其近者小者，而所谓远者大者，亦不离乎此而已矣”。② 由近及远、由小及大，这是童蒙教育的基本途径。逢辰认为，学者读书治学，贵在于勤。他说：“人在宇宙间，未有惰而生者。农与工贾，鸡鸣而起，虽善利不同，莫不孳孳，各有所事。士独可以不自力哉？”学者当与农、工、商者一样，勤勉于所事之业。逢辰举例说：“陆士衡志在事功，则朝暮运百甓以自劳。苏明允志在文章，则闭户读书十年，然后下笔则沛然矣。”西晋著名文学家、书法家陆机（士衡），曾任后将军、河北大都督，因“志在事功”而朝暮勤于练功；唐宋八大家之一的苏洵（明允），因“志在文章”而闭户苦读十年。在逢辰看来，“事无精粗，无大小，未有不自力而至者，况以士而求为圣贤哉”！③ 所以，学者读书治学，进而求为圣贤之人格，当以勤勉为必由之路。逢辰也明确提出：“为学之道，若陟遐必自迩，若升高必自卑，故当自强不息，勉勉循循，为山未成而加一篑之土，掘井未已而见九仞之泉。”④ 强调的同样是为学要由近及远、由低向高，并勤勉自强、不息追求的道理。如果做到“以四书为根本，以六经为律令，格物致知以穷此理，诚意正心以体此理，学之博以积之，反之约以一之”，那么就不辜负“天之未丧斯文之意”了。⑤

逢辰论诗文，主张吟咏性情，抒发真情实感，而不必拘泥于工整导致“聱牙屈曲，波谲涛诡，艰深蹇涩，思苦形枯，使人读之不能句”。⑥ 在逢辰看来，“喜怒哀乐，未发谓之中，发而中节谓之和，诗所以吟咏性情而已矣。感物而动，矢口而言，不失其性情之正，斯可也”。就是说，诗要感物而动，吟咏性情，抒发真情实感。这

① 程颐原话是：“今日格一物，明日又格一物，积习既多，然后自有贯通处”。见《二程遗书》。
② [宋]方逢辰：《蛟峰先生文集》卷4《名物蒙求序》，淳安古籍文献丛书本。
③ [宋]方逢辰：《蛟峰先生文集》卷5《勤有堂记》，淳安古籍文献丛书本。
④ [宋]方逢辰：《蛟峰先生文集》卷8《讲义》，淳安古籍文献丛书本。
⑤ [宋]方逢辰：《蛟峰先生文集》卷5《常州路重修儒学记》，淳安古籍文献丛书本。
⑥ [宋]方逢辰：《蛟峰先生文集》卷4《诚斋文脍集序》，淳安古籍文献丛书本。

与钟嵘《诗品》的观点契合度甚高。那么，诗出于性情之所发，作诗者如何“不失其性情之正”呢？逢辰认为“学以培其本，气以达其支，则横驰直骛，皆不失其正矣”。[①] 在“工于诗”与性情抒发关系上，逢辰强调的是后者。他说：“诗不必工，工于诗者泥也。诸所以吟咏性情，足以寄吾之情性之妙，可矣，奚必工。”逢辰历数诸诗家：“有以放而诗者，谢灵运是也。有以狂而诗者，李太白是也。有以寓而诗者，陶渊明是也。有以穷而诗者，郊岛是也。有以怨而诗者，屈平是也。以文为诗者，昌黎。以史为诗者，少陵。……放也，狂也，寓也，穷也，怨也，文也，史也，虽其为诗有不能皆出于情性之正者，而其所以诗，则亦各寄其情性而已。”[②] 纷纷诗家，风貌不同，而“各寄其情性”则是一致的。尽管逢辰自谦说：“予素不诗，不晓诗家尺度”，但逢辰论诗论文，别有见地，出一般学者之外。

此外，关于仁、性、义、礼法之分、格物致知、阴阳五行、中国夷狄、君子小人、德刑公私等，逢辰在其《讲义》等篇章中，均有解读。他有一首《赠五星陈东埜》诗，将理学的诸多概念和范畴做了简洁明了的表达。诗云：

粤从动静极互根，裂为二气分五行。
未有二气先有理，理与气合人物生。
人惟禀得天地气，故为耳目形口鼻。
人惟禀得气之理，故为仁义为礼智。
气为人形理为心，同是水木火土金。
今人问气不问理，茫茫只向天外寻。
人而不仁木已死，不须更论败在子。
人而薄义金已伤，如何却说生在巳。
无礼无智水火灭，不忠不信土气绝。
人于心上斩了根，是气安从有萌蘖。
出门一笑逢星翁，谈天议论迥不同。
若能论气又论理，太极只在挑包中。[③]

① [宋]方逢辰：《蛟峰先生文集》卷4《汪称稳松萝集序》，淳安古籍文献丛书本。
② [宋]方逢辰：《蛟峰先生文集》卷4《邵英甫诗集序》，淳安古籍文献丛书本。
③ [宋]方逢辰：《蛟峰先生文集》卷10《赠五星陈东埜》，淳安古籍文献丛书本。

诗中所言，表达了理在气先，气为人形，理为人心，五常为理，五行为气，五常斩根而五行不生的理气观。这些观点，立足于朱子之学而有自己的看法和理解。逢辰去世后，有祭文称其“谓正学当续兮，由考亭上溯乎濂洛”，记述的正是逢辰之学，渊源于考亭朱熹。而其“著书立言兮，庶几来世之永贻”，[①] 则说明可以流传后世的逢辰著述与立言，有其独到见解。

## 第六节 程若庸：屡主师席，名满天下的朱学大师

程若庸，生卒年不详。字达原，在徽州号勿斋，学者称勿斋先生；在抚州号徽庵，以寓不忘桑梓之意，学者称徽庵先生。徽州休宁人。若庸为宋端明殿学士程珌从侄。程珌，字怀古，号洺水遗民。绍熙四年（1193）进士，历任宗正寺主簿、枢密院编修官、秘书监丞、江东转运判官等职，淳祐二年（1242）以端明殿学士致仕。著有《洺水集》六十卷，是南宋著名的学者。[②] 若庸之学，颇见其家学渊源。不过若庸的学问，当更多受到了徽州学术风气以及朱熹的影响。鹤林罗大经谓其“生徽公之乡，寝饭徽公之四书，充然有得”。[③] 生与朱熹同乡，书读朱熹四书，其学问自然与朱子之学紧密关联。其后，若庸又师事饶鲁及沈贵瑶。饶鲁（1193 ~ 1264），字伯舆，号双峰，门人私谥文元，饶州余干（今江西万年）人。是南宋著名理学家、朱子学重要流派“双峰学派”的开创者。沈贵瑶，字诚叔，学者称毅斋先生，饶州德兴人，著有《正蒙疑解》《四书要义》等书。饶鲁与沈贵瑶曾从学于黄榦。黄榦（1152 ~ 1221），字直卿，号勉斋，为朱熹女婿和高徒。因此，若庸作为朱熹三传弟子，其学术出自朱熹正传。

淳祐七年（1247），程若庸被聘为湖州安定书院山长。先是熙宁五年（1072），为纪念北宋初年学者、教育家胡瑗（993 ~ 1059，安定先生）在湖州执教长达 12 年，

① [宋]方逢辰：《蛟峰先生文集》卷14《蛟峰先生外集》，淳安古籍文献丛书本。

② [明]程敏政：《新安文献志》卷94上《吕午：宋端明殿学士宣奉大夫致仕新安郡开国侯食邑一千五百户赠特进程公珌行状》。《宋史》卷422有传。《行状》称，程珌在考进士时，“有以道学疑者”，说明他的学术有理学的倾向。而当时理学与理学家的地位，颇受压抑。

③ [明]程曈：《新安学系录》卷9《程徽庵遗事》，康熙三十五年（1696）绿荫园重修本。

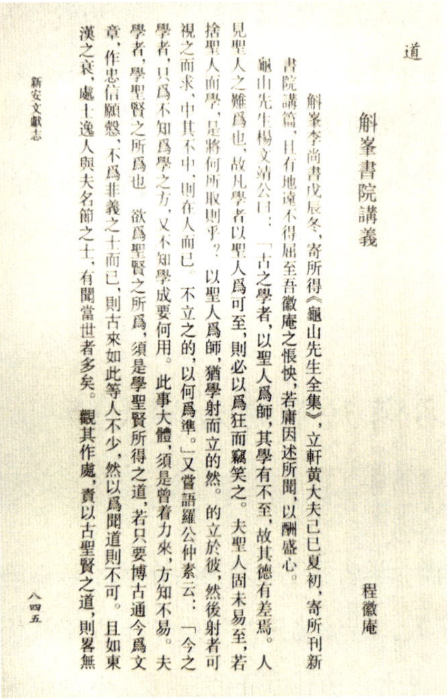
道

斛峯書院講義　　　　程徽庵

斛峯李尚書戊辰冬，寄所得《龜山先生全集》，立軒黄大夫己巳夏初，寄所刊新書院講篇，且有地遠不得屈至吾徽庵之悵快，若庸因述所聞，以酬盛心。

龜山先生楊文靖公曰：「古之學者，以聖人爲師，其學有不至，故其德有差焉。人見聖人之難爲也，故凡學者以聖人爲可至，則必以爲狂而竊笑之。夫聖人固未易至，若捨聖人而學，是將何所取則乎？以聖人爲師，猶學射而立的然。的立於彼，然後射者可視之而求，中其不中，則在人而已。不立之的，以何爲準。」又嘗語羅公仲素云：「今之學者，只爲不知爲學之方，又不知學成要何用。此事大體，須是曾着力來，方知不易。夫學者，學聖賢之所爲也。欲爲聖賢之所爲，須是學聖賢所得之道，若只要博古通今爲文章，作忠信願慤，不爲非義之士而已，則古來如此等人不少，然以爲聞道則不可。且如東漢之衰，處士逸人與夫名節之士，有聞當世者多矣。觀其作處，責以古聖賢之道，則畧無

新安文獻志　　　　八四五

程若庸《斛峰书院讲义》（《新安文献志》卷39）

创“苏湖教法”，在湖州乃至中国教育史上产生了深远影响，时为湖州知州的胡瑗弟子孙觉为安定先生建祠于州学右侧。淳祐六年（1246），知州事蔡节改建为安定书院。翌年，若庸受聘为山长，负责书院组织管理与主讲课业的事务。淳祐十年（1250），时任提举江西常平茶盐司的冯去疾（号磊翁）在抚州创建了临汝书院。聘若庸为山长，“为诸生讲说朱子之学”，[①] 并专门“买田宅居之”，[②] 可见其盛情诚聘之心迫切。咸淳四年（1268），若庸考中进士，同年出任福建武夷书院山长。

武夷书院位于武夷山九曲溪畔，原为淳熙十年（1183）朱熹所创之武夷精舍。朱熹曾在此广收门徒，著述讲学多年，理学家蔡元定、黄榦、詹体仁、真德秀等均曾就学于武夷精舍。咸淳四年改为武夷书院，为当时重要的学术文化中心。若庸在如此重要的书院担任山长，也反映了他在当时的学术地位。《宋元学案》记载，若庸亦曾讲学于斛峰书院。该书院位于饶州余干县万斛山南麓，由南宋末礼部尚书李伯玉（字纯甫，号斛峰）创建。若庸在此任堂长，并留下了《斛峰书院讲义》。[③] 传记资料称他“累主师席，及门之士最盛”。[④] 范元奕、金若洙、吴锡畴、程钜夫及外郡的吴澄等人，都是若庸门下弟子中的佼佼者。

因地缘和学缘的关系，若庸学本朱子之学。同郡陈定宇（栎）称：“学朱子之学而精到似程勿斋甚少。此公才质钝，只是勤，其文字颇絮烦，然学问精到，絮烦得好。”[⑤] 将他推为当时朱学大师。程文宪公（钜夫）也说：“仆不肖，少获事徽庵程先生，知双峰之学为详。盖二先生之志同，其造诣亦同。”将程若庸与公认的朱学

① [明]程曈：《新安学系录》卷9《程徽庵遗事》，康熙三十五年（1696）绿荫园重修本。

② [明]程敏政：《新安文献志》卷70《洪杏庭：程山长若庸传》，弘治三年（1490）刊本。

③ [明]黄宗羲、[清]全祖望：《宋元学案》卷83《双峰学案》，中华书局，1986年。

④ [明]程敏政：《新安文献志》卷70《洪杏庭：程山长若庸传》，弘治三年（1490）刊本。

⑤ [明]程曈：《新安学系录》卷9《程徽庵遗事》，康熙三十五年（1696）绿荫园重修本。

大师饶鲁等同而视。若庸一生致力于讲学，以“朱子之学授诸生”，不出师门规矩。程钜夫认为“徽庵宗程朱，其学原于性理”，学士危素亦曾表彰程若庸说：“宋季士习，惟以进取为务。程先生尝游饶氏之门，独以朱子之学授诸生。”[①] 若庸去世后，入祀乡贤祠。明代万历年间，休宁建“理学名儒”九贤坊，若庸紧随前辈理学大师吴儆之后。著有《洪范图说》《性理字训讲义》百篇及《太极图说》《近思录》注释等书。

关于“道”之体用，若庸说：“言道易知，道之体用难言；道之体用易知，道之全体妙用难道者。”就是说，道有“全体妙用”之功，而得之者甚少。他认为，“生而知之，不思而得；安而行之，不勉而中者”，这是圣人；“学而知之，思焉而不得；利而行之，勉焉而无不中者”，这是贤人。虽因禀天赋不同，但圣人与贤人皆是知“道”之人。所以，若庸提出“学者之学无他，亦学乎圣贤所知之道而已”。这是对宋代著名理学家、二程四大弟子之一杨时“夫学者，学圣贤之所为也。欲为圣贤之所为，须是学圣贤所得之道”“学而不闻道，犹不学也”等观点的进一步阐释。[②]

那么如何学圣贤所知之“道”呢？若庸认为，“学乎圣贤所知之道无他，主敬以立其本，穷理以致其知，反躬以践其实而已矣”。这个学“道”路径，在若庸看来，“穷理以致其知，反躬以践其实”，就是《大学》“明明德”的功夫；“主敬以立其本”，则是“小学”之功夫。而自程、朱以来，学者皆“知由小学而进于大学”。若庸认为其中存在的问题是，学者“少而习焉，壮而勉焉，老虽或知之，往往未能尽焉”，也就是说，虽然明白“由小学而进于大学”，且亦少而壮、壮而老不懈努力，但达到圣贤境界的仍然罕见。基于“道为太极造化之枢纽，万物统体一太极也。心为太极品汇之根柢，一物各统体一太极也”的看法，若庸提出解决问题的法则是要“学圣贤之道者，不以一身一家一时一世之心为心，而以弥纶六合、贯通千古之心为心；不以一身一家一时一世之道为道，而以弥纶六合、贯通千古之道为道。则此心为此道之统宗会元，浑乎大德之敦化；此道为此心之泛应曲当，脉乎小德之川流”。[③] 这里关于心与道的关系，又或多或少可以看到陆九渊心学思想的影响。

程若庸有《性理字训》一书，对朱子之学中的性、命、义、理、心、诚、忠、敬、公、私、善、恶等范畴，分《造化》《性情》《学力》《善恶》《成德》《治道》六门，共183条，

① [明]程曈：《新安学系录》卷9《程徽庵遗事》，康熙三十五年(1696)绿荫园重修本。
② [明]程敏政：《新安文献志》卷39《斛峰书院讲义》，弘治三年(1490)刊本。
③ [明]程敏政：《新安文献志》卷39《斛峰书院讲义》，弘治三年(1490)刊本。

四字一句，做了简洁明了的归纳。该书关于字的解读，基本上遵循的是朱子之学的看法，观点创新并不是其长处。但解读的文字畅晓明白，通俗易懂。元代著名理学家程端礼（字敬叔，号畏斋）对《性理字训》一书极为推崇，认为“八岁未入小学，教之读此甚善”。他在《读书分年日程》中，将程若庸的增广本《性理字训》与朱熹的《童蒙须知》，同列为童蒙教育必读教材。该书是一部影响广泛的理学普及读物，也是一部被广泛使用的童蒙教材，对朱子学的启蒙教育产生了重大影响。

## 第七节　陈栎：抵排“异说”，阐发隐义的“朱子功臣”

陈栎（1253 ~ 1334），字寿翁，自号东阜老人，学者称定宇先生。徽州休宁人。唐朝末年，祖上自桐庐迁居新安休宁，“世多通人显士”。其曾大父伯仝、大父庆大、父源长等，以教授《春秋》知名一时。陈栎“生三岁，祖母吴夫人口授《孝经》《论语》，闻辄成诵”，属于早慧的孩童。《陈定宇墓志铭》记载，陈栎“五岁入小学，即涉猎经史，七岁通进士业，十五为人师”。[①]16 岁时受学于同邑新安理学名家黄智孙，遂得朱子之学真传。[②]23 岁时，朝廷废科举，于是陈栎一门心思钻研“圣人之学，涵濡玩索，废寝忘食，贯穿古今，罗络上下”，学问精进。同时，居乡讲学授徒，施教有方。揭傒斯在《陈定宇墓志铭》中记载道：“先生孝友刚正，动中礼度，不以势合，不以利交，四方来学，谆谆善诱。”[③] 给予陈栎极高评价。据说，当时大儒江西的吴澄（字幼清，草庐先生）以经学自任，著述等身，唯独称赞陈栎“有功于朱子”，凡江东人来受学者，吴澄尽送他们到陈栎处学习，可见他对陈栎的推许。揭傒斯就此事评论道：“吴先生多居通都大邑，又数登用于朝，天下学者四面而归之，故其学远而彰，尊而明。陈先生居万山间，与木石为伍，不出门户动数十年，故其学必待其书之行，天下乃能知之。及其行也，亦莫之御。若先生者，可谓豪杰之士矣。”[④] 言下之意，陈栎的

① [明]程曈：《新安学系录》卷12《陈定宇墓志铭》，康熙三十五年（1696）绿荫园重修本。
② [宋]陈栎：《定宇集》“提要”，四库全书本。
③ [明]程曈：《新安学系录》卷12《陈定宇墓志铭》，康熙三十五年（1696）绿荫园重修本。
④ [明]程曈：《新安学系录》卷12《陈定宇墓志铭》，康熙三十五年（1696）绿荫园重修本。

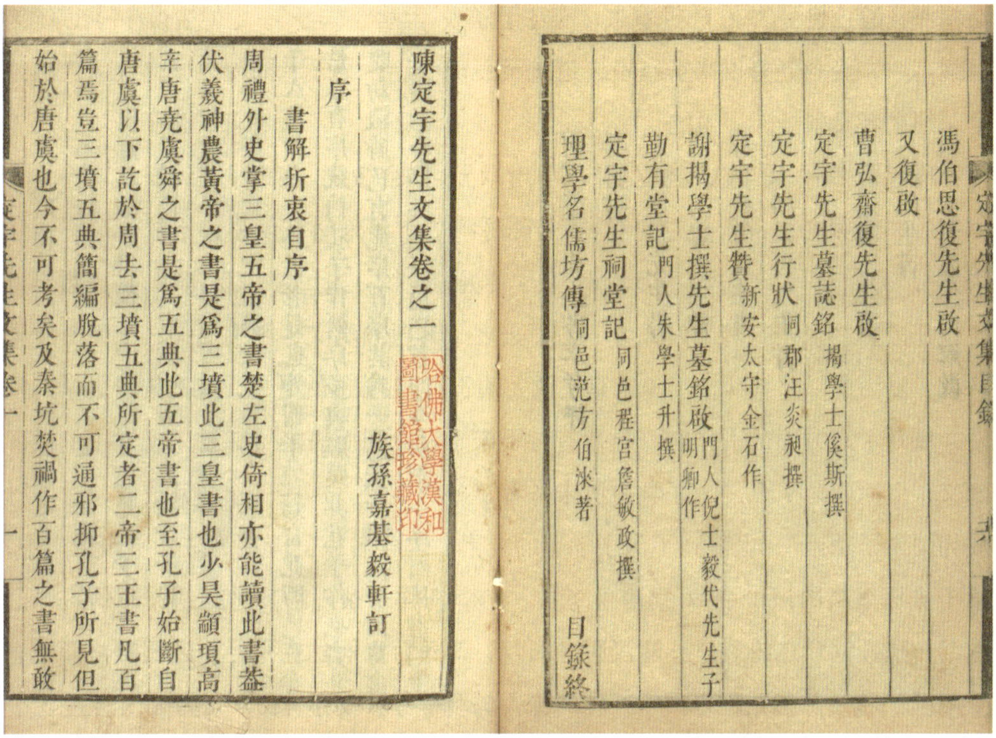

馮伯思復先生啟
又復啟
曹弘齋復先生啟
定宇先生墓誌銘 揭學士傒斯撰
定宇先生行狀 同郡汪炎昶撰
定宇先生贊 新安太守金石作
謝揭學士撰先生墓銘啟 門人倪士毅代先生子明卿作
勤有堂記 門人朱學士升撰
定宇先生祠堂記 同邑程宮詹敏政撰
理學名儒坊傳 同邑范方伯涞著
目錄終

陳定宇先生文集卷之一
族孫嘉基毅軒訂

序
書解折衷自序
周禮外史掌三皇五帝之書楚左史倚相亦能讀此書蓋伏羲神農黃帝之書是爲三墳此三皇書也少昊顓頊高辛唐堯虞舜之書是爲五典此五帝書也至孔子始斷自唐虞以下訖於周去三墳五典所定者二帝三王書凡百篇焉豈三墳五典簡編脫落而不可通邪抑孔子所見但始於唐虞也今不可考矣及秦坑焚禍作百篇之書無敢

陈栎《陈定宇先生文集》书影（清刻本 哈佛燕京图书馆藏）

环境比吴澄差很多，但其成就不在吴氏之下。《安徽通志》不仅将其与理学大师吴澄并称，“且以为过于澄”。[1] 可见，时人以及后人对陈栎之评价极高。延祐元年（1314）陈栎 63 岁时，科举复兴，有司逼迫陈栎应试。不久得中，当赴春官（礼部），陈栎称疾固辞，“隐居教授终”。[2]

陈栎的学术，“大抵以朱子为归”。这与他从小接触、钻研朱子之学有关。在《送王弥道江宁教官序》中，陈栎自称：“先人授徒非朱子之书不读，余自少受读。……师友渊源，朋友丽泽，于今五十余年。”“余自少钻仰公（朱熹）之学，老而弥勤。”[3] 从师承来说，陈栎之师黄常甫的学术出于滕万菊（字和叔，婺源人），而滕氏先祖璘、珙皆为朱熹高弟，因此“其流风遗韵之在是者，得以优游而涵泳之，故其所就

① 光绪《重修安徽通志》卷219《人物志·儒林》。
② 道光《休宁县志》卷12《人物志》。
③ [宋]陈栎：《定宇集》卷2《送王弥道江宁教官序》，四库全书本。

益精深且醇正也”。[①] 在陈栎看来,“有功于圣人,莫盛于朱子”。[②] 他曾说 :“圣道统绪,绳绳迄今,炎黄尧舜以来群圣贤之道统至孟氏而绝。绍之者周程三子,续孟氏之绝学 ;绍之者又朱子。”[③] 由于“圣人之学,至新安子朱子广大悉备。朱子既没,天下学士群起著书,一得一失,各立门户,争奇取异,附会缴绕,使朱子之说翳然以昏”。[④] 因担心“诸家之说乱朱子本真”,于是陈栎“二十年来略有编纂,不敢一毫不祖述朱子”,[⑤] 所“著《〈四书〉发明》《〈书〉传纂疏》《〈礼记〉集义》等书,亡虑数十万言,凡诸儒之说,有畔于朱氏者,刊而去之 ;其微辞隐义,则引而伸之 ;而其所未备者,复为说以补其阙。于是朱熹之说大明于世。”[⑥] 也就是说,他对朱子之学的阐发,展开了三方面的工作 :一是凡有背于朱子者,刊而去之 ;二是朱子学中的微辞隐义,引而中之 ;三是朱子学中所未备者,补而益之。这些工作及其成就,令陈栎成为“朱子功臣”,也得到了朱子学者的推崇。理学名家吴澄在为陈栎所作祭文中,给予陈栎很高的评价 :“寿翁穷经考古,浩瀚汪洋,条理物变之纠纷,昭灼古今之幽缗,整顿词章之纷裂,苏醒汉唐之旧梦,道关百世而功在六经,远尾濂洛而近肩紫阳。”[⑦] 称赞陈栎是程朱理学一脉的传人。后学程敏政亦赞曰 :“定宇陈先生生文公之乡,崛然起厌俗学之陋,直以公为师。……百世之下号朱子世适,则先生其人矣。”[⑧]

汪古逸撰《陈栎行状略》中说 :陈栎“于书无所不读,读则一一反复研究,必领其要而后已。然必以诸经为本,坐卧讽泳不辍。至若朱子《四书》,则贯穿出入,尤所用意,涵濡既久,简牍斯形。于是《语》《孟》有口义,《书》解有折衷,读《易》有编,释《诗》以句,六典有撮要,三传有节注,大《尔雅》有释,于《通鉴》则约取其至要,于《通略》则增广其未备”。[⑨] 对儒家经典,陈栎均有著述论及,并由此反映出他的学术思想。

陈栎论《大学》,强调“明德”的中心地位。他说 :“故《大学》一章之经,十

---

① [明]程瞳 :《新安学系录》卷12《陈定宇行状略》,康熙三十五年(1696)绿荫园重修本。
② [明]程瞳 :《新安学系录》卷12《陈定宇墓志铭》,康熙三十五年(1696)绿荫园重修本。
③ [宋]陈栎 :《定宇集》卷2,四库全书本。
④ [明]程瞳 :《新安学系录》卷12《陈定宇墓志铭》,康熙三十五年(1696)绿荫园重修本。
⑤ [宋]陈栎 :《定宇集》卷10,四库全书本。
⑥ [明]宋濂等 :《元史》卷189《陈栎传》,中华书局,1976年。
⑦ [宋]陈栎 :《定宇集》卷17,四库全书本。
⑧ [宋]陈栎 :《定宇集》卷17,四库全书本。
⑨ [明]程瞳 :《新安学系录》卷12《陈定宇行状略》,康熙三十五年(1696)绿荫园重修本。

章之传之纲领也。篇首三言，八者条目之纲领也。要而言之，则‘明德’一言，又三言之纲领也。”[①] 在陈栎看来，“明德”，即格物致知，诚意正心，以修其身是《大学》之道的根本。他提出人性修养的最终目标是“尽天理之公而无一毫人欲之私”，也就是要做到内心毫无私欲，从而能够体认天理，成为圣贤之人。具体而言，就是要“尽心知性”，而“尽心知性”的关键是“修身”。陈栎还进一步指出，“修身之事有二关：致知为梦觉关，诚意为善恶关。能格物以致知则为觉，否则梦；能诚意而意诚则为善，否则恶。”如果能克服这两个困难，“则知至而知以明，意诚而行以达”。[②] 归纳陈栎“修身养性”的进阶途径，首先是通读“四书五经”涵养格物致知的功夫，其次是诚意正心，再次是尽心知性，最后达到灭私欲，体认天理，成为圣贤的最高修养境界。

关于《尚书》，陈栎认为“诸经各得一体，而书具诸经之全体”，因此《尚书》之地位极为重要。在他看来，“舜皋之歌、五子之歌，三百篇祖也；周官、六卿、太平，六典之纲也。洪范之占用二可以见；易之用舜典、皋谟之五礼可以该；礼之名自虞迄周二千年之史笔在焉；下逮周平王、秦穆公正与春秋接矣。”[③] “各得一体”的诸经，与“具诸经之全体”的《尚书》比较，后者的重要性是显而易见的。陈栎还指出，《尚书》具有往鉴历史，以资今世的功用，“虽其间不无简编之残断，字语之舛讹，然上自尧舜之盛，下逮东周之初，二千余年之事犹赖此可考焉”。所以“治经而不尽心于此，非之本者”。[④] 此外，陈栎认为，诸经之中，朱熹于《尚书》无著述传世，“亲定仅三篇”，而后之学者著述亦多未得朱子之学本旨，所以陈栎在诸经研究中，尤重《尚书》，且成为其学术研究的重要特色之一。据记载，陈栎曾自称“予幼习此经，老矣犹心醉焉”。[⑤] 他在南宋度宗咸淳九年（1273）、元朝仁宗延祐元年（1314）一生两次赴科举，均以《尚书》应试。[⑥]

陈栎的《尚书》著述共有两部。一部是元大德七年（1303）著成的《书解折衷》，该书以朱子之说为本，同时集取诸家之说，具列于书。“予因训子，遂掇朱子大旨及诸家之得经本意者句释于下，异同之说低一字，折中之。语录所载及他可采之说，

① [宋]陈栎：《定宇集》卷13，四库全书本。
② [宋]陈栎：《定宇集》卷13，四库全书本。
③ [宋]陈栎：《定宇集》卷1，四库全书本。
④ [宋]陈栎：《定宇集》卷1，四库全书本。
⑤ [宋]陈栎：《定宇集》卷1，四库全书本。
⑥ [宋]陈栎：《定宇集》“年表”，四库全书本。

与夫未尽之蕴皆列于是，惟以正大明白为主”；[①] 另一部是延祐三年（1316）著成的《书经蔡传纂疏》，“是编以疏通蔡传之意，故命曰疏；以纂辑诸家之说，故命曰纂”。因为蔡传是受朱子托付所作，所以在第一卷“每条之下必以朱子说冠于诸家之前，间附己意，则题曰‘愚谓’以别之”。[②] 两书之区别，前者重在驳正蔡沈（1167 ~ 1230，一名蔡沉，字仲默，号九峰）之说；后者则主要侧重于增补蔡传，注疏诸家之说，并附己见以说明基本看法。

陈栎生当宋季，于国事无能为力，故只能“非以仕为悦”，而“日以著书为乐”。[③] 一生著述甚丰，除后人编纂的《定宇集》外，还有《四书发明》《书经蔡传纂疏》《礼记集成》《论语训蒙口义》《三传节注》《深衣说》《中庸口义》《六典撮要》《诗经句解》《读诗记》《读易编》《书解折衷》《尔雅翼节本》《字训注释》《增广历代通略》《勤有堂随录》等。《四库全书》著录了《尚书集传纂疏》6 卷、《勤有堂随录》1 卷、《定宇集》16 卷及《别集》1 卷等，并有较高的评价：“集中诸文大抵皆醇正质实，不涉诡诞。如《深衣考》之类，虽未必尽合古制，而援据考证，究与空谈说经者有间。”[④] 所著《历朝通略》4 卷，简要叙述了历代的兴废得失，《四库全书》馆臣评曰：“是书虽撮叙大纲，不免简略，而持论醇正。以资考证则不足，以论是非则读史者固有取焉。”[⑤] 袁应兆为此书作序，称其“析理精实，尝取历代通略而增广之。钻研补益，不倚于藻绘、不涉于哀侈，大都删繁归简，指其要领以授，而又补缺正讹，褒贬不诬”。[⑥] 从中可见陈栎的史学观。《勤有堂随录》1 卷，多为陈栎平时的随笔、札记等文，虽然重点仍在讲谈义理，然颇兼考证宋末元初诸儒，并各举诸人之学术源流、文章得失，“非泛泛托诸空言者”。[⑦] 关于陈栎的著述，方志中有段综合评价：“其言约而义精，其文淡而味永，非有闻于斯道而充然其若此哉！”[⑧] 就是说，陈氏之著述，有深厚的“闻道”学术思想作基础。而关于陈栎一生的行迹与成就，揭傒斯有《铭》曰：“先生之学，既博而约；先生之行，既专而静。不为利疚，不为名高。杜门空山，与道游遨。其

---

① [宋]陈栎：《定宇集》卷1，四库全书本。
② 光绪《重修安徽通志》卷219《人物志·儒林》。
③ [明]程曈：《新安学系录》卷12《陈定宇遗事》，康熙三十五年（1696）绿荫园重修本。
④ [清]永瑢：《四库全书总目》卷167《集部·别集类》，中华书局，1965年。
⑤ [清]永瑢：《四库全书总目》卷88《史部·史评类》，中华书局，1965年。
⑥ [清]永瑢：《四库全书总目》卷88《史部·史评类》，中华书局，1965年。
⑦ [清]永瑢：《四库全书总目》卷122《子部·杂家类》，中华书局，1965年。
⑧ [明]程曈：《新安学系录》卷12《陈定宇遗事》，康熙三十五年（1696）绿荫园重修本。

书孔富，其后孔茂。八帙非寿，与天地久。”[1] 这一评价虽有溢美之处，但基本符合陈栎一生的立身行事与学术成就。

## 第八节 郑玉：和会朱陆，践行其说的理学名儒

郑玉（1298 ~ 1358），字子美，号师山。徽州歙县人。其祖上世居的贞白里在当时是一个风景优美、经济发达、文化繁荣的村落，而郑家在贞白里是数一数二的富户，经济条件比乡邻要好得多。其父郑千龄，累官承事郎、休宁县尹，以操行著称，学者私谥贞白先生。因此，郑玉从小就有比较优裕的学习环境。据汪克宽撰《师山先生郑公行状》记载，郑玉“自髫龀不与凡子伍，稍长颖敏，不治细务，唯嗜读书”。[2] 其时，因地缘和学缘的关系，徽人对朱熹及其学说顶礼膜拜之风极盛，郑玉在跟随乡贤读书过程中，深受朱子之学的熏陶。据说，十岁时“闻人诵朱子之言，则喜其契于心也；闻人论朱子之道，则喜其切于身也”。[3] 他对朱熹所注的《四书》，甚至达到了“日诵”的程度。此后，郑玉还有过一段外出求学的经历。在所拜的外地名师中，淳安慈湖学派的吴暾（朝阳）对郑玉影响最深。吴暾“八岁能诗文，留心性理之学”，泰定帝泰定间进士，为官所至“皆有声”，而授徒讲学则“弟子最盛”。《宋元学案》称：“郑师山之侍其父于淳安也，受业三年，其后师山虽为朱子之学，然追溯生平得力，必曰自朝阳先生云。”[4] 吴氏是与朱子学唱反调的“陆（九渊）学”门徒。因此，从师承和确切的名分来说，郑玉从此又归依了陆学。郑玉这段三年的求学生涯，对他一生的影响是十分重要的。从此以后，在最初了解朱子之学的基础上，郑玉对陆学也有了深刻的理解，并且在自觉与不自觉之间，郑玉的思想中有了许多陆学的因素。这一点，对他日后出入朱、陆，调和两家学说有着重要的意义。

---

① [明]程瞳：《新安学系录》卷12《陈定宇墓志铭》，康熙三十五年（1696）绿荫园重修本。

② [元]郑玉：《师山遗文》附录《师山先生郑公行状》，四库全书本。又载程敏政：《新安文献志》卷66，弘治三年（1490）刊本。

③ [元]郑玉：《师山遗文》附录《师山先生郑公行状》，四库全书本。

④ [明]黄宗羲、[清]全祖望：《宋元学案》卷74《慈湖学案》，中华书局，1986年。

郑玉游学返归徽州后，携带了数箱精心挑选的典籍，先后到黄山的祥符寺和紫阳南山观悉心研读，并亲身体验心性修养的方法。据史籍记载，郑玉这一段日子的生活“处己以淡泊自持，立心以诚敬为本，攻苦殖学，靡替寒暑”，[1]对陆学“涵养本心”的为学之道有了相当深刻的理解，并已潜移默化地融入了自己的立身行事之中。《师山先生郑公行状》中记载，郑玉在山中苦读，“同郡进士王君仪过之，欲烹鸡供具，僮隶逐鸡鸣蹢躅，遂不忍烹”。王仪见这一幕，心中大为感动。他鼓励郑玉长养此恻隐之心，学问造诣将会更加精深。[2]这种从心性体认涵养的角度来讲为学之道，是一种典型的陆学功夫。而在山中苦读的郑玉，显然正在身体力行修炼此种功夫。

歙县郑村贞白里坊

郑玉曾多次应试参加科举考试，但均无结果。在郑玉载书入黄山读书之后，曾最后一次参加了科举考试，结果还是名落孙山。从此，郑玉绝意科场，一心钻研心性之学，力求“圣人之道”。汪克宽所作传记中说，郑玉科考失败，遂“于六经研精覃思，优游涵泳，蕲必至古人之域”。郑玉对《六经》皆有研究，而尤精《春秋》，士人从之学者如云。曾筑师山书院，“集诸朋游，讨论《春秋》笔削之旨”，[3]并为之注释，著有《春秋经传阙疑》一书。至正十四年（1354），元政府授郑玉翰林待制、奉议大夫，郑玉坚辞不起。郑氏虽生于元朝，但他深受宋元之交新安理学家不入仕元的政治态度的影响。至正十八年（1358），朱元璋大军下徽州，郑玉惧畏新朝征召，自缢而死。从郑玉的行为来看，他的内心充满了矛盾。一方面，他受传统儒学中狭隘民族观念的影响，以新安理学先辈为榜样，对仕元始终不感兴趣。但在另一

① 郑玉：《师山遗文》附录《师山先生郑公行状》，四库全书本。
② 郑玉：《师山遗文》附录《师山先生郑公行状》，四库全书本。
③ 程敏政：《新安文献志》卷49《郑待制》，弘治三年（1490）刊本。

方面，他又生长在元朝，是元朝君主的臣民，倘若仕于新朝，不免有失名节。因此，郑玉要“为天下立节义，为万世明纲常”，① 虽然“不能慷慨杀身，以励风俗，尤当从容就死以全义”。② 在朱元璋征召时，以“吾岂事二姓者耶”相抗，最后“以节死”。③ 郑氏毕生精研的学说，以及当时不可抗拒的历史潮流，最终将他逼上了绝路。

郑玉的学术成就，在当时就已为世人所称道。婺源程文以在《师山集原序》中，称郑氏“制行之高，见道之明，故卓然能自为一家之言”。④ 郑氏的学术确有其独到之处，主要体现在：

其一，系统阐述了“和会朱陆”的思想。

郑玉承认朱子之学与陆九渊学说，存在差异。他认为这是由于朱、陆两人气质不同所致。“陆子气质高明，故好简易；朱子之质笃实，故好邃密”，两人学问功夫不同，显而易见。但郑玉尤其看重两人学说的相同之处。他说：“及其至也，三纲五常、仁义道德，岂有不同哉？况同是尧舜，同非桀纣，同尊周孔，同排佛老，同以天理为公，同以人欲为私，大本达道，无有不同者乎！”这里，郑玉肯定朱、陆两家“大本达道”，即学说思想的核心，是一致的。因此，他认为，后之学者“不求其所以同，惟求其所以异”，互相水火，此“非善学圣贤者”。⑤ 这样，他首先为自己的“和会朱陆”提供了依据。

郑玉还对朱、陆两家学说的长短，作了中肯的分析，以便其在“和会朱陆”中取长补短，避免不足。他认为，朱、陆二家学说“各不能无弊”。“弊”在何处呢？“陆氏之学，其流弊也，如释氏之谈空说妙，至于鲁莽灭裂，而不能尽夫致知之功；朱氏之学，其流弊也，如俗儒寻行数墨，至于颓情萎靡，而无以收其力行之效”。⑥ 这就是说，陆学之弊在谈空说妙，而无致知功夫；朱学之弊在支离泛滥，不能收“力行之效”。前者高而不踏实，后者平实而不高超。郑玉认为，两家唯有摒弃门户之见，才可以避免各自的不足。

---

① [元]郑玉：《师山遗文》卷3《与族孙忠》，四库全书本。
② [清]赵吉士：《寄园寄所寄》卷11《泛叶寄》，康熙刊本。
③ [明]程敏政：《新安文献志 · 志事略》，弘治三年（1490）刊本。
④ [元]郑玉：《师山集》卷首《师山集原序》，四库全书本。
⑤ [元]郑玉：《师山集》卷3《送葛子熙之武昌学录序》，四库全书本。
⑥ [元]郑玉：《师山集》卷3《送葛子熙之武昌学录序》，四库全书本。

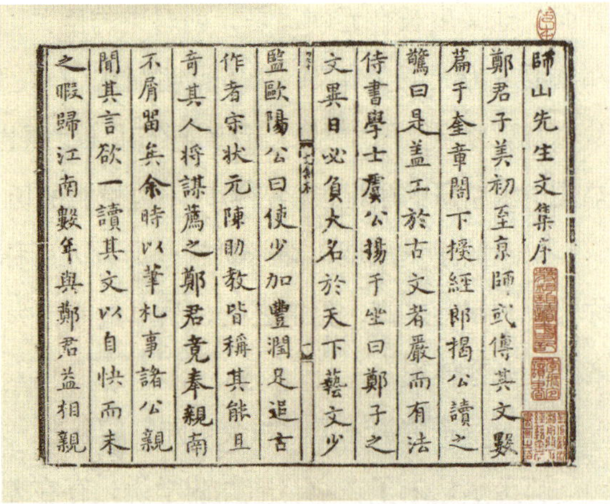

師山先生文集序
鄭君子美初至京師或傳其文數
篇于奎章閣下授經郎揭公讀之
驚曰是益工於古文者嚴而有法
侍書學士虞公揚手坐曰鄭子之
文異日必負大名於天下藝文少
監歐陽公曰使少加豐潤是追古
作者宋狀元陳助教皆稱其能且
奇其人將謀薦之鄭君竟奉親南
不屑留兵餘時以筆札事諸公親
聞其言欲一讀其文以自快而未
之暇歸江南數年與鄭君益相親

郑玉《师山先生文集》书影（元至正刻明修本）

由此，郑玉自觉地融会了朱、陆两家学说，“无讲学家门户之见”。[①] 他受陆学“心本论”的影响，欣赏“理以心觉”的观点，即用心去体验、获取“天理”。[②] 然而，郑玉的学术，决非纯然的陆学风格。朱熹曾说过：“穷理之要，必在于读书”。郑玉接受了朱学笃实致知的功夫，也主张读书尊经。他在《养晦山房记》中阐述了“幼而学焉，壮而用焉”的观点，提出了“穷理致知”必须“学”的看法。“学”就是指读书。郑玉称自己曾在黄山“尽取天下之书而读之，以求圣贤之所谓道”。[③] 这一套是典型的朱门为学路子。他又在《余力稿自序》中说：“道外无文，外圣贤之道而为文，非吾所谓文；文外无道，外《六经》之文而求道，非吾所谓道。”[④] 将《六经》作为载道之具，与陆象山“《六经》注我”之说，完全背道而驰。郑氏在《春秋经传阙疑序》中大谈“人欲天理”之说，又在《跋太极图 · 西铭》中反复论说“理以明气”“气以明理”“理外之气”“气外之理”等理、气之辩，这些都是属于朱学话题，而不为陆学所道。显然，在郑玉的思想中，也融会朱子之说。就郑玉的学说来看，他是一位典型的“和会朱陆”的学者。

其二，明确地提出了“右朱”的学术宗旨。

郑玉学术最大特色是“和会朱陆”。在“和会朱陆”中，他又明确地提出了“学者自当学朱子之学”的“右朱”学术观点，[⑤] 二者并不矛盾。“和会朱陆”说明了郑玉学术思想的丰富兼容，“右朱”则体现其思想的基本倾向。

从郑玉的师承来看，当属陆学。[⑥] 但郑氏治经，以求“本领”为指导思想，“潜

---

① [清]永瑢：《四库全书总目》卷168《集部 · 别集类二》，中华书局，1965年。
② [元]郑玉：《师山集》卷7《洪本一先生墓志铭》，四库全书本。
③ [元]郑玉：《师山集》卷5《养晦山房记》，四库全书本。
④ [元]郑玉：《师山集》卷首《余力稿自序》，四库全书本。
⑤ [元]郑玉：《师山遗文》卷3《与汪真卿书》，四库全书本。
⑥ [明]黄宗羲、[清]全祖望：《宋元学案》卷94《师山学案》，中华书局，1986年。

心圣贤之书，进退俯仰，一随其节”，[①] 没有墨守师教。相反，对朱子之学则由钦慕而至信仰，最后发展到以之为学术宗旨的程度。

郑玉与朱子之学的渊源颇深。他在《余力稿自序中》说，少时即对朱子之学“好之既深，为之益力，不惟道理宗焉，而文章亦于是乎取正”。他还在《洪本一先生墓志铭》中，标榜自己读的是朱子之书，求的是朱子之道。[②] 从郑玉的学术来看，他在“和会朱陆”中偏向朱子之学的态度还是比较明显的。比如，郑玉治《易》，所本的是《程朱传义》；[③] 治《礼》，所宗的是《朱子师友仪礼通解》。[④] 他推崇朱熹：

> 尽取群贤之书，析其异同，归之至当，言无不契，道无不合，号集大成，功与孟子同科矣。使吾道在宇宙，如青天白日，万象灿然，莫不毕见；如康衢砥道，东西南北，无不可往；如通都大邑，千门万户，列肆洞开，富商巨贾，轮辏辐集，所求无不可见。而天地之秘，圣贤之妙，发挥无余蕴矣。[⑤]

对朱子之学备极褒誉。清代学术史研究大家全祖望对郑玉曾作过总结性的评论：“继草庐（吴澄）而和会朱陆者，郑师山也。草庐多右陆，而师山则右朱”。[⑥]

持有上述观点的学者，不只是全祖望一人，也不仅止于清朝的学者。与郑玉同时代的许多学者，当时就指出了郑氏的学术具有“右朱”的基本倾向。如，徐大年在《贺郑子美先生被征命启》中，称郑玉学术“得紫阳朱子之正传”；周原诚在郑玉去世后的“哀辞”中说，郑氏“学以朱子为根据”；[⑦] 新安理学家汪克宽撰《师山先生郑公行状》，认为郑玉为学，“大概本朱子”。[⑧]“和会朱陆”而“右朱”，这是郑玉学术的重要特征之一。

其三，以“伦理纲常”学说为学术思想的核心。

郑玉的学术思想，包含了丰富的内容。他在理气关系、学用关系、动静关系、

---

①[元]郑玉：《师山遗文》卷3《与汪真卿书》，四库全书本。
②[元]郑玉：《师山集》卷7《洪本一先生墓志铭》，四库全书本。
③[元]郑玉：《师山集》卷3《周易大传附注序》，四库全书本。
④[元]郑玉：《师山遗文》附录《师山先生郑公行状》，四库全书本。
⑤[元]郑玉：《师山遗文》卷3《与汪真卿书》，四库全书本。
⑥[明]黄宗羲、[清]全祖望：《宋元学案》卷94《师山学案》，中华书局，1986年。
⑦[元]郑玉：《师山遗文》附录《贺郑子美先生被征命启》，四库全书本。
⑧[元]郑玉：《师山遗文》附录《师山先生郑公行状》，四库全书本。

文道关系、体用关系，以及为学之道、治经宗旨等方面，都提出过自己的看法。不过，郑玉学术思想的核心，还在于他的“伦理纲常”学说。

汪克宽在《师山先生郑公行状》中，称郑玉学术“大抵主于明正道，扶世教，语子以孝，语臣以忠”，① 指出了郑玉学术思想的核心内容。郑玉为什么要将“伦理纲常”学说作为自己学术思想的核心呢？原因是多方面的。其中，重要因素之一是当时动荡政治局势的影响。史称元朝末年，红巾军四起，郑玉“每与名公大夫论及为政，必以树纲常、厚风俗为急务”。② 正是目睹了当时“纲常沦丧、风俗大坏”的现实，郑玉遂于“伦理纲常”学说用力尤深，意在挽救人心，改变陋俗，为恢复封建伦理纲常秩序摇旗呐喊。

郑玉伦理纲常学说的出发点是“明正道，扶世教”。他想通过确立封建的道德标准，以之规范社会上不同阶层的人们。郑氏所谓的道德标准就是“三纲五常”，这同历代封建学者的观点并无二致。同时，郑玉还进一步指出：“五常为人伦之重，而三纲又为五常之重也。”③ 将“君为臣纲、父为子纲、夫为妻纲”摆在了封建道德最重要的位置上。因此，郑玉学术非常重要的一个内容就是“语子以孝，语臣以忠”。那么，人们又如何自觉遵守“三纲五常”的道德要求呢？郑玉特别强调两点：一是诚。他根据《中庸》中“诚者，天之道也；诚之者，人之道也”的观点，认为人类“四端万象，莫非诚有”。也就是说，人若有诚，则“恻隐、羞恶、辞让之心，孝弟忠信之行”，都将“发而不可遏也”。④ 二是身轻而忠孝之道为重。在郑玉看来，人伦孝道、君臣大义乃是第一位的，甚至比生命还重要，这同程朱理学中“存天理，灭人欲”的理欲观是完全一致的。郑玉认为做到诚和以忠孝之道为重，人们就能达到“三纲五常”的道德标准。

其四，以发明《春秋》为学术研究的突破点。

郑玉于《六经》皆有发明，其中《春秋》一经用力最深。他的《春秋经传阙疑》一书在明清理学界享有盛誉，被公认为是郑氏学术的代表作。郑玉特别推崇《春秋》，有其理由。他认为《春秋》“体天地之道而无疑，具帝王之法而有征”，是百王“不

---

① [元]郑玉：《师山遗文》附录《师山先生郑公行状》，四库全书本。

② [元]郑玉：《师山遗文》附录《师山先生郑公行状》，四库全书本。

③ [元]郑玉：《师山遗文》卷3《与鲍仲安书》，四库全书本。

④ [元]郑玉：《师山遗文》卷2《李进诚字说》，四库全书本。

刊之典”。它的功效，“足以遏人欲于横流，存天理于既灭”。[①] 换句话说，《春秋》乃是体道治世的大典。他曾将《六经》做过比较，认为“《易》《诗》《书》言其理，《春秋》载其事，有《易》《诗》《书》而无《春秋》，则皆空言而已矣”。[②] 指出了《春秋》在《六经》中的特殊地位。缘于此故，郑玉将《春秋》作为其学术研究的突破点。

郑玉对历史上研究《春秋》诸家，有比较简括的评论。他说：“三家之传，左氏虽若详于事，其失也夸；公穀虽或明于理，其失也鄙。及观其著作之意，则若故为异同之辞，而非有一定不可易之说。两汉专门名家之学，则又泥于灾祥征应而不知经之大用。唐宋诸儒，人之为说，家自为书，纷如聚讼，互有得失。程子虽得经之本旨，惜无全书。朱子间论事之是非，又无著述。”寥寥数语，比较全面概括了历史上研究《春秋》诸家的得失。这一评说还是较为公允的。诸家各有不足，那么当如何补救呢？郑玉的方针是：“为今之计，宜博采诸儒之说，发明圣人之旨。经有残缺则考诸传，以补其疑；传有舛讹则稽诸经，以证其谬。使经之大旨，粲然复明于世，昭百王之大法，开万世之太平，然后足以尽斯经之用也。”[③] 郑氏《春秋经传阙疑》一书编纂的宗旨，正是上述方法的体现。从该书可以看出郑玉发明《春秋》的两大特征：一是经、传并重，二是博采诸儒之说，形成一家之言。这两大特征是郑玉总结前人经验，并经过艰苦探索后形成的。

总之，郑玉学术确有“独到之处”。其“和会朱陆”的思想，是元末明初学术界“和会朱陆”思潮的重要组成部分。他在“和会朱陆”中“右朱”的学术倾向，发扬光大了新安理学的宗旨，于学派振兴，贡献极大。

## 第九节 朱升：旁注诸经，启迪后学的开国谋臣

朱升（1299 ~ 1370），字允升，号枫林，又号枫林病叟、隆隐老人、墨庄主人。徽州休宁人，后徙居歙县。他的学术活动，主要在早年。元至正四年（1344）朱升

① [元]郑玉：《师山遗文》卷3《与族孙忠》，四库全书本。
② [元]郑玉：《师山遗文》卷3《春秋经传阙疑序》，四库全书本。
③ [元]郑玉：《师山遗文》卷3《春秋经传阙疑序》，四库全书本。

朱升塑像

登乡贡进士。至正八年（1348），授池州路学正。在此任上，朱升“讲授有法”，[①]并通过采取“会出入，整斋厨，去宿弊，晨兴讲授，以身试法”等一系列措施，将原先“学田甲于他庠，而官吏蠹食之，弟子员日仅一饭，教养无方，师生解体”的池州路官学，变为“江南北学者云集”的著名讲学场所。[②]至正十二年（1352），朱升“秩满归里”，隐居歙县石门，讲学授徒，不复出仕元朝。至正十七年（1357）朱元璋部队下徽州，经邓愈推荐，朱升应召，进呈“高筑墙，广积粮，缓称王”三策，见重于朱元璋。此后，朱升被“聘侍军门，出入帏幄”。[③]吴元年（1367），授翰林侍讲学士、中顺大夫知制诰同修国史，“备顾问于内庭，参密命于翰苑”，[④]成为明太祖朱元璋的心腹大臣。因此，朱升晚年又以“开国功勋”名称一时。

朱升曾受学于新安理学大师陈栎，先后近20年，“谊莫厚焉”，[⑤]深得陈氏器重。陈栎曾师事新安理学名儒黄常甫（智孙），其学“以朱子为归”，被称为“精深且醇正”。因此，朱升之学术，与朱子之学的渊源很深。《明史·朱升传》说，“升自幼力学，至老不倦。尤邃经学”。在弃官隐居石门期间，“数避兵逋窜，卒未尝一日废学”。[⑥]至正三年（1343），朱升与赵汸联袂西行，在资中黄楚望（泽）门下游学一年。黄氏“于名物度数，考核精审，而义理一宗程、朱”，[⑦]与新安理学一贯宗旨相吻合。经黄楚望指点，朱升于第二年春回乡后，即讲学于郡城紫阳祠，并逐渐丰富自己的学术思想，

① [清]张廷玉等：《明史》卷136《朱升传》，中华书局，1974年。
② 嘉靖《池州府志》卷6《官秩篇·名宦》。
③ [明]朱升：《朱枫林集》卷10《附录·程好礼集枫林文集序》，安徽古籍丛书，黄山书社，1992年。
④ [明]朱升：《朱枫林集》卷1《翰林院侍讲学士朱升诰》，安徽古籍丛书，黄山书社，1992年。
⑤ [明]朱升：《朱枫林集》卷6《勤有堂记》，安徽古籍丛书，黄山书社，1992年。
⑥ [清]张廷玉等：《明史》卷136《朱升传》，中华书局，1974年。
⑦ [明]黄宗羲、[清]全祖望：《宋元学案》卷92《草庐学案》，中华书局，1986年。

形成了自己的学术特色。①

首先，朱升在经注方法上改革积弊，通过“旁注诸经”来发明《六经》之旨。他认为：“先儒传注之意，所以求经之明也。而近世科举业往往混诵经注，既不能体味乎传注，而反断裂其经文。”② 这就是说，“先儒”所以作传注，是为了讲明《六经》之旨，帮助人们理解经文。但朱子之学被定为科举程式后，学者往往循途守辙，不再求“真知”，将经、注混为一谈。于是，既不能真正体味先儒传注的意思，反而将经文也割裂了。“经与解离，不能以意相附；其弊也，断裂经文，使之血脉不通，首尾不应，欲求其知味乐学不可得也”。③ 按照朱升的理解，经文断裂，圣贤之意不完整，也难以引起学者的兴趣。那么，为了使经文血脉贯通、首尾相应，避免后世学者混诵经、注，是否可以不要传注呢？朱升认为不行。他赞同当时学术界的这种观点：“圣人之道载于六经，六经之旨明于传注。”④ 所以朱氏的看法是：“夫读书不可无注解！”⑤ 既要不失传注，又要避免混诵经注，避免因传注而割裂经文，这就是朱升发明“旁注”诸经方法来阐明《六经》之旨的主要原因。

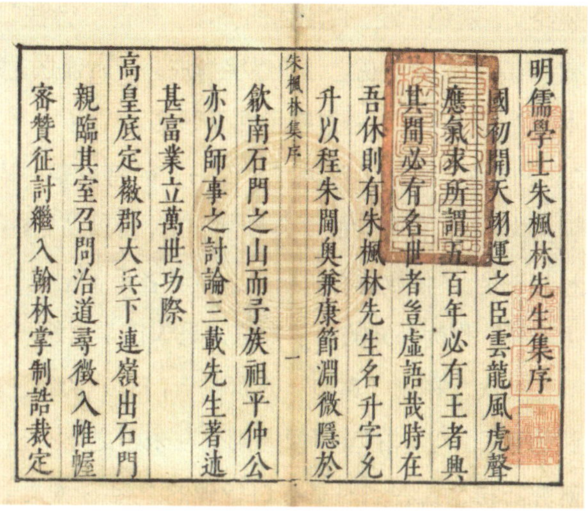
明儒學士朱楓林先生集序
國初開天翊運之臣雲龍風虎聲
應氣求所謂五百年必有王者興
其間必有名世者豈虛語哉時在
吾休則有朱楓林先生名升字允
升以程朱闡奥兼康節淵微隱於
朱楓林集序 一
歙南石門之山而予族祖平仲公
亦以師事之討論三載先生著述
甚富業立萬世功際
高皇底定徽郡大兵下連嶺出石門
親臨其室召問治道尋徵入帷幄
寄贊征討繼入翰林掌制誥裁定

朱升《朱枫林先生集》书影（万历四十四年刻本 天津图书馆藏）

那么，如何“旁注诸经”呢？朱升在《易经旁注前图序》中，将“旁注诸经”的具体方法阐述甚明。他说：“愚自中年以经书授徒教子，每于本文之旁，着字以明其义，其有不相连属者，则益之于两旁之间。苟有不明不尽者，又益之于本行之外。学者讲本文而览旁注，不见其意义不足也。”⑥ 这样，既保存了传注，而又未断

① [明]程曈：《新安学系录》卷14《朱学士传》，康熙三十五年（1696）绿荫园重修本。
② [明]程曈：《新安学系录》卷14《朱学士传》，康熙三十五年（1696）绿荫园重修本。
③ [明]朱升：《朱枫林集》卷3《大学中庸旁注序》，安徽古籍丛书，黄山书社，1992年。
④ [明]朱升：《朱枫林集》卷6《六经源流》，安徽古籍丛书，黄山书社，1992年。
⑤ [明]朱升：《朱枫林集》卷4《小四书序》，安徽古籍丛书，黄山书社，1992年。
⑥ [明]朱升：《朱枫林集》卷3《易经旁注前图序》，安徽古籍丛书，黄山书社，1992年。

裂经文，避免了经、传混诵的弊端。朱升“旁注”诸经的方法，使经与解“可离可合，有纲有则”“离而观之，则逐字为训，合而诵之，则文义成章”，[①] 因而使学者“但读本文而览其旁注，一过则了然无繁复之劳也”。[②] 在旁注“小四书”时，朱升又创了“栏上表注”之法。因为“小四书”的特点是“语约而事多”，大多是四字一句，语言极为精练，但包含的事典异常丰富，所以“旁注”往往不能容纳，须以“栏上表注”补其不足，“使教者有所据依，而学者易于记忆”。以“旁注诸经”为主要内容、“栏上表注”作为补充的治学方法，是朱氏学术的一大特色。

其次，在求“真知”的旗帜下，朱升的经注内容既融会了诸家之说，又有其独到的见解。学术的基本倾向则仍在朱子之学一途。朱升善于博采众说，吸收先儒的研究心得，这在当时是有口皆碑的。他的《大学》《中庸》旁注，大多“取诸先儒经解”，[③]《论语》《孟子》旁注也是“融合”了先儒的看法。[④] 所以，明初名儒陶安（主敬）称朱升学术“网罗百家，驰骋千古”。朱升的“博采”与“网罗”，建立在对诸家学说深入了解的基础上。比如，在旁注《中庸》时，朱氏首先分析了诸家的长处，认为：“《中庸》经朱子训释之后，说者亦多。其间最有超卓之见者，饶氏也；有融会之妙者，思正李先生也；精于文义、切于体认者，楼山袁氏述吴氏之说也。”比较鉴别之后，朱氏旁注就“各取其长”了。朱升在经注内容方面善于博采众长，但对先儒之说，也非一味承袭，而有自己独到的看法。他的《大学》《中庸》旁注，“辞语”并不纯用先儒原文，“意义”亦屡有不能苟同者。[⑤] 旁注《论语》《孟子》时，凡遇到“不类、不妥者，则必再三玩味体认，以求真是之归”。在朱升看来，“此学者穷经最得力处，必身亲为之，然后历其难而知其味也”。[⑥] 它表明，朱氏在学术研究中，贯彻了求“真知”的指导思想，并不盲目迷信“成说”。《中庸》一篇的经注内容，有不少“一得之愚闻见”，是朱氏自家体贴出来的。如关于智、仁、勇之用，至诚不二不息之分，尊德性、道问学之说等，其内容已与诸家之说相去甚远，形成了自己的观点。[⑦]

---

① [明]程曈：《新安学系录》卷14《朱学士传》，康熙三十五年（1696）绿荫园重修本。
② [明]朱升：《朱枫林集》卷4《小四书序》，安徽古籍丛书，黄山书社，1992年。
③ [明]朱升：《朱枫林集》卷3《大学中庸旁注序》，安徽古籍丛书，黄山书社，1992年。
④ [明]朱升：《朱枫林集》卷3《论语孟子旁注序》，安徽古籍丛书，黄山书社，1992年。
⑤ [明]朱升：《朱枫林集》卷3《大学中庸旁注序》，安徽古籍丛书，黄山书社，1992年。
⑥ [明]朱升：《朱枫林集》卷3《论语孟子旁注序》，安徽古籍丛书，黄山书社，1992年。
⑦ [明]朱升：《朱枫林集》卷3《跋中庸旁注后》，安徽古籍丛书，黄山书社，1992年。

此外，关于儒家的经典，朱升也有不少自己的看法。譬如，关于《大学》，朱升指出：“《大学》以修己治人为纲要，以致知力行为工程，然而知止能得之间，必有事焉。《经》所谓定静安，《论语》所谓仁能守之，《孟子》所谓居安资深者是也。《中庸》曰：‘尊德性而道问学。’盖致知力行二者，皆道问学之事。动而道问学，静而尊德性，二者功夫如寒、暑、昼、夜之更迭而无间。尊德性即《大学》之正心也。《大学》诚意，是省察克治于将应物之际，正心是操，存涵养于未应物之时，与既应物之后。……盖《大学》为入德者言，使之先于动处用功，禁其动之妄，然后可以全其静之真也。此圣贤之心法，为传学之本也。”① 这里，对《大学》的定位以及对“尊德性”与“道问学”之关系的理解，朱升都经过了自己的思考。

从总的倾向来看，朱升的学术观点仍然属于朱子之学一路，其子朱同评曰：“议论折衷，一归于正。”② 他十分重视读书，于《六经》尤其看重，认为“圣人之道载于《六经》，《六经》之旨明于传注”，因而欲求“圣人之道”，离不开读经。这纯是朱门的为学工夫，与“陆（象山）学”一味反观自悟的体道方法大相径庭。当时及后来对朱升十分熟悉或有过研究的学者，总结其学术风貌是“其学以列圣传心为主，践履致用为功，务究极天人之蕴，兼理数而一之”。③ 这与朱熹的学术特色如出一辙。④ 由于朱升学术不杂“异说”，深得朱子之学精髓，因此，后人将朱升视为明初朱子之学的嫡传。如，康永韶在《枫林像赞》中称朱氏“质乎其朴，形乎其愚。道明孔孟，学继程朱。故其经纶之才，赞翊之功，咸得以施为。噫！斯人也，无负于天地之所生，无负于圣贤之所期，无负于斯世，无负于斯时也欤”；廖道南的《枫林传赞》则视朱氏为“紫阳（朱熹）之裔”；唐翰林祭文说，“紫阳衣钵”因朱升而世绪犹存；吴鼎《赠归新安诗》中有“紫阳道统接河南，又得枫林继述完。一脉真传今即古，千年秘学易而难”句，将朱升抬为朱熹之后“道统”的传人。⑤

第三，注重教学，是朱升学术的又一显著特征。朱升学术思想的主要内容之一，便是有关教学的思想。归纳其基本观点如下：

① [明]朱升：《朱枫林集》卷3《跋大学旁注后》，安徽古籍丛书，黄山书社，1992年。
② [明]朱同：《覆瓿集》卷7《生日祭先考文》，四库全书本。
③ [明]朱升：《朱枫林集》卷9《范涞：休宁理学名贤朱升传》，安徽古籍丛书，黄山书社，1992年。卷10《唐翰林：祭文》中，亦称朱升学术“以列圣传心为主，践履致用为先”。
④ [元]脱脱等：《宋史》卷429《朱熹传》称：朱熹学术“大抵穷理以致其知，反躬以践其实，而以居敬为主”。
⑤ [明]朱升：《朱枫林集》卷10《赠归新安诗》，安徽古籍丛书，黄山书社，1992年。

一是确立最终的教学目的，“归趣乎孔孟之教，究极乎濂洛之说”。① 朱升认为教学的最终目的就是要培养一批以“孔孟之教”为信条，以研习理学为志向的学者。朱升的这一教学宗旨，既是当时社会对人才培养的需要，也与新安理学一贯的学术特色相吻合。

二是教学过程讲究循序渐进，尤其重视史学知识的传授。朱升在《送程仲本之龙川侍亲序》中，曾经明确提出，“作文之本在读书，读书之法在循序”。② 至正二十年（1360)，朱升赶赴紫阳书会，亲自为“斋生”开列了一张“读书次序”清单：第一部是《蒙求》，第二部是《字训》，第三部是《历代蒙求》，第四部是《史学提要》。这四部书多为新安理学家所撰，且有一个共同特点，即“四字成言，幼童所便”，朱升称之为“小四书”。按照朱升的看法，倘若将《小四书》依照次序“精熟融会”，则宇宙在胸中矣，具备了探求六经之旨的前提条件。随后，再循序开始研究“六经之学”，便进入了学问之大堂。

三是主张教学内容有主次、本末之分。所谓“主”与“本”，即《六经》之学；“次”与“末”则是笔札与诗文之类。教学首先应顾及“本”，然后“休日则事笔札而考苍雅，余力则记名数而诵诗文”。③

四是强调创新教学方法。为便于学者读经，朱升在教学过程中发明了“旁注诸经”的方法，且在注经时尽可能采用通俗的语言。因此，朱氏之书“辞约义精”，④ 并且“庶几文字简洁，而学童诵习，不惮其烦”。⑤ 他以此方法教授生徒，“使后生小子一读则了然而无疑”，对后学者启发很大。朱升门生黄枢因此称赞“先生于圣贤之学，真有功于百世，不但表章于一时”。⑥ 认为朱氏旁注经书之功，非只有益于当时，更在于启迪后学。

从总体来看，朱升的教学思想贯彻到他的教学与学术活动之中，取得了明显的教学效果。朱升曾自负地说：“字之为注，句之为释，我不如先儒；拓开千古之心胸，

---

① [明]朱升：《朱枫林集》卷4《小四书序》，安徽古籍丛书，黄山书社，1992年。
② [明]朱升：《朱枫林集》卷4《送程仲本之龙川侍亲序》，安徽古籍丛书，黄山书社，1992年。
③ [明]朱升：《朱枫林集》卷4《小四书序》，安徽古籍丛书，黄山书社，1992年。
④ [清]张廷玉等：《明史》卷136《朱升传》，中华书局，1974年。
⑤ [明]朱升：《朱枫林集》卷3《书传补正序》，安徽古籍丛书，黄山书社，1992年。
⑥ [明]朱升：《朱枫林集》卷10《黄枢祭朱升文》，安徽古籍丛书，黄山书社，1992年。

提省一时之俊杰，先儒不如我。”① 在他的门下，新一代新安理学家脱颖而出，因此有新安理学“历元明而其传弥广”的不败气象。

在求“真知”的治经思想指导下，朱升的学术有其鲜明的个性。尽管他的学术思想最终归于朱子之学而不取“异说”，但他对诸家学说并不是简单的承袭或排斥，而有自己的独立思考。黄枢称乃师学说“不雷同而是是，不崖异而非非”，确是中的。②朱升的著述，除后人编纂的《朱枫林集》外，还有《书旁注》《诗经旁注》《周官旁注》《仪礼旁注》《礼记旁注》《大学中庸旁注》《论语孟子旁注》《书传补正》《周易旁注》《孙子旁注》《孝经小学旁注》《小学名数》《小四书》《地理阴阳五行书》《刑统赋解》《墨庄率意录》《道德经旁注》《葬书内外杂传》《类选五言小诗》等。

## 第十节　赵汸：和会朱陆，发明《春秋》的理学大师

赵汸生当元末乱世，虽“励志圣贤之学”，但“不事举子业”，一生未取得科举功名。明朝建立后，朝廷诏修《元史》，赵汸以布衣身份参与其事，书成即辞归。他的学术思想最大特色是“和会朱陆”，而其学术研究的重心则是关于《春秋》的探讨。同时，关于治经的指导思想，赵汸也有自己的独到之见。他的一系列学术成就，对元末明初理学界产生了重大的影响。

其一，“和会朱陆”而“右朱”的学术思想

据汪仲鲁《东山存稿原序》中说，赵汸早年受学于新安学派先儒汪炎昶，炎昶先生“每称其苦学善思”。③ 汪炎昶字懋远，自号古逸民，学者称古逸先生。“其学渊源六经，得程朱性理之要于言意之表”，且“即圣贤之所已言而推其所未发，自得于心，乐之终身”，④ 是徽州一位著名的理学家。赵汸生在朱熹的故乡徽州，并师从朱子学学者，从小接受的是“正宗”的朱子学说。赵汸曾自称：“仆之乡先生皆善著书，

---

①［明］朱升：《朱枫林集》卷8《翰林院学士端木孝思白云楼诗跋》，安徽古籍丛书，黄山书社，1992年。
②［明］朱升：《朱枫林集》卷10《黄枢祭朱升文》，安徽古籍丛书，黄山书社，1992年。
③［明］赵汸：《东山存稿》卷首《汪仲鲁原序》，四库全书本。
④［明］程曈：《新安学系录》卷13《汪古逸》，康熙三十五年（1696）绿荫园重修本。

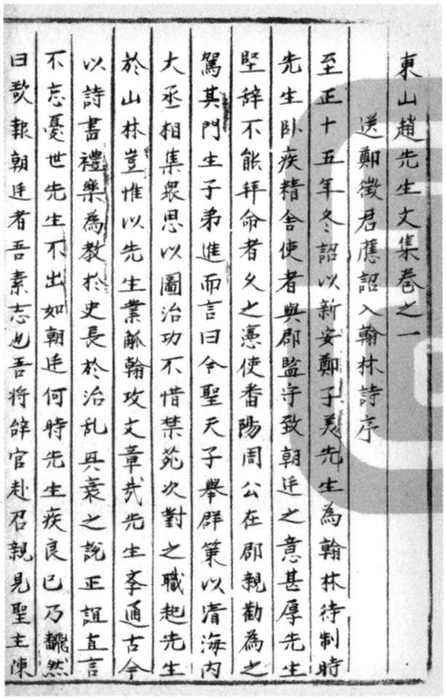

東山趙先生文集卷之一
送鄭徵君應詔入翰林詩序
至正十五年冬詔以新安鄭子美先生為翰林待制時
先生臥疾精舍使者與郡監守致朝廷之意甚厚先生
堅辭不能拜命者久之憲使番陽周公在郡親勸為之
駕其門生子弟進而言曰今聖天子舉群策以清海內
大丞相集衆思以圖治功不惜禁苑次對之職起先生
於山林豈惟以先生業師翰攻文章哉先生夲通古今
以詩書禮樂為教於史長於治乱興衰之説正誼直言
不忘憂世先生不出如朝廷何特先生疾良已乃翻然
曰歆報朝廷者吾素志也吾將辞官赴召親見聖主陳

赵汸《东山赵先生文集》书影(明抄本　国家图书馆藏)

所以羽翼夫程朱之教者，俱有成说，仆自幼即已受读。”[①] 有关传记资料也表明，赵氏以《朱子四书》《朱子大全集》及《朱子语类》等书，“求程朱绪余，诵习经训辨释”，始得入理学之门。[②] 因此，就师承来看，赵汸出身朱门。不过，赵汸有极广的游学经历，对“陆（九渊）学”也有深刻的理解。他曾远师九江黄楚望，三次登门，得黄氏《六经疑义》千余条及口授六十四卦义与学《春秋》之要；又请益于夏大之，得夏氏家传《先天易书》；在杭州，拜谒黄文献公；在临川，请教翰林虞公集，“求草庐吴澄道学渊源”。在博闻众家之说、比较各派长短的基础上，赵汸成为元末明初理学界“和会朱陆”的重要代表人物之一。

赵汸“和会朱陆”的主张,集中反映在其《对问江右六君子策》中。该策系赵汸初游虞集之门时，对虞氏等人“朱陆二氏立教所以异同”问题的回答。策问还涉及太极无极之辨、简易支离之说等理学史上的重大争辩问题。赵汸在策问中提出了两个基本观点：

第一，朱子之学与陆学的“入德之门”确实存在差异。他说：“若夫陆先生之学与子朱子不同，则有非愚生之所能尽知者。然朱子之学实出周程，而周子则学乎颜子之学也。程子亦曰：孟子才高，学之无可依据，学者当以颜子为师。至朱子之告张敬夫也，则又以伯子浑然天成，恐阔大难依而有取于叔子，以成其德焉。其自知也明矣。陆先生以高明之资，当其妙年，则超然有得于孟氏立心之要而独能以孟子为师。且谓幼闻伊川之言，若伤我者。观其尚论古人者，不同如是，则其入德之门固不能无异矣。”就是说，朱熹与陆九渊因“气禀”不同，所宗之师也不同：朱熹之学出于周（敦颐）程（颐），而周、程之学又出于颜子之学；陆九渊则以孟子为师，得孟子立心之要。颜子与孟子在为学与入德上的差异，导致了朱子之学与陆

① [明]赵汸：《东山存稿》卷2《留别范季贤序》，四库全书本。
② [明]程曈：《新安学系录》卷15《赵东山行状》，康熙三十五年(1696)绿荫园重修本。

九渊学说“入德之门”的不同。

第二，朱熹与陆九渊“始异而终同”。在承认朱熹与陆九渊“入德之门”存在差异的基础上，赵汸进一步辨析朱、陆二人晚年对各自为学之弊，均有察觉，并以期修正。朱熹晚年曾称：“自子思以来，教人之法，惟以尊德性、道学问为用力之要。陆子静所说专是尊德性，而熹平日所论，却是道问学上多了。今当反身用力，去短集长，庶不堕于一偏。”陆九渊也说过：“追惟曩昔，粗心浮气，徒致参辰，岂足酬义。”似乎对早年与朱熹论战，太过偏激，颇有悔意。赵汸引此为证，提出“岂鹅湖之论，至是而各有和邪”？认为朱熹与陆九渊二人已“合并于暮岁”。该观点为“和会朱陆”提供了新的思路。按照赵汸的理解，朱熹与陆九渊二人在晚年均已承认自己学说的不足，有“去短集长”的愿望。因此，“和会朱陆”既不背朱熹，也无违陆九渊。赵汸关于朱、陆“始异而终同”，或曰“合并于暮岁“的看法，彻底打破了两家的门户之见，有利于后人真正“和会”朱陆两家学说。

基于朱熹与陆九渊“合并于暮岁”的观点，赵汸一生都致力于“和会朱陆”的工作。虞集就此评论说：“陆先生之兴，与子朱子相望于一时，盖天运也。其于圣人之道，互有发明，而吾党小子知者微矣。子常生朱子之乡，而得陆氏之说，于二家所以成己教人，反复究竟明白，盖索用力于斯事者，非缀缉传会之比也。”① 赵汸在“和会朱陆”中，对两家学说，并非是随便的比附、折中、拼合，而是将它们的精髓，糅合在一起了。

由此，在赵汸的思想中自觉地融会了两家学说。他主张“澄心默坐，涵养本源，以为致思之地”，而后“凡所得于师之指及文字奥义有未通者，必用向上功夫以求之”，深受陆学遗风的影响。在《对问江右六君子策》中，赵汸对陆九渊学说有较深的理解和很高的评价，从中可以看出赵汸对陆学及其修为方式的肯定。不过，赵汸与同时代的许多“和会朱陆”学者一样，归根结底属于“右朱”一派，还是朱子之学的后继者。赵汸接受了朱学笃实致知的功夫，非常注重读书。他认为：“古之圣人亦必由学而至。学者之功，必可至于圣人。”② 而“澄心默坐”，只不过是贯通“文字奥义”的辅助工夫。由此可见，赵汸全然不受陆学鄙视读书风气的影响。他提出，凡有疑问，“质诸师而不得者，卒求之程朱遗言而有见焉”。③ 可知，赵汸仍然是以程朱之教为

① [明]程曈：《新安学系录》卷15《赵东山行状》，康熙三十五年（1696）绿荫园重修本。
② [明]程曈：《新安学系录》卷15《赵东山行状》，康熙三十五年（1696）绿荫园重修本。
③ [明]程敏政：《新安文献志》卷72，弘治三年（1490）刊本。

归，只不过避免了朱子之学中“支离”的短处，而吸收了陆学精于“默思”的长处。后人在考辨新安理学源流时，视赵汸为朱学一派的承先启后者，应该说是有依据的。[①]赵汸“和会朱陆”的思想，是元末明初理学界出现的“和会朱陆”思潮的重要组成部分，发扬光大了新安理学的宗旨。

其二，关于《春秋》的学说

由于受新安理学重视《春秋》研究传统的影响、赵汸本人对《春秋》重要性及其研究价值的认识，以及受到学者黄泽的具体传授和引导，赵汸的经学研究以探讨《春秋》而见长。主要成就有如下四个方面：

一是对历史上研究《春秋》诸家有比较中肯的分析。自《春秋》成书以后，研究者不可胜数。至元末明初，见载于“简策”者，多至数千百家。其著作见仁见智，各执一端，以至《春秋》之旨终难定说。就《春秋》三传而言，赵汸认为，左氏知“史法”而不知笔削之义，公羊、谷梁知“书法”而不知其文则史也。所以，《春秋》三传各有其长处，但仍不免偏执一端。按照赵汸的理解，《春秋》既是史籍，记载了鲁国的历史，但更为重要的是，它还是一部“万代不刊之经”，其中包含了“拨乱反正”的经世大义。因此，三传或重“史例”而不知“书法”，或重“书法”而不知“史例”，都失之偏颇。在《春秋》三传之后，赵汸指出了“后世学者”在研究《春秋》中出现的三种情况：一是抱守一家成说类。这类学者或抱左氏之说，或抱公、谷之说，双方口诛笔伐，不能一致；二是兼取三传类。这类学者欲取三传之长，但在取舍过程中往往“臆决无据”，缺乏正确的判断能力，以至无法把握《春秋》要义；三是舍三传类。这部分人撇开《春秋》三传，希望直接从《春秋》经文中寻求义理，但其弊在“分异乖离，莫知统纪”。在赵汸看来，这些研究未能真正阐释《春秋》，所以圣人的“经世之道”始终是“暗而不明，郁而不发”。[②]在《春秋左氏传补序》中，赵汸还指出后世学者研究《春秋》偏执于“褒贬”与“实录”二途，而这一方法上的不足，则无法真正把握圣人笔削《春秋》的意图。

二是在评析先儒关于《春秋》研究的优劣、长短基础上，赵汸提出了求索《春秋》“笔削之旨”的根本方法是“属辞比事法”。他在《与朱枫林论春秋书》中提出：

---

①[清]赵吉士：《寄园寄所寄》卷11《泛叶寄》，康熙刊本。

②[明]赵汸：《春秋集传·序》，四库全书本。

作为鲁史的《春秋》，其中有例可循。而圣人笔削《春秋》之后，作为经书的《春秋》，则决无凡例。没有凡例，并非说此经就是漫无统纪者，归根结底《春秋》一经也有例，这就是圣人“以义为例”。其“义例”寓含在《春秋》经中，隐而不彰，有待后世学者发明之。[①] 按赵汸的理解，欲求索《春秋》笔削之旨，关键在于发明“义例”。那么，这“义例”又当如何发明呢？赵汸从《礼记·经解》“属辞比事，《春秋》教也”一语中得到启发，苦思深研《春秋》二十余载，提出了“属辞比事”的方法，即通过排比《春秋》中褒贬之史事，发掘其中的“义例”，进而探究《春秋》的笔削之旨。

他在《春秋属辞》中提出：《春秋》之例有八，其一曰存策书之大体，其二曰假笔削以行权，其三曰变文以示义，其四曰辩名实之际，其五曰谨华夷之变，其六曰特笔以正名，其七曰因日月以明类，其八曰辞从主人。学界认为，赵汸发明的《春秋》八例，删除繁琐，淹通贯穿，据传求经，多由考证得之，确实较诸家为有序，且避免了凭空臆说。《四库》馆臣也称赵汸“论义例颇确”。[②] 赵汸同时指出，以“属辞比事法”发明的《春秋》八例，实际上是《春秋》的“制作之原”。该“八例”揭示了《春秋》中何者为“史策旧文”，何者为“圣人笔削”的区别。由此，人们得以知悉当初圣人制作《春秋》的意图。既知圣人笔削《春秋》之意，那么圣人在《春秋》中所寓含的经世大义，人们也就可以揣味了。

三是主张研究《春秋》的具体途径应是先考鲁史之法，再求圣人之法。宋濂在《春秋属辞序》中说：“春秋，古史记也。夏、商、周皆有焉。至吾孔子则因鲁国之史之修，以为万代不刊之经，其名虽同，其实则异也。盖在鲁史则有史官一定之法，在圣经则有孔子笔削之旨。”研究者认为，“三传”中《左传》传的是鲁史遗法，而《公羊传》《谷梁传》传的是圣人之法。赵汸主张“学《春秋》必自左氏始”，即先从《左传》中求得鲁史之法，然后再通过《公羊传》《谷梁传》以求圣人之法。其中原因，在于“通义”必先“得其事，究其文”，而“得其事，究其文”又离不开《左传》。从赵汸的学术活动来看，他本人正是循此途径治《春秋》的实践者。

四是在具体研究过程中，赵汸注意吸收先儒研究《春秋》的成果，并在此基础上提出自己的观点。虽然，赵汸对先儒研究《春秋》的方法，曾提出过批评；对其

---

① [明]朱升：《朱枫林集》卷10《与朱枫林论春秋书》，安徽古籍丛书，黄山书社，1992年。

② [清]永瑢等：《四库全书总目》卷168《经部·春秋类》，中华书局，1965年。

研究成果，也有不同的看法。但对前代学者们研究《春秋》的有益方法和合理成果，他还是比较善于融通的。比如，就研究《春秋》的根本方法而言，赵汸提出了“属辞比事法”；赵汸又有治《春秋》当“先考鲁史之法，再求圣人之法”的观点。至于赵汸治《春秋》的具体内容，吸收先儒成果的地方更多。在博采众长，吸收先儒的有关研究成果基础上，赵汸也能突破成说，提出自己的观点。如，《春秋属辞》一书，尽管是以杜预、陈傅良之说为本编纂而成，然而赵汸能够“集杜、陈二氏之所长而弃其所短，有未及者辩而补之”，因而较以往学者更清晰地指出了“何者为史策旧文，何者是圣人之笔削”。[①]《春秋集传》一书也是在博采先儒之见的基础上，“附以己意，畅而通之”著成。明代学者宋濂在评论赵汸的《春秋》研究时说：其书“义精例密，咸有所据，多发前贤之所未发。譬犹张乐广厦，五音繁会，若不可以遽定。细而听之，则清浊之伦、重轻之度，皆有条而不紊”。[②]这里，“咸有所据”表明赵氏并不作凭空之论，而“多发前贤之所未发”则说明了赵汸研究的创造性。

赵汸有关《春秋》的研究，形成了坚持“三传”并重的原则，据传求经、由考证而索经义，继承与创新相结合，研究与著述并举等基本特色。这一套学说，其中大部分由赵氏“自思而得之”，突破了“成说”。正因如此，在历史上众多的《春秋》研究大家中，赵汸占有重要的一席位置。他的五部《春秋》研究著作，即《春秋左氏传补注》10 卷、《春秋属辞》15 卷、《春秋师说》3 卷、《春秋集传》15 卷、《春秋金锁匙》中，有四部被《四库全书》《通志堂经解》收录，获得极高评价。他将新安江流域的学者关于《春秋》的研究推进到了一个新的高度，在新安理学的发展史上，如此系统地研究《春秋》者，赵汸是最后一人。

赵汸在元末明初新安理学乃至整个理学界中，是一位有重大学术成就的学者。他提出的求“实理”的治经主张，不仅为其学术大成奠定了基础，而且深刻影响了当时乃至清初新安学术的发展趋向。他的有创见的“和会朱陆”思想，是元明之际“和会朱陆”思潮的重要组成部分，并成为具有代表性的观点之一。尤其是赵汸的《春秋》学说，系统、完整，并在历史上有巨大的影响力，是当下研究《春秋》学史仍不可忽略的一派观点。

---

① [明]赵汸：《春秋属辞·宋濂序》，四库全书本。
② [明]赵汸：《春秋属辞·宋濂序》，四库全书本。

# 第十一节　程敏政：少年出道，学问渊博的学术大家

程敏政（1445 ~ 1499），字克勤，徽州休宁人。其父程信官至南京兵部尚书。程敏政从小就受到了良好的家庭教育，少时“资禀灵异”，读书“一目数行下”，有“神童”之称。[1]十岁时，“侍父官四川，巡抚罗绮以神童荐”。英宗亲自召试，程敏政赋《瑞雪诗》并急就经义一篇，文采粲然，英宗大悦，命读书翰林院。[2]从程敏政一生来看，这是他人生的一个重要转折点。因为此后程敏政获得了当时最好的学习环境，并得以被当世的一些名士所熟悉，学士李贤、彭时等尤其“爱重之”，李贤后来还将自己的女儿嫁给了程敏政。这些因素对以后程敏政的科举、为官都产生了重要的影响。

成化二年（1466），22 岁的程敏政以顺天乡试第一名的身份参加会试，结果高中进士一甲第二名，授翰林院编修。在此任上，程敏政参与了《英宗实录》《宋元纲目》的编撰，“书法多所裁正”。[3]后历迁左春坊左谕德，充东宫讲读官。当时翰林中，“学问赅博称敏政，文字古雅称李东阳，性行真纯称陈音，各为一时冠”。[4]孝宗继位，程敏政擢为詹事府少詹事、兼翰林院讲学士，侍文华殿日讲。方志称：“经筵进讲，终篇必致讽谏。帝雅重之，特呼先生而不名。”[5]说明当时程敏政甚得孝宗的器重。

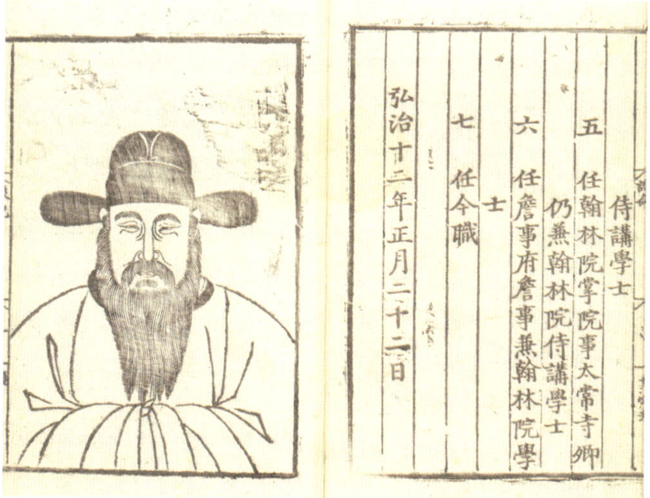


程敏政像（正德元年《篁墩程先生文粹》刻本 哈佛燕京图书馆藏）

---

① [明]程敏政：《篁墩集》卷首《李东阳序》，四库全书本。
② [清]张廷玉等：《明史》卷286《程敏政传》，中华书局，1974年。
③ [清]施璜：《还古书院志》卷7《传》，道光二十三年（1843）刻本。
④ [清]张廷玉等：《明史》卷286《程敏政传》，中华书局，1974年。
⑤ 嘉庆《休宁县志》卷12《人物》。

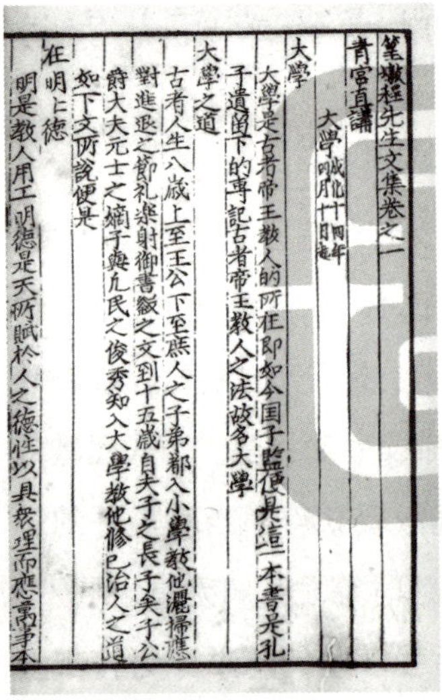
篁墩程先生文集卷之一

青宫直講

大學 成化十四年四月十日進

大學

大學是古者帝王教人的所在即如今国子監便是這一本書是孔子遺留下的專記古者帝王教人之法故名大學

大學之道

古者人生八歳上至王公下至庶人之子弟都入小學教他灑掃應對進退之節礼楽射御書數之文到十五歳自天子之長子衆子公卿大夫元士之嫡子與凡民之俊秀知入大學教他修己治人之道如下文所説便是

在明明德

明是教人用工明德是天所賦於人之德性以具衆理而應萬事本

程敏政《篁墩程先生文集》书影（嘉靖十二年刻本 国家图书馆藏）

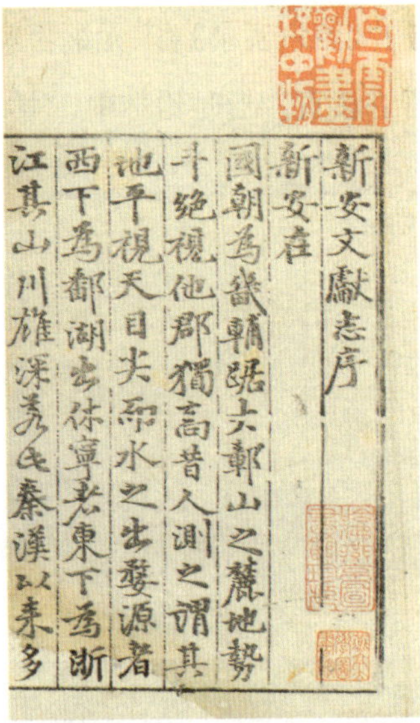
新安文獻志序

新安在

國朝為畿輔據大鄣山之麓地勢千絶視他郡獨高昔人測之謂其地平視天目尖[illegible]水之出發源者西下為鄱湖者休寧者東下為浙江其山川雄深氣民秦漢以來多

程敏政《新安文献志》书影（弘治十年刻本 哈佛燕京图书馆藏）

程敏政是名门之后，且出道很早，因此长期以来养成了孤高自傲的性格。《明史》本传上说："敏政，名臣子，才高负文学，常俯视侪偶，颇为人所疾。"弘治元年（1488）冬，御史王嵩等以雨灾弹劾程敏政，其背后真正的原因之一就是因为程敏政锋芒太露，遭人嫉恨。在王嵩等人的交攻下，程敏政被勒令致仕，回到徽州休宁老家，"读书南山中"。弘治六年（1493），明孝宗召回程敏政，① 进其为太常卿兼侍读学士，掌院事。弘治十二年（1499），时任礼部右侍郎的程敏政与文渊阁大学士李东阳出任当年会试的主考官，程敏政因受唐寅、徐经"科场舞弊案"牵连而入狱，出狱后4天因痈发而卒。②

作为明代重要的理学家、文学家和文献学家，程敏政留下了大量的著述。据方志称，程敏政"淹贯群籍，研究理道"，为文"一本诸经史"，李东阳称之"宏博伟丽，自成一家，质之当代，盖绝无而仅有者"，京师亦曾流传"天下文章程敏政"之谚。③ 流传至今的主要著述有《宋遗民录》15卷、《宋纪受终考》3卷、《心经附注》4卷、《道一编》6卷、《篁墩集》93卷、《新安文献志》100卷、《明文衡》998卷、《唐氏三先生集》28卷附录3卷、《咏史集解》7卷、《休宁县志》38卷、《休宁陪郭程氏宗谱》2卷、《程氏贻范集》23卷、《礼仪逸经》2卷、《瀛贤奏对录》1卷、《大学重订本》1卷、《篁墩诗集》15卷等。

① 《明孝宗实录》卷151。

② 事详《明孝宗实录》卷147、148、151。《实录》记载程敏政之死后，有按语曰："言官劾其主考任私之事，实未尝有。盖当时有谋代其位者，嗾给事中华昶言之，遂成大狱，以致愤恨而死，有知者至今多冤惜之。"这里所说的"有谋代其位者"，《明史·程敏政传》直指其名："傅瀚欲夺其位，令昶奏之，事秘莫能明也。"程敏政之死，实为冤狱。

③ 嘉庆《休宁县志》卷12《人物》。

宋遺事
讀虞集所草詔有作 余應
跋 何喬新
紀瀛國公事實 袁忠徹
贈虞伯生詩
西江月詞
元史順帝紀畧
虞集傳畧
虞伯生草詔

宋遺民錄卷之一
王鼎翁
梅邊先生吾汶藁序 歐陽玄
論人行事枚舉而稱之者其善為可數論人文章舉一以蔽之者其善為不可勝數也廬陵梅邊先生與先君勅海侯為大學存心齋同舍咸淳甲戌随路混補入學又同生淳祐之壬子先君嘗稱其才器卓犖有往哲風運改世遷篤志稽古蘄為文章以見志予恨未

程敏政《宋遗民录》书影（康熙三十三年抄本 国家图书馆藏）

程敏政学术思想的核心，是关于朱熹与陆九渊之学“始异而终同”的阐释。而这一阐释的基础，则是他的“道一”学说。

何为“道一”？程敏政认为“道一”包含二层意思：一是指宇宙之“道”，也就是说朱熹与陆九渊两家所求的“道”，乃是同一的，并无二样；二是指朱、陆两家之说及其为学之道，最终归于一致。按照程敏政的理解，宋明理学家反复探讨的“道”，在宇宙之间乃是独一无二的，不存在此“道”或彼“道”的区分。该唯一之“道”出于天，而体现在人则为“性”，具体落实则在“心”。程敏政认为，“心”为“穷理之地”，儒学之正宗，其实就是“心学”。在程敏政看来，后之学者以为朱熹专讲“道问学”，陆九渊专说“尊德性”，两人所求之“道”以及学问之道不一，这是一种重大误解。

立足于“道一”思想，程敏政提出并论证了朱熹与陆九渊之学“早异而晚同”的三个发展阶段。关于该三个发展阶段的解读，主要反映在程敏政的《道一编》中：

一是“始焉如冰炭之相反”。程敏政首举朱熹与陆九渊在“鹅湖之会”时的二首“倡酬之作”,指出陆九渊的诗中“有支离之说,疑朱子为训诂”;而朱熹诗中“有无言之说,疑二陆为禅会”。因此,朱、陆早年之不和,是非常明显的。两家的门人遂由此成隙,以致“造言以相訾,分朋以求胜”。在《道一编》卷二中,程敏政还引朱熹早年之说十六条,同时附录陆九渊之说二十条,并在部分条目下加上自己的按语,以进一步说明朱、陆在求“道”与为学方面一开始就如冰炭不容。

二是“中焉则疑信之相半”。程敏政在《道一编》卷 3 中,收录了朱熹之说 16 条、陆九渊之说 14 条,以及张南轩(栻)之说 1 条,以说明朱熹与陆九渊两人学说至中期则渐趋靠近。在这些书信与论说中,朱熹对陆九渊之学与为学之道的评说,已不像早期那样言辞偏执,而是抑扬兼有,褒贬参半;而陆九渊的书信中,也表达了对朱熹学说与治学方法的部分理解。程敏政认为,朱、陆两人的相互评说,都是一分为二的平心之论,与早年的意气之争迥然不同,表明了两家学说已经渐趋一致。

三是“终焉若辅车之相倚”。程敏政在论述这一观点时,首举《答项平父书》,认为“此书则知朱子所以集诸儒之大成者如此。世之偏心自用、务强辩以下人者,于是可以惕然而惧、皤然而省矣。然陆子亦有书论为学,有讲明、有践履,与朱子合而无中岁枘凿之嫌”。[①] 在程敏政看来,朱熹与陆九渊在论争的后期,为学之道已然一致。为进一步证明自己的看法,程敏政在《道一编》卷 4 中,总共引用了朱熹之说 15 条,附录陆九渊之说 10 条,通过寻章摘句,以求显示朱、陆之“道一”。

程敏政的《道一编》将此前关于朱陆异同的诸种观点做了更加全面的综合,对朱陆异同本身又进行了更为细致的分析,明代及其以前学术界关于朱陆异同之说,至此可谓大成。这种集成,在明代学术界产生了重要的影响,对明代学术史的发展有着深远的意义。明代心学大师王阳明解决朱陆异同问题的重要著述《朱子晚年定论》,实际上采纳了程敏政《道一编》的基本思想。

关于性理之学,程敏政尤重“敬”“诚”“身”。所谓敬,“敬是主一无适之谓。此心收敛不敢放肆,便是敬。”[②] 在程敏政看来,“敬者,圣学始终之要也”。[③] 即敬是圣贤学说一以贯之的核心。大凡待人接物、应事处世,做一个理学家眼中的贤人,都离不开一个敬字。“诚”是程敏政在谈及养心复性时关注的又一个重要范畴。他解

---

① [明]程敏政:《道一编》卷4,四库全书存目丛书本。
② [明]程敏政:《篁墩集》卷4《文华大训》,四库全书本。
③ [明]程敏政:《篁墩集》卷39《题朱子所书敬斋箴后》,四库全书本。

释诚是“真实无妄之谓，乃天理之自然”。① 这一解释接受了朱熹对诚的释义，② 将诚抬到了重要的位置。在程敏政看来，诚乃修身、齐家、治国、平天下的法宝，守此则无往而不胜。关于身，程敏政认为，人的身体乃是“父母所生，祖宗所传”，爱惜身体至关重要；若不能做到明心术、慎威仪、衣服有制、饮食有节，就是“亏体辱亲”，也就谈不上敬。③ 程敏政认为修身是齐家、治国、平天下的基础和起点。

关于忠、孝的问题，程敏政曾说：“予闻人之生，莫重于君亲。”④ 他认为人生最重要的事就是忠君、孝亲。同时，他认为“父子之亲、君臣之义，一也”。⑤ 换句话说，忠、孝在本质上并无区别，而具有同一之理。在人们践行忠、孝之道时，如果出现两难的选择，是将父子之亲摆在首位，还是以君臣之义为重？程敏政的看法是一旦“不幸处其变”，君臣之义可以摒弃，而父子之亲则无论如何不能勾销，“父子之亲”比“君臣之义”重要得多。

关于人性的问题，程敏政认为，“仁义之理”由天赋予人，此理在人之初至善至美，无任何瑕疵。但由于后天的影响，“私欲”就会逐渐侵蚀至善至美的仁义之理，蒙蔽人的天性。人们若能通过修为，排斥“私欲”，就可恢复人性至善的“天理”。它与程朱学说中“天理”“人欲”之辨及“存天理、灭人欲”说教，如出一辙，反映了程敏政思想深处在诸多问题上“崇朱”的倾向。

关于佛道的问题，程敏政提出了“释、老二氏同祸天下，而人不知老氏之罪，甚于释者”的观点。⑥ 这种攘“道”甚于排“佛”的言论，在宋明理学家中是不多见的。程敏政说：“权诈者，老氏之本也。”他认为，后世之一切讲阴谋诡计者，如“申韩之刑名、苏张之纵横、良平之阴谋”等，均出于老氏。程敏政还进一步比较佛、道之说，揭露“老氏之罪”：“夫释氏兼爱而老氏为我，兼爱之道，虽足以罔民，其意犹欲勉人之为善。至于为我，乃人人自便之计，而老氏倡之，遂至胶固缠绵于天下后世，而莫之能解。”⑦ 这就是说，道教“为我”，较之佛教“兼爱”，对世人的祸害

① [明]程敏政：《篁墩集》卷4《文华大训》，四库全书本。
② [宋]朱熹：《四书集注·中庸注》曰：“诚者，真实无妄之谓，天理之本然。”
③ [明]程敏政：《篁墩集》卷4《文华大训》，四库全书本。
④ [明]程敏政：《篁墩集》卷13《朝阳楼记》，四库全书本。
⑤ [明]程敏政：《篁墩集》卷11《伍员论》，四库全书本。
⑥ [明]程敏政：《篁墩集》卷11《老氏论》，四库全书本。
⑦ [明]程敏政：《篁墩集》卷11《老氏论》，四库全书本。

要大得多，由此程敏政得出“老氏之罪，甚于释者”的看法。

从总体来看，程敏政的学术思想，基本倾向于朱子之学。尽管因他曾著有《道一编》，宣扬朱熹与陆九渊“早异晚同”之说，招致当时以及后来学者的“非议”，认为他“抑朱扶陆”“辱朱荣陆”。但在许多场合程敏政都有“求孔子之道，必自程朱”的呼吁，①为明孝宗讲解《四书》《五经》时，基本观点也站在朱子之学的立场上。从留下的大量著述来看，程敏政不失为一个朱子学学者的本色。

## 第十二节 江永：注重考据，成就斐然的皖派朴学开宗

江永（1681～1762），字慎修，号慎斋，徽州婺源人。6岁时开始接受家庭教育，“庭受父训，日记数千言。父奇其敏，以远大器期之”。②戴震在《江慎修先生事略状》中说，江永“少就外傅时，与里中童子治世俗学”。③所谓“世俗学”，当指科举之业。不过，江永并未沿着这条路走下去，转而废科举，精心于《十三经注疏》，于三礼尤为用功。这一转变，与明代丘浚《大学衍义补》的影响有重大的关系。有关传记资料中记载，江永偶然接触到丘浚的《大学衍义补》，见作者在谈到政治、经济、军事、司法、教育等问题时，大量引证了《周礼》的原文。这些引证的内容，引起了江永的极大兴趣，于是他“求得其书，朝夕讽诵。自是遂研覃十三经注疏，凡古今制度，又钟律、声韵、舆地，无不探赜索隐，测其本始；而于天文地理之术尤精”。④江永21岁时为县学生，34岁时补廪膳生，62岁时为岁贡生，一生未取得显赫功名。但他边教书，边苦读，“为诸生数十年，自壮至老，丹黄不去手书”，⑤做了大量的读书笔记。其“束修所入，尽以购书，遂通经义”⑥“力学于深岩绝壑之间”，并“于远稽遐览，终身乐

① [明]程敏政：《篁墩集》卷14《休宁县儒学先圣庙重修记》，四库全书本。
② [清]汪世重、江锦波：《江慎修先生年谱》。
③ [清]戴震：《戴震全书》之32《东原文集》卷12《江慎修先生事略状》，黄山书社，1997年。
④ 支伟成：《清代朴学大师列传》之《皖派经学大师列传》第5，岳麓书社，1986年。
⑤ [清]钱大昕：《潜研堂文集》卷39《江先生永传》，四部丛刊初编本。
⑥ [清]江藩：《国朝汉学师承记》卷5《江永》，中华书局，1983年。

之无休暇”。[①]

江永 41 岁时，著成《礼经纲目》88 卷。该书编撰缘起，乃江永“以朱子晚年治礼，为《仪礼经传通解》，书未就。黄氏、杨氏相继纂续，亦非完书。乃广摭博讨，大纲细目，一从吉、凶、军、嘉、宾五礼旧次，题曰《礼经纲目》，凡八十八卷。引据诸书，厘正发明，实足终朱子未竟之绪”。[②] 由是《礼经》之“大纲细目，井然可睹”。[③] 当时正值朝廷开馆定《三礼义疏》，纂修诸臣听说江永著有此书，乃公函到郡县，抄录送达京城，以备修订《三礼义疏》时参考。

婺源县江湾村江永故居·书房（周晓光 摄）

55 岁时，江永在乡里创设了义仓。据戴震记载，江永家“故贫”，经济状况一直不佳，对荒年乡人生活之困顿也有深切体会。“处里党以孝弟仁让躬先”的江永乃参照《春秋传》中的“丰年补败之义”，动员乡人“共输谷若田，设立义仓，行之且三十年”，于是“一乡之民不知有饥”。戴震因此感慨道：“自古积粟之法，莫

① [清]刘大櫆：《海峰文集》卷6《江先生传》，同治年间刻本。
② 赵尔巽等：《清史稿》卷481《儒林二》，中华书局，1977年。
③ [清]戴震：《戴震全书》之32《东原文集》卷12《江慎修先生事略状》，黄山书社，1997年。

善于在民，莫不善于在官，使民自相补救，卒无胥吏之扰，此先生善于为乡之人谋者。”① 对江永倡导乡民自相补救表达了敬意。

62 岁为岁贡生的当年，江永完成了《近思录集注》14 卷。《四库全书》馆臣对该书评价称：

> 《近思录》虽成于咸淳二年，其后又数经删补，故传本颇有异同。至各卷之中，惟以所引之书为先后，而未及标立篇名，则诸本不殊。至淳祐间，叶采纂为集解，尚无所窜乱于其间。明代有周公恕者，始妄加分析，各立细目，移置篇章，或漏落正文，或淆混注语，谬误几不可读。永以其贻误后学，因仍原本次第，为之集注。凡朱子文集、或问、语类中，其言有相发明者，悉行采入分注。或朱子说有未备，始取叶采及他家之说以补之，间亦附以己意，引据颇为详洽。盖永邃于经学，究心古义，穿穴于典籍者深。虽以余力为此书，亦具有体例，与空谈尊朱者异也。②

从此段记述中可知，《近思录》成于咸淳二年（1266），后又数经删补，故传本颇有异同。建阳人叶采曾为之集解，当时还没有出现“窜乱”的现象，而到了明代周公恕始妄加分析，“谬误几不可读”。为避免贻误后学，所以江永依据原本次第，为之集注。该集注本是一部弘扬朱子学的重要著述。

江永一生，大部分时间都在家授徒讲学，只有两次外出，“一至江西，应学使金德瑛之招也；一游京师，以同郡程编修恂延之也”，③ 但时间都不长。据戴震说，江永游京师，时任三礼馆总裁的桐城人方苞素负其学，得知江永在京，愿意见一面。见面时，方苞以一直疑而不解的《士冠礼》《士昏礼》中数事相问，江永从容置答，一一道来，方苞“乃大折服”。编修吴绂自小即深究礼仪，功底甚深，与江永交往后，“质以《周礼》中疑义”，江永因此专门编撰了《周礼疑义举要》一书。④ 京师一游，江

① [清]戴震：《戴震全书》之32《东原文集》卷12《江慎修先生事略状》，黄山书社，1997年。
② [清]永瑢：《四库全书总目》卷92《子部·儒家类二》，中华书局，1965年。
③ [清]江藩：《国朝汉学师承记》卷5《江永》，中华书局，1983年。
④ [清]戴震：《戴震全书》之32《东原文集》卷12《江慎修先生事略状》，黄山书社，1997年。

永结识了不少当世名士，也有不少人推荐他出仕，但“有荐先生者，力辞免”。[①] 一般士大夫极力追逐的功名利禄，在江永心中，甚为淡漠。回到徽州后数年，朝廷崇奖实学，命官员举荐“经术之儒”，时任婺源县知县欲荐江永，江永仍以年老辞谢，而付书戴震，谓“驰逐名场非素心”，[②] 表明了自己特立独行的个性。不过，也正因为这种性格，当时江永在外的名声，反而不及其门生戴震。

江永一生无意仕宦，而以讲学授徒为乐事。其著述丰赡，除上文提到的《礼经纲目》88卷、《近思录集注》14卷外，《清史稿》著录的有《周礼疑义举要》7卷、《礼记训义择言》6卷、《深衣考误》1卷、《律吕阐微》10卷、《律吕新论》2卷、《春秋地理考实》4卷、《乡党图考》11卷、《读书随笔》12卷、《古韵标准》4卷、《四声切韵表》4卷、《音学辨微》1卷、《河洛精蕴》9卷、《推步法解》5卷、《七政衍》1卷、《金水二星发微》1卷、《冬至权度》1卷、《恒气注历辨》1卷、《岁实消长辨》1卷、《历学补论》1卷、《中西合法拟草》1卷、考订《朱子世家》1卷等。

戴震在《江慎修先生事略状》中说：“盖先生之学，自汉经师康成后，罕其俦匹。”[③] 江藩以为此论“非溢美之词”，[④] 给予了江永在经学史上极高的评价。经学史上的一些重大问题，江永均有自己的独到之见。比如，关于“岁实消长”，前人多有讨论，宣城梅文鼎见歧而未定。江永认为，当以恒气为率，随其时之高冲以算定气，而岁实消长可以勿论。《清史稿》认为“其说至为精当”。[⑤] 关于“黄钟之宫”，江永著《律吕阐微》，根据《管子》《吕氏春秋》，订正《淮南子·天文训》关于徵、羽、宫、商、角之序和《汉书·历律志》的谬误。江永论古韵，著有《古韵标准》等书，认为古韵之论，创于宋代舒州人吴棫而精于清初昆山人顾炎武，但顾氏考古之功多，审音之功浅。江永提出古韵平、上、去三声，皆当为十三部，入声当为八部，以纠正顾炎武之疏。通过江永的辨正，由此“三代以上之音，始有条不紊”。关于天象历法，江永认为《钦定推步法》7篇，凡日月之躔离交食，五星之迟疾伏见，以及恒六曜之行，“皆具密法，而奥义难明”。因此，他著有《推步法解》5卷，专门详解步算

---

① [清]李元度：《国朝先正事略》卷34《江慎修先生事略》，四部备要本。
② [清]戴震：《戴震全书》之32《东原文集》卷12《江慎修先生事略状》，黄山书社，1997年。
③ [清]戴震：《戴震全书》之32《东原文集》卷12《江慎修先生事略状》，黄山书社，1997年。
④ [清]江藩：《国朝汉学师承记》卷5《江永》，中华书局，1983年。
⑤ 赵尔巽等：《清史稿》卷481《儒林二》，中华书局，1977年。

之方，并附《推步钤》1卷于后。关于深衣之制，江永指出，历史上诸儒为《深衣图考》者有数十家，但大体都承“裳交解十二幅”之讹。他著有《深衣考误》1卷，根据《玉藻》所言“衽当旁”，认为它并非前后之正幅。同时又举郑康成注，详述“续衽者，裳之左旁，连合其衽；钩边者，裳之右旁，别用布一幅斜裁之，缀于后衽之上，使钩曲而前，以掩裳际，汉时谓之曲裾”。这里，既指出了他人之误，又给出了正解。江永之学术，正如江藩所论：“其精心独见，发古人所未发如此。”①较之先儒，江永学术风格具有注重考核、不务空谈的特点，这也体现出汉学家与理学家的区别。

江永一生致力于讲学，培养了众多学术大家。其中“江门七子”戴震、郑牧、汪肇龙、汪梧凤、程瑶田、方矩、金榜是其中的佼佼者，而《清史稿》称“戴震、程瑶田、金榜尤得其传”。②在清代学术史上，江永留下了浓墨重彩的一页。

## 第十三节　戴震：训诂名物，实事求是的皖派朴学宗师

戴震（1724～1775），字东原，徽州休宁人。雍正二年（1724）年初，戴震出生于徽州休宁隆阜村西三门里。据说，戴震出生时，冬日里突然雷声大作，其父因此为他起名“震”。戴姓虽是隆阜戴、吴、程、曹四大姓之首，但戴震这一支祖上几辈都是以农或贩为生，堪称贫寒。戴震父亲戴弁在三门里主修过族支谱，被称作半个秀才。但因年轻时曾随戴震祖父戴宁仁两次入江西贩布，受大族宗长房欺压，得不到祠堂学米资助，终于未能完成学业、取得功名。有关传记资料记载，戴震小时候开智较晚，性格内向，十岁以前一直不会讲话。因家境贫寒，请不起家庭教师，十岁才入塾读书。入塾之后的戴震，一方面极为用功，每天背诵“数千言不肯休”；另一方面也爱思考，常常问一些连塾师都无法回答的问题。有一次，塾师讲授到《大学章句》的一章内容，戴震问塾师：“此何以知为孔子之言而曾子述之？又何以知为曾子之意而门人记之？”塾师回答：“这是朱文公（熹）说的。”戴震又问：“朱文

① [清]江藩：《国朝汉学师承记》卷5《江永》，中华书局，1983年。
② 赵尔巽等：《清史稿》卷481《儒林二》，中华书局，1977年。

戴震塑像

公何时人？”塾师答：“宋朝人。”戴震继续问：“孔子、曾子何时人？”塾师又答：“周朝人。”戴震接着问：“周朝与宋朝相隔多少年？”塾师说：“几二千年矣。”最后，戴震问：“既然如此，朱文公又如何知道二千年前的事？”塾师张口结舌，无以回答，只是感叹了一句：“此非常儿也！”[①] 近代学者梁启超评论说：

> 此一段故事，非惟可以说明戴氏学术之出发点，实可以代表清学派时代精神之全部，盖无论何人之言，决不肯漫然置信，必求其所以然之故，常从众人所不注意处觅得间隙，既得间，则层层逼拶，直到尽头处；苟终无足以起其信者，虽圣哲父师之言不信也。此种研究精神，实近世科学所赖以成立，而震以童年具此本能，其能为一代学派完成建设之业固宜。[②]

也就是说，在梁启超看来，戴震小小年纪有此本能，足以表明他具有开宗立派的潜质。

---

① [清]戴震：《戴震文集》附录《戴东原先生年谱》，中华书局，1980年。

② 梁启超：《清代学术概论》11，中华书局，1954年。

在塾中读书的戴震，不肯像其他学童那样，按照塾师的要求背经典传注、作科举文章，而是“每一字必求其意”。起初塾师以经传或经注的解释为戴震作答，但戴震往往意犹未尽，非要究根问底，结果塾师不胜其烦，就把汉许慎的《说文解字》一书传授给他。戴震“大好其书，学之三年，尽得其节目”。接着，戴震又读了《尔雅》《方言》，以及汉儒的笺注，终于融会贯通，“一字之义，必贯群经”，读通了《十三经注疏》。此时，戴震年方十六七岁。

戴震潜心各种学问，而于科举考试的“帖括之学”则并无兴趣。年 18 岁，戴震辍学随父去江西南丰贩布，后又去福建邵武教授学童，经历了 3 年半儒半商的游历生活。乾隆七年（1742），20 岁的戴震自邵武返回家乡休宁，结识了家乡学者程恂（字中允）。程老先生对戴震非常欣赏，称他是“载道器也”，劝其学作参加科举考试必须的八股时文，并预言戴震在科场中必能出人头地。为尽快提高时文的写作水平，戴震父亲戴弁携子前往江宁，让戴震拜师于同族硕儒、“时文大家”戴瀚门下。戴瀚系雍正年间进士，饱读诗书，当时正客居江宁，以教授时文度日。见到同族晚辈，戴瀚大为欣赏，称赞其“当世无此人也”。戴震在戴瀚家中住了月余，因戴瀚认为自己并无多少学问可传授给戴震，所以在江宁的日子里，戴震练习时文甚少，而多数时候只是与戴瀚诸子“围棋谈说”。

从江宁返回后，戴震又时常到徽州最大的书院紫阳书院听学，结识了当时紫阳书院掌教、淳安人方朴山。方氏看过戴震的文章后，也是非常佩服，认为自己都比不上。当时紫阳书院经常邀请本郡的饱学之士到书院怀古堂讲学，戴震得结识江永。江永字慎修，婺源江湾人。治经数十年，于《三礼》尤为精通，著有《周礼疑义举要》《礼经纲目》等 4 部书。同时他又精通“推步、钟律、音声、文字之学”，著《律吕阐微》《春秋地理考实》《历辨》《四声切韵表》《推步法解》等书。戴震服膺江永学问，“一见倾心”，遂拜入江氏门下。而江永亦十分欣赏戴震，两人虽相差 43 岁，却相得甚欢。当时歙县有富商汪梧凤，构筑不疏园，重金购置书籍，邀请好学之士来此讲论经义，研讨学术，并免费提供食宿和其他生活设施。江永与戴震应邀入住，相处的数年之中，教学相长，甚为融洽。其时，在不疏园中同师事江永的还有郑牧、汪肇龙、程瑶田、方矩、金榜等人，这些人后来都成为皖派经学的中坚。因此，不疏园也被人称为皖派经学的大本营。在名师江永、方朴山的指点下，戴震学业精进，乾隆九年（1744）22 岁时写成了第一部著述《筹算》。该书重点讲乘法、除法和开平方，

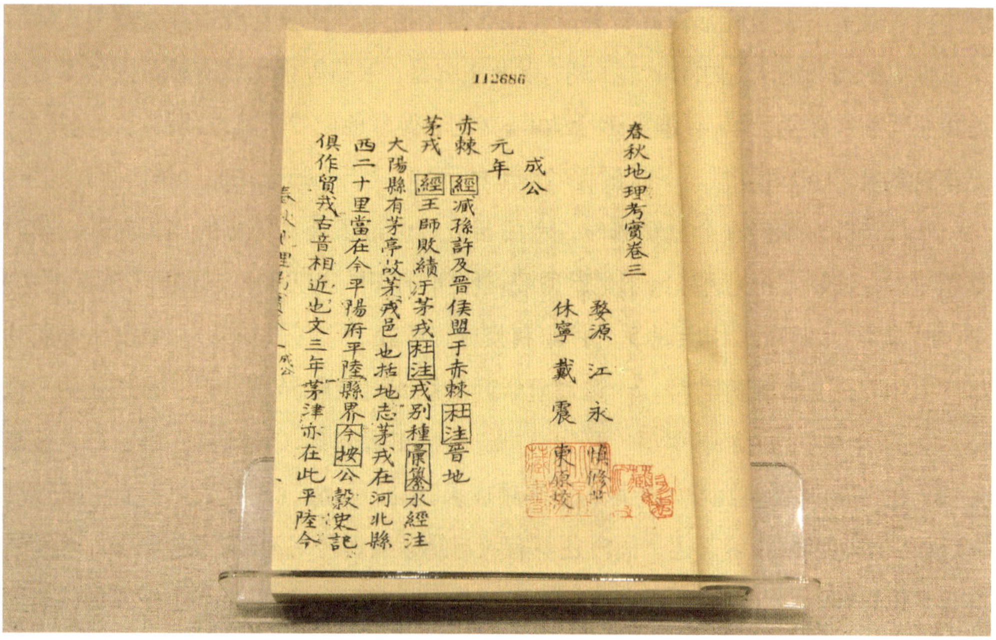

112686

春秋地理考實卷三

婺源 江永 慎修

休寧 戴震 東原校

成公

元年

赤棘 經臧孫許及晉侯盟于赤棘 杜注晉地

茅戎 經王師敗績于茅戎 杜注戎別種 彙纂水經注大陽縣有茅亭故茅戎邑也括地志茅戎在河北縣西二十里當在今平陽府平陸縣界 今按公穀史記俱作貿戎古音相近也文三年茅津亦在此平陸今

江永著、戴震校著述书影

是乾隆年间基础数学的最重要著作之一。此后，戴震著述不断问世，23 岁成《六书论》3 卷，24 岁写《考工记图注》，25 岁著《转语》20 章，27 岁有《尔雅文字考》10 卷，30 岁著《屈原赋注》《音义》，31 岁又有《诗补传》。这些著作传到浙江等地，震撼学界，戴震因之声名远播。

在学问精进的同时，戴震科场的际遇并不如意。直到 29 岁时，才考中秀才。此后，戴震一直无意于科举考试，集中精力著书立说，“家屡空而励志愈专”。

乾隆十九年（1754），32 岁的戴震为躲避族中豪强的迫害，远走北京。穿着破旧长袍初到京城，戴震举目无亲，只得临时居住在徽州商人的歙县会馆中。此时的戴震，乃是一介落魄穷书生，生活异常艰辛，经常是吃了上顿没下顿。因其性格耿直，不合流俗，被人目为“狂生”。

戴震境遇稍微好转，是在拜会嘉定人钱大昕之后。钱氏精通经史百家，擅长考证，尤精金石，也是后来乾嘉学派的重要学者之一。戴震入京之时，27 岁的钱大昕刚考中进士，官拜翰林院庶吉士，住在北京的寓横街。戴震带了自己的书稿前往钱大昕寓所拜访这位新科进士，结果两人一见如故，相谈竟日，大有相见恨晚之慨。在钱大昕眼中，戴震虽无功名，但堪称“天下奇才”。于是，钱氏有意在京师的著名学者中推荐戴震。先是礼部侍郎秦蕙田在钱大昕陪同下，到歙县会馆拜会戴震，随后掌管修史的翰林纪昀、内阁中书王昶，以及王鸣盛、朱筠等在京城有地位的学术名流，纷纷屈驾前往歙县会馆，与戴震讨论学术，交流心得。他们“叩其书、听其言、观其书”，无不对戴震“击节叹赏”。一时戴震名重士林，海内“无不知有东原（戴震字）先生”。

礼部侍郎秦蕙田在会见戴震时，专门与戴震讨论了天文历算的相关问题。其时秦蕙田正在编纂《五礼通考》，于是邀请戴震住到府邸中，与王昶一起编撰《五礼通考》之“时享类”。此项工作历时5个月顺利完成。乾隆二十年（1755），戴震又寄居到纪昀家中，一边做家庭教师，一边钻研学问。纪昀对戴震异常赏识，尤其是见了戴震所著的《考工记图》书稿后，叹为奇书，不仅出资刊刻，且亲自作序，给予极高评价。在纪府中，戴震在学术上取得了多项成果，包括写成了《周礼太史正岁年解》《周髀北极·玑四游解》等著述，同时还写有《与姚孝廉姬传书》《与方希原书》等阐述其学术思想和治学方法的重要文章。乾隆二十一年（1756），应礼部尚书王安国的邀请，戴震客居王府，做其子王念孙的家庭老师。念孙在戴震的教诲下，学业精进，后来不仅高中进士，仕途显达，且成为与戴震学风一脉相承的扬州学派的大师。著有《读书杂志》《广雅疏证》《河源纪略》等。特别是《广雅疏证》一书，援引经传，旁采众说，既是王念孙畅述其音韵、文字、训诂之学术的集大成之作，也是清人研究古代训诂的代表性著作。后来王念孙之子王引之又秉承家学，成为戴震的再传弟子，著《经义述闻》32卷、《经传释词》10卷，对清代文字、音韵、训诂之学有突出贡献。

旅居京城的两年，是戴震人生中的关键时期。期间，戴震与当时学界名流纵论学术，切磋学问，培育私谊，学术视野较前更加开阔，学问成就也更上境界。同时，学界对戴震的学问也有了进一步的了解，“海内皆知有戴先生矣”。①

乾隆二十二年（1757），戴震离开京城南下，在商业繁华、人文荟萃的淮左名都扬州停留。当时，德州人卢见曾（字澹园，号雅雨）任淮盐都转运使一职，他爱好风雅，招纳贤士，在扬州极力倡导文化事业，一时四方名士云集，高朋满座。卢氏与戴震至交纪昀还是亲家，所以当声名远播的戴震南下扬州，自然成了卢见曾雅雨堂的座上宾。在扬州盐运使司署中，卢见曾把戴震介绍给了一代经学大师惠栋。惠栋字定宇，号松崖，江苏吴中人，乃乾嘉考据学派中吴派的开山宗师。据戴震回忆，

① [清]戴震：《戴震全书》附录《钱大昕：戴先生震传》，黄山书社，1997年。

当时60岁的惠栋握着35岁的戴震手说："我的亡友沈冠云曾对我说，休宁有个戴某，我们'结识'已经很久了。冠云其实是读过了你的书。"戴震既为不能与读过自己书的沈冠云见上一面而遗憾，又为能与一代大师惠栋见面而庆幸。此次戴、惠见面，被许多研究者视为影响戴震学术生涯的一件大事。

此后，戴震对程朱理学和"宋学"的态度发生了微妙的变化，他开始与惠栋一样，认为程朱破坏了儒家经学传统，后在《题惠定宇先生授经图》一文中更明确表示了对宋儒的批判。不过，分别作为乾嘉考据学派中皖派与吴派的开山宗师，戴震与惠栋两人在治经方法上还是有所区别的。戴震开创的皖派朴学不拘泥于一家之言，主张从事考据必须有"不以人蔽己，不以己自蔽"的求实精神和严谨态度。具体的考据方法应当是"由声音文字以求训诂，由训诂以寻义理，实事求是，不偏主一家"。而惠栋之吴派则"信家法而尚古训"，非常迷信汉朝人的说法。故而，从治经的成就来看，皖派要高于吴派。

与惠栋见面的当年，戴震曾随卢见曾到镇江游览，并著有《金山志》1册。同年秋，戴震往京城，冬日复返扬州，仍在卢见曾署中做幕僚。乾隆二十四年（1759），37岁的戴震赴京参加顺天府的乡试，希望能取得一个举人的功名。令人不解的是，名满天下的才子居然名落孙山了。段玉裁在《戴东原先生年谱》中透露其原因是，当时的考官曾暗示戴震做自己的门生，而戴震生性耿直，不肯趋炎附势，拒绝了考官的"好意"。考官大为恼火，以戴震文章"不知避忌"为由，将其黜落。郁郁寡欢的戴震回到扬州，从事教书工作。在扬期间，戴震继续进行学术研究，并在歙县富商汪梧凤的资助下，刊刻了《屈原赋注》12卷。乾隆二十七年（1762），一代名师江永去世，身为及门弟子的戴震写下了《江慎修先生事略状》，一方面是祭奠先师，另一方面也是在评点江永的学术中，彰显自己的学术理念。这一年，戴震参加了江南的乡试，终于中举，有了迟来的功名，并获得了参加进士的会试资格。

然而，对于戴震来说，科场似乎是永远的失意地。从乾隆二十八年（1763）开始，戴震先后五次到北京参加会试，均未能金榜题名，但这并没有磨灭戴震对学术的执着之志和对真理的追求之愿。虽科场失意，戴震的学术思想却臻于成熟。乾隆二十八年会试落第后，戴震暂住北京新安会馆，给汪元亮、胡士震、段玉裁等人讲学。后南下扬州，以讲学和学术研究为主，撰写了关于音韵学、水经注等方面的文章。乾隆三十一年（1766），戴震的重要哲学著作三卷本的《原善》基本完成。据戴震得意门生段玉裁说，此书当是戴震花费十年时间逐步完善的。当年首篇写就时，戴震“乐不可言，吃饭亦别有甘味”，可见此书实为戴震的得意之作。

《原善》阐述了经学要义和天人之道，主要反映了戴震的政治伦理思想。学者评论说：该书“虽未点名批判程朱理学，但却是戴震公开地亮出与程朱立异的思想旗帜、系统阐述与程朱理学根本对立的思想观点的第一部著作。”[①] 乾隆三十三年（1768），戴震应直隶总督方恪敏的邀请，前往河北保定纂修《直隶河渠志》，后因方氏去世而未完成该志的编撰。乾隆三十四年（1769），己丑科会试不第后，戴震应山西布政使朱珪邀请，前往太原，客居朱珪署中，做了朱氏的幕僚。随同戴震前往的段玉裁，则主讲寿阳书院。不久，汾州太守孙和相欲修《汾州府志》，又邀请戴震前去主持修志。乾隆三十五年（1770）志修成后，戴震到京城准备参加会试。次年会试再次失利，戴震返回山西，主修《汾阳县志》。乾隆三十七年（1772），戴震参加壬辰会试依然无功而返。尽管科场无果，但几年的修志实践，令戴震在清代的方志学方面，取得了极大的成就和很高的学术地位。他认为，方志的作用主要在于“知民之所苦，及旱潦之不常，以达其情”，“利民”是修志的宗旨。因此，在戴震看来，方志应该详地理，内容上则当侧重沿革、疆域和山川。他非常重视志书的体例，反对志书结构“漫无序次”，主次不明。在戴震主修的《汾州府志》和《汾阳县志》中，鲜明体现了他的方志学观点。尤其是《汾州府志》一书，体例完备，叙述简要，考证翔实，历来被推为“修志楷式”，是方志中的精品。

需要特别指出的是，在这个时期，戴震一方面是学术上精益求精，成就斐然；另一方面，在哲学问题的探讨上，也是达到了前所未有的高度。戴震在山西时，忽有十几天称病不出，后来他自己对人说，事实上并不是真病，而是在做“发狂打破宋儒家中《太极图》”之事。段玉裁认为，当时戴震其实就在写一部惊世骇俗的哲学著作《孟子字义疏证》之初稿。

乾隆三十八年（1773），应翰林侍读学士朱筠之请，乾隆皇帝决定开设《四库全书》馆，网罗一批才学之士，对中国古代的文献进行集中整理、校勘。时为翰林学士的纪昀被任命为总纂官，全面负责编书事宜。在物色纂修官时，纪昀想到了才学一流而际遇不佳的知交戴震，于是与刑部尚书裴曰修一起，找了文华殿大学士、军机大

① 许苏民：《戴震与中国文化》第2章《戴震的生平事迹》，贵州人民出版社，2001年。

臣于敏中，希望由于氏出面，向乾隆皇帝推荐戴震出任纂修官。乾隆皇帝看重戴震的才学，同意特召戴震入《四库全书》馆。将如此荣誉与责任双重的职位委以一名举人，此事被时人看作是从未有过的“旷典”。当时的戴震，尚在浙江金华书院讲学，接到聘任通知后，即回休宁老家，携父母妻子于中秋时节赶到北京履职。

戴震在《四库全书》馆担任纂修官前后将近四年。期间，他主要负责天文、地理、算学及语言文字学等方面书籍的辑佚、校勘和纂修工作。段玉裁说：“（戴震）所校官书，皆天文、算法、地理、水经、小学、方言诸书，皆必精心推覈。”梁启超认定“《四库全书》天算类提要全出其手”，此言不虚。而其实经部类的提要也大多出自戴震之手。戴震校订《水经注》和从《永乐大典》中辑校《九章算术》，曾两次被乾隆皇帝赋诗褒奖。在中国古代文献的整理和校勘方面，戴震“其功甚伟”。

乾隆四十年（1775），新一科的会试开始了，戴震第六次参加考试。是年，戴震 53 岁，早已是名闻天下的一流学者。然而，戴震还是没有通过会试。这次连乾隆皇帝也看不过去了，特旨让戴震与那些通过会试的贡士们一起参加殿试。最后，“赐同进士出身，授翰林院庶吉士”，总算了却了戴震在科场上的大半辈子遗憾。

戴震在任《四库全书》馆臣期间，除了整理、辑校古籍之外，也一直在探讨当时被称作“义理之学”的哲学问题。经过长期的思考和写作，乾隆四十一年（1776），一部在当时备受争议的著作——《孟子字义疏证》问世了。人们大多钦佩戴震在考据学上的成就，而其实戴震最感兴趣的是“闻道”。戴震曾表白自己 17 岁时就“有志闻道”，在《沈学士文集·序》中又说：“凡学始乎离词，中乎辩言，终乎闻道。”他认为，学问的最终目的乃是“闻道”。在“闻道”思想的指导下，戴震一生著有多部专谈性、命、义、理的书，如《原善》《孟子私淑录》《读易系辞论性》《读孟子论性》等。

《孟子字义疏证》则在《原善》《孟子私淑录》等著作基础上，阐述了三大核心主旨：一是全面否定程朱理学，二是强调闻道，三是力证“天理”与“人欲”的统一。戴震通过解释《孟子》中的“理”“天道”“性”“才”“道”“仁义礼智”“诚”等重要哲学范畴，阐发了自己的唯物主义哲学思想。他反对程朱理学“理在气先”“理”为“生物之本”的唯心主义自然观，认为宇宙的本体和动因都是“气”，万物由“气”之分化而成。在人性论上，戴震否定朱子之学中“天地之性”与“气质之性”的差别，认为人性只有智愚之别，而无善恶之分。在认识论上，戴震认为物质是感觉的来源，感觉是物质引起的结果。而在道德论和理欲观方面，戴震否定了朱子之学中“存天理，灭人欲”的理欲相斥观，认为应该就人之情欲而求理，倘若人人得到各如其分的物质欲望的满足，就是“天理”。应当允许人们“遂欲”“达情”。戴震还在书中尖锐地指出，程朱理学所谓的“理”，不过是尊者、贵者、长者用以欺骗和镇压卑者、贱者、幼者的工具，人如果死于法还有人同情，而死于宋儒所说的“理”，则无人可怜。这种“以理杀人”其实比“以法杀人”更为残酷。戴震把《孟子字义疏证》视为“生平论述最大者”，梁启超也曾评价该书为“三百年间最有价值之奇书”。不过，由于书中全盘否定程朱理学，与当时正统观念格格不入，因此遭到不少程朱理学卫道士的抨击。就连故交纪昀看后，也将书扔在一边，骂称：“是诽清静洁身之士而长流污之行！”其时，戴震不断与反对者辩论，写了多篇关于此书的辩驳文章，更进一步丰富了其内涵。

在辑校古籍、激辩义理中，戴震在北京又度过了两年的时间。乾隆四十二年(1777)，心力交瘁的戴震决定返回南方，离开京城这个是非之地。5月，因患“足疾”，久医不治，撒手尘寰，终年仅55岁。

《清史稿》戴震本传中称：“震为学精诚解辨，每立一义，初若创获，乃参考之，果不可易。”[①]对戴震之学有极高评价。凌廷堪在《戴东原先生事略状》中说：“先生之学无所不通，而其所以由以至道者，则有三：曰小学，曰测算，曰典章制度。”[②]其小学书有《六书论》3卷、《声韵考》4卷、《声类表》9卷、《方言疏证》10卷；测算书有《原象》1卷、《迎日推策记》1卷、《句股割圆记》3卷、《历问》1卷、《古历考》2卷、《续天文略》3卷、《策算》1卷。戴震典章制度之书未成，另有《诗经二南补注》2卷、《毛郑诗考》4卷、《尚书义考》1卷、《仪经考证》1卷、《考工记图》2卷、《春秋即位改元考》1卷、《大学补注》1卷、《中庸补注》1卷、《孟子字义疏证》3卷、《尔雅文字考》10卷、《经说》4卷、《水地记》1卷、《水经注》40卷、《九章补图》1卷、《屈原赋注》7卷、《通释》3卷、《原善》3卷、《绪言》3卷、《直隶河渠书》102卷、《气穴记》1卷、《藏府算经论》4卷、《葬法赘言》4卷、《文集》10卷等。其中诸多学术观点，“皆古人所未发”。如《清史稿》中提到的汉以后转注之学失传，“好古如顾炎武，亦不深省”。戴震则提出：“指事、象形、谐声、会意四者为书之体，假借、转注二者为书之用。

① 赵尔巽等：《清史稿》卷481《儒林二》，中华书局，1977年。
② [清]戴震：《戴震全书》附录《凌廷堪：戴东原先生事略状》，黄山书社，1997年。

一字具数用者为假借，数字共一用者为转注。初、哉、首、基之皆为始，卬、吾、台、予之皆为我，其义转相注也。”[①] 这一解读，通透清晰。

戴震墓

戴震之学术，小学由高邮王念孙、金坛段玉裁传之；测算之学，由曲阜孔广森传之；典章制度之学，则兴化任大椿传之；这些名家都是戴震的弟子。新安江流域的戴门弟子，则有金榜、汪龙、洪榜、凌廷堪等。近人支伟成说：“自戴震崛起安徽，皖派经师，头角崭露。”[②] 以戴震为中心的考据学家们，形成了乾嘉考据学派中著名的皖派朴学，深刻影响了有清一代的学术。而新安江流域的学术，亦风气大变，从理学转变为朴学。

戴震是 18 世纪最伟大的思想家和学问家。他的哲学思想，随着历史的发展，愈来愈受到人们的重视和高度评价。他的学术成就，深刻影响了清代考据学，正是在他和乃师江永等人的倡导下，乾隆、嘉庆时期经师辈出，考据学成为时代潮流。

① 赵尔巽等：《清史稿》卷481《儒林二》，中华书局，1977年。
② 支伟成：《清代朴学大师列传》之《皖派经学大师列传》第6，岳麓书社，1986年。

# 第四章 新安江流域学术文化名著[①]

新安江流域的学术文化著述，诚如方志所描述的，“自唐以来，名流辈兴，著作宏富”[②]“博物君子，后先相望，诗文著述，名作如林”“自唐宋以来，名贤著述，难更仆数”。[③]在数量庞大的著述中，与传统学术文化密切关联的经部、子部等著作，占有极高的比例。而在此基础上，一批在历史上影响巨大、在学术史上开辟新境的著作，经久流传，广泛传播。它是新安江流域学术发展史上的灿烂篇章，也展示了中国传统学术文化史中的新安江流域学者的贡献。兹举其荦荦大者，分宋元、明、清三个时期介绍如下。

## 第一节 宋元时期学术文化名著

**《周易本义》**

12卷，宋朱熹撰。该书以上、下经为2卷，《十翼》自为10卷，成书于淳熙四年(1177)。原书据吕祖谦校订的古文《周易》经传12篇而分为12卷，后人又将《周易本义》重组为4卷，卷1上经，卷2下经，卷3《系辞传》，卷4《说卦传》《序卦传》《杂卦传》，而《彖传》与《象传》分附于各条经文之下。因此，《周易本义》有12卷本和4卷本之别。该书卷首有《周易本义卦歌》和《周易本义图》，卷末为易赞，筮仪。明朝洪武初年，颁《五经》于天下儒学，当时《易》兼用程颐、朱熹之书，且两者

① 从地理范围来说，徽州府婺源县并不在新安江流域，因此本章所录新安江流域学术文化名著原则上不包括婺源学者的著述。但朱熹等婺源学者与新安江流域的学术文化，有着密切的关系，故个别对新安江流域学术文化具有重大学术影响的婺源学者之重要作品，亦在本章中简要介绍。特此说明。

② 道光《徽州府志》卷15《艺文志》。

③ 光绪《严州府志》卷首《吴士进序》。

各自成书。永乐中，朝廷修《五经大全》，其中《周易大全》用程、朱注，宋董楷，元胡一桂、胡炳文、董真卿疏，此书成为科举考试解经析理的标准。朱熹《周易本义》以兼顾“象数”与“义理”为宗旨，将《周易》定性为“本为卜筮而作”之书，故其释卦爻辞，无一不是从筮占的角度入手。该书编撰的缘起则因“诸儒之言象数者，例皆穿凿；言义理者，又太汗漫。故其书为难读，此《本义》《启蒙》所以作也”。[①]《周易本义》在中国哲学史和《易》学史上，与王弼注、孔颖达疏并称，对后世产生了重要影响，其基本观点也是朱子之学的重要内容。

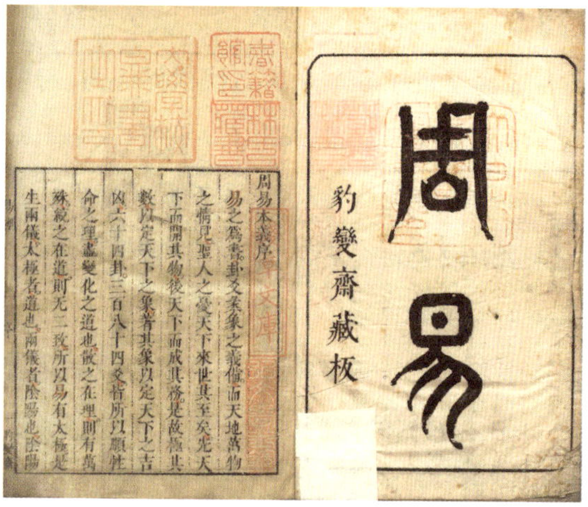

朱熹《周易本義》书影（清刻本 公文书馆藏）

**《诗集传》**

《宋史·艺文志》作20卷，坊刻合并为今本8卷，《诗经》注本之一，成书于淳熙十三年（1186），宋朱熹撰。该书是朱熹关于《诗》学研究的重要著作，也被历代学者视为宋代《诗经》学研究的巅峰之作，在《诗经》学史上与《毛传》《郑笺》和孔氏《正义》并称。《四库全书总目提要》称：朱氏该书曾两易其稿，“凡吕祖谦读《诗》记所称‘朱氏曰’者，皆其初稿，其书全宗《小序》，后乃改从郑樵之说，是为今本”。表明朱熹关于《诗经》的研究，前后经历了两个阶段：前期宗毛氏《诗序》，后朱熹检讨据此而成的《诗集解》乃“少时浅陋之说”；后期脱离《小序》的束缚，遵从郑樵之说，遂别开《诗

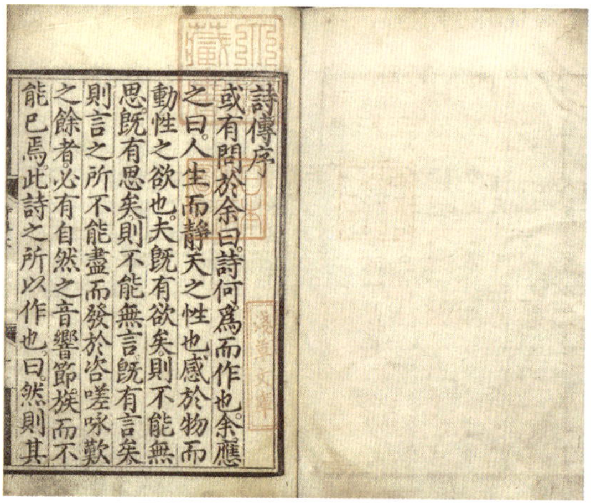

朱熹《诗集传》书影（正统年间司礼监刻本）

① [宋]朱熹：《朱子文集》卷第60《答刘君房二》，（台）德富古籍丛刊本。

经》学研究的生面。《诗集传》以义理解经，融义理与训诂、文学、音韵等于一体，形成了鲜明的学术风格。当代学界认为，与前代诸多解《诗》相比，朱熹之《诗集传》有三大显著特点，其一是弃序就文，直解以求其义；其二是分判诗体，道破郑卫淫声；其三是删繁就简，力求简约易读。明永乐年间，朝廷修《五经大全》，其中《诗经大全》因袭元代刘瑾的《诗传通释》，略加损益而成。而刘瑾之书，实质是朱熹《诗集传》的笺疏而已。因此，明以后以《五经大全》科举取士中的《诗经大全》，实乃本于朱熹之《诗集传》，由此可见该书对后世影响之深远。

**《仪礼经传通解》**

37卷，续29卷，宋朱熹撰，初名《仪礼集传集注》。绍熙五年(1194)，朱熹曾有《乞修三礼劄子》云："《六经》之道同归，而《礼》《乐》之用为急。遭秦灭学，《礼》《乐》先坏，汉、晋以来，诸儒补缉，竟无全书，其颇存者，《三礼》而已。"为此朱熹"尝与一二学者考订其说，欲以《仪礼》为经，而取《礼记》及诸经史杂书所载有及于礼者，皆以附于本经之下，具列注疏，诸儒之说，略有端绪"。[①] 该奏疏当时并无下文。至朱熹晚年，遂重加修改，更定今名。它以《仪礼》为经，取《礼记》和经史杂书中有关礼的内容，附于本经之下，并具列诸儒注疏之说编撰而成，《四库全书总目》对此书评价甚高，称："自王安石废罢《仪礼》，独存《礼记》，朱子纠其弃经任传、遗本宗末，因撰是书以存先圣之遗制。分章表目，开卷瞭然，亦考礼者所不废也。"[②] 该书是朱熹晚年所耗精力最大的一部著作，直到他去世，全书尚未全部完稿。后黄榦、杨复等朱子之学后学不断更定，以续成其书，终成66卷全本。全本"虽编纂不出一手，而端绪相因，规模不一，

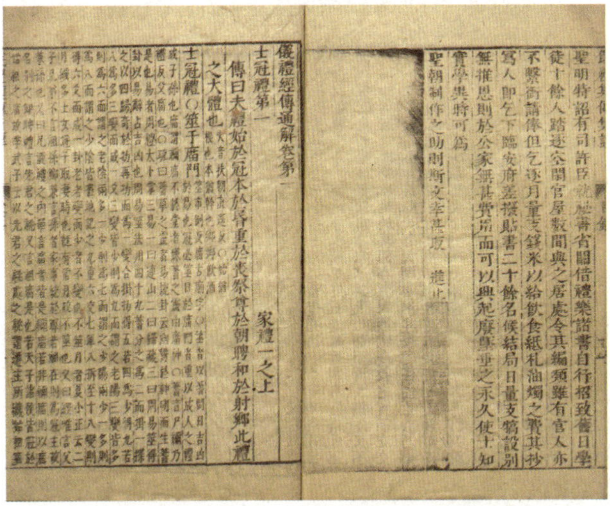

朱熹《仪礼经传通解》书影(清刻本 公文书馆藏)

① [宋]朱熹：《朱子文集》卷第14《乞修三礼劄子》，(台)德富古籍丛刊本。
② [清]永瑢等：《四库全书总目》卷22《经部·礼类四》，中华书局，1965年。

古礼之梗概节目，亦略备于是矣”。该书是研究朱熹及其学派礼学思想的重要文献，在中国学术史和礼学思想史上占有重要的地位。

**《家礼》**

5卷，附录1卷，宋朱熹撰。关于该书作者，历来存在争议。有学者认为，《家礼》载于朱熹行状，其序载于朱熹文集，其成书之岁月载于朱熹年谱，其书亡而复得之由载于《家礼》附录，因此《家礼》为朱熹所作，“几无可疑”。而《四库全书总目》则认为《家礼》中的部分观点，与朱熹晚年的礼学思想不合，考证其“绝非朱子之书”，乃是伪托朱熹所作。[①] 该书分为通礼、冠、昏、丧、祭五部分，系参考古今家礼并结合当时社会习俗编撰而成，学界认为它体现了朱熹因革损益、博采众家的礼学思想特点。尽管有真伪之争，但《家礼》一书“世所遵用”“自元明以来，流俗沿用”，在社会上影响极其深刻而广泛。尤其在宗族制度盛行的新安江流域地区，举凡大族巨姓编撰家谱、开展宗族活动等，皆明确规定以朱熹《家礼》为归。休宁《茗洲吴氏家典》中规定：“遵行《家礼》，率以为常”。[②] 绩溪上庄明经胡氏《新定祠规二十四条》强调：“凡祭祀，……一切仪节，谨遵朱子《家礼》。”[③] 歙县潭渡黄氏《祠规》中要求族众“元旦谒祖、团拜及春秋二祭，悉遵朱子《家礼》”。[④]《家礼》之《通礼》部分首列“祠堂”条，受此影响，新安江流域的宗族普遍认为“举宗大事，莫最于祠。无祠则无宗，无宗则无祖”[⑤]“崇本枝，萃涣散，莫大于建祠”。[⑥] 所以自南宋以后，兴修祠堂成为此地宗族最重要的活动之一。祠堂追荐四代和神主排列的“寝室规制”

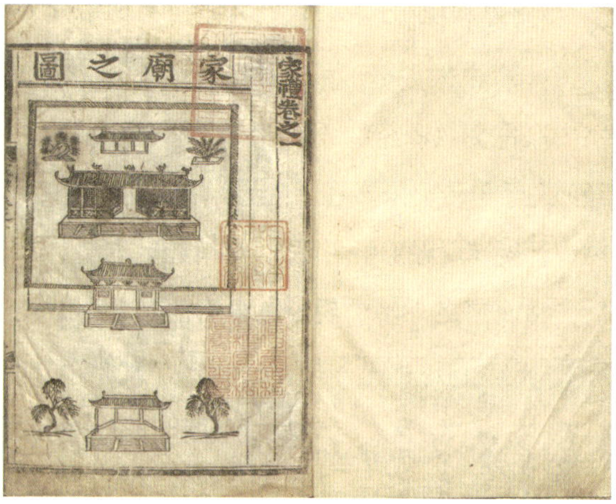

朱熹《家礼》书影（朝鲜万历三十一年刻本 公文书馆藏）

① [清]永瑢等：《四库全书总目》卷22《经部·礼类四》，中华书局，1965年。
② [清]吴清羽：《茗洲吴氏家典》，黄山书社，2006年。
③ 绩溪《上川明经胡氏宗谱》下卷。
④ 歙县《潭渡黄氏族谱》卷6。
⑤《程典》卷12。
⑥ 歙县《新安歙西溪南吴氏世谱》。

以及祭祖礼仪等，也几乎照搬《家礼》中的有关规定。民国《歙县志·风土》说："祭礼，俗守文公《家礼》，在昔小异大同。"《家礼》一书，不仅体现了朱熹之礼学思想，亦成为规范人们日常行为的一部经世之书。

**《孝经刊误》**

1卷，宋朱熹撰。书成于南宋淳熙十三年（1186），朱熹时年57岁，主管华州云台观。书中取古文《孝经》，分为经1章、传14章，并删除了旧文223字，重新区分了《孝经》之经与传。朱熹在《自记》中称，早年曾读宋高宗时礼部侍郎胡宏所著《论语说》，书中怀疑《孝经》引《诗》，"非《经》本文"。朱熹"初甚骇焉"，不敢相信经书亦有误，后"徐而察之，始悟胡公之言为信"。

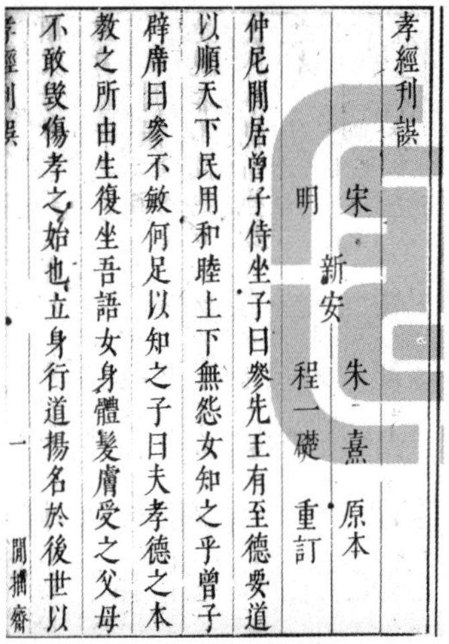
孝經刊誤
宋 朱熹 原本
明 新安 程一礎 重訂
仲尼閒居曾子侍坐子曰參先王有至德要道以順天下民用和睦上下無怨女知之乎曾子辟席曰參不敏何足以知之子曰夫孝德之本教之所由生復坐吾語女身體髮膚受之父母不敢毁傷孝之始也立身行道揚名於後世以
孝經刊誤 一

朱熹《孝经刊误》书影（崇祯四年程一础闲拙斋刻本 国家图书馆藏）

显然，在朱熹看来，《孝经刊误》对《孝经》所做的此区分与删减，前人已有论在先。朱熹认为，《孝经》之可疑之处，不仅仅是胡宏指出的引《诗》"非《经》本文"，还有其他的问题。他曾就此征询过程迥看法，程氏回信说汪应辰（孝宗时任端明殿学士）同样认为《孝经》"多出后人附会"。朱熹因此感叹："乃知前辈读书精审，其论固已及此。窃幸有所因述而得免于凿空妄言之罪。"就是说，朱熹认为前辈中读书精审者，已发现了《孝经》的问题，这一刊误并非是自己的"凿空妄言"。陈振孙在《书录解题》中载有此书，并在其下注曰："抱遗经于千载之后，而能卓然悟疑辨惑，非豪杰特起独立之士，何以及此？此后学所不敢仿效，而亦不敢拟议也。"对朱熹刊误《孝经》，颇为敬畏。《四库》馆臣评论陈振孙的注曰："斯言允矣。"朱彝尊《经义考》说："自汉以来，注疏家莫能删削经文只字者，删之自朱子《孝经刊误》始也。"敢于删减经书，可见朱熹在学术创新方面的大胆和勇气。南宋以后，作注者多用此本古文《孝经》，该书在经学史上有重大的影响。

**《四书或问》**

39卷，宋朱熹撰。先是朱熹已作《四书章句集注》，又因为诸家之说纷错不一，所以朱熹又设为问答，以表明所以去取之意，遂有此书。该书内容，凡《大学》2卷、《中庸》3卷、《论语》20卷、《孟子》14卷，且并非一时完成。《四库全书总目》提要称，《中庸或问》原与《辑略》俱附《章句》之末，《论语》《孟子》则各自为书，其所以合为一编，乃是坊刻书商为之。《四书或问》中，以《大学或问》用力最久。朱熹在答潘恭叔问中提到，诸书修得一过，《大学》所改尤多，比旧已极详密。《中庸或问》是朱熹最感不能称心满足的一书，曾经有人问朱熹：“《中庸》编集如何？”朱熹答称：“缘前辈诸公说得多了，其间尽有差舛处，又不欲尽驳难他底，所以难下手。不比《大学》，都未曾有人说。”至于《论孟或问》，与《集注》和《朱子语类》中的观点，往往有抵牾之处，这一点朱熹本人亦曾提及：“《论语或问》，此书久无工夫修得。只《集注》屡更不定，却与《或问》前后不相应。”《论语或问》编定后，基本无改动。而《集注》则始终在修订中，朱熹前后观点的变化，造成《论语或问》与《集注》“前后不相应”。为此，《四库全书总目》提要说：“(《论语或问》) 与《集注》合者，可晓然于折衷众说之由；其与《集注》不合者，亦可知朱子当日原多未定之论。”[①] 该书有助于全面把握朱熹理学思想体系的形成过程，对有关《四书章句集注》的研究，亦有重要的参考价值。

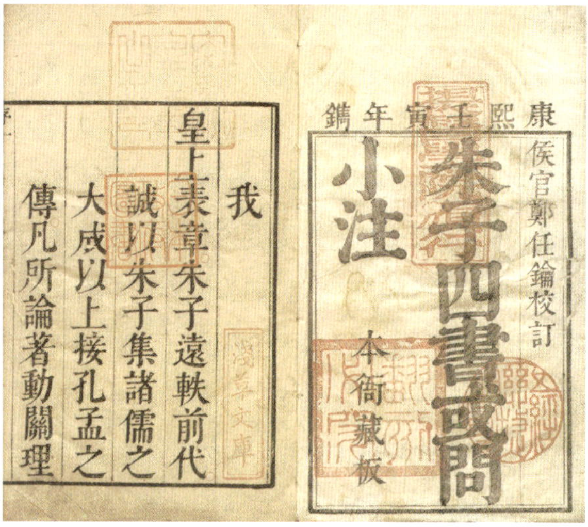

《朱子四书或问小注》(康熙六十一年刻本 公文书馆藏)

**《论孟精义》**

34卷，宋朱熹撰。朱熹曾于隆兴元年（1163）辑诸家说《论语》者，编为《要义》，其本不传。乾道八年（1172），时年43岁的朱熹“复取二程、张子及范祖禹、吕希哲、吕大临、谢良佐、游酢、杨时、侯仲良、尹焞、周孚先等十二家之说，荟粹条疏，名之曰《论孟精义》”。该书几经《要义》《集义》之更名，朱熹曾有序曰：“熹顷年编次此书，锓版建阳，学者传之久矣。后细考之程、张诸先生说，尚或时有所遗脱，既加补塞，又得毗陵周氏说四篇，有半于建阳陈淳明仲，复以附于本章。……

① [清]永瑢等：《四库全书总目》卷35《经部·四书类一》，中华书局，1965年。

且更定其故号‘精义’者曰‘要义’云。”[①]更名与先后内容之变化有关。今世刊本仍称《精义》，乃从朱熹原序名。是书凡《论语》20卷、《孟子》14卷，总34卷。又各有纲领一篇，不入卷数。《四库全书总目》提要说，“朱子初集是书，盖本程氏之学以发挥经旨”，朱熹本人亦有“读《论语》须将《精义》看”“《语》《孟》集义中所载诸先生语，须是熟读”等语。因此，虽然朱熹此后有相关的《集注》《或问》等书问世，而此书仍不废也。[②]该书与《四书集注》有密切关系，《四书集注》中的《论孟集注》就是在《论孟精义》的基础上修撰而成，而明清科举考试，《四书集注》则是钦定的教科书。在中国经学史上，《论孟精义》具有重要的地位和影响。

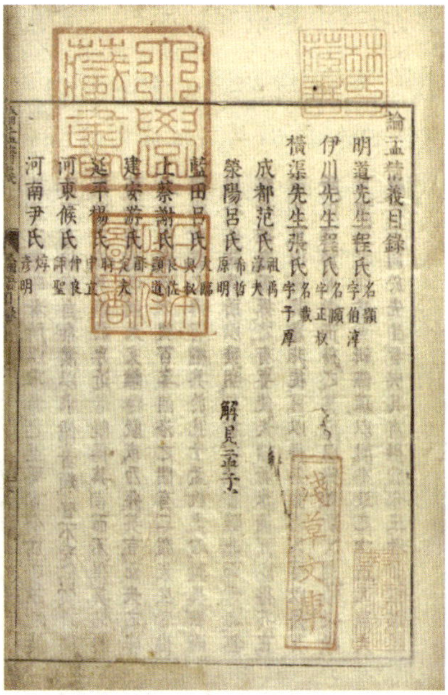
論孟精義目錄
明道先生程氏
伊川先生程氏
横渠先生張氏
成都范氏
滎陽呂氏
藍田呂氏
上蔡謝氏
建安游氏
延平楊氏
河東侯氏
河南尹氏

朱熹《论孟精义》书影（康保十四年刻本 公文书馆藏）

**《伊洛渊源录》**

14卷，宋朱熹撰。该书成于南宋乾道九年（1173），为专门记载周敦颐以下及二程与门生弟子等言行之书。一些身列程门而言行无所表现者，亦录其姓名以备考。元朝编撰《宋史》，其中的《道学传》《儒林传》等，大多据此为之。其内容，卷1记载濂溪先生周敦颐行状，卷2、卷3记明道先生程颢的行状、哀词、遗事等，卷4记有关伊川先生程颐的年谱、祭文、奏状等，卷5记康节先生邵雍墓志铭、行状略、遗事等，卷6记张子厚、张天祺的有关言

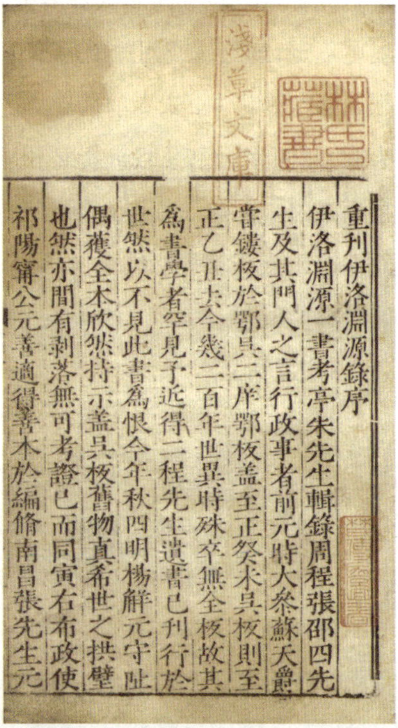
重刊伊洛淵源錄序
伊洛淵源一書考亭朱先生輯錄周程張邵四先
生及其門人之言行政事者前元時大參蘇天爵
嘗鋟板於鄂吳二庠鄂板盖至正癸未吳板則至
正乙丑去今幾二百年世異時殊卒無全板故其
為書學者罕見予近得二程先生遺書已刊行於
世然以不見此書為恨今年秋四明楊觧元守阯
偶獲全本欣然持示盖吳板舊物真希世之拱璧
也然亦間有剥落無可考證已而同寅右布政使
祁陽甯公元善適得善本於編脩南昌張先生元

朱熹《伊洛渊源录》书影（明刻本 公文书馆藏）

① [宋]朱熹：《朱子文集》卷第81《书语孟要义序后》，（台）德富古籍丛刊本。

② [清]永瑢等：《四库全书总目》卷35《经部·四书类一》，中华书局，1965年。

行事迹和司马光的论谥书，卷 7 记范祖禹等三人事迹、祭文、遗事，卷 8 记有关刘绚、李端阳、蓝田吕氏兄弟的墓志铭、祭文、遗事，卷 9 记有关苏季明、谢显道的遗志、墓志及苏季明的奏状等，卷 10 记杨文靖墓志铭、行状、遗事等，卷 11 记刘安节和尹彦明墓志铭、遗事等，卷 12 记张思叔遗事、侯仲良的遗事、墓志铭，卷 13 记胡安国行状略，卷 14 列身列程门而言行并不显著者 19 人的姓名、字号等。由内容可见，该书其实是一部宋代的理学学术史著作，并初步确立了以二程为中心的理学道统谱系。因其所录资料，多为行状、墓志铭、书信、语录等，故可信度较高、原始性较强，为后世类似学术史的编撰提供了范本。《四库全书总目》提要说："盖宋人谈道学宗派，自此书始；而宋人分道学门户，亦自此书始。……朱子著书之意，则固以前言往行矜式后人。"[①] 朱熹著书的本意，是以前人的嘉言懿行示范后人，而谈道学宗派、分道学门户亦由此始，且后世此风愈演愈烈，这是著述者未曾预料的。作为第一部系统梳理理学二程学派源流和演进脉络的著作，该书在宋明理学史上有着重要的地位，也是今人研究理学史的一部重要参考书。

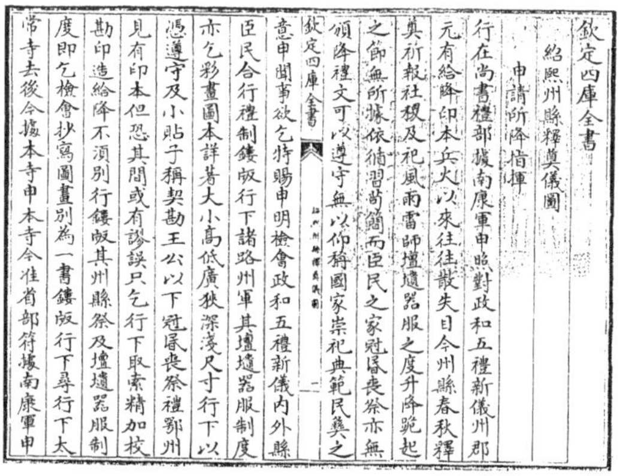

欽定四庫全書
紹熙州縣釋奠儀圖
申請所降指揮
行在尚書禮部據南康軍申照對政和五禮新儀州郡
元有給降印本兵火以來往往散失目今州縣春秋釋
奠祈報社稷及祀風雨雷師壇壝器服之度升降跪起
之節無所據依循習苟簡而臣民之家冠昏喪祭亦無
頒降禮文可以遵守無以仰稱國家崇祀典範民彛之
欽定四庫全書　紹熙州縣釋奠儀圖　一
意申聞事欲乞特賜申明檢會政和五禮新儀內外縣
臣民合行禮制鏤版行下諸路州軍其壇壝器服制度
亦乞彩畫圖本詳著大小高低廣狹深淺尺寸行下以
憑遵守及小貼子稱契勘王公以下冠昏喪祭禮鄂州
見有印本但恐其間或有謬誤只乞行下取索精加校
勘印造給降不須別行鏤版其州縣祭及壇壝器服制
度即乞檢會抄寫圖畫別為一書鏤版行下尋行下太
常寺去後今據本寺申本寺今准省部符據南康軍申

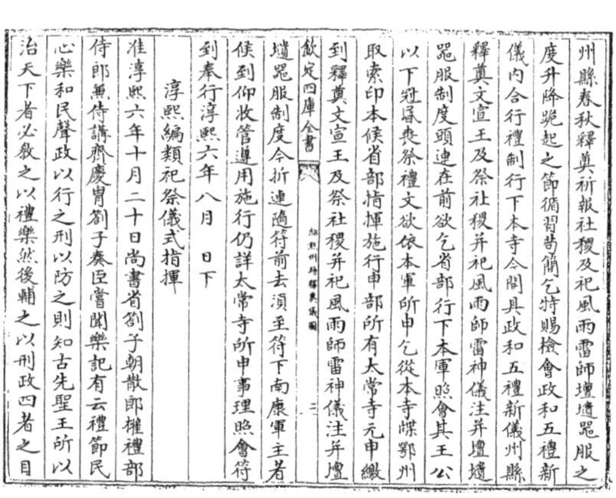

州縣春秋釋奠祈報社稷及祀風雨雷師壇壝器服之
度升降跪起之節循習苟簡乞特賜檢會政和五禮新
儀內合行禮制行下本寺今開具政和五禮新儀州縣
釋奠文宣王及祭社稷并祀風雨師雷神儀注并壇壝
器服制度頭連在前欲乞省部行下本軍照會其王公
以下冠昏喪祭禮文欲依本軍所申乞從本寺牒鄂州
取索印本候省部指揮施行申部所有太常寺元申繳
到釋奠文宣王及祭社稷并祀風雨師雷神儀注并壇
欽定四庫全書　紹熙州縣釋奠儀圖　二
壝器服制度今折連適符前去須至符下南康軍主者
候到仰收管遵用施行仍詳太常寺所申事理照會符
到奉行淳熙六年八月　日下
淳熙編類祀祭儀式指揮
准淳熙六年十月二十日尚書省劄子朝散郎權禮部
侍郎兼侍講齊慶胄劄子奏臣嘗聞樂記有云禮節民
心樂和民聲政以行之刑以防之則知古先聖王所以
治天下者必敎之以禮樂然後輔之以刑政四者之目

朱熹《绍熙州县释奠仪图》书影（景印文渊阁四库全书第648册）

### 《绍熙州县释奠仪图》

1 卷，宋朱熹撰。绍兴二十五年（1155），朱熹任同安主簿，见县学中以酒食祭祀先圣先师的释奠旧例，止于人吏之行事，遂欲寻郑居中等奉敕所撰《政和五礼新仪》于县，不得。于是，朱熹取《周礼》《仪礼》《大唐开元礼》、绍兴祀令等，互相参考，画成《仪礼》器用、衣服等图，并一一"训释辨明，纤微必备"，此为朱熹关于释奠礼之初稿。淳熙六年

① [清]永瑢等：《四库全书总目》卷57《史部 · 传记类一》，中华书局，1965年。

(1179)，朱熹在南康军任上，奏请颁降礼书，又请增修礼书，不果。绍熙元年（1190），朱熹改知漳州，复上释奠礼仪数事，后因故事息。直到绍熙五年（1194），朱熹除知潭州，在召还奏事时，“乃力疾钩校，删剔猥杂，定为四条，以附州案，俾移学官。是为最后之定稿”。该书内容，首载淳熙六年《礼部指挥》一通，《尚书省指挥》一通；次《绍熙五年牒潭州州学备准指挥》一通，皆具录原文；次《州县释奠文宣王仪》；次《礼器十九图》。《四库全书总目》提要称：“其所行仪节，大抵采自杜氏《通典》及《五礼新仪》，而折中之。”[①] 该书是朱熹礼学思想体系的重要组成部分，因曾颁行学宫，作为州县祭祀释奠的礼仪规范，故其影响广泛。

**《延平答问》**

1卷，附录1卷。宋朱熹撰。延平为宋代著名学者李桐（字愿中）所居地，位于今福建省中部偏北。绍兴二十三（1153），朱熹将赴同安为主簿，往见李桐于延平，始拜入李桐门下。绍兴三十年（1160），同安簿任满后再见李桐，留住月余，又面承李桐之学术指点。据《宋史 · 道学传》记载，北宋理学开山周敦颐的学术传程颢、程颐；二程作为宋代理学的奠基人，传学术于“程门四大弟子”之一的杨时；杨时又传学于罗从彦，罗氏被视为“在杨门独得其传”；罗从彦再传学于李侗，李侗遂传于朱熹。因此，李桐与朱熹学术，出于二程嫡传。因李桐、朱熹两人见面时少，故其学术之授受大多通过书信往还和问答切磋。后朱熹辑录两人往还之信札，又载其与刘平甫2条，编为是书。朱熹门人复辑录朱氏平时论延平语，及祭文、行状等，单列1卷，题曰《附录》。该书是研究李桐学术思想的重要依据，也是考察朱熹关于“理一

庶先生平日所得於豫章而紫
陽氏所藉以演心傳于萬禩者
是集稍覘一斑矣
萬曆己酉春仲月後學豐城熊
尚文書於知本堂

延平李先生答問
福建按察司提督學校僉事後學熊尚文重校
問子曰父在觀其志父沒觀其行三年無改於父之道
謂孝矣東坡謂可改者不待三年熹以爲使父之道有
不幸不可不即改者亦當隱忍遷就於義理之中使事
體漸正而人不見其改之之迹則雖不待三年而謂之
無改可也此可以見孝子之心與幾諫事亦相類 先
生曰三年無改前輩論之詳矣類皆執文泥迹有所遷
就失之須是認聖人所說於言外求意乃通所謂道者
是猶可以通行者也三年之中日月易過若稍稍有不

朱熹《延平先生答问》书影（万历三十七年熊尚文刻本 国家图书馆藏）

① [清]永瑢等：《四库全书总目》卷82《史部 · 政书类二》，中华书局，1965年。

分殊”、静心之道、仁学、“洒落气象”等思想内容，以及朱子之学思想体系之形成、发展及特点的重要典籍。

**《近思录》**

14卷，宋朱熹与吕祖谦同撰。该书成于淳熙二年(1175)，朱熹有题词称：“东莱吕伯恭来自东阳，过余寒泉精舍，留止旬日，相与读周子、程子、张子之书，叹其广大宏博，若无津涯，而惧夫初学者不知所入也，因共掇取其关于大体而切于日用者，以为此编。”此书编撰的动因，乃是因为周敦颐、程颢、程颐、张载等理学诸子学问博大，朱熹与吕祖谦专为初学者入门而编。书凡662条，分道体、为学、致知、存养、克己、家道、出处、治体、制度、政事、教学、警戒、异端、圣贤等14门，《四库全书》馆臣认为“实为后来性理诸书之祖”。同时，《四库全书总目》提要还指出，“朱子之学，大旨主于格物穷理，由博返约，根株《六经》，而参观百氏，原未暖暖姝姝守一先生之言”。所以朱熹在题词中反复说明：“穷乡晚进，有志于学，诚得此而玩心焉，亦足以得其门而入焉。然后求诸四君子之全书，以致其博而反诸约也，庶乎其有以尽得之。若惮烦劳、安简便，以为取足于此而止，则非纂集此书之意。然则四子之言，且不能以此十四卷为限，亦岂教人株守是编，而一切圣经贤传束之高阁哉。”就是说，此书只是入门之书，有志于学的人当不可沾沾自喜，止步于此。吕祖谦亦曾强调，“所载讲学之方，日用躬行之实，自有科级。循是而进，自卑升高，自近及远，庶不失纂集之旨”。给予了该书明确的定位。作为理学入门进阶之书，《近思录》受到了后世学者的高度重视与极力推崇，历代集注数量多达近百种。钱穆说：“后人治宋代理学，无不首读《近思录》。”该书在理学史上具有崇高的地位，对理学思想的普及和传播发挥了重要作用。

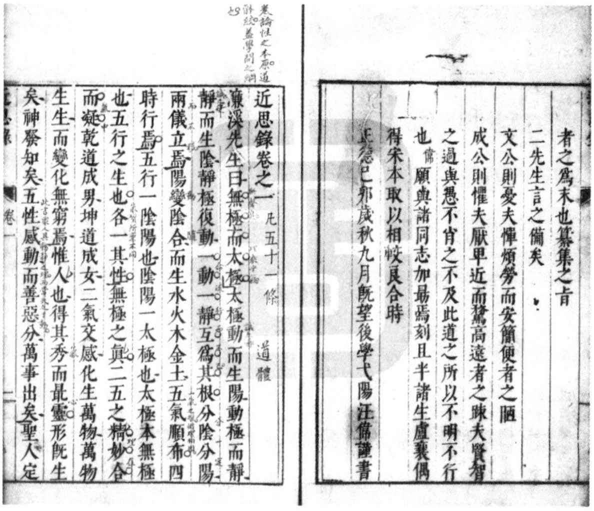
者之爲末也纂集之旨
二先生言之備矣
文公則憂夫憚煩勞而安簡便者之陋
成公則懼夫厭卑近而騖高遠者之蹶夫賢智
之過與愚不肖之不及此道之所以不明不行
也偉顧與諸同志加讎焉刻且半諸生盧襄偶
得宋本取以相較良合時
崇禎己卯歲秋九月既望後學弋陽汪偉謹書

近思錄卷之一 凡五十一條 道體
濂溪先生曰無極而太極太極動而生陽動極而靜
靜而生陰靜極復動一動一靜互爲其根分陰分陽
兩儀立焉陽變陰合而生水火木金土五氣順布四
時行焉五行一陰陽也陰陽一太極也太極本無極
也五行之生也各一其性無極之眞二五之精妙合
而凝乾道成男坤道成女二氣交感化生萬物萬物
生生而變化無窮焉惟人也得其秀而最靈形既生
矣神發知矣五性感動而善惡分萬事出矣聖人定

朱熹《近思录》书影（崇祯九年刻本 国家图书馆藏）

**《杂学辨》**

1卷，附《记疑》1卷。宋朱熹撰。该书主要驳斥当时诸儒学说中夹杂的佛老之学，其中条列苏轼《易传》19条、苏辙《老子解》14条、张九成《中庸解》52条、吕希哲《大学解》4条，每条之下，朱熹一一给予驳正。书末有乾道二年（1166）与朱熹交游密切的理学家何镐（字叔京）跋，时朱熹37岁，正处于李桐过世不久重要的学术思想转型成熟期。《记疑》1卷，前有朱熹题词，称偶得不知何人所记之杂书，因担心该书杂入佛道之说流传久远而有害于程门，遂亦摘录而与之辨，凡20条。《记疑》成书于淳熙二年（1175），距离编著《杂学辨》已有10年之久。后人以类相从，附于《杂学辨》之后，以见朱熹一贯的抵排佛老的学术态度。在朱熹看来，晋宋以后佛老之教盛行，人们深受其影响。苏轼、苏辙、张九成、吕希哲等"显贵名誉"之士，其学不知德性之根源，反而引佛老不经之说，而紊乱先王之典籍，贻误后学，因此须辩驳其谬，清理儒学内部的阳儒阴佛思潮。学界认为，《杂学辨》不仅关乎朱熹思想的前后转变，而且发挥了持守儒家经典本位，维护儒学纯洁性的作用，对理学及儒佛关系的走向都有不可忽视的意义。

**《周易参同契考异》**

1卷，宋朱熹撰。《周易参同契》是现存最早的论述内外丹兼修的道教炼丹理论的经典著作，作者为东汉时期的著名炼丹家魏伯阳（号云牙子）。该书用四字一句或五字一句的韵文，以及少数长短不齐的散文体和离骚体写成，在中国道教史与古代科技史上具有非常重要的地位，被誉为"丹经之祖"。朱熹以其书"词韵皆古，奥雅难通，读者浅闻，妄辄更改，比他书尤多舛误，因合诸本，更相雠正"，著为《周易参同契考异》。朱熹自跋称："凡诸同异，悉存之以备考证，故以考异为名。"跋末署"空同道士邹䜣"，乃朱熹托名。《四库全书总目》提要指出："书中注明同异者，惟天下然后治之'治'字，云或作理；戚光鼎乃熺之'熺'字，云本作喜，一作熺。参证他本者不过二处。又如'修'字疑作'循'，'六五'疑作'廿六'，'铅'字疑作'饴'，'舆'

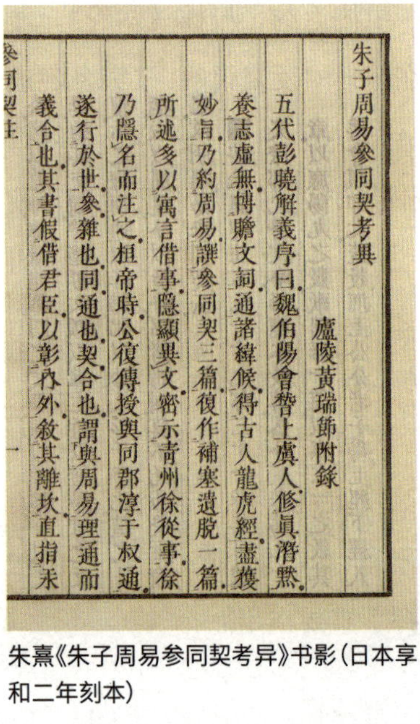
朱子周易參同契考異
盧陵黃瑞節附錄
五代彭曉解義序曰魏伯陽會稽上虞人修眞潛默
養志虛無博贍文詞通諸緯候得古人龍虎經盡獲
妙旨乃約周易譔參同契三篇復作補塞遺脫一篇
所述多以寓言借事隱顯異文密示青州徐從事徐
乃隱名而注之桓帝時公復傳授與同郡淳于叔通
遂行於世參雜也同通也契合也謂與周易理通而
義合也其書假借君臣以彰內外敘其離坎直指汞
參同契注　一

朱熹《朱子周易参同契考异》书影（日本享和二年刻本）

字疑作‘为’之类，朱子所自校者，亦只六七处。其余每节之下，随文诠释，实皆笺注之体，不尽订正文字。”就是说，本书虽然以“考异”为名，实际是“笺注”之书。学界认为，该书朱熹主要是从义理角度对《周易参同契》进行了疏证，虽然他在《周易参同契》的内丹实践方面无所发明，但他对于该书易理方面的诠释却颇具影响力，也开启了对《周易参同契》新的诠释方向，将此书的影响扩展到了儒学界和易学界。

**《易原》**

8卷，宋程大昌撰。成书于淳熙十二年（1185）。《四库全书总目》提要称：“大昌学术湛深，于诸经皆有论说，以《易》义自汉以来纠纷尤甚，因作是书以贯通之，苦思力索，四年而成。”[①] 该书是为厘定汉代以来关于《易》义纠纷的著述，也是程氏学术思想的重要代表作。陈振孙《书录解题》说：“《易原》首论五十有五之数，参以图书大衍，为易之原，而卦变揲法，皆有图论，往往断以己见，出先儒之外。”也就是说，陈氏认为《易原》是一部有创见的著作。《四库》馆臣也给予该书甚高评价：“虽排斥先儒，务申己说，不能脱南宋之风气，然其参互折衷，皆能根据《大传》，于《易》义亦有所阐明。”在此书中，程大昌“疑众人之所不疑，不主久传，而务求其切”，[②] 对“一生二，二生三，三生万

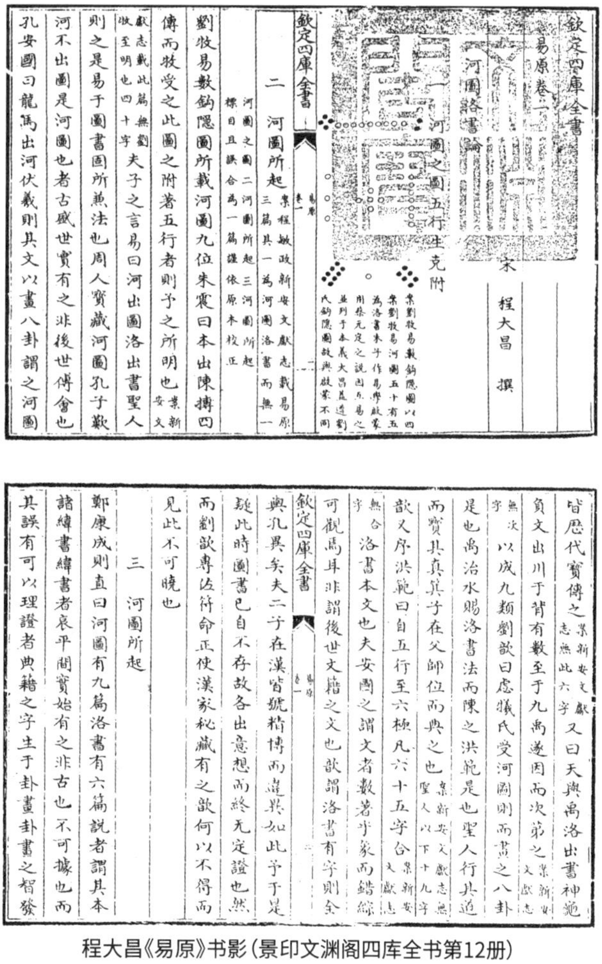
欽定四庫全書
易原卷一
宋 程大昌 撰
河圖洛書論
一 河圖之圖五行生克附
案劉牧易數鈎隱圖以四十有五為河圖五十有五為洛書朱子作易學啟蒙用蔡元定之説因之易之並列于本義大昌蓋遵劉氏鈎隱圖故與啟蒙不同
欽定四庫全書 易原 卷一
二 河圖所起 案程敏政新安文獻志載易原三篇其一為河圖洛書而無一河圖之圖二河圖所起三河圖所起標目且誤合為一篇謹依原本校正
劉牧易數鈎隱圖所載河圖九位朱震曰本出陳摶四傳而牧受之此圖之附著五行者則予之所明也 案新安文獻志載此篇無劉牧至明也四十字 夫子之言易曰河出圖洛出書聖人則之是易于圖書固所兼法也周人寶藏河圖孔子歎河不出圖是河圖也者古盛世實有之非後世傅會也孔安國曰龍馬出河伏羲則其文以畫八卦謂之河圖

皆歷代寶傳之 案新安文獻志無此六字 又曰天與禹洛出書神龜負文出川于背有數至于九禹遂因而次第之 案新安文獻志無次字 以成九類劉歆曰虙犧氏受河圖則而畫之八卦是也禹治水賜洛書法而陳之洪範是也聖人行其道而寶其真箕子在父師位而典之也 案新安文獻志無聖人以下十九字 歆又序洪範曰自五行至六極凡六十五字合 案新安文獻志無合字 洛書本文也夫安國之謂文者數著乎象而錯綜可觀焉耳非謂後世文籍之文也歆謂洛書有字則余
欽定四庫全書 易原 卷一
與孔異矣夫二子在漢皆號精博而違異如此予于是疑此時圖書已自不存故各出意想而終无定證也然而劉歆專佐符命正使漢家秘藏有之歆何以不得而見此不可曉也
三 河圖所起
鄭康成則直曰河圖有九篇洛書有六篇說者謂其本諸緯書緯書者哀平間實始有之非古也不可據也而其誤有可以理證者典籍之字生于卦畫卦畫之智發

程大昌《易原》书影（景印文渊阁四库全书第12册）

① [清]永瑢等：《四库全书总目》卷3《经部·易类三》，中华书局，1965年。
② [宋]程大昌：《易原·自序》，商务印书馆丛书集成初编本。

物”的宇宙生成模式，用理学思想作了解释。他把宇宙以至万物的本原，归诸“太极”，并认为产生世界万事万物本原的“一”（即“太极”）不在“有形有体之域”，①乃是非物质的。同时程大昌还指出，世界上万物之间是一种相互影响、相互制约的辩证关系，要站在对立变化的立场，用阴阳变化的观点来认识世界。该书久无传本，仅在明代程敏政《新安文献志》中载有3篇，朱彝尊《经义考注》于是注明“已佚”。后《四库》馆臣“考《永乐大典》尚存百有余篇，皆首尾完整”，遂“采掇厘订，勒为八卷”，成为今之传本。该书不仅“备宋人说《易》之一家焉”，且反映了新安江流域《易》学研究的重要成果，是考察新安江流域学术史的重要典籍。

**《禹贡论》**

5卷，《后论》1卷，《山川地理图》2卷，宋程大昌撰。据《四库全书总目》考订，《宋史 · 艺文志》载程大昌著述有《禹贡论》5卷、《后论》1卷、《禹贡论图》5卷；陈振孙《书录解题》记载《论》52篇、《后论》8篇、《图》31；王应麟《玉海》称，淳熙四年（1177）程大昌上《禹贡论》52篇、《后论》8篇，未提及《图》。因此，《通志堂经解》收录时，刻前、后论，而《禹贡山川地理图》仅刻“叙说”。《四库》馆臣根据《永乐大典》校订，见只缺“九州山川实证”和“禹河”“汉河”两图，而其余28图俱在，这是“世所未观之本”，遂按照《通志堂图叙》的原目，抄录合并为2卷，由此“大昌之书复完”，称“永乐大典本”。程大昌“喜谈地理之学”，据说他曾给宋孝宗进讲《禹贡》，有关“阙文疑义，疏说甚详”。但因为重在经世的“帝王之学”与学者学术之论存在差异，故宋孝宗对程大昌的进讲并不满意，后程大昌外放地方为官，或许与此有关。不过，从学术角度考量，《四库》馆臣认为该书具有重要的价值。“以诂经而论，则考证不为无功。……其前论于江水、河水、淮水、

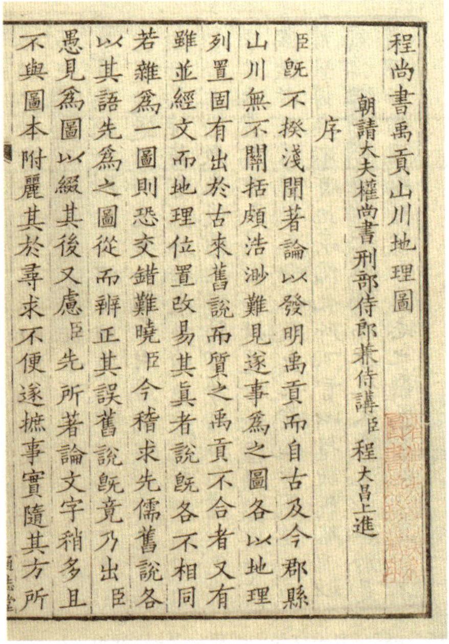
程尚書禹貢山川地理圖
朝請大夫權尚書刑部侍郎兼侍講臣程大昌上進
序
臣既不揆淺聞著論以發明禹貢而自古及今郡縣山川無不關括頗浩渺難見遂事爲之圖各以地理列置固有出於古來舊說而質之禹貢不合者又有雖並經文而地理位置改易其眞者說旣各不相同若雜爲一圖則恐交錯難曉臣今稽求先儒舊說各以其語先爲之圖從而辨正其誤舊說既竟乃出臣愚見爲圖以綴其後又慮臣先所著論文字稍多且不與圖本附麗其於尋求不便遂摭事實隨其方所

程大昌《禹贡论》书影（哈佛燕京图书馆藏本）

① [宋]程大昌：《易原》卷5《太极生两仪论》，商务印书馆，丛书集成初编本。

汉水、济水、弱水、黑水，皆纠旧传之误，后论则专论河水、汴水之患”，可谓“援据厘订，实为博洽。至今注《禹贡》者，终不能废其书也”。[①] 在《禹贡》学史上，这是一部具有重大影响的著述。

**《雍录》**

10卷，宋程大昌撰。该书依据《三辅黄图》《唐六典》、宋敏求《长安志》、吕大防《长安图记》及绍兴时秘书省图诸书，互相考证，考订关中古迹，大凡宫殿、山水、都邑，皆有图有说。《四库全书总目》提要认为，尽管该书存在体例丛杂、记述缺略等问题，如函谷关参都邑之中，太子宫序职官之次，地图之后忽列书目数条，都邑之前突出山名一处等，“骤然寻之，不得端绪”；所集碑刻，自猎碣以外，罕有记载。考古图有辇酌宫，亦不著其名。只凭藉图籍而未考金石之文，所以不免有疏漏之处。但该书“搜罗既富，辨证亦详，在舆记之中固为最善之本也”，推许该书为最佳的舆地书。明朝西安知府李经在《雍录序》中，亦称该书“博且雅矣”。[②] 程大昌编撰此书时，北方已为金人所据，那么程大昌著此书的目的何在呢？《四库全书总目》提要一语道破：“盖孝宗锐意恢复，有志中原，大昌所作《北边备对》一书，即隐寓经略西北之意。此书犹此志焉耳。”[③] 就是说，与程大昌另一部著述《北边备对》的“微意”一样，《雍录》编著的目的也体现了“经略西北之意”。故《雍录》的一个重要特点是将地理的考察与政治制度、军事活动的需要紧密结合在了一起。学界认为，在考证的功夫上，《雍录》的考证尤为研治长安地理者所重视，而在保存文

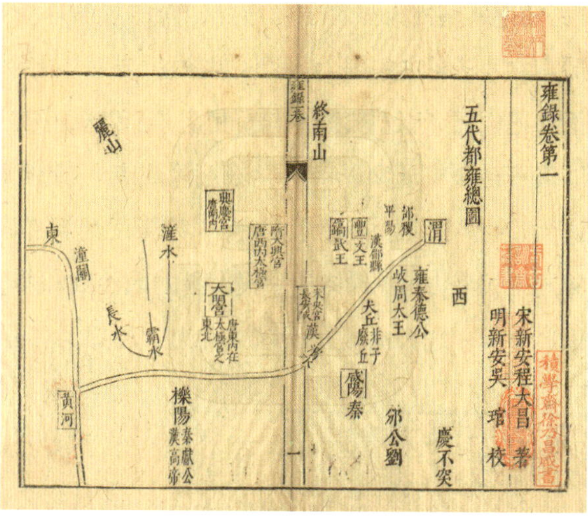

程大昌《雍录》书影（明新安吴琯校刻本）

① [清]永瑢等：《四库全书总目》卷11《经部·书类一》，中华书局，1965年。
② [宋]程大昌著，黄永年点校：《雍录》卷首《李序》，中华书局，2002年。
③ [清]永瑢等：《四库全书总目》卷70《史部·地理类三》，中华书局，1965年。

献方面，其功绩也不容忽视。[①]

**《考古编》**

10卷，宋程大昌撰。该书为杂论经义异同和订正记传谬误之书，《四库全书总目》提要给予该书很高评价，认为“其持论虽颇新异，而旁引确证，亦能有所依据”。比如，《正朔论》谓周人虽首子以命月，而占星命算修词举事，仍用夏时；《象刑论》谓是刑官取其法悬之象魏，而不取画衣冠、异章服之说，等等。其他如以白居易《乐府诗》正韦述所记《唐六典》不曾行用之误、以《汉书》比景县当从刘昫《旧唐书》作北景、以琅琊台碑文证秦以前已尝刻石等观点，“皆典确明晰，非泛为征摭”。[②]也有学者认为，《考古编》的考订之功，“实能正经解之乖违，订史传之阙误”。在辨析经义异同中，《考古编》也体现了程大昌的政治观和修养论等思想。比如，《考古编》中《舜论》一篇，程大昌提出了以“无为”思想为核心的政治观，他解释“无为”一词的含义是“惟察知事物情状，而循理以行，不自作为，斯以为‘无为’与欤”。他认为，顺其自然之理，不追加人为的意志，乃是“无为”的含义。而在治世实践中，“举世言行，苟有一善，则果于有行，如江河沛然，莫之御遏。则其作为，孰勇于是”。[③]程氏的政治观既反对盲目冲动，不循理以行；又主张积极入世，把握时机，有所作为。本之于儒家思想，又融会了道家主张，形成了以“无为”思想为核心的政治论。又如《中庸论》一篇，程大昌提出了“虽匹士亦可成为圣人”的心性修养的终极目标，[④]而要达到这一目标其关键在于“体道”，并通过“不息而久”的“至诚”，

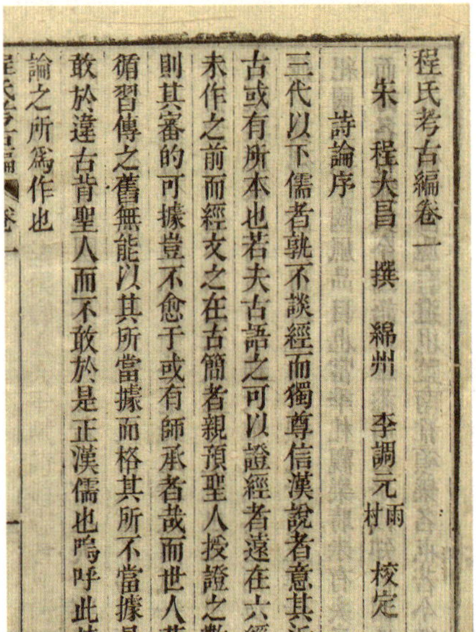
程氏考古編卷一
宋 程大昌 撰 綿州 李調元雨村 校定
詩論序
三代以下儒者孰不談經而獨尊信漢說者意其近古或有所本也若夫古語之可以證經者遠在六經未作之前而經文之在古簡者親預聖人授證之數則其審的可據豈不愈于或有師承者哉而世人苟循習傳之舊無能以其所當據而格其所不當據是敢於違古背聖人而不敢於是正漢儒也嗚呼此詩論之所爲作也

程大昌《考古编》书影（公文书馆藏道光五年《函海》本）

① [宋]程大昌著，黄永年点校：《雍录》卷首《前言》，中华书局，2002年。
② [清]永瑢等：《四库全书总目》卷118《子部·杂家类二》，中华书局，1965年。
③ [宋]程大昌：《考古编》卷5《舜论》，商务印书馆，丛书集成初编本。
④ [宋]程大昌：《考古编》卷6《中庸论二》，商务印书馆，丛书集成初编本。

以达到“高明博厚”的境界。[1] 在这种境界中，人格升华后可与天地匹配，“天命之性”因此而复，达到人性的完善，常人就成为“圣人”。类似的学术思想，在《考古编》中随处可见。

**《融堂书解》**

20卷，宋钱时撰。是书为钱时专解《尚书》之作，《四库全书总目》提要称，钱时《两汉笔记》之前载有尚书省札，列钱时所著书目，中有《尚书启蒙》。又嘉熙二年（1238）严州进状，备列钱氏著述，则称《尚书演义》。而《永乐大典》所载，皆题《融堂书解》。《四库》馆臣认为，《永乐大典》皆据内府宋本采入，因此“当必无讹”。因旧本久佚，遂从《永乐大典》中散见各韵者辑出，按照经文前后次第重新编次，勒为20卷，书名袭旧，称《融堂书解》。除了《伊训》《梓材》《秦誓》3篇全佚，《说命》《吕刑》间有阙文，其余皆篇帙完善，不失旧观。其章节，卷一至卷二《虞书》，

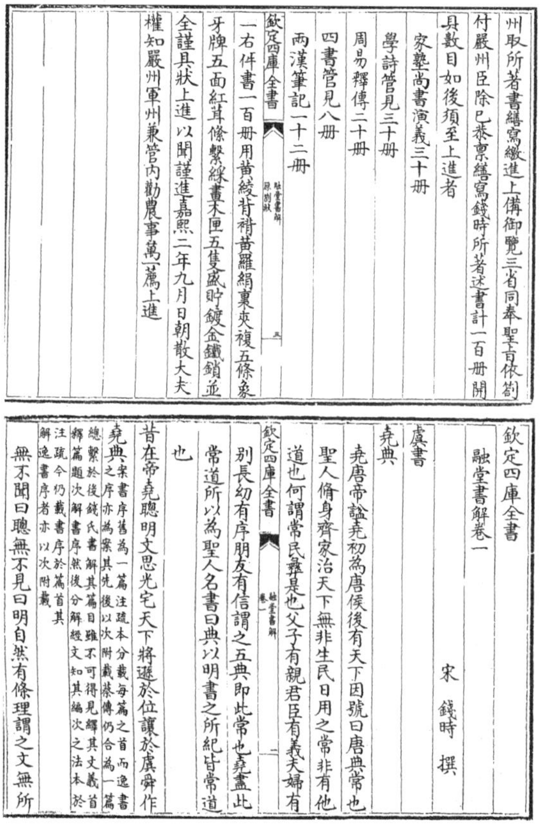
州取所著書繕寫繳進上備御覽三省同奉聖旨依劄
付嚴州臣除已恭稟繕寫錢時所著述書計一百冊開
具數目如後須至上進者
家塾尚書演義三十冊
學詩管見三十冊
周易釋傳二十冊
四書管見八冊
兩漢筆記一十二冊
欽定四庫全書　融堂書解　原劄狀　三
一右件書一百冊用黃綾背襯黃羅絹裹夾複五條象
牙牌五面紅茸條繫絲畫木匣五隻盛貯鍍金鐵鎖並
全謹具狀上進以聞謹進嘉熙二年九月日朝散大夫
權知嚴州軍州兼管內勸農事萬一薦上進

欽定四庫全書
融堂書解卷一
宋 錢時 撰
虞書
堯典
堯唐帝謚堯初為唐侯後有天下因號曰唐典常也
聖人脩身齊家治天下無非生民日用之常非有他
道也何謂常民彝是也父子有親君臣有義夫婦有
欽定四庫全書　融堂書解　卷一　二
別長幼有序朋友有信謂之五典即此常也堯盡此
常道所以為聖人名書曰典以明書之所紀皆常道
也
昔在帝堯聰明文思光宅天下將遜於位讓於虞舜作
堯典（宋書序舊為一篇注疏本分載每篇之首而逸書之序亦為案其先後以次附載蔡傳仍合為一篇總繫於後錢氏書解其篇目雖不可得見繹其文義首釋篇題次解書序然後分解經文知其編次之法本於注疏今仍載書序於篇首其解逸書序者亦以次附載）
無不聞曰聰無不見曰明自然有條理謂之文無所

钱时《融堂书解》书影（景印文渊阁四库全书第459册）

卷三至卷四《夏书》，卷五～卷八《商书》，卷九至卷二十《周书》。《四库全书总目》提要对该书有很高评价：“时之意，主表章《书序》，每篇之首，皆条具大旨。其《逸书》之《序》，则参考《史记》，核其时事以释篇题。复采《经典释文》《史记集解》《史记索隐》所引马融、郑康成说，引申其义。虽因仍旧说，不知《书序》非《诗序》之比，未免稍失考证，然用意则可谓精勤。所解如‘羲和旷厥职’则本诸苏轼，康叔封卫在成王时，则仍用孔安国《传》，《康王之诰》则兼采张九成《书说》，

① [宋]程大昌：《考古编》卷6《中庸论三》，商务印书馆，丛书集成初编本。

不专主一家之学。至以《泰誓》为告西岐师旅，《牧誓》为告远方诸侯，皆不傍前人，自抒心得。又谓《武成》本无脱简，前为武王告师之辞，后为史臣纪事之体。《康诰》首节，以周公初基定为东都营洛邑，封康叔以抚顽民，不当移置于《洛诰》，尤为不惑于曲说，亦宋人经解中之特出者也。”[①] 这里，“用意则可谓精勤”“不专主一家之学”“不傍前人，自抒心得”“不惑于曲说，亦宋人经解中之特出者”诸语，可谓中的。严州进状中称赞钱时“山居读书，理学淹贯”，其所著篇章“辨析义理，参错事物，发明疑难，有以起人”，[②] 从《融堂书解》来看，诚非谬赞。《融堂书解》为钱时的学术代表之作，在中国学术史上具有重大影响和重要地位。

**《融堂四书管见》**

13 卷，宋钱时撰。是书凡《论语》10 卷、《孝经》1 卷、《大学》1 卷、《中庸》1 卷，俱先列《经》文，略加音训，再诠释其大旨。其中《孝经》用古文，《大学》析为 6 章，不分《经》《传》。钱时之“四书”，所解不及《孟子》，与朱熹之《大学》《论语》《孟子》《中庸》“四书”者异。《四库全书》馆臣指出，因钱时之学出于杨简，杨简之学出于陆九渊，所以钱时不用程朱之本。不过，在《四库全书》馆臣看来，尽管钱时学术宗陆九渊的“金溪之学”，但“金溪之学，惟凭心悟，或至于恍惚幽冥”，而钱时“则以笃实为宗，故其诠发义理，类多平正简朴，不为离析支蔓之言”。[③] 卷首有绍定二年(1229)[④] 钱时《自序》，卷末有景定二年（1261）天台钱可则《刊书跋》。学术界认为，《融堂四书

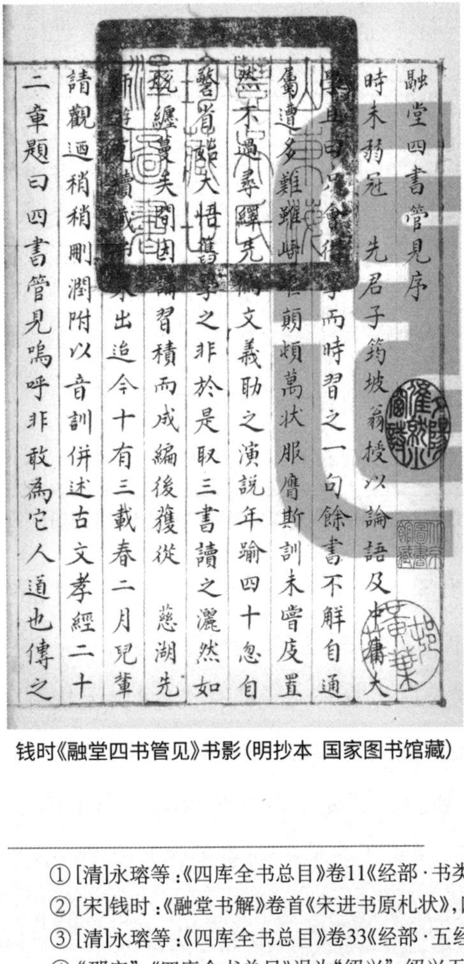
融堂四書管見序
時未弱冠先君子筠坡翁授以論語及中庸大
學[illegible]而時習之一句餘書不解自通
[illegible]遺忘雖顛沛造次頓萬狀服膺斯訓未嘗廢置
然不過尋繹先儒文義助之演說年踰四十忽自
[illegible]大悟舊學之非於是取三書讀之灑然如
[illegible]失因[illegible]習積而成編後獲從 慈湖先
[illegible]出追今十有三載春二月兒輩
請觀[illegible]稍稍刪潤附以音訓併述古文孝經二十
二章題曰四書管見嗚呼非敢爲它人道也傳之

钱时《融堂四书管见》书影（明抄本 国家图书馆藏）

① [清]永瑢等：《四库全书总目》卷11《经部·书类一》，中华书局，1965年。
② [宋]钱时：《融堂书解》卷首《宋进书原札状》，四库全书本。
③ [清]永瑢等：《四库全书总目》卷33《经部·五经总义类》，中华书局，1965年。
④ “邵定”，《四库全书总目》误为“绍兴”。绍兴无己丑年。

管见》以心学解经，将“本心”思想贯穿其中，提出天地即是我心，我心澄明，意念害之，所以应当以慎独的功夫做到“不起意”。同时要立志，将致知和力行相结合。对圣人之“道”，钱时做了重新诠释，并据此勾勒出了儒学的传道统绪。该统绪不包括孟子和陆九渊，而以杨简为孔子之后的继承人，体现了浙江心学的发展路径和特点。《四书管见》与杨简的“五经”注解一起构成心学的“四书五经”诠解体系，是浙江心学发展过程中不可或缺的一部分，具有重要的地位。[①]

**《易学启蒙通释》**

2卷，宋胡方平撰。方平字师鲁，号玉斋，其学出于董梦程（字万里，号介轩），梦程之学出于黄榦，而黄榦则为朱熹高足。因此，“方平及其子一桂皆笃守朱子之说，此书即发明朱子《易学启蒙》之旨”。朱熹曾著有《易学启蒙》，并有序称：“近世学者，类喜谈《易》。其专于爻义者，既支离散漫而无所根据，其涉于象数者，又皆牵合附会而或以为出于圣人心思智虑之所为也。若是者，余窃病焉。因与同志颇辑旧闻，为书四篇，以示初学，使毋疑于其说。”该《易学启蒙》因所言较为简略、晦涩，致使后学对朱熹象数学理解有所偏失，故方平作是书，详释《易学启蒙》之旨，以彰显朱熹之义理与象数兼备的易学思想。明代杨士奇曾说“朱子《易学启蒙》，惟胡方平本最善”。《四库全书总目》提要予该书很高评价：“方平此书，虽亦专阐数学，而根据朱子之书，反复诠释，所采诸书，凡黄榦、董铢、刘爚、陈埴、蔡渊、蔡沈六家，皆朱子门人。又蔡模、徐几、翁泳三家，模，蔡渊子；几、泳皆渊之门人。故所衍说，尚不至如他家之竟离其宗，是亦读《启蒙》者所当考矣。”[②]它是诠释朱熹《易》学思想的最主要著述之一，在《易》学史上具有重要学术地位

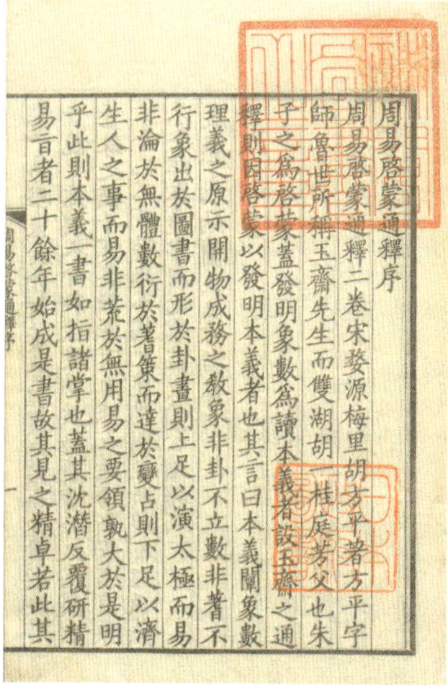
周易啓蒙通釋序
周易啓蒙通釋二卷宋婺源梅里胡方平著方平字師魯世所稱玉齋先生而雙湖胡一桂庭芳父也朱子之爲啓蒙蓋發明象數爲讀本義者設玉齋之通釋則因啓蒙以發明本義者也其言曰本義闡象數理義之原示開物成務之教象非卦不立數非蓍不行象出於圖書而形於卦畫則上足以演太極而易非淪於無體數衍於蓍策而達於變占則下足以濟生人之事而易非荒於無用易之要領孰大於是明乎此則本義一書如指諸掌也蓋其沈潛反覆研精易旨者二十餘年始成是書故其見之精卓若此其

胡方平《周易启蒙通释》书影（日本享保二年刻本 公文书馆藏）

① 刘玉敏：《本心虚明，无体无方：钱时〈融堂四书管见〉思想发微》，载《朱子学刊》2017年第2辑。
② [清]永瑢等：《四库全书总目》卷3《经部·易类三》，中华书局，1965年。

和深远影响。

**《易本义附录纂疏》**

15 卷，元胡一桂撰。一桂字廷方，胡方平之子，号双湖居士。《元史》本传称："一桂之学，出于方平，得朱熹氏源委之正。"[①] 一桂认为，朱熹《易本义》一书"提纲振领，而节目未详"，因而著《易本义附录纂疏》，以诠释和阐明朱熹之易学思想。该书以朱熹《易本义》为宗，取朱熹《语录》《文集》中论及《易》者附之，谓之附录；又取诸儒易说与朱熹《易本义》相合者纂之，谓之纂疏。是书"去取别裁，惟以朱子为断"，也就是说，一桂去取诸家之说的标准，完全依据朱熹之论。《四库全书总目》提要在解读这一文风时说："宋末元初，讲学者门户最严，而新安诸儒于授受源流，辨别尤甚。"[②] 陈栎在《祭（胡双湖）文》说："儒者明经，莫难于《易》。先生家学，《易》乃世习。《易》百十家，不轻所宗。《启蒙》《本义》，独宗晦翁。……晦翁忠臣，先生其一。"对一桂易学成就在维护朱子之学方面的作用，给予了高度的评价。该书既是《易》学史上深有影响的重要著述，也反映了此一时期新安学术严守门户、羽翼朱子之学的学术风格。

**《易学启蒙翼传》**

4 卷，元胡一桂撰。一桂父方平有《易学启蒙通释》2 卷，是朱熹学派中的《易》学名儒。一桂在乃父《易学启蒙通释》基础上，更推阐而辨明之，故称《翼传》。书前有胡一桂在皇庆二年（1313）所作自序，序中称"去朱子才百余年，而承学渐失，如图书已厘正矣，复仍刘牧之谬者有之；《本义》已复古矣，复循王弼之乱者有之；卜筮之数灼如丹青矣，复祖尚玄旨者有之"。因于《易本义附录纂疏》之外，复辑为是书，"将以羽翼朱子之易"。其中内篇有三：一是举要，以发辞变象占之义。二是明筮，以考史传卜筮卦占之法。三是辨疑，以辨河图洛书之同异。此《内篇》"皆发明朱子之说者也"。[③] 外篇有一，

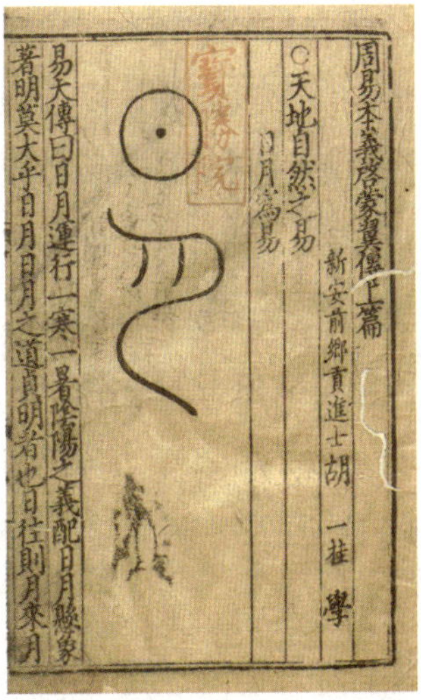
周易本義啓蒙翼傳上篇
新安前鄉貢進士胡 一桂 學
○天地自然之易
日月爲易
易大傳曰日月運行一寒一暑陰陽之義配日月懸象
著明莫大乎日月日月之道貞明者也日往則月來月

胡一桂《周易本义启蒙翼传》书影
（元刻本　公文书馆藏）

---

① [明]宋濂等：《元史》卷189《儒学一》，中华书局，1976年。
② [清]永瑢等：《四库全书总目》卷4《经部·易类四》，中华书局，1965年。
③ [清]永瑢等：《四库全书总目》卷4《经部·易类四》，中华书局，1965年。

附录诸家说《易》之梗概，“以其皆易之支流，故别之曰外”。是书与方平《易学启蒙通释》互为表里，前者主于辨异学，后者重在明本旨，在体例上有所不同。

**《性理字训》**

1卷，宋程若庸撰。为训解理学基本概念和范畴之书。《性理字训》初为30条，为朱熹门人程正思（端蒙，号蒙斋）所作。程若庸增广为《造化》《性情》《学力》《善恶》《成德》《治道》6门，共183条，对朱子之学中的性、命、义、理、心、诚、忠、敬、公、私、善、恶等范畴，四字一句，作了简洁明了的解读。至明初，新安理学家朱升又增“善”字1条，该书训字达184条。[①] 其解字说义，以朱子之学为本。因其文字畅晓明白，通俗易懂，遂成为一部影响非常广泛的理学普及读物，也是一部被广泛使用的童蒙教材。元代理学家程端礼（字敬叔，号畏斋）对《性理字训》一书极为推崇，认为“八岁未入小学，教之读此甚善”。他在《读书分年日程》中，将程若庸的增广本《性理字训》与朱熹的《童蒙须知》同列为童蒙教育必读教材。元末明初新安理学家朱升认为读书之要，在于循序渐进。他曾开列了一张“读书次序”清单，所列的四部基础教材名之为《小四书》，程若庸之《性理字训》即为其中的一部。该书在朱子学的启蒙教育方面，产生了重大影响。

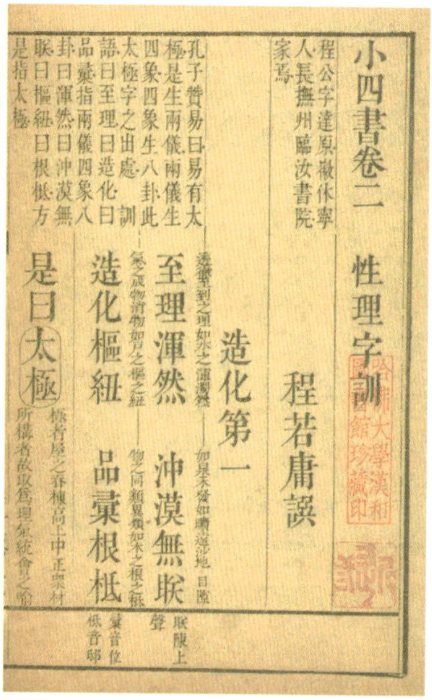
小四書卷二　性理字訓
程若庸譔
程公字達原徽休寧人長撫州臨汝書院家焉
造化第一
至理渾然　沖漠無朕
造化樞紐　品彙根柢
是曰太極
孔子贊易曰易有太極是生兩儀兩儀生四象四象生八卦此太極字之出處訓語曰至理曰造化曰品彙指兩儀四象八卦曰渾然曰沖漠無朕曰樞紐曰根柢方是指太極

程若庸《性理字训》书影（小四书本 哈佛燕京图书馆藏）

**《尚书集传纂疏》**

6卷，元陈栎撰。为《尚书》集传、疏解之书。《四库全书》馆臣称：“是编以疏通蔡传之意，故命曰疏；以纂辑诸家之说，故命曰纂。又以蔡传本出朱子指授，故第一卷特标朱子订正之目。每条之下，必以朱子之说冠于诸家之前，间附己意，则题曰愚谓以别之。”[②] 这一编排体例，显示了此书以朱子之学为归的编撰宗旨。

① 朱升同时对德业、尽性、心正等4条“训有未妥”者，亦“僭易数字”。见朱升：《朱枫林集》卷3《跋性理字训后》。

② [清]永瑢等：《四库全书总目》卷12《经部·书类二》，中华书局，1965年。

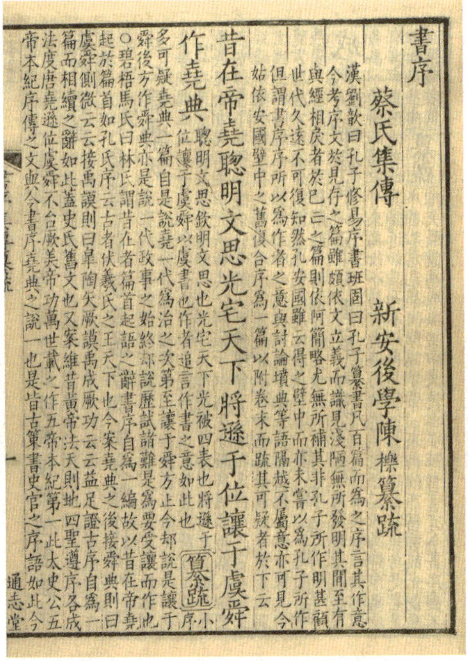
書序

蔡氏集傳　新安後學陳櫟纂疏

漢劉歆曰孔子修易序書班固曰孔子纂書凡百篇而爲之序言其作意今考序文於見存之篇雖頗依文立義而識見淺陋無所發明其間至有與經相戾者於已亡之篇則依阿簡略尤無所補其非孔子所作明甚顧世代久遠不可復知然孔安國雖云得之壁中而亦未嘗以爲孔子所作但謂書序序所以爲作者之意與討論墳典等語隔越不屬意亦可見今姑依安國壁中之舊復合序爲一篇以附卷末而疏其可疑者於下云

昔在帝堯聰明文思光宅天下將遜于位讓于虞舜

聰明文思欽明文思也光宅天下光被四表也將遜于位讓于虞舜以虞書也作者追言作書之意如此也

作堯典　纂疏　小序

多可疑堯典一篇自是說堯一代爲治之次第至讓于舜方止今却說是讓于舜後方作舜典亦是說一代政事之始終却說歷試諸難是爲要受讓而作也○碧梧馬氏曰林氏謂昔在者篇首起語之辭書序自爲一編故以昔在帝堯起於篇首如孔氏序云古者伏羲氏之王天下也今案堯典之後接舜典則曰虞舜側微云云接禹謨則曰皐陶矢厥謨禹成厥功云云益足證古序自爲一篇而相續之辭如此蓋史氏舊文也又案維昔黃帝法天則地四聖遵序各成法度唐堯遜位虞舜不台厥美帝功萬世載之作五帝本紀第一此太史公五帝本紀序傳之文與今書序堯典之說一也是皆古策書史官之序語如此今

通志堂

陈栎《尚书集传纂疏》书影（通志堂经解本）

《元史》陈栎本传说："栎慨然发奋，致力于圣人之学，涵濡玩索，贯穿古今。尝以谓有功于圣门者，莫若朱熹氏，熹没未久，而诸家之说，往往乱其本真。乃著《四书发明》《书（集）传纂疏》《礼记集义》等书，亡虑数十万言。凡诸儒之说，有畔于朱氏者，刊而去之；其微词隐义，则引而中之；而其所未备者，复为说以补其阙。于是朱熹之说大明于世。"① 是书内容和体例，鲜明体现了陈栎因惧诸家之说"乱其本真"，而刊删、引申、补阙的学术方法和风格。此前，陈栎有《书说折衷》，其《序》称："朱子说《书》，通其可通，不强通其所难通，而蔡氏于难通罕阙焉。宗师说者固多，异之者亦不少。予因训子，遂掇朱子大旨及诸家之得经本义者，句释于下，异同之说，低一字折衷之。"《四库全书总目》提要认为，"栎之说《书》，亦未尝株守蔡传"，而正如《书说折衷》一样，"是书之作，乃于蔡传有所增补"，② 体现了陈栎疏解《尚书》有个人的独立之见。该书是新安江流域治《尚书》的重要代表作，在中国学术史上具有重要的影响和地位。

**《勤有堂随录》**

1 卷，元陈栎撰。为陈氏随笔、札记之文合集，成书于陈氏晚年。该书以谈义理为主，兼及考证。《四库全书总目》提要称其"于宋末元初诸人，各举其学问之源流、文章之得失，非泛泛托诸空言者"，评价甚高。其中"谓陈安卿为朱门第一人，黄直卿及李方子多有差处""刘辰翁父丧七年不除，为好怪钓名"诸论，被肯定为"尤平情之论，不规规于门户之见者矣"，③ 反映了陈栎之学术虽守朱子之学，而对诸家所作取舍，皆据理发论，有公允之心。其论学者之学称："学者规模贵大，功夫贵

---

① [明]宋濂等：《元史》卷189《儒学一》，中华书局，1976年。
② [清]永瑢等：《四库全书总目》卷12《经部·书类二》，中华书局，1965年。
③ [清]永瑢等：《四库全书总目》卷122《子部·杂家类六》，中华书局，1965年。

密。规模不大而工夫徒密，则狭隘而无以受道之广大；工夫不密而规模徒大，则疏略而无以造道之精微。譬如一片屋，间架大矣，而无门无壁，是何等屋；里面虽绘饰极好，而间架卑陋，又何足取？”“今人多是外有余而内全无，虚骄轻剽，若此者不可学。其高于我者当学之，温、良、恭、俭、让，都要学，切不可谓能动笔便自负。大抵自下者，人必高之；自高者，人必下之。”诸如此类大多是切中时弊，阐明了为学的基本要义，予学者多有启发。

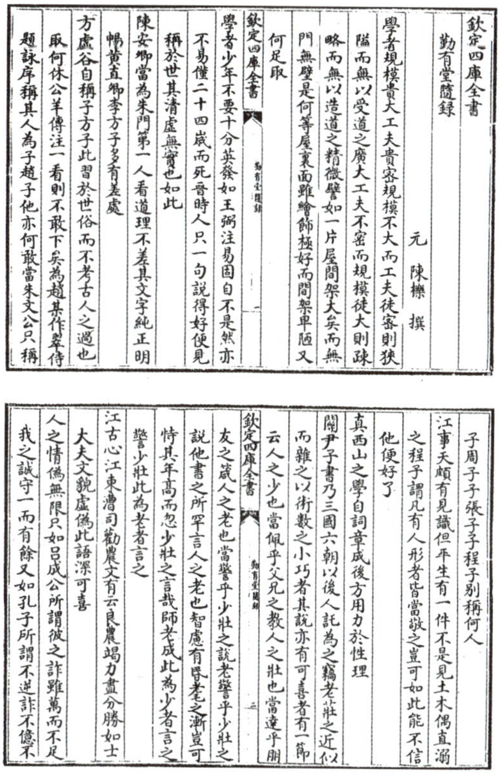
欽定四庫全書
勤有堂隨録
元　陳櫟　撰
學者規模貴大工夫貴密規模不大而工夫徒密則狹
隘而無以受道之廣大工夫不密而規模徒大則疎
略而無以造道之精微譬如一片屋間架大矣而無
門無壁是何等屋裏面雖繪飾極好而間架卑陋又
何足取
欽定四庫全書　勤有堂隨録
學者少年不要十分英發如王弼注易固自不是然亦
不易僅二十四歲而死晉時人只一句說得好便見
稱於世其清虚無實也如此
陳安卿當為朱門第一人看道理不差其文字純正明
暢黄直卿李方子多有差處
方虚谷自稱子方子此習於世俗而不考古人之過也
取何休公羊傳注一看則不敢下矣為趙某作聚侍
題詠序稱其人為子趙子他亦何敢當朱文公只稱

子周子張子子程子別稱何人
江事天頗有見識但平生有一件不是見土木偶直溺
之程子謂凡有人形者皆當敬之豈可如此能不信
他便好了
真西山之學自詞章成後方用力於性理
關尹子書乃三國六朝以後人託為之竊老莊之近似
而雜之以術數之小巧者其說亦有可喜者有一節
云人之少也當佩乎父兄之教人之壯也當達乎朋
欽定四庫全書　勤有堂隨録　二
友之箴人之老也當警乎少壯之說老警乎少壯之
說他書之所罕言人之老也智慮有昏耄之漸豈可
恃其年高而忽少壯之言哉師老成此為少者言之
警少壯此為老者言之
江古心江東漕司勸農文有云良農竭力盡分勝如士
大夫文貌虛偽此語深可喜
人之情偽無限只如呂成公所謂彼之詐雖萬而不足
我之誠守一而有餘又如孔子所謂不逆詐不億不

陈栎《勤有堂随录》书影（景印文渊阁四库全书第866册）

**《重订四书辑释》**

20卷，元倪士毅撰。至正元年（1341）初刻于建阳，越二年，又加刊削，新安学者汪克宽为之序。其序称“近世儒者取朱子平日所以语诸学者及其弟子训释之词，疏于《四书》之左，真氏有《集义》，祝氏有《附录》，蔡氏、赵氏有《集疏》《纂疏》，相继成编”。这些书“行于东南，辗转承误”，于是，新安理学家陈栎和胡炳文分别编写了《四书发明》和《四书通》，以纠正前所列诸书之误，阐明朱子之学本旨。据倪士毅在《四书集释大成凡例》中说，陈栎与胡炳文曾彼此“互观其书之一二”，陈栎在晚年有意合二书为一而未遂。[①] 倪士毅曾师承陈栎，遂欲完成乃师之愿而编著此书。最后改定本的书中依据《四书》之序，主要内容包含两部分：一是专门纠正诸儒“异说”的辩词，二是阐明朱子之

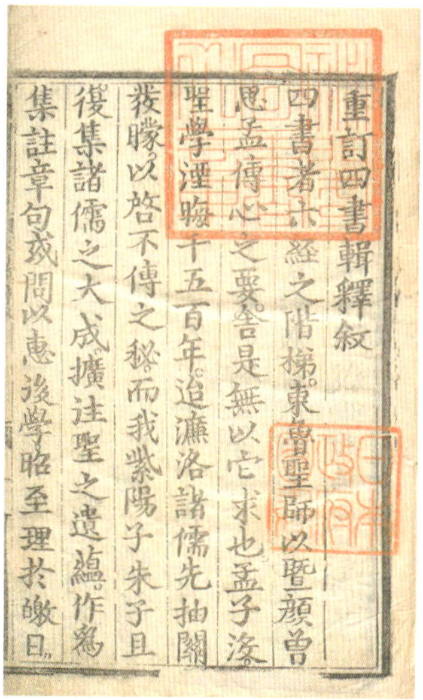
重訂四書輯釋敘
四書者六經之階梯東魯聖師以暨顏曾
思孟傳心之要舍是無以它求也孟子沒
聖學湮晦千五百年逮濂洛諸儒先抽關
發矇以啓不傳之秘而我紫陽子朱子且
復集諸儒之大成擴往聖之遺蘊作為
集註章句或問以惠後學昭至理於皦日

倪士毅《重订四书辑释通义大成》书影（正统五年刻本　公文书馆藏）

① [元]倪士毅：《四书辑释》卷首《四书集释大成凡例》。日本文化九年（1812）覆刊元至正间日新书堂本。

学本旨的训释。该书首行列士毅之名，次列新安赵汸同订，次列鄱阳朱公迁（克升）《约旨》，次列新安程复心（林隐）《章图》、莆田王元善《通考》，次列鄱阳王逢订定《通义》。《四库全书总目》提要对此评价不高，认为该书“糅杂蒙混，纷如乱丝，不可复究其端绪”。但明永乐中诏修《四书大全》，胡广等主纂官员主要以倪士毅之书为依据，而有明一代又“尊《大全》为蓍龟。沿及近代讲章，亦无非依傍《大全》，变换面貌”，[①]因此该书对明代以降的理学界产生了重大的影响。同时，它也是一部反映元代新安学派理学家的学术风格、理学思想的代表性著作，在新安江流域学术史上占有重要地位。

**《作义要诀》**

1卷，元倪士毅撰。该书所编，皆为当时经义之体例。自宋神宗熙宁四年（1071）开始就以经义试士，入元之后，元太宗从耶律楚材之请，以三科选举，经义亦居其一。元仁宗皇庆二年（1313），酌议科举条制，定蒙古、色目人第一场经问五条，汉人、南人第一场经、疑二问，限三百字以上，不拘格律。元统以后，蒙古、色目人亦增经义一道。明以来科举之文，都从此而引申者。《四库全书总目》提要认为，《作义要诀》所论，“虽规模浅狭，未究文章之本源”，但仍有不少可取之处。如书中称，“第一要识得道理透彻，第二要识

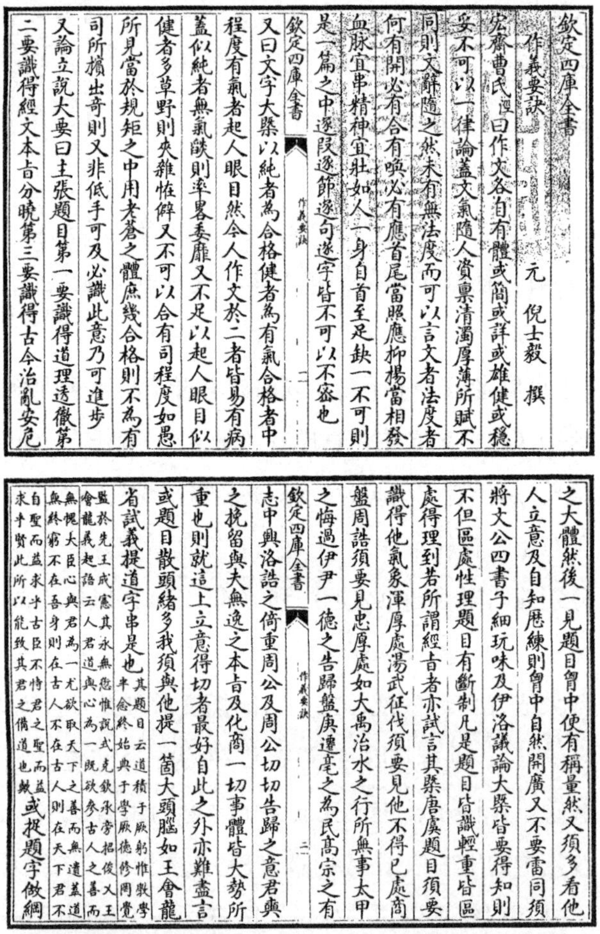

欽定四庫全書

作義要訣

元 倪士毅 撰

宏齋曹氏涇曰作文各自有體或簡或詳或雄健或穩妥不可以一律論蓋文氣隨人資禀清濁厚薄所賦不同則文辭隨之然未有無法度而可以言文者法度者何有開必有合有喚必有應首尾當照應抑揚當相發血脉宜串精神宜壯如人一身自首至足缺一不可則是一篇之中逐段逐節逐句逐字皆不可以不密也

又曰文字大槩以純者為合格健者為有氣合格者中程度有氣者起人眼目然今人作文於二者皆易有病蓋似純者無氣歉則率畧委靡又不足以起人眼目似健者多草野則夾雜恠僻又不可以合有司程度如愚所見當於規矩之中用老蒼之體庶幾合格則不為有司所擯出奇則又非低手可及必識此意乃可進步

又論立說大要曰主張題目第一要識得道理透徹第二要識得經文本旨分曉第三要識得古今治亂安危之大體然後一見題目胸中便有稱量然又須多看他人立意及自知歷練則胸中自然開廣又不要雷同須將文公四書子細玩味及伊洛議論大槩皆要得知則不但區處性理題目有斷制凡是題目皆識輕重皆區處得理到若所謂經旨者亦試言其槩唐虞題目須要識得他氣象渾厚處湯武征伐須要見他不得已處商盤周誥須要見忠厚處如大禹治水之行所無事太甲之悔過伊尹一德之告歸盤庚遷亳之為民高宗之有志中興洛誥之倚重周公及周公切切告歸之意君奭之挽留與夫無逸之本旨及化商一切事體皆大勢所重也則就這上立意得切者最好自此之外亦難盡言或題目散頭緒多我須與他提一箇大頭腦如王會龍省試義提道字是也其題目云道積于厥躬惟斆學半念終始典于學厥德修罔覺監於先王成憲其永無愆惟說式克欽承旁招俊乂王會龍義起語云人君道與心為一既欲參古人之善而無愧大臣心與君為一尤欲取天下之善而無遺蓋道無終窮不在吾身則在古人不在古人則在天下君不自聖而益求乎古臣不恃君之聖而益求乎賢此所以能致其君之備道也歟或提題字做綱

倪士毅《作义要诀》书影（景印文渊阁四库全书第1482册）

① [清]永瑢等：《四库全书总目》卷37《经部·四书类存目》，中华书局，1965年。

得经文本旨分晓，第三要识得古今治乱安危之大体”。又云：“长而转换新意，不害其为长；短而曲折意尽，不害其为短。务高则多涉乎僻，欲新则类入乎怪。下字恶乎俗，而造作太过则语涩；立意恶乎同，而搜索太甚则理背。”这些都是“后来制艺之龟鉴也”。尽管此书编撰在明朝之前，但《四库全书》馆臣认为，“法虽小异而理则相通”，是一部元代以降应试科举的重要制艺范本。[①] 原书久佚，《四库全书》馆臣从《永乐大典》中辑出，收入《四库全书》。

**《经礼补逸》**

9卷，元汪克宽撰。程敏政有《书〈经礼补逸〉后》一篇称：“环谷汪先生著书凡十余种，先生既殁，悉被一人窃去，掩为己书矣。《经礼补逸》一编，尤号精确，不可得见。可见者侍郎曾公之序尔。……儒学生启，从予游，知予之惓惓于是，乃百计购得之。其原本虽被改窜，然有附丽而无刓补。所改窜亦不过以焉为也，以乎为哉之类，真赝之迹，皦然甚明。……先生玄孙文汇、从玄孙仁智等，与恕保亟图刊布，祁门令武昌韩君伯清实来相之，因为手校，且摹先生之真于编首，别为《附录》一卷，使学者得以致高山景行之思焉。”[②] 记述了该书被盗窃、被篡改的经过。

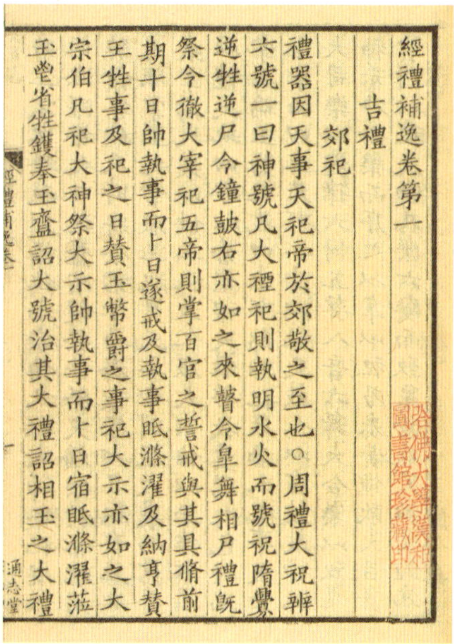
經禮補逸卷第一
吉禮
郊祀
禮器因天事天祀帝於郊敬之至也○周禮大祝辨
六號一曰神號凡大禮祀則執明水火而號祝隋釁
逆牲逆尸令鐘鼓右亦如之來瞽令皐舞相尸禮既
祭令徹大宰祀五帝則掌百官之誓戒與其具脩前
期十日帥執事而卜日遂戒及執事眡滌濯及納亨贊
王牲事及祀之日贊玉幣爵之事祀大示亦如之大
宗伯凡祀大神祭大示帥執事而卜日宿眡滌濯涖
玉鬯省牲鑊奉玉齍詔大號治其大禮詔相王之大禮
經禮補逸卷一
通志堂


汪克宽《经礼补逸》书影（通志堂经解本）

该书取《仪礼》《周官》、大小《戴记》《春秋》三传，以及诸经之文有涉于《礼》者，以吉、凶、军、宾、嘉五礼分类统之。其中吉礼之目六十有八，凶礼之目五十有七，军礼之目二十有五，宾礼之目十有三，嘉礼之目二十有一，最后以《礼经附说》终篇。《四库全书总目》提要认为克宽一生精研理学，于礼家的“度数”并不深研，所以对著书体例也不甚讲究，导致该书出现“一类之中，条条连缀书之，合为一篇，文相属而语不属，遂参差无绪”的问题。但《四库全书》馆臣同时也指出，该书为“元

① [清]永瑢等：《四库全书总目》卷196《集部·诗文评类二》，中华书局，1965年。
② [明]程敏政：《篁墩集》卷39《书〈经礼补逸〉后》，四库全书本。

人旧帙，议论尚不失醇正”，[①] 因此仍然是一部重要的礼学著述。

**《春秋胡传附录纂疏》**

30卷，元汪克宽撰。汪克宽《自序》称，该书详注诸国纪年谥号，可究事实之悉；备列经文同异，可求圣笔之真；益以诸家之说，而裨胡氏之阙疑；附以辨疑权衡，而知三传之得失。《四库全书总目》提要认为，“然其大旨，终以胡《传》为宗”。尽管因为“迁就胡《传》”，书中观点“不免骑墙”，但却“能于胡《传》之说，一一考其援引所自出，如注有疏，于一家之学，亦可云详尽矣”。[②] 延祐二年（1315）定科举取士法，《春秋》用《左传》《公羊传》《谷梁传》及胡安国《春秋传》。学界认为，胡安国《春秋传》既被立学官，成为开科取士的标准，则尊崇胡《传》便成为元儒研治《春秋》学时的一种风尚。因此，《四库全书》馆臣猜测，克宽是书“兼为科举而设”。明永乐中，胡广等人修《五经大全》，其中《春秋大全》“乃全剿克宽此书。原本具在，可以一一互勘也”。[③] 由于《五经大全》在明清时期崇高的地位，克宽是书影响也极为深远。新安江流域的《春秋》学传统，克宽及其《春秋胡传附录纂疏》是重要的一环。

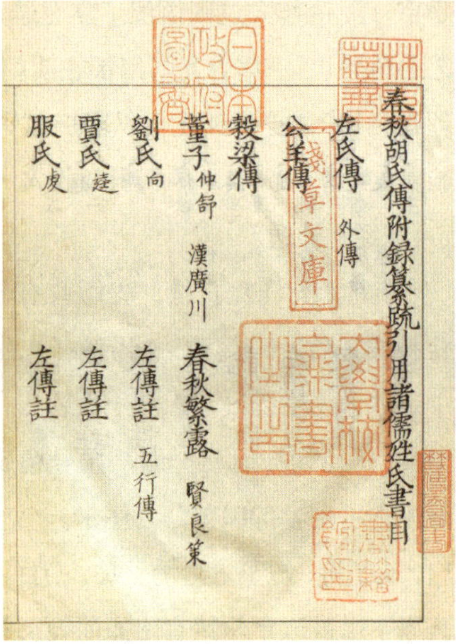

汪克宽《春秋胡传附录纂疏》书影（日本江户时期抄本 公文书馆藏）

**《春秋经传阙疑》**

45卷，元郑玉撰。[④] 郑玉曾评《春秋》三传及后世学者治《春秋》之得失称：“三家之传，左氏虽若详于事，其失也夸；公谷虽或明于理，其失也鄙。及观其著作之意，则若故为异同之辞，而非有一定不可易之说。两汉专门名家之学，则又泥于灾

---

① [清]永瑢等：《四库全书总目》卷20《经部·礼类二》，中华书局，1965年。

② [清]永瑢等：《四库全书总目》卷28《经部·春秋类三》，中华书局，1965年。

③ [清]永瑢等：《四库全书总目》卷28《经部·春秋类三》，中华书局，1965年。

④ 郑玉是元末明初深有影响的新安理学家，其学术对明代新安江流域的学术发展起到了重要的作用，因此前章将郑玉与朱升、赵汸并称“元末明初三大家”，置于明代叙述。不过，郑玉主要的生活时期在元代，《元史》亦为其立传；《四库全书》在收录郑玉的著述时，介绍其为元人。故此处叙录郑玉著述，置于元代。特此说明。

祥征应而不知经之大用。唐宋诸儒，人之为说，家自为书，纷如聚讼，互有得失。程子虽得经之本旨，惜无全书。朱子间论事之是非，又无著述。”因此，为纠正历史上诸家治《春秋》之失，郑玉著是书，“其体例以《经》为纲，以《传》为目。叙事则专主《左氏》，而附以《公》《谷》。立论则先以《公》《谷》，而参以历代诸儒之说。《经》有残阙则考诸《传》，以补其遗；《传》有舛误则稽于《经》，以证其谬”。[①] 在郑玉看来，如此则可以“使经之大旨，粲然复明于世，昭百王之大法，开万世之太平，然后足以尽斯经之用也”。[②]《四库全书》馆臣对该书评价甚高，认为“其论皆洞达光明，深得解经之要”。该书体现了郑玉关于《春秋》研究的两大特色，一是经传并重，二是博采诸儒之说，形成一家之见。在《春秋》学史和中国学术史上，该书具有重要的影响和地位。

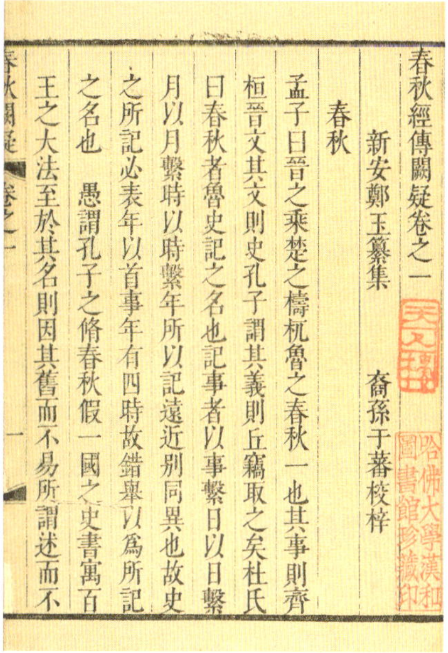
春秋經傳闕疑卷之一

新安鄭玉纂集　裔孫于蕃校梓

春秋

孟子曰晉之乘楚之檮杌魯之春秋一也其事則齊桓晉文其文則史孔子謂其義則丘竊取之矣杜氏曰春秋者魯史記之名也記事者以事繫日以日繫月以月繫時以時繫年所以記遠近別同異也故史之所記必表年以首事年有四時故錯舉以爲所記之名也　愚謂孔子之脩春秋假一國之史書寓百王之大法至於其名則因其舊而不易所謂述而不

春秋闕疑　卷之一　一

郑玉《春秋经传阙疑》书影（康熙刻本 哈佛燕京图书馆藏）

## 第二节　明代学术文化名著

### 《尚书旁注》

6卷，明朱升撰。朱升学术，以“旁注诸经”为其特色。所注有《尚书旁注》《诗经旁注》《周官旁注》《仪礼旁注》《礼记旁注》《大学中庸旁注》《论语孟子旁注》《周易旁注》《孙子旁注》《孝经小学旁注》《道德经旁注》等，后仅存《易》《诗》《书》3种旁注。其法“于本文之旁，着字以明其义，其有不相连属者，则益之于两旁之

① [清]永瑢等：《四库全书总目》卷28《经部·春秋类三》，中华书局，1965年。

② [元]郑玉：《师山遗文》卷3《春秋经传阙疑序》，四库全书本。

间。苟有不明不尽者，又益之于本行之外。学者讲本文而览旁注，不见其意义不足也”。[①] 所注内容，既融会了诸家之说，又有其独到的见解，而学术的基本倾向则仍在朱子之学一途。《尚书旁注》“以《尚书》本文大书正行，以训释字义者细书于旁，间有疏明大旨者，又别作一行书之”。《四库全书》馆臣指出是书为“乡塾课蒙之本”，[②] 当为理学的启蒙读本。后世坊肆有各种《五经》旁训之本，这种注经方式，实首创于朱升。在理学的传播过程中，这类书籍影响甚大。

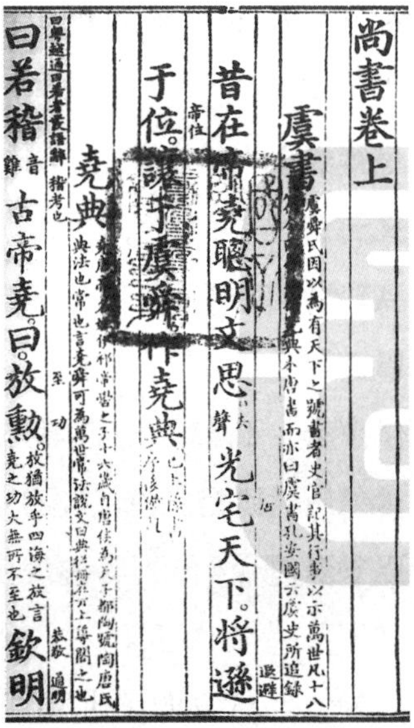
尚書卷上
虞書
昔在帝堯聰明文思光宅天下將遜
于位讓于虞舜作堯典
堯典
曰若稽古帝堯曰放勳欽明

朱升《尚书旁注》书影（明内府刻本 国家图书馆藏）

**《周易文诠》**

4卷，明赵汸撰。赵汸曾从九江黄楚望游，得口授六十四卦义，又请益严州夏大之，见夏氏家传《先天易说》，遂打下《易》学基础。[③]《四库全书总目》提要指出，本书大旨以程颐、朱熹之“义理”学说诠释《周易》，“主于略数言理”，而在赵汸门人金居敬的《跋》中提到，该书又“契先天内外之旨，且悟后天卦序之义”，因此其中“亦兼用邵氏学也”。邵氏即北宋著名理学家邵雍，精于象数之学。《经义考》载是书为8卷，今旧抄本为4卷，首尾完整，《四库全书》馆臣认为“或后人合并”。原书上方“节节标题细字，详其词意”，因其于《经》义“无所发明”，且不像赵汸所题，可能是后来读者所题识，故《四库全书》收录时，全部删削。《四库全书总目》提要对该书评价颇高，认为尽管“其中诠释义理，大抵宋儒绪论为多，不及其《春秋》诸书之深邃。然其于天道人事、吉凶悔吝之际，反复推阐，亦颇明畅”，[④] 是一部重要的《易》学著作。在新安江流域的《易》学史上，该书有着显著的地位。

**《春秋集传》**

15卷，明赵汸撰。赵汸在该书《自序》中称：“左氏有见于史，其所发皆史例也，故常著史以释经，是不知笔削之有义也。公羊、谷梁有见于经，其所传者犹有

---

① [明]朱升：《朱枫林集》卷3《易经旁注前图序》，安徽古籍丛书，黄山书社，1992年。
② [清]永瑢等：《四库全书总目》卷13《经部·书类存目一》，中华书局，1965年。
③ [明]程曈：《新安学系录》卷15，康熙三十五年（1696）绿荫园重修本。
④ [清]永瑢等：《四库全书总目》卷4《经部·易类四》，中华书局，1965年。

经之佚义焉，故常据经以生义，是不知其文之则史也。”[①] 这里，赵氏指出了《春秋》三传的得失：左氏知“史法”而不知笔削之义，公羊、谷梁知“书法”而不知其文则史也。因此，赵汸提出了三传并重，由考索而求经义的研究路径。《自序》还称：“学者必知策书之例，然后笔削之义可求。笔削之义既明，则凡以虚辞说经者，皆不攻而自破。”《四库全书》馆臣认为，这种看法“可谓得说经之要领矣”。是书有赵汸门人倪尚谊后序，其中提到该书初稿始于至正八年（1348），一再删削后，于至正十七年（1357）成编。后赵汸又著《春秋属词》，“义精例密”，遂觉得此前《春秋集传》之初稿“更须讨论”，序文中所列的“史法经义，犹有未至”，乃“重著是传，草创至昭公二十八年”。洪武初年，赵汸书未竟而卒。倪尚谊遂自昭公二十八年以下，据赵汸《春秋属词》义例续之。《四库全书》馆臣认为，“《序》中所谓策书之例十有五、笔削之义八者，亦尚谊更定，而原本有讹误疏遗者，咸补正焉。则此书实成于尚谊之手。然义例一本于汸，犹汸书也”。[②] 该书是赵汸关于《春秋》研究系列著述中至为重要的一部著述，在《春秋》学史和中国学术史上具有重要的影响和地位。

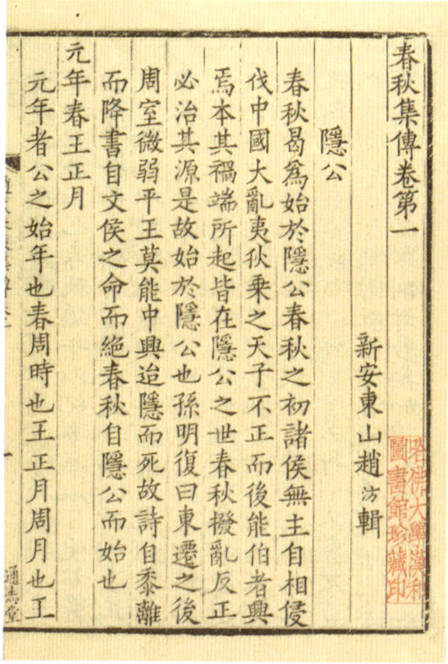
春秋集傳卷第一
新安東山趙汸輯
隱公
春秋曷爲始於隱公春秋之初諸侯無主自相侵伐中國大亂夷狄乘之天子不正而後能伯者興焉本其禍端所起皆在隱公之世春秋撥亂反正必治其源是故始於隱公也孫明復曰東遷之後周室微弱平王莫能中興追隱而死故詩自黍離而降書自文侯之命而絶春秋自隱公而始也
元年春王正月
元年者公之始年也春周時也王正月周月也王
通志堂

赵汸《春秋集传》书影（通志堂经解本）

**《春秋属辞》**

15卷，明赵汸撰。该书从《礼记·经解》“属辞比事，《春秋》教也”一语中得到启发，提出了“属辞比事”以求《春秋》“义例”的方法。作者称：“今汸所纂述，却只是属辞比事为法，其间异同详略，触类贯通，自成义例，与先儒所纂而释者殊不同。”[③] 唐孔颖达疏《礼记·经解》曰：“比次褒贬之事，是比也。”是书正是通过排比《春秋》中褒贬之史事，发掘其中的“义例”，进而探究《春秋》笔削之旨，形成一家之说。它“以杜预《释例》、陈傅良《后传》为本，而亦多所补正”，总结

① [明]赵汸：《春秋集传·序》，四库全书本。
② [清]永瑢等：《四库全书总目》卷28《经部·春秋类三》，中华书局，1965年。
③ [明]朱升：《朱枫林集》卷10，安徽古籍丛书，黄山书社，1992年。

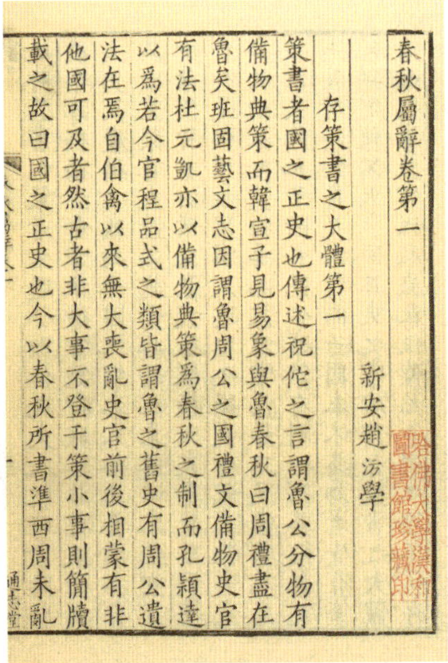
春秋屬辭卷第一

存策書之大體第一　　新安趙汸學

策書者國之正史也傳述祝佗之言謂魯公分物有備物典策而韓宣子見易象與魯春秋曰周禮盡在魯矣班固藝文志因謂魯周公之國禮文備物史官有法杜元凱亦以備物典策爲春秋之制而孔穎達以爲若今官程品式之類皆謂魯之舊史有周公遺法在焉自伯禽以來無大喪亂史官前後相蒙有非他國可及者然古者非大事不登于策小事則簡牘載之故曰國之正史也今以春秋所書準西周末亂

通志堂

赵汸《春秋属辞》书影（通志堂经解本）

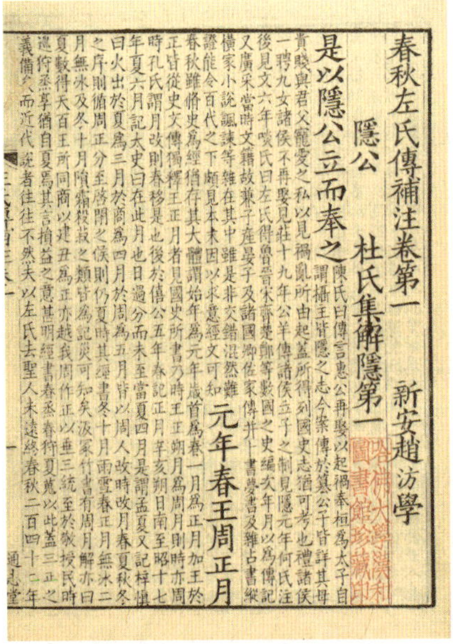
春秋左氏傳補注卷第一　　新安趙汸學

隱公　　杜氏集解隱第一

是以隱公立而奉之　陳氏曰傳言惠公再娶以起禍奉桓爲太子自謂攝王皆隱之志今案傳於篡公子皆詳其母貴賤與君父寵愛之私以見禍亂所由起蓋所得列國史志猶可考也禮諸侯一娉九女諸侯不再娶見莊十九年公羊傳諸侯立子之制見隱元年何氏注後見文六年啖氏曰左氏得魯晉宋齊楚鄭等數國之史編次年月以爲傳記又廣采當時文籍故兼子產晏子及諸國卿佐家傳并卜書夢書及雜占書縱横家小說諷諫等雖在其中雖是非交錯混然難證能令百代之下頗見本末因以求意經文可知

元年春王周正月　春秋雖脩史爲經猶存其大體謂始年爲元年歲首爲春一月爲正月加王於正皆從史文傳獨釋王正月者見國史所書乃時王正朔月爲周月則時亦周時孔氏謂月改則春移是也後於僖公五年春記正月辛亥朔日南至昭十七年夏六月記大史曰在此月也日過分而未至當夏四月是謂孟夏又記梓愼曰火出於夏爲三月於商爲四月於周爲五月皆以周人改時改月春夏秋冬之序則循周正分至啓閉之候則仍夏時其經書冬十月雨雪春正月無冰二月無冰及冬十月隕霜殺菽之類皆爲記災可知矣汲冢竹書有周月解亦曰夏數得天百王所同商以建丑爲正亦越我周作正以垂三統至於敬授民時巡狩烝享猶自夏焉其言損益之意甚明經書春烝春狩夏蒐以此蓋三正之義備矣而近代說者往往不然矣以左氏去聖人未遠終春秋二百四十二年

通志堂

赵汸《春秋左氏传补注》书影（通志堂经解本）

出了《春秋》之例有八，其一曰存策书之大体，其二曰假笔削以行权，其三曰变文以示义，其四曰辩名实之际，其五曰谨华夷之变，其六曰特笔以正名，其七曰因日月以明类，其八曰辞从主人。赵汸对每一例均有《序》予以说明，并认为通过排比《春秋》中褒贬之史事而得出的该八例，“无一义出于杜撰”。学界认为，赵汸发明的《春秋》八例，删除繁琐，淹通贯穿，据传求经，多由考证得之，确实较诸家为有序，且避免了凭空臆说。宋濂在《序》中评论说，其书“义精例密，咸有所据，多发前贤之所未发。譬犹张乐广厦，五音繁会，若不可以遽定。细而听之，则清浊之伦、重轻之度，皆有条而不紊”。①《四库全书》馆臣也称赵汸“论义例颇确”。②该书是赵汸关于《春秋》研究学术思想体系中与《春秋集传》并称的重要著述，在《春秋》学史上产生了重大的影响。

**《春秋左氏传补注》**

10卷，明赵汸撰。赵汸治《春秋》，宗乃师黄泽之说，以左氏传为主，注则宗杜预。左氏传有所不及者，以公羊、谷梁二传通之。杜预注所不及者，以陈傅良《左传章旨》通之。《四库全书总目》提要称，是书“采傅良之说，以补《左传集解》所未及。其大旨为杜偏于左，傅良偏于谷梁；若用陈之长以补杜之短，用公、谷之是以救《左传》之非，则两者兼得笔削义例，

① [明]赵汸：《春秋属辞》卷首《宋濂序》，四库全书本。

② [清]永瑢等：《四库全书总目》卷28《经部·春秋类三》，中华书局，1965年。

触类贯通，传注得失，辨释悉当，不独有补于杜解，为功于《左传》，即圣人不言之旨，亦灼然见”。[①] 就是说，该书不仅是补《左传》杜预注之不足的有功之臣，也是阐发圣人“义例”的重要之作。在新安江流域的学术史上，该书是一部研究《左传》的极为重要著述。

**《易引》**

9卷，明方时化撰。时化字伯雨，万历二十二年（1594）举人，官至叙州府同知。该书共101篇，前后泛论《易》理，中间则每卦为一篇，兼及系辞各章，《四库全书总目》提要称其“大旨以佛经解《易》”。时化共著书6种，其子方庞汇辑合刊，该书为第一种。其余5种分别是：《周易颂》2卷，上、下卷各90颂，前后叙述象数，中间每卦为一颂，也有两卦为一颂者，“其体格颇仿《焦氏易林》，要不脱佛家之宗旨”；《学易述谈》4卷，分密义述20则，名象述12则，卦爻述40则，凡例述12则，“总以禅机为主”；《易指要绎》3卷，乃演绎其高祖方社昌《周易指要》之作，其中凡称“绎曰”者，皆时化之言；《易疑》4卷，首卷密义疑21则，二卷名象疑12则，三卷卦爻疑36则，四卷凡例疑24则，分类与《学易述谈》相同；《易通》1卷，多取周敦颐《通书》和张载《正蒙》之言发明《易》理。[②] 时化关于《易》学的5部著述，总的学术倾向是以佛教之理诠释《易》，在新安江流域的《易》学史上，堪称别具一格。

**《阴符经质剂》**

1卷，明方时化撰。《四库全书总目》提要称：“是编大旨，以阴符与《易》理相合。前有自序，谓已有《易引》百篇，不可不质剂于阴符，末又附阴符质剂问，设为问答以畅其说，大都不离乎禅学。”[③] 是书实为时化《易》学研究中与《易引》同为阐述其观点的重要著述，而主导宗旨仍然是以禅学为立足点，体现了时化一以贯之的学术倾向。

**《楚辞集解》**

8卷，《蒙引》2卷，《考异》1卷，明汪瑗撰，其侄汪仲弘补辑。汪瑗，字玉卿，歙县人。该书前有归有光《楚辞集解序》、汪瑗《自序》、汪仲弘《楚辞集解补纪由》《天

① [清]永瑢等：《四库全书总目》卷28《经部·春秋类三》，中华书局，1965年。
② [清]永瑢等：《四库全书总目》卷8《经部·易类存目二》，中华书局，1965年。
③ [清]永瑢等：《四库全书总目》卷147《经部·道家类存目五》，中华书局，1965年。

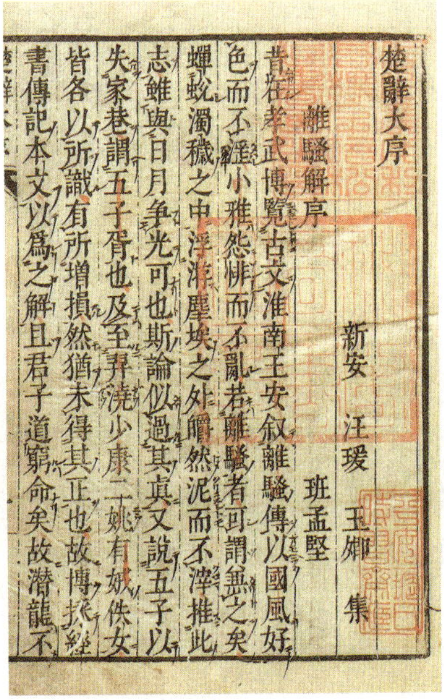
楚辭大序

新安 汪瑗 玉卿 集

離騷解序 班孟堅

昔在孝武博覽古文淮南王安叙離騷傳以國風好色而不淫小雅怨誹而不亂若離騷者可謂兼之矣蟬蛻濁穢之中浮游塵埃之外皭然泥而不滓推此志雖與日月爭光可也斯論似過其真又說五子以失家巷謂五子胥也及至羿澆少康二姚有娀佚女皆各以所識有所增損然猶未得其正也故博採經書傳記本文以爲之解且君子道窮命矣故潛龍不

汪瑗《楚辞集解》书影（明刻本 公文书馆藏）

问注跋》《楚辞大序》《楚辞小序》等。《集解》8 卷，包括《离骚》2 卷，《天问注补》2 卷，《九歌》《九章》《远游》《卜居》《渔父》各 1 卷，唯注屈原诸赋，而宋玉、景差以下诸篇不收。《蒙引》2 卷，皆辨证文义；《考异》1 卷，则以王逸、洪兴祖、朱熹三本互校其字句。尽管《四库全书总目》提要认为，"《楚辞》一书，文重义隐，寄托遥深。自汉以来，训诂或有异同，而大旨不相违舛。瑗乃以臆测之见，务为新说以排诋诸家"，且存在"疑所不当疑，信所不当信"等问题，[①] 但该书不拘传统，提出新说，是明代一部重要的《楚辞》研究著述。学界认为，汪瑗主张以文本研究作品及作者，考辨详尽，发明新意，是"明代《楚辞》研究中质量最高、最有特色的注本"。新安江流域的学术文化中，关于《楚辞》的研究著述相对较少，这部代表明代《楚辞》研究一流水准的著述，反映了该区域学术文化的广博与深邃。

**《四易通义》**

6 卷，明程观生撰。观生本歙县人，流寓嘉兴，曾为诸生，后以看风水谋生。朱彝尊《经义考》载其有《易内三图注》3 卷，已佚。观生以说《易》者多"以我解《易》，而不能以《易》解《易》"，故《易》之义反而被传疏混淆，因此编撰此书以纠正说《易》者之误。该书首列《横图、方图、圆图合参要旨》，次《卦象爻定辞微旨》，而于每卦每爻下各系错综互变所在以贯通之。其大旨主于明人事。《四库全书》馆臣指出："《自序》谓时当大乱，非藉四圣之力不足以救。故每发一义以举今之非，而折中于《易》理之是，类多隐切明季时势立言。"[②] 这种借古讽今的学术方法，体现了观生关注时势与现实的治学之道。不过，《四库全书总目》提要中也认为，观生的有些观点颇不合时宜，如"释《晋》之上九，乃极称封建为良法，且言天地一日不改，此法终不可易，则立论未免迂僻矣"。该书是新安江流域《易》

① [清]永瑢等：《四库全书总目》卷148《集部·楚辞类存目》，中华书局，1965年。
② [清]永瑢等：《四库全书总目》卷8《经部·易类存目二》，中华书局，1965年。

学史上一部重要的著述，其治学宗旨与方法颇具特色。

**《易经补义》**

4卷，明方芬撰。芬字舒林，歙县人。该书全列《本义》于前，将自己有所发明之处，附于其末，并标明“补”字以示区别。其《凡例》称，方芬祖父有度撰有《易旨正宗》，父希莱撰有《易经要旨》，方芬据此而为之。《四库全书总目》提要指出，“今二书皆未见，然观芬之书，其大略可睹矣”。尽管《四库全书》馆臣对该书评价不高，认为“所得颇为肤浅”，[①] 但在新安江流域的《易》学史上，它仍有一定的地位。一方面，该书的出现，展示了晚明时期该区域的《易》学传承之状；另一方面，该书也保存了新安江流域《易》学史研究的部分资料。

**《六爻原意》**

1卷，明金瑶撰。金瑶字德温，号栗斋，休宁人。嘉靖十年（1531）选贡生。历会稽县丞、庐陵县丞。是书成于万历九年（1581），乃其晚年所作。书名称“原意”，意思是“原周公爻辞之意”。书中内容，每卦皆先列六爻于前，而为统论于后。其《自序》谓，“周公作爻辞，必先得一卦之意，然后因爻而布之。此爻是此意，则以此意属此爻。彼意合彼爻，则以彼爻系彼意”。《四库全书总目》提要并不赞同这一观点，认为“《易》本天地自然之数，圣人因其盈虚消息、过与不及而以人事准之，明其吉凶悔吝，以决进退存亡。如瑶所论，是圣人先立一说而牵引《易》象以合之，假借《易》数以证之。施于此处不可通者，移其说于彼。施于彼处不可通者，又移其说于此。反复迁就，务申己意而后已。此后世著书之法，非圣人演《易》之本旨也”。[②] 尽管如此，作为明中叶新安江流域探讨《易》本义的一部具有一定独立见解的著述，它是展示该区域《易》学发展风貌不可忽略的一部重要作品。

**《周礼述注》**

6卷，明金瑶撰。是书成于万历七年（1579），前有金瑶《自序》及《凡例》十条，认为《周礼》之文为汉儒所纂改，其中不乏伪官乱句，因此悉为考定，别以阴文书之。《四库全书总目》提要称，该书“大旨本元吴澄《三礼考注》、明何乔新《周礼集注》之说，而又以臆见更定之。其《补冬官》之末，附以《改官议》《改文议》二篇，

① [清]永瑢等：《四库全书总目》卷8《经部·易类存目二》，中华书局，1965年。
② [清]永瑢等：《四库全书总目》卷7《经部·易类存目一》，中华书局，1965年。

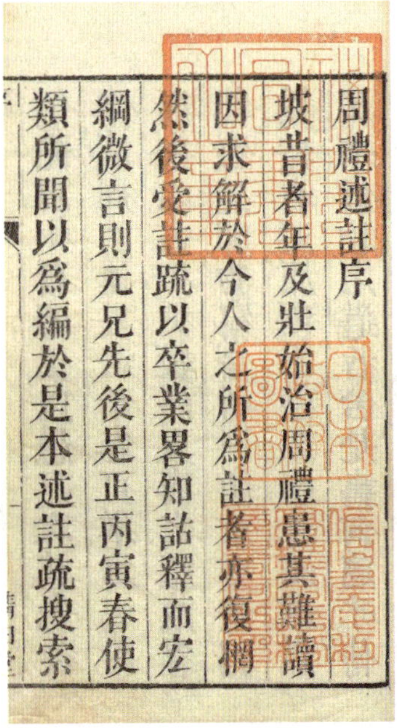
周禮述註序
坡昔者年及壯始治周禮患其難讀
因求解於今人之所爲註者亦復惘
然後受註疏以卒業畧知詁釋而宏
綱微言則元兄先後是正丙寅春使
類所聞以爲編於是本述註疏搜索

金瑶《周礼述注》书影（乾隆三十二年刊本 公文书馆藏）

即评论二氏之得失者也”。[①]这里指出了金瑶治《周礼》的基本学术倾向。该书是明代新安江流域关于《周礼》研究的重要著述，也是区域礼学史传承中重要的一环。

**《道一编》**

6卷，明程敏政撰。该书依据朱熹、陆九渊两家之往还信件，重在调和朱熹与陆九渊两家学说的分歧。书中程敏政提出，“道一”包含二层意思：一是指宇宙之“道”，也就是朱熹与陆九渊两家所求的“道”，乃是同一的，并无二样；二是指朱、陆两家之说及其为学之道，最终归于一致。立足于“道一”思想，程敏政极言朱熹与陆九渊之学“异于早年而卒同于晚岁”，并提出了朱熹、陆九渊“早异晚同”的三个发展阶段，即“始焉如冰炭之相反”“中焉则疑信之相半”“终焉若辅车之相倚”。程敏政这一观点及其论述，对明代“心学”大师王阳明也产生了重要的影响。陈建说：“程篁墩著《道一编》，分朱陆同异为三节，始焉如冰炭之相反，中焉则疑信之相半，终焉若辅车之相依，朱陆早异晚同之说，于是乎成矣。王阳明因之，遂有《朱子晚年定论》之录，与《道一编》辅车之说，正相唱和。”[②]嘉靖三十一年(1552)，崇阳汪宗元在《道一编后序》中也指出了程敏政之说与王阳明朱子晚年定论的关系。汪氏说：“晦庵之道，学者童而习之，昭如日星，固已章明于天下。象山乃蒙无实之诬，人皆以禅学目之，四百余年，莫之辨白。此篁墩先生当群哓众咻之余，而有道一之编也。继是而得阳明先生独契正传，而良

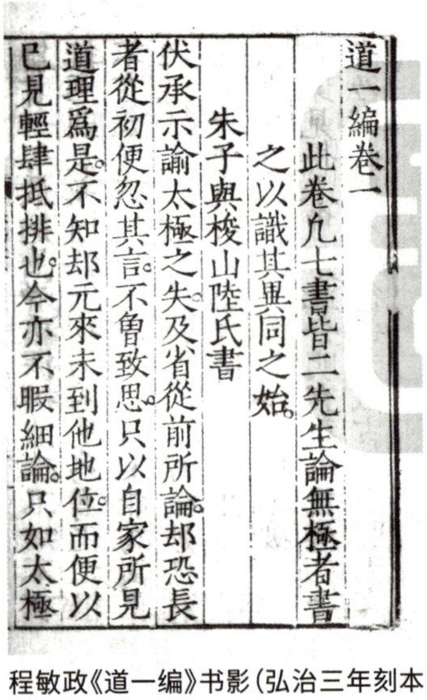
道一編卷一
此卷凡七書皆二先生論無極者書
之以識其異同之始
朱子與梭山陸氏書
伏承示諭太極之失及省從前所論却恐長
者從初便忽其言不曾致思只以自家所見
道理爲是不知却元來未到他地位而便以
已見輕肆抵排也今亦不暇細論只如太極

程敏政《道一编》书影（弘治三年刻本 国家图书馆藏）

① [清]永瑢等：《四库全书总目》卷23《经部·礼类存目一》，中华书局，1965年。
② [清]永瑢等：《四库全书总目》卷95《子部·儒家类存目一》，中华书局，1965年。

知之论明言直指，远绍孟氏之心法，亦是编有以启之也。”[①] 陈、汪两人的这一看法，充分肯定了程敏政“道一”思想在明代中期学术界的影响。

**《新安学系录》**

16卷，明程曈撰。该书有代表性地选择了宋、元、明三朝徽州的著名学者100余人，对其生平经历、学术风貌进行了概括的介绍，一是凸显了他们共同的奉朱子之学为正朔的学术宗旨，二是勾勒了新安理学作为一支地方理学流派而独立存在的轮廓，三则记录了徽州理学家师生传授的脉络，反映了一个学派应有的独立家传性质。由此该书成为第一部新安理学的“学案”。是第一部将新安理学作为独立存在的一支地方理学流派而进行阐释的著作。该书的基本学术倾向，在于维护朱子之学。首先，在人物的选择方面，凡非朱门的新安学者，一概不收；所录之人，凡有背朱子之学言论处，概不提及。《江南通志》称程氏此书“与朱子合者存，背者去”。[②] 其次，大力表彰对朱子学做出重大贡献的新安学者。再次，在资料的取裁方面，特别注意引用有关程朱的言论、新安学者对朱子学阐释的内容，以及新安学者辩驳“异说”的看法，由此通过对资料的编排而达到宣扬和维护朱子学的目的。在明中叶“王（阳明）学”风靡于世的背景下，该书的出现，在学术史上有其特殊的意义。该书还是一部具有重要史料价值的地方文献。全书引用的各种文献达百种以上，包括明实录、正史、文集、府志、郡志、县志、墓志铭、家乘、族谱等。其中如《吴仲文性理问答》《竹坡集》《四书章图》等著述，已颇为难见，甚至不传。所录徽州学者的传记和遗事，为人们研究徽州历史人物及其言行，并进一步研究徽州历史和文化，提供了广泛而翔实的资料。该书无论在新安理学学派经营，或文献保存方面，均有不可忽视的贡献。

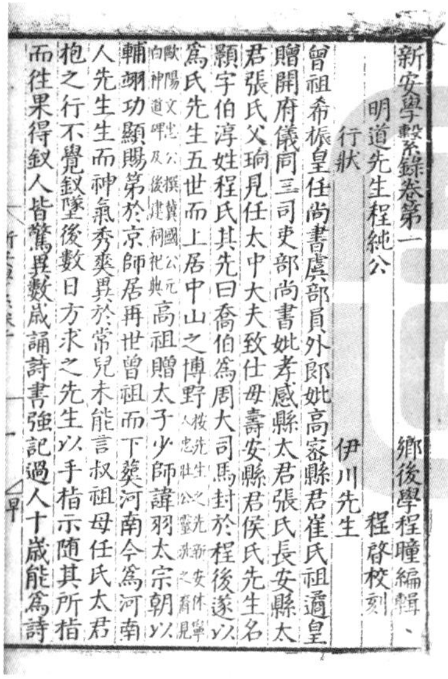
新安學繫錄卷第一　鄉後學程曈編輯、
明道先生程純公　程啓校刻
行狀　伊川先生
曾祖希振皇任尚書虞部員外郎妣高密縣君崔氏祖遹皇
贈開府儀同三司吏部尚書妣孝感縣太君張氏長安縣太
君張氏父珦見任太中大夫致仕母壽安縣君侯氏先生名
顥字伯淳姓程氏其先曰喬伯爲周大司馬封於程後遂以
爲氏先生五世而上居中山之博野（按先生之先新安休寧人忠壯公靈洗之裔見
歐陽文忠公撰贇國公元向神道碑及後建祠祀典）高祖贈太子少師諱羽太宗朝以
輔翊功顯賜第於京師居再世曾祖而下葬河南今爲河南
人先生生而神氣秀爽異於常兒未能言叔祖母任氏太君
抱之行不覺釵墜後數日方求之先生以手指示隨其所指
而往果得釵人皆驚異數歲誦詩書強記過人十歲能爲詩

程曈《新安学系录》书影（明正德绿荫园重修本 国家图书馆藏）

① [明]程敏政：《道一编》卷末附《汪宗元后序》，四库全书存目丛书本。
② [清]黄之隽等：《江南通志》卷124《儒林传》，四库全书本。

## 《闲辟录》

10卷，明程曈撰。是书前9卷录朱熹集中辨“异学”之语，以辟陆九渊和王阳明学说；末1卷则杂取《宋史》以下诸家论陆王者，亦诟病其学说之非。嘉庆《休宁县志》记载，程曈早年失怙，弱冠即弃举子业，一生不举不仕，人生非常平凡。但他在平凡的一生中，始终潜心于“涵养致知之学”，以“求真是之归”，并当“正（德）、嘉（靖）之际，禅陆盛行”时，能够“独立狂澜，抵排攘斥，崇正道，辟邪说”。[1] 这里所谓的“崇正道，辟邪说”，就是指程曈的学术排斥陆王学说，维护朱子之学，该书则是反映其学术宗旨的代表作。据载，与程曈同时代的徽州著名学者程敏政著有《道一编》一书，其中谓朱熹与陆九渊“早异晚同”，也就是说朱熹的学说与陆九渊的“心学”思想在后来已是殊途同归，不存在水火之斥。程曈见到此书后，“深以为非”，于是专门收集了《朱子年谱》和朱熹文集中辨正“异学”的有关语录，批驳《道一编》的观点，著成《闲辟录》一书，以此攘斥风行一时的陆王之说。《四库全书》馆臣颇带感情色彩评论说，此书“门户之见太深，词气之间，激烈已甚”。[2] 当时另一位激烈反对陆、王之学的学者、《学蔀通辨》[3] 作者陈建（字廷肇，号清澜）一见程曈之书，即喟然叹曰：“斯世也，而有斯人耶？斯世而有众醉独醒、无偏无党之士如莪山者？何处得来耶？其主意正矣，用心勤矣，卫道严矣，有功朱子矣！”[4] 将程曈引为难得的“同道”。此书是明中叶新安学者抵排陆王学说的代表作，既反映了程曈不失为旗帜鲜明的“卫道”

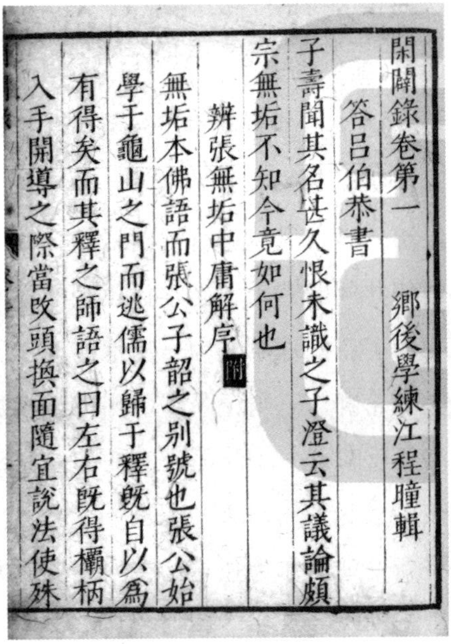
閑闢錄卷第一　鄉後學練江程曈輯
答吕伯恭書
子壽聞其名甚久恨未識之子澄云其議論頗
宗無垢不知今竟如何也
辨張無垢中庸解序 附
無垢本佛語而張公子韶之别號也張公始
學于龜山之門而逃儒以歸于釋既自以為
有得矣而其釋之師語之曰左右既得欛柄
入手開導之際當改頭換面隨宜說法使殊

程曈《闲辟录》书影（嘉靖四十三年刻本　国家图书馆藏）

① 嘉庆《休宁县志》卷12《人物》。

② [清]永瑢等：《四库全书总目》卷96《子部·儒家类存目二》，中华书局，1965年。

③《学蔀通辨》12卷，明哲学家陈建著。是书分前、后、续、终4编，恪守程、朱学说，力纠陆、王之“偏”，被视为明代反陆王之学的代表作。

④ [清]施璜等：《紫阳书院志》卷9《列传》，雍正三年（1725）刻本。

之士，也体现了当时新安学术内部的激烈交锋。

**《七经图》**

7卷，明吴继仕撰。继仕，字公信，是书刊于万历七年（1579），分为《大易象数钩深图》《尚书轨范撮要图》《毛诗正变指南图》《春秋笔削发微图》《礼记制度示掌图》《周礼文物大全图》《仪礼会通图》等7种。《四库全书总目》提要称："宋《馆阁书目》载《六经图》六卷，杨甲撰，毛邦翰增补之，为图三百有九。又《宋史·艺文志》有叶仲堪《六经图》七卷。陈振孙《书录解题》谓仲堪即以邦翰旧本增损改定。"这是一部在毛邦翰旧本基础上增订而成的图录。前有继仕《自序》云："得旧本摹校，旧图三百有九，今加校正为三百二十有一。又增《仪礼图》二百二十有七，共为图五百四十有八。"① 是书虽非继仕所自撰，但其收录《七经》图之全，堪称重要的图录资料集。该书明万历时期的刊本，版刻精美，线条流畅，被誉为"刊刻最早""版刻最精"的善本。

**《读易索隐》**

6卷，明洪鼐撰。洪鼐字廷器，寿昌人。正德五年（1510）举人，官国子监助教。朱彝尊《经义考》载有是书，注曰"未见"。《四库全书总目》提要称："此本纸墨尚新，盖刻于彝尊后也。"其书不载《经》文，但随意标举某节某句而说之。该书宗旨，主于"良知"

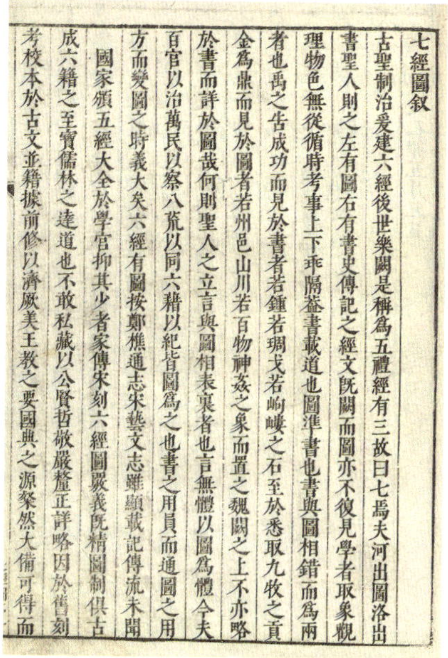

吴继仕《七经图》书影（明刻本 公文书馆藏）

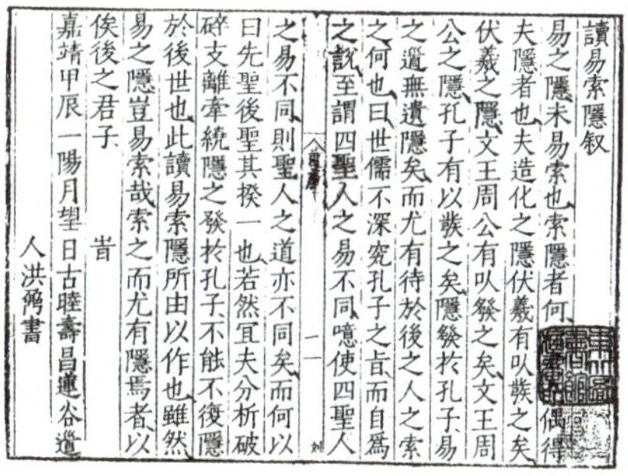

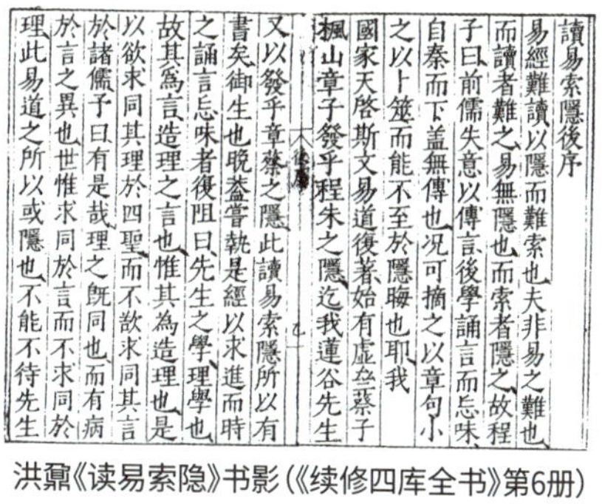

洪鼐《读易索隐》书影（《续修四库全书》第6册）

① [清]永瑢等：《四库全书总目》卷34《经部·五经总义类存目》，中华书局，1965年。

之学，因此书中对朱熹《易本义》、蔡清《易经蒙引》都有所辩驳，反映了新安江流域《易》学研究中主陆王心学的一派观点。

**《春秋续义发微》**

12卷，明郑良弼撰。良弼字子宗，号肖岩，淳安人。万历中举人。《四库全书总目》提要云："此编取胡安国《传》所未及者，拾遗补阙，续明其义。亦步亦趋，皆由安国之义而推之，故其得失亦与安国相等。"[①] 该书是明代新安江流域关于《春秋》研究的重要著述，被《四库全书》收入存目类丛书。其进呈本首叶卷端钤有满汉文官印"翰林院印"，现藏清华大学图书馆。

## 第三节　清代学术文化名著

**《易赘》**

2卷，清王艮撰。王艮，初名炜，字无闷，号不庵，歙县人。该书有《自序》云："汉儒乱其数，宋儒凿其理，其有合于《易》而不失厥旨者，要非全《易》矣。"就是说，汉儒与宋儒解《易》，各有其弊。是书乃不标经文，每条皆泛论《易》理，凡与人问答书中有论及《易》者，亦节录附入。《四库全书》馆臣认为，其书"大旨仍主义理而不言象数"，[②] 这未免是个缺憾。《经义考》作1卷，称其友始安吴怀、鄱阳史白曾为之序。今吴、史两《序》并存，而卷分为二。该书是清代新安江流域关于《易》学研究的重要著述，在《易》学史上颇有地位和影响。

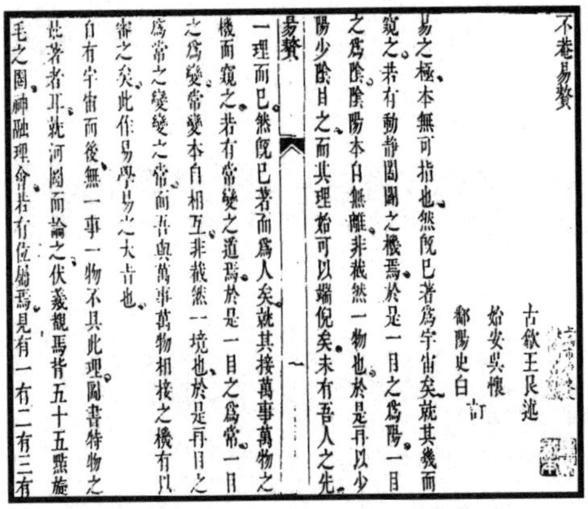
不菴易贅
古歙王艮述
始安吳懷
鄱陽史白 訂
易之極本無可指也然既已著爲宇宙矣就其幾而窺之若有動靜闔闢之機焉於是一日之爲陽一日之爲陰陰陽本自無離非截然一物也於是乎以少陽少陰目之而其理始可以端倪矣未有吾人之先一理而已然既已著而爲人矣就其接萬事萬物之機而窺之若有常變之道焉於是一日之爲常一日之爲變常變本自相互非截然一境也於是乎目之爲常之變變之常而吾與萬事萬物相接之機有以審之矣此作易學易之大吉也
自有宇宙而後無一事一物不具此理圖書特物之甚著者耳蓋河圖而論之伏羲觀焉皆五十五點旋毛之圖神融理會若有位焉見有一有二有三有
易贅 一

王艮《易赘》书影(《四库全书存目丛书》经部第30册)

① [清]永瑢等:《四库全书总目》卷30《经部·春秋类存目一》,中华书局,1965年。
② [清]永瑢等:《四库全书总目》卷9《经部·易类存目三》,中华书局,1965年。

### 《易或》

10卷，清徐在汉撰。在汉初名之裔，字天章，晚年改今名，字寒泉，歙县人。其初在汉与山阴人赵振芳同著《易原》，《易原》一书“列古本图书、古本易经为首卷，列诸图与说为次卷，其古本《周易》集诸家旧本而考其异同，于章句、文字颇有厘定”。后在汉独自作《易或》，书名“或者，疑不自信之意也”。是书不载经文，只按节次自为解义，同时也兼采诸儒之说。虽然《四库全书》馆臣认为，书中不乏在汉的“臆断”之处，如卷首列“观玩要领”一篇，其第二条说“爻辞系于文王，而非周公”等，[①] 但敢于质疑立论，则是该书的一大特色。在新安江流域的《易》学史上，该书也是重要的著述之一。

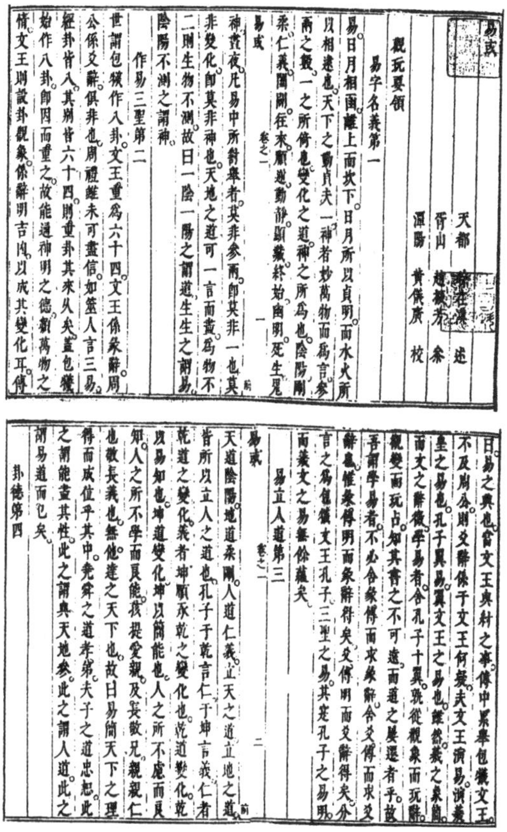

徐在汉《易或》书影（《四库全书存目丛书》经部第31册）

### 《春秋集解读本》

12卷，清吴应申撰。应申，字文在，歙县人。历史上《春秋》经解卷帙浩繁，一般学者难于遍读，是书荟萃众说，择其合于《经》旨者详注《经》文之下，以资记览。应申在《自序》中称，“词可计日而诵，为愚鲁者计甚便”。尽管这是一部“课读”之本，在阐发《经》义、提出已见等方面，非其长处。但该书对传播《春秋》学说，方便学者记其要领和了解历史上关于《春秋》的诸家之说等，作用甚大。

### 《孝经类解》

18卷，清吴之騄撰。之騄字耳公，歙县人。康熙十一年（1672）举人，官绩溪县教谕，后迁镇江府学教授。该书成书年代不详，主要旁征博引经、史、子、集相关事例，以证《孝经》之文。《四库全书总目》提要称，诠释经典当重在阐发经

---

① [清]永瑢等：《四库全书总目》卷9《经部·易类存目三》，中华书局，1965年。

书之微意，若“旁引后代故实，牵合比附”，似属不妥。因为“每句之下皆可成类书一门。典籍浩博，岂复胜载乎”？[①] 尽管有此问题，但该书引证事例以释《孝经》，不失为解经之一途。在新安江流域的学术史上，该书是关于《孝经》研究的重要著述，对理解和普及“孝”之观念具有重要意义和作用。

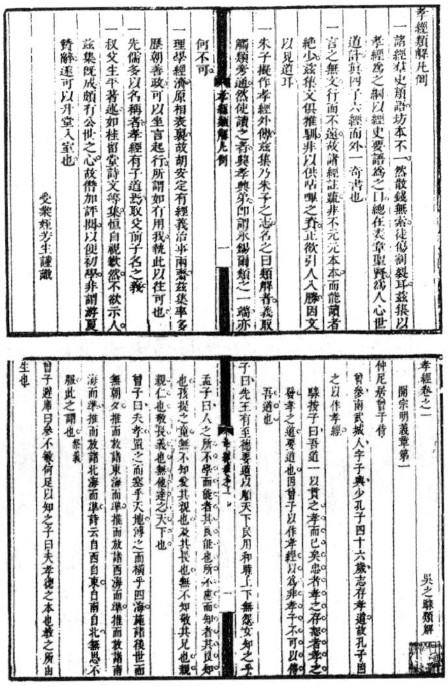

吴之騄《孝经类解》书影（《四库全书存目丛书》经部第146册）

**《字诂》**

1卷，清黄生撰。黄生，字扶孟，别号白山，歙县人。曾为明朝诸生，清末入仕。支伟成在《清代朴学大师列传》中说：“扶孟先生僻处于岩阿郙曲之中，非如清初诸大师之广涉博览，切磋交通；乃不假师承，无烦友质，上下古今，钩深致远，声音回转，训诂周流，反胜于诸人之犹有所沾滞焉。综厥之绩，品谊之醇，碻乎坚贞，亮哉！诚可谓故逸民通人之俦辈也。”[②] 对黄生的学术与人品做了全面的评述，可谓中肯。该书共107条，取经史群书语词，考辨其音义，订正其讹误，被公认为是一部极为精当的解释字义之书，代表了清代考据学者的最高水准。《四库全书总目》提要称：“是编取魏张揖《字诂》以名其书，于六书多所发明。每字皆有新义，而根据博奥，与穿凿者有殊。”“此类则最为精核。其他条似此者不可枚举。盖生致力汉学，而于六书训诂尤为专长，故不同明人

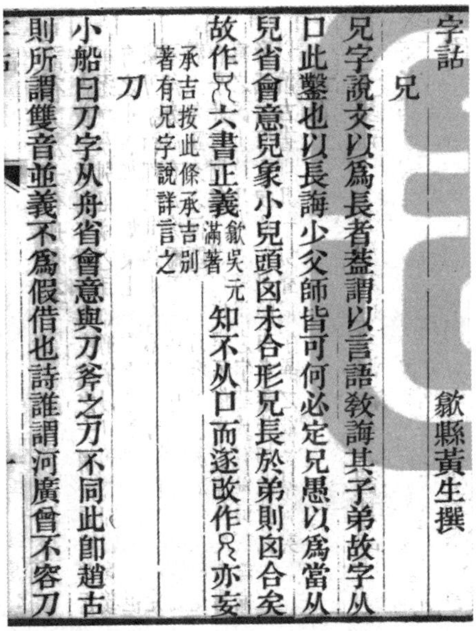
字詁 兄 歙縣黃生撰
兄字說文以爲長者蓋謂以言語教誨其子弟故字从口此鑿也以長誨少父師皆可何必定兄愚以爲當从兒省會意兒象小兒頭囟未合形兄長於弟則囟合矣故作兄六書正義 歙吳元滿著 知不从口而遂改作兄亦妄
承吉按此條承吉別著有兄字說詳言之
刀
小船曰刀字从舟省會意與刀斧之刀不同此即趙古則所謂雙音並義不爲假借也詩誰謂河廣曾不容刀

黄生《字诂》书影（光绪三年刻本 国家图书馆藏）

---

① [清]永瑢等：《四库全书总目》卷32《经部·孝经类存目》，中华书局，1965年。

② 支伟成：《清代朴学大师列传》之《清代朴学先导大师列传第一》，岳麓书社，1986年。

之剿说也。”[1]“每字皆有新义”“根据博奥”“最为精核”“不同明人之剿说”等评价，推许甚高。该书是新安江流域学术史上最为重要的考据学著述之一，既反映了清代考据学的成就，也体现了当时从宋学向考据学转向的学术风气。

**《义府》**

2卷，清黄生撰。该书分上下两卷，上卷论经，下卷论诸史、诸子、诸集，皆为考证札记之文。卷末附以赵明诚《金石录》、洪适《隶释》、郦道元《水经注》所载古碑，陶宏景、周子良《冥通记训诂》等。《四库全书总目》提要称：“（黄）生于古音、古训，皆考究淹通，引据精确，不为无稽臆度之谈。如，据《说文》辨《周礼》毼毲，正贾公彦丁度之误；引贾谊论陈琳檄，证《尚书》漂杵为漂橹；引《尔雅》证《礼记》郑注烹鱼去乙之误；引《吕览》证朱襮非朱领；引檀弓弥牟为木，证勃鞮为披；引《左传》及《诗序》证檀弓请庚之庚训道路；引《唐书》廉访证周官六计之廉训察；引《吴越春秋》证鄂不即鄂跗；引《左传》证出于其类之出训产，引《周礼》载师闾师证夫布、里布为二事；引《诗·王风》证《孟子》施施；引《左传》刘子语证司中；引《系词》证信信当读申；引《礼记》称说命为兑命，解行路兑矣当训说；引《汉书》证志微噍杀当为纤微憔悴；引《周颂》《尔雅》证郑众解牍应雅之讹；引《尔雅》证终军、许慎解豹文鼠之所以异；引《后汉书·李膺传》证师古解轩中之讹；引《孝经疏》证《后汉书》辜较、估较、辜榷、酤榷之义；引《史记·货殖传》证刁悍当为雕悍；引《潜夫论》证关龙即豢龙；引《庄子》证《列子》蕉鹿之蕉为樵；引《世说注》证茗艼即酩酊，皆根柢训典，凿凿可凭。”[2]

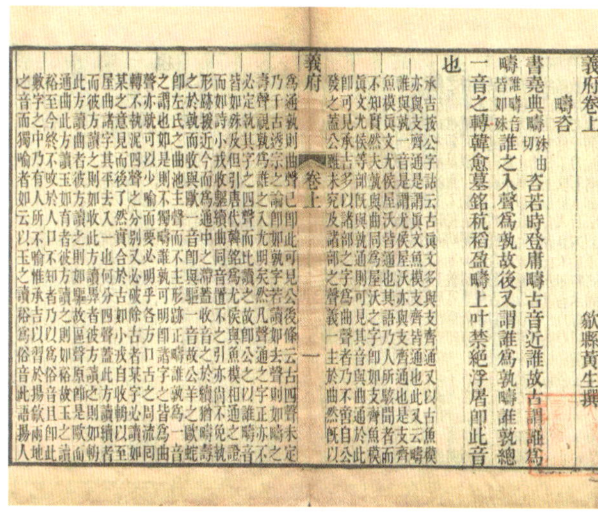
義府卷上　歙縣黃生撰

疇咨

書堯典疇（殊由切）咨若時登庸疇古音近誰故古謂誰爲疇（誰疇音皆如殊）誰之入聲爲孰故後又謂誰爲孰疇誰孰總一音之轉韓愈墓銘秔稻盈疇上叶禁絕浮居即此音也

義府　卷上　一

黄生《义府》书影（光绪二十二年刻本　天津图书馆藏）

① [清]永瑢等：《四库全书总目》卷40《经部·小学类一》，中华书局，1965年。

② [清]永瑢等：《四库全书总目》卷119《子部·杂家类三》，中华书局，1965年。

经黄生考订之上述字词字义字音等，精确不易，皆被视为定谳。该书之考论，刊正前人谬误，引申经文字义，当得上《四库全书》馆臣“考究淹通，引据精确，不为无稽臆度之谈”的评价。其考证之功，与方以智《通雅》并称。清前期新安江流域学者之考据学成就，以此书为代表性著述。

**《周易图书质疑》**

24卷，清赵继序撰。继序，字芝生，号易门，休宁人。乾隆六年（1741）举人，方志言其学“一以朱子为宗”。[1] 该书以象数言《易》，首为《古经》12篇，逐节诠释《经》义而不载《经》文，但标卦爻，用汉儒《经》《传》别行之例。次为图32幅，包括《太极图》《两仪图》《四象图》《八卦图》《六十四卦图》《天地全数图》《天地分数图》《天地合数图》《天地积数图》《参两倚数图》《连山八卦横图》《归藏八卦横图》《周易八卦横图》《八卦错综图》《六十四卦备卦图》等，各系以说，而终以《大衍象数考》《春秋传论易考》《易通历数》《周易考异》《卦爻类象》。又一篇辨吴仁杰本、费直本，不立标题，列于《周易考异》前，《四库全书》馆臣疑其抄录时颠倒，当为原来之末篇。《四库全书总目》提要称：“全书多从卦变起象，而兼取汉宋之说，持论颇平允。”[2] 予以较高的评价。学界认为，尽管康熙年间《御纂周易折中》颁行天下，但仍有学者继续推衍朱熹易图而别为之说，此书即为其中的代表作品。它是新安江流域《易》学史上具有重要地位的著述。

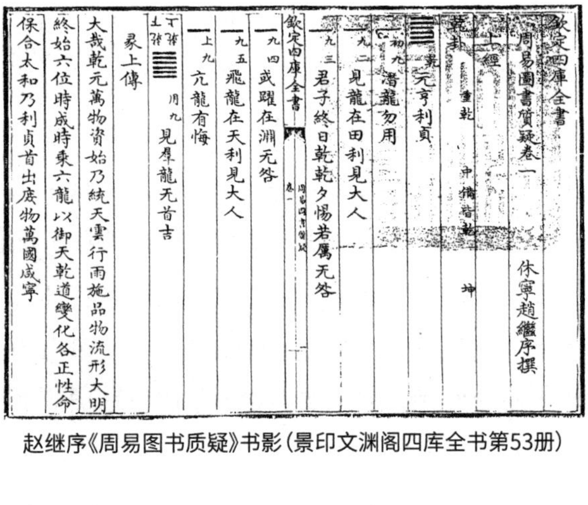
欽定四庫全書
周易圖書質疑卷一　休寧趙繼序撰
上經
乾卦
乾元亨利貞
初九潛龍勿用
九二見龍在田利見大人
九三君子終日乾乾夕惕若厲无咎
九四或躍在淵无咎
九五飛龍在天利見大人
上九亢龍有悔
用九見羣龍无首吉
彖上傳
大哉乾元萬物資始乃統天雲行雨施品物流形大明
終始六位時成時乘六龍以御天乾道變化各正性命
保合太和乃利貞首出庶物萬國咸寧

赵继序《周易图书质疑》书影（景印文渊阁四库全书第53册）

**《读易质疑》**

20卷，清汪璲撰。汪璲，字文仪，号默庵，休宁人，曾受业无锡高世泰，论著“尤严于阳儒阴释之辨。流寓江汉，筑密窝潜心玩易，实从人事中体验圣人黔民同患之旨”。[3] 该书凡八易其稿，《凡例》云：“今说《易》之家谓《易》以道阴阳，务以圆

① 嘉庆《休宁县志》卷12《人物》。
② [清]永瑢等：《四库全书总目》卷6《经部·易类六》，中华书局，1965年。
③ 嘉庆《休宁县志》卷12《人物》。

妙幽渺，笼罩影响，如捕风，如捉影，无当实用。故愚以为学《易》当就平实切近处用功。”《四库全书》馆臣称，于此“其宗旨可见”。卷末有《杂卦》一篇，有录无书，疑装辑者偶脱。《四库全书总目》提要言“其书置象数而专言理”，即不谈象数，专言人事义理，“随文诠释，无所穿凿，而亦无所发明”。[①] 尽管如此，该书仍是清初新安江流域《易》学研究的重要著述，体现了《易》学研究在该区域源源不绝的学术气象。

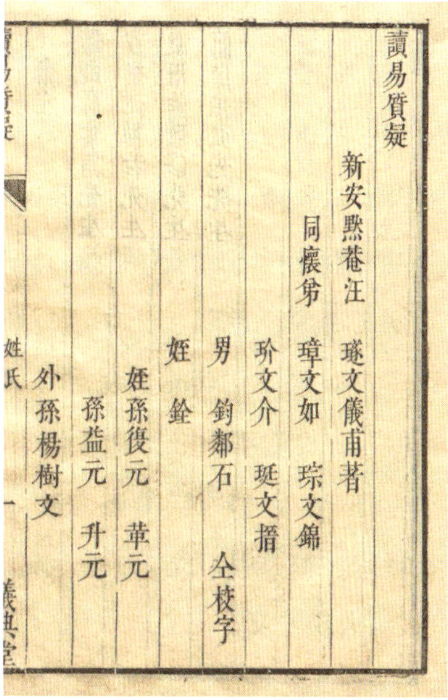
讀易質疑
新安黟巷汪 璲文儀甫著
同懷弟 璋文如 琮文錦
玠文介 珽文搢
男 鈞鄰石 仝校字
姪 銓
姪孫 復元 華元
孫 益元 升元
外孫 楊樹文

汪璲《读易质疑》书影（康熙四十二年刻本 公文书馆藏）

**《三礼约编》**

19卷，清汪基撰。汪基字警斋，休宁人。该书包括《周礼约编》6卷、《仪礼约编》3卷、《礼记约编》10卷，“取《仪礼》《周礼》《礼记》，删汰全篇，节录其文，盖取其便于诵习”。《四库全书总目》提要称：“若《周礼·天官》六十职，删宫正、宫伯而宿卫之制缺。《地官》七十八职，存闾师而删县师，则六乡有征税之官，而都鄙丘甸遂无职长。此其关系之最大者，周公制作，固不容以意为点窜也。”[②] 对是书删节内容，颇有微词。但其节录《三礼》要文，删繁就简，在方便士人诵读方面，仍有可取之处。关于《三礼》的研究，从宋代到清代，在新安江流域的学术文化中形成了传统，而汪基此书乃其中颇具特色的著述。

**《圣学逢源录》**

18卷，清金维嘉撰。维嘉，号潜川，休宁人。该书每卷为一类，每类卷首拟立6字标题，并分别标注“深造篇”第几字样。此书为金氏讲学而作，《四库全书总目》提要言其“大旨参杂以佛、老”，是一部以儒学为根基，而融佛道部分观点于其中的著述，被收入《四库全书》子部杂家类存目中。在新安江流域学术史上，学者的儒学著述中多有间杂佛道之说者，此书是较有代表性的一部。

① [清]永瑢等：《四库全书总目》卷10《经部·易类存目四》，中华书局，1965年。
② [清]永瑢等：《四库全书总目》卷25《经部·礼类存目三》，中华书局，1965年。

**《道德经编注》**

2卷,清胡与高撰。与高,字岱瞻,黟县人,雍正元年(1723)举人。长期精研《老子》,因受到苏辙观点的影响，认为《老子》与六经实相互发明，且《老子》一书今本相沿，章句多舛。于是，收罗各种古本，相互校雠，考证其文，并注释其义，著成此书。今本每章注释之后又有附解，则为其弟与宗所续。与高之注成于雍正十二年（1734），与宗之解成于乾隆十三年（1748）。据与宗自跋，附解虽非与高亲撰，且先后相隔10余年，但“仍其兄之余意”。《四库全书总目》提要指出其不足之处在于“篇中分合增改之处，绝不注所据者何本，未免无征”，[①]确为实况。不过，新安江流域的学术著述中，以儒家类著述为主，其他诸家之作，较少呈现，此书为了解清代新安江流域的学术风貌，提供了重要的依据。

**《周易通义》**

14卷，清方菶如撰。菶如，字药房，淳安人。该书悉取《四书》成语以证《周易》,颇开新例。同其例者,菶如有《尚书通义》14卷,专以《四书》成语释《尚书》;另有《毛诗通义》14卷,“但列经文，别无训释，各章之下，必引《四书》一两句以证之”。[②]菶如诸部通义均用此例以附会经义，突出《四书》之地位，在各种解经释义著述中，可谓别具一格。这也是新安江流域学术文化著述中，较为新颖的著述形式。

**《离骚经解》**

1卷,清方楘如撰。楘如,字文辀,号朴山,淳安人。康熙四十五年（1706）进士，官丰润县知县。曾受业于毛奇龄，淹贯经史百家，于汉儒笺注，尤能指其讹舛。曾主讲敷文、萁山、紫阳各书院,以端心术、植品行为本。《淳安县志》言其“闭户著书，益潜心于濂洛关闽之学，故其为文朴茂古奥，类能阐发性道，翼扶世教，非徒摘词掞藻已矣”。[③]著有《集虚斋学古文》《十三经集解》《四书口义》《四书大全》《四书考典》《五经说疑》《读书记》等著述10余种。[④]该书原附刻《集虚斋学古文》后,《四

---

① [清]永瑢等:《四库全书总目》卷147《子部·道家类存目》,中华书局,1965年。

② [清]永瑢等:《四库全书总目》卷18《经部·诗类存目二》,中华书局,1965年。

③ 光绪《淳安县志》卷10《续纂儒林》。

④ 新编《淳安县志(1986~2005)》第43编《人物》“方楘如条”误记方菶如部分著述于其名下。浙江人民出版社,2014年。

库全书》馆臣析出别著录于《集部·楚辞类存目》。尽管《四库全书总目》提要言其“所解甚略，无所考证发明”，但在新安江流域的学术文化史上，这是为数不多的诠释《离骚》文义的著述，具有一定的学术价值。

**《尚书义考》**

2卷，清戴震撰。该书原拟撰《虞夏书》4篇、《商书》5篇、《周书》19篇，后仅成《虞书》一篇计2卷。书前有《义例》，详细说明《尚书》今古文的传授存佚，篇章分合，以及各类旧注的去取原则、转录格式等。学界予此未完之书评价甚高，称：“著者于经文异同考订，确实一丝不苟。其书既于经文下标明‘某，当从古本作某’，又在‘按语’中详加辨识，务在求实。至于词语训诂，不但广采汉人传注，而且对宋以后训释也有所甄择，不厌其烦地具列异义，然后再加‘按语’折中之，从而以明去取。……其于名物典制、天文历象的考究，往往博引旁征，穷源竟流。”[①] 尽管该书系未完之书，但从中反映出的戴氏学识，以及收罗资料之丰富，都在他书之上。该书是新安江流域《尚书》学史上重要的代表作之一，也体现了考据学家治经的独特风格。

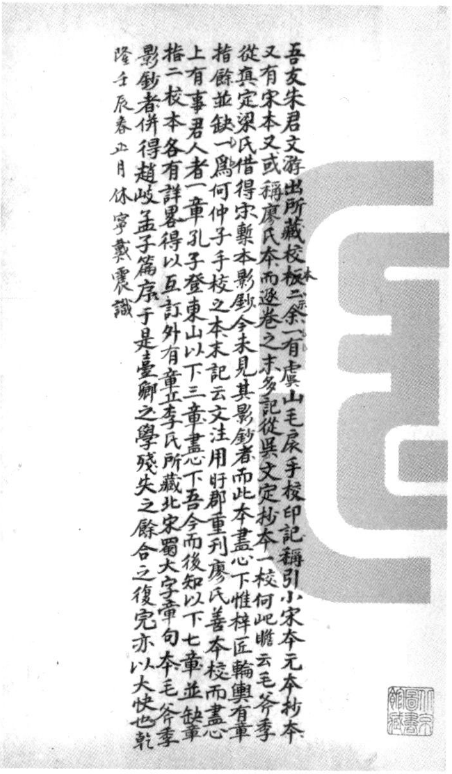
吾友朱君文游出所藏校本二示余一有虞山毛扆手校印記稱引小宋本元本抄本
又有宋本又或稱廖氏本而遂卷之末多記從吳文定抄本一校何屺瞻云毛斧季
從真定梁氏借得宋槧本影鈔今未見其影鈔者而此本盡心下惟梓匠輪輿有章
指餘並缺一爲何仲子手校之本末記云文注用盱郡重刊廖氏善本校而盡心
上有事君人者一章孔子登東山以下三章盡心下吾今而後知以下七章並缺章
指二校本各有詳畧得以互訂外有章丘李氏所藏北宋蜀大字章句本毛斧季
影鈔者併得趙岐孟子篇序于是臺卿之學殘失之餘合之復完亦以大快也乾
隆壬辰春正月休寧戴震識

戴震《尚书义考》书影（清抄本 国家图书馆藏）

**《毛诗补传》**

26卷，清戴震撰。成书于乾隆十八年（1753）。该书前有戴氏《自序》言：“今就全诗考其名物字义于各章之下，不以作诗之意衍其说。盖名物字义，前人或失之者，可以详核而知。古籍具在，有明证也。作诗之意，前人或失之者，非论其世、知其人，固难以臆见定也。姑以夫子之蔽夫《三百》者，各推而论之，以附于篇题后。司马氏有曰：‘《国风》好色而不淫，《小雅》怨诽而不乱。’又曰：‘《三百篇》，皆

① [清]戴震：《戴震全书》之1《尚书义考·说明》，黄山书社，1995年。

圣贤发愤之所为作也。’余亦曰：《三百篇》皆忠臣、孝子、贤妇、良友之言也，而又有立言最难、用心独苦者，则大忠而托之诡言逊辞，亦圣人之所取也。是余之私论也。”①该书体现了戴震作为考据学大师治《诗》的宗旨。有研究者称，“由此看到戴震治《诗》的全貌，同时也能从一个侧面看到戴震一生治学所走过的路程。这正是《毛诗补传》的价值所在”。②学界认为，“在清代《诗经》学史上，戴震的《毛诗补传》具有开一代风气的特殊地位。他对《诗经》的研究，既不徇于毛、郑，也不宗于宋儒。他是以己意说《诗》、以新意解《诗》；说《诗》旨注意其‘理确’，考《诗》辞讲究其‘明证’，体现了一种‘惟求其是’的学术态度”。③该书在新安江流域的《诗经》学史上，是一部体现考据学特色的重要著述。

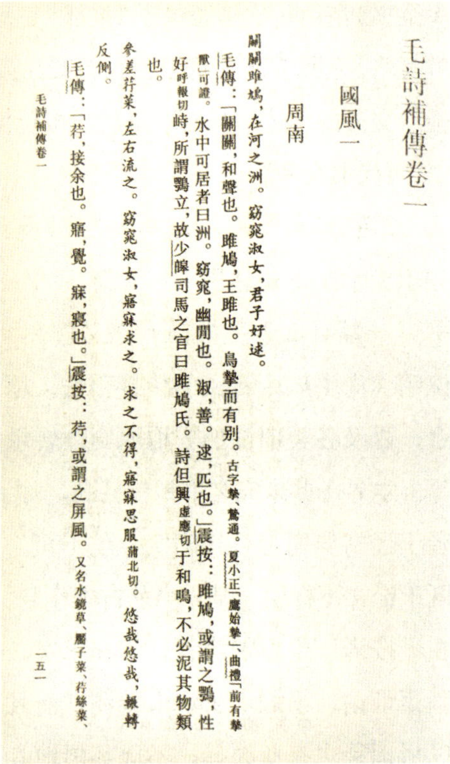
毛詩補傳卷一

國風一

周南

關關雎鳩，在河之洲。窈窕淑女，君子好逑。

毛傳：「關關，和聲也。雎鳩，王雎也。鳥摯而有別。古字摯、鷙通。夏小正「鷹始摯」、曲禮「前有摯獸」可證。水中可居者曰洲。窈窕，幽閒也。淑，善。逑，匹也。」震按：雎鳩，或謂之鶚，性好呼報切峙，所謂鶚立，故少皞司馬之官曰雎鳩氏。詩但興虛應切于和鳴，不必泥其物類也。

參差荇菜，左右流之。窈窕淑女，寤寐求之。求之不得，寤寐思服蒲北切。悠哉悠哉，輾轉反側。

毛傳：「荇，接余也。寤，覺。寐，寢也。」震按：荇，或謂之屏風。又名水鏡草、鳧子菜、荇絲菜、

毛詩補傳卷一　一五一

戴震《毛诗补传》(黄山书社，1994年)

**《中庸补注》**

1卷，清戴震撰。据段玉裁《戴东原先生年谱》中的记载，一般认为该书成于《原善》与《孟子字义疏证》之间。因其为戴氏的未竟之作，故只注到“所以柔远人也……所以怀诸侯也”为止，计36条，约为全书篇幅的三分之二。有学者指出，“其言理皆与《原善》《孟子字义疏证》无纤微不合者，皆存郑注而补之。《大学》之说‘亲民’，说‘格物’，《中庸》之说‘致中和’‘上下察’，尤可补先儒不到”。学界认为，《中庸补注》充分体现了戴震“由训诂而推求义理”的治学方法。在形式上，《补注》是对郑玄《中庸注》的补充，但在思想上，则主要是对朱熹《中庸章句》进行反驳。是书在戴震的诠释下，呈现出了与理学完全不同的局面，是戴震对理学反思

① [清]戴震：《戴震全书》之2《毛诗补传序》，黄山书社，1995年。

② [清]戴震：《戴震全书》之2《毛诗补传·说明》，黄山书社，1995年。

③ 王政：《论戴震〈毛诗补传〉的释诗特点及诗学观点》，载《经学研究集刊》(台)2006年第2期。

和批判的成果，也是戴震反理学的先声。[①]尽管是一部未完成的著述，但从补注内容来看，“仍有不少可取之处”。首先在自然观方面，戴震明言：“人与百物各以类滋生，皆气化之自然……天道，气化流行，生生不息是也。”又说：“有生以后，则有相生养之道，亦如气化之不可已。”“这与《原善》《孟子字义疏证》所言如出一辙，即坚持了人与万物为‘气化流行’所产生的唯物主义观点”；其次在认识论方面，否定了“先知先觉”“天生圣人”等唯心主义先验论；再次在人性论方面，《孟子字义疏证》中提出的“以我之情，絜人之情，而无不得其平”的“絜矩之道”源于是书。而戴震于此还进一步指出，是否做到“以情絜情”是天下国家存亡的根本。这一观点包含了对未来自由、平等的新社会的呼唤。因此，学者指出，“此书与戴震中晚年其他哲学著作一样，有极高的学术价值”。[②]

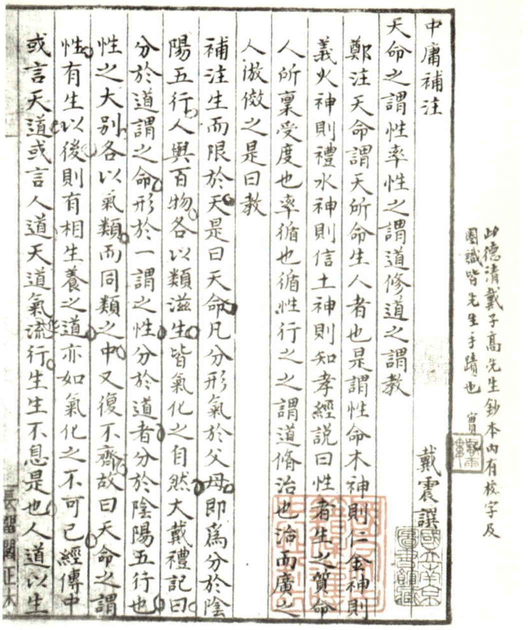
中庸補注
天命之謂性率性之謂道修道之謂教　戴震撰
鄭注天命謂天所命生人者也是謂性命木神則仁金神則
義火神則禮水神則信土神則知孝經說曰性者生之質命
人所稟受度也率循也循性行之之謂道修治也治而廣之
人倣傚之是曰教
補注生而限於天是曰天命凡分形氣於父母即爲分於陰
陽五行人與百物各以類滋生皆氣化之自然大戴禮記曰
分於道謂之命形於一謂之性分於道者分於陰陽五行也
性之大別各以氣類而同類之中又復不齊故曰天命之謂
性有生以後則有相生養之道亦如氣化之不可已經傳中
或言天道或言人道天道氣流行生生不息是也人道以生

戴震《中庸补注》书影（清戴氏长留阁抄本 国家图书馆藏）

## 《经考》

5卷，清戴震撰。该书为戴震早年读经时的札记，具体写作年代不详。学界认为其上限不晚于乾隆十八年（1753），下限不晚于乾隆二十二年（1757），大部分内容为戴震入京前在不疏园时期的作品。其首卷为《易考》；卷2为《尚书考》；卷3为《诗经考》；卷4为《礼经考》，包括《周礼》《仪礼》《逸礼》《礼记》《大戴礼记》等；卷5为《春秋考》《论语考》《孟子考》《尔雅考》等。其形式是以读书笔记方式摘录经文和各家注疏，在每卷卷中或卷尾加上按语，该按语长短不一，以实际需要和具体考证为准。有学者考证指出，该书先后引用了70多人撰写的各种典籍70多种，

① 郭丽云：《戴震〈中庸补注〉研究》，华侨大学2015年学位论文。
② [清]戴震：《戴震全书》之5《中庸补注·说明》，黄山书社，1995年。

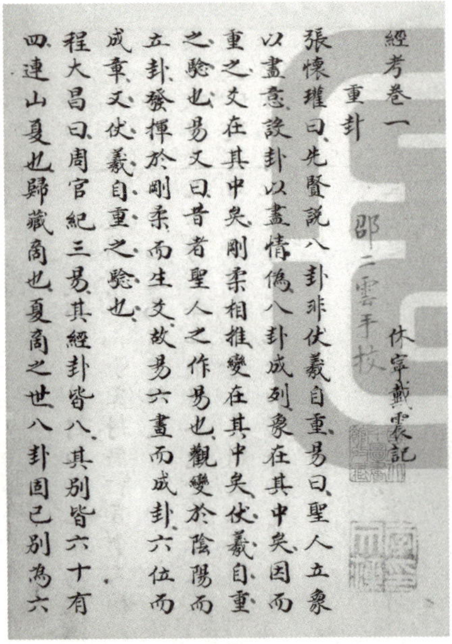
經考卷一　休寧戴震記
重卦　邵二雲手校
張懷瓘曰先聖說八卦非伏羲自重易曰聖人立象
以盡意設卦以盡情偽八卦成列象在其中矣因而
重之爻在其中矣剛柔相推變在其中矣伏羲自重
之驗也易又曰昔者聖人之作易也觀變於陰陽而
立卦發揮於剛柔而生爻故易六畫而成卦六位而
成章又伏羲自重之驗也
程大昌曰周官紀三易其經卦皆八其別皆六十有
四連山夏也歸藏商也夏商之世八卦固已別為六

戴震《经考》书影（清抄本 国家图书馆藏）

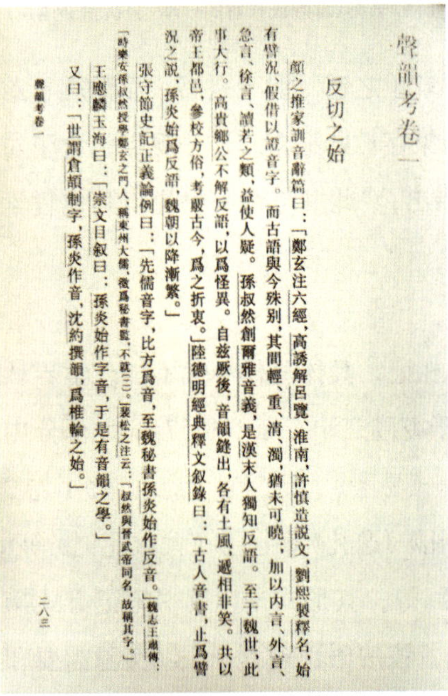
聲韻考卷一

反切之始

顏之推家訓音辭篇曰：「鄭玄注六經，高誘解呂覽、淮南，許慎造說文，劉熙製釋名，始有譬況、假借以證音字。而古語與今殊別，其間輕、重、清、濁，猶未可曉；加以內言、外言、急言、徐言、讀若之類，益使人疑。孫叔然創爾雅音義，是漢末人獨知反語。至于魏世，此事大行。高貴鄉公不解反語，以爲怪異。自茲厥後，音韻鋒出，各有土風，遞相非笑。共以帝王都邑，參校方俗，考覈古今，爲之折衷。」陸德明經典釋文叙錄曰：「古人音書，止爲譬況之說，孫炎始爲反語，魏朝以降漸繁。」

張守節史記正義論例曰：「先儒音字，比方爲音，至魏秘書孫炎始作反音。」魏志王肅傳：「時樂安孫叔然授學鄭玄之門人，稱東州大儒，徵爲秘書監，不就(二)。」裴松之注云：「叔然與晉武帝同名，故稱其字。」

王應麟玉海曰：「崇文目叙曰：孫炎始作字音，于是有音韻之學。」

又曰：「世謂倉頡制字，孫炎作音，沈約撰韻，爲椎輪之始。」

聲韻考卷一　二八三

戴震《声韵考》书影（黄山书社，1994年）

撰写按语48条，这些都成为戴震日后撰写《法象论》《原善》等专著的重要依据。同时，该书也反映了戴震早期的学术理路，如尊崇程朱理学，重视朱子之学重要流派“新安理学”家们的学术观点和学术思想等。[①] 该书在新安江流域学术史上，是一部记述戴震早年学术思想和徽州学术史的重要著作。戴震另有《经考附录》7卷，也是早年读经时的札记。内容包括首卷《易考》；卷2《尚书考》；卷3《诗经考》；卷4《礼经考》，包括《周礼》《仪礼》《礼记》《大戴礼记》等；卷5《春秋考》；卷6《论语考》《孝经考》《孔子家语考》《孟子考》《尔雅考》等；卷7《石经考》。其编撰方式和体例，与《经考》同。书中引用典籍100余种，涉及西汉以降学者170多人，“按语”25条，是一部引证广博、考据严密的著作。研究者认为，该书为研究戴震早期学术思想，以及开展戴震与新安理学关系的研究，提供了丰富且重要的资料。[②]

**《声韵考》**

4卷，清戴震撰。该书篇目卷1为《反切之始》《韵书之始》《四声之始》《隋陆法言切韵》《宋祥符广韵》，卷2为《考定广韵独用同用四声表》《宋景德韵略》《宋景祐礼部韵略》《宋宝元集韵》，卷3《古韵》，卷4为《书玉篇卷末声论反纽图后》《书刘切韵指南

① [清]戴震：《戴震全书》之8《经考·说明》，黄山书社，1995年。
② [清]戴震：《戴震全书》之9《经考附录·说明》，黄山书社，1995年。

后》《顾氏音论跋》《书卢侍讲所藏旧本广韵后》《答江慎修先生论小学书》《论韵书中字义答秦尚书》，共收录戴震“非成于一时，有先有后”的声韵学论文16篇。学界对此评价甚高，谓：“此书学术价值之高及其影响之大，从其付梓前传写之广与付梓后翻刻之众，就可知其权威性。现代音韵学主要内容有所谓‘等韵学’‘广韵学’和‘古韵学’，此书均已概括而发其端绪，在当时可以算得上是一部具有创见的音韵学著作，故能引起当时及后来学者重视。其中，论述韵书的结构和源流，其考证之深邃与审音之精细，非集考古与审音于一身者决不能为。”[①] 评述客观公正，切中其要。此书是新安江流域学术史上，最为精彩的音韵学著作。

**《原善》**

上、中、下3卷，清戴震撰。戴氏《自序》云：“余始为《原善》之书三章，惧学者蔽以异趣也，复援据经言疏通证明之，而以三章者分为建首，次成上、中、下三卷。比类合义，灿然端委毕著矣。天人之道，经之大训萃焉。以今之去古圣哲既远，治经之士，莫能综贯，习所见闻，积非成是。余言恐未足振兹坠绪也，藏之家塾，以待能者发之。”[②]《原善》之“原”，意即推究根源，进而加以论述。其核心内容为阐释经学要义，就善的内涵、范围及其与天道、人道、人性的关系做了细致的分析，特别强调“善：曰仁，曰礼，曰义，斯三者，天下之大衡也”，[③] 而具体方法则是援经疏经，比类合义，加以综贯，以克服他人“习所见闻，积非成是”的治经弊端。梁启超在《戴东原著述纂校书目考》中指出：“此书失著作年月，据段《谱》推定为先生三十四至四十约十年内所作也。《文集》（经韵

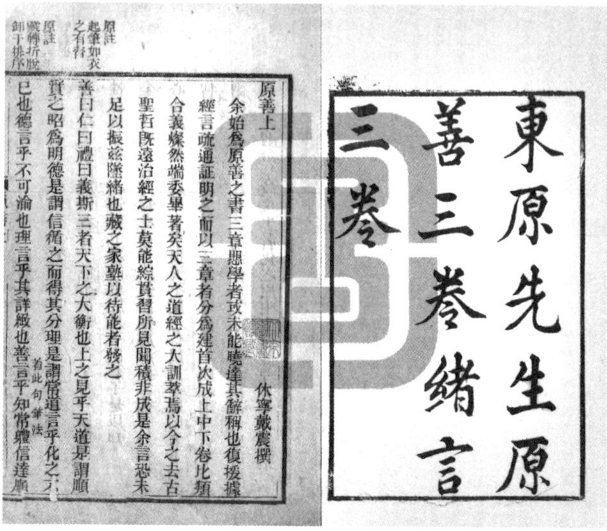
东原先生原
善三卷绪言
三卷

原善上　休寧戴震撰
余始爲原善之書三章懼學者或未能曉達其辭稱也復援據
經言疏通証明之而以三章者分爲建首次成上中下卷比類
合義燦然端委畢著矣天人之道經之大訓萃焉以今之去古
聖哲既遠治經之士莫能綜貫習所見聞積非成是余言恐未
足以振茲墜緒也藏之家塾以待能者發之
善曰仁曰禮曰義斯三者天下之大衡也上之見乎天道是謂順
實之昭爲明德是謂信循之而得其分理是謂常道言乎化之不
已也德言乎不可渝也理言乎其詳緻也善言乎知常體信達順

戴震《原善》书影（清刻本 国家图书馆藏）

① [清]戴震：《戴震全书》之13《声韵考·说明》，黄山书社，1995年。
② [清]戴震：《戴震全书》之28《原善》卷首，黄山书社，1995年。
③ [清]戴震：《戴震全书》之28《原善上》，黄山书社，1995年。

楼本）与《遗书》两收之，而其文不同。《文集》本即序所谓始为三章也，别有《读易系辞论性》《读孟子论性》两篇，不入正文。《遗书》本则修改之本，序所谓成上中下三卷者也。每卷各冠以《文集》本之三章，而杂引群经之文为佐证。上卷十一章，中卷五章，下卷十六章。其每卷之首章，虽即《文集》本而语加详。其以下各章所引经证，亦不限于《系辞》《孟子》，合两本读之，可以见先生著述之谨慎与进德之绵密也。”既详叙了此书之源流，亦肯定了其所反映的戴震治学之缜密。学界认为，“《原善》三卷是戴震第一部系统阐述自己哲学思想的重要著作，也是戴震从早期唯心主义理本论向唯物主义气本论转变的重要中间环节。反映在哲学思想上，唯物主义与唯心主义兼而有之，而且二者交错在一起”。[①] 该书是新安江流域中国哲学和中国学术史上一部极具影响力的著作，受到了广泛的关注。

**《孟子字义疏证》**

3卷，附录1卷，清戴震撰。梁启超《戴东原著述纂校书目考》称："是书目次，理十五条（卷上），天道四条、性九条（卷中），才三条，道四条，仁义礼智二条，诚二条，权五条（卷下），虽就孟子引其端，实则贯通群经，自成一家，诚哉著述之大此为第一也。据段氏所考证，其书盖子创始于乙酉丙戌，成于乙丑，名为《绪言》，改定于丙申冬后丁酉春前，更名《孟子字义疏证》（《答程易田丈书》）。盖前后凡经十二三年，至临殁前数月始泐为定本也。”考述了此书前后编撰更定的情形。该书以考证、疏解《孟子》字义之形式，系统阐发作者的宇宙观、认识论、人性论等学说。戴氏自称："仆生平著述最大者，为《孟子字义疏证》一书，此正人心之要。今人无论正邪，尽以意见误之名曰理，而祸斯民，故《疏

孟子字義疏證卷上
理
理者察之而幾微必區以別之名也是故謂之分理在物之質曰肌理曰腠理曰文理（亦曰文縷理縷語之轉耳）得其分則有條而不紊謂之條理孟子稱孔子之謂集大成曰始條理者智之事也終條理者聖之事也聖智至孔子而極其盛不過舉條理以言之而已矣易曰易簡而天下之理得自乾坤言故不曰仁智而曰易簡以易知知一於仁愛平恕也以簡能能一於行所無事也易則易知易知則有親有親則可久可久則賢人之德若是者仁也簡則易從易從則有功有功則可大可大則賢人之業若是者智也天下事情條分縷晰以仁且智當之豈或爽失幾微哉中庸曰文理密察足以有別也樂記曰樂者通倫理者也鄭康成注云理分也許叔重說文解字序曰知分理之可相別異也古人所謂理未有如後儒之所謂理者矣
問古人之言天理何謂也曰理也者情之不爽失也未有情不得而理得者也凡有所施于人反躬而靜思之人以此施于我能受之乎凡有所責于人反躬而靜思之人以此責于我能盡之乎以我絜之人則理明天理
孟子字義疏證　卷上　一　戴氏遺書之九　微波榭刻

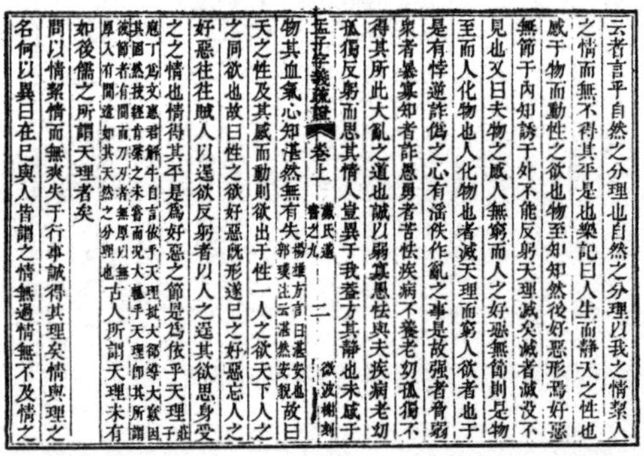
云者言乎自然之分理也自然之分理以我之情絜人之情而無不得其平是也樂記曰人生而靜天之性也感于物而動性之欲也物至知知然後好惡形焉好惡無節于內知誘于外不能反躬天理滅矣滅者滅沒不見也又曰夫物之感人無窮而人之好惡無節則是物至而人化物也人化物也者滅天理而窮人欲者也于是有悖逆詐偽之心有淫泆作亂之事是故強者脅弱衆者暴寡知者詐愚勇者苦怯疾病不養老幼孤獨不得其所此大亂之道也誠以弱寡愚怯與夫疾病老幼孤獨反躬而思其情人豈異于我蓋方其靜也未感于物其血氣心知湛然無有失（揚雄方言曰湛安也郭璞注云湛然安貌）故曰天之性及其感而動則欲出于性一人之欲天下人之之同欲也故曰性之欲好惡既形遂已之好惡忘人之好惡往往賊人以逞欲反躬者以人之逞其欲思身受之之情也情得其平是爲好惡之節是爲依乎天理（莊子庖丁爲文惠君解牛自言依乎天理批大郤導大窾因其固然技經肯綮之未嘗而況大軱乎天理即其所謂彼節者有閒而刀刃者無厚以無厚入有閒適如其天然之分理也）古人所謂天理未有如後儒之所謂天理者矣
問以情絜情而無爽失于行事誠得其理矣情與理之名何以異曰在已與人皆謂之情無過情無不及情之
孟子字義疏證　卷上　二　戴氏遺書之九　微波榭刻

戴震《孟子字义疏证》书影（《续修四库全书》第158册）

① [清]戴震：《戴震全书》之28《原善·说明》，黄山书社，1995年。

证》不得不作。”名为儒家经书疏证，实际上是戴氏哲学思想体现的一部论著。书中着重于批驳程朱理学的“存天理，灭人欲”的理念，他指出，“举凡民之饥寒愁怨、饮食男女、常情隐曲之感，咸视为人欲之甚轻者矣，轻其所轻，乃‘吾重天理也、公义也’。言虽美，而用之治人，则祸其人。”“今虽至愚之人，悖戾恣睢，其处断一事，责诘一人，莫不辄曰‘理’者，自宋以来，始相习成俗，则以理为如有物焉，得于天而具于心，因以心之意见当之也。于是负其气，挟其势位，加以口给者，理伸；力弱气慑，口不能道辞者，理屈。呜呼！其孰谓以此制事，以此制人之非理哉？”“尊者以理责卑，长者以理责幼，贵者以理责贱，虽失谓之顺；卑者、幼者、贱者以理争之，虽得谓之逆。于是下之人不能以天下之同情、天下所同欲达之于上，上以理责其下，而在下之罪，人人不胜指数。人死于法，犹有怜之者，死于理，其谁怜之”。这些震聋发聩的论述，构成了该书的主旨。章炳麟指出，“戴东原先生《孟子字义疏证》，精警沈挚”“沉着痛快，尤中宋学流弊之失”。学界认为，该书是戴震哲学思想的代表作，“有清一代，戴震的理论石破天惊。胡适说戴震哲学是于‘宋明理学的根本革命’。戴震作为中国古代的一位杰出的唯物主义思想家，其哲学思想在中国古代社会文化思想史上，闪耀着不可磨灭的思想光芒”。

**《方言疏证》**

13卷，清戴震撰。《方言》系汉杨雄所著第一部汉语方言学著作，被誉为“悬诸日月不刊之书”。在长期流传过程中，“断烂讹脱，几不可读”。戴震是书始撰于乾隆二十年(1755)，约成书于乾隆四十年(1775)，为考订《方言》的训诂著作。该书以《永乐大典》所收宋本为底本，与流行的明本相精勘。明本之讹误据永乐本以正之，永乐本之讹误，则广搜宋以前群籍所引《方言》之文以校之，“逐条援引诸书，一一疏通证明”，令《方言》一书“神明焕然，顿还旧观”。戴震在《方言疏证序》中说：“宋元以来，六书故训不讲，故鲜能知其考核。加以讹舛相承，几不可通。今从《永乐大典》内

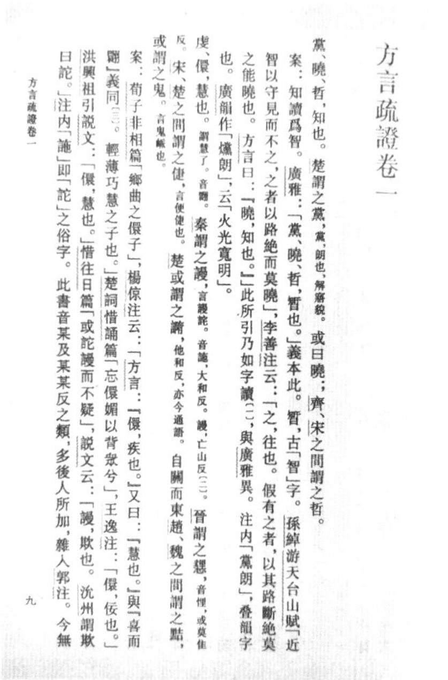
方言疏證卷一

黨、曉、哲，知也。楚謂之黨，黨，朗也，解寤貌。或曰曉；齊、宋之間謂之哲。

案：知讀爲智。廣雅：「黨、曉、哲，智也。」義本此。智，古「智」字。孫綽游天台山賦「近智以守見而不之，之者以路絶而莫曉」，李善注云：「之，往也。假有之者，以其路斷絶莫之能曉也。方言曰：『曉，知也。』」此所引乃如字讀〔一〕，與廣雅異。注内「黨朗」，叠韻字也。廣韻作「爣朗」，云「火光寬明」。

虔、儇，慧也。謂慧了。音翾。秦謂之謾，言謾詑。音訑，大和反。謾，亡山反〔二〕。晉謂之𢡟，音悝，或莫佳反。宋、楚之間謂之倢，言便倢也。楚或謂之𪙊，他和反，亦今通語。自關而東趙、魏之間謂之黠，或謂之鬼。言鬼眎也。

案：荀子非相篇「鄉曲之儇子」，楊倞注云：「方言：『儇，疾也。』又曰：『慧也。』與『喜而翾』義同〔三〕。輕薄巧慧之子也。」楚詞惜誦篇「忘儇媚以背衆兮」，王逸注：「儇，佞也。」洪興祖引説文：「儇，慧也。」惜往日篇「或詑謾而不疑」，説文云：「謾，欺也。沇州謂欺曰詑。」注内「訑」即「詑」之俗字。此書音某及某某反之類，多後人所加，雜入郭注。今無

方言疏證卷一　九

戴震《方言疏证》书影(黄山书社，1994年)

得善本，因广搜群籍之引用《方言》及《注》者，交互参订，改正讹字二百八十一，补脱字二十七，删衍字十七，逐条详证之，庶几汉人故训之学犹存于是，俾治经、读史、博涉古文词者，得以考焉。”① 学界认为，本书最值得称道处有二：其一是对《方言》的精审校勘与疏证，使历来流传的许多《方言》版本中的乖舛、讹误得以纠正，使《方言》义难通处因以得解；其二是运用语转学说，以声音通训诂，使扬雄《方言》的不甚明了处，皆得以通解。这是戴震最重要的语言学著述之一，也是新安江流域关于《方言》研究的代表性著作。

**《原象》**

8篇，清戴震撰。原象，即本原之象，或本体之象。该书为戴震的天文学著述，共8篇。前四篇初名《释天》，分别以《璇玑玉衡》《中星》《土圭》《五纪》为篇名，后四篇采自数学著述《句股割圜记》。成书于乾隆二十七年（1762）之前。书中叙述天文、历法的基本知识，其目的为阅读经籍服务。各篇主要内容，《璇玑玉衡》“论日月运行轨道，以明四季成岁、岁月更迭、日食月食之理”；《中星》“论中星以明岁差”；《土圭》“论土圭测影之法，以明里差”；《五纪》“论日、月、星、辰、历数之五纪，以明历法之宜随时测验”。后4篇与《句股割圜记》的区别，一是内容有所增补，二是所用名词俗语不同，三是文字有所调整和删略。② 该书以经史资料讲天文，梳理了古籍中涉及的天文学问题，是戴震及乾嘉考据学派最重要的天文学著述之一，也是新安江流域关于天文学研究的代表性著作。

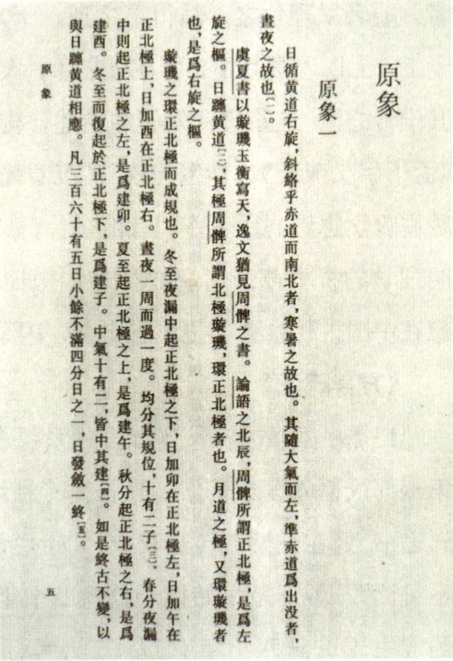
原象

原象一

日循黄道右旋，斜絡乎赤道而南北者，寒暑之故也。其隨大氣而左，準赤道爲出没者，晝夜之故也[一]。

虞夏書以璇璣玉衡寫天，逸文猶見周髀之書。論語之北辰，周髀所謂正北極，是爲左旋之樞。日躔黄道[二]，其極周髀所謂北極璇璣，環正北極者也。月道之極，又環璇璣者也，是爲右旋之樞。

璇璣之環正北極而成規也。冬至夜漏中起正北極之下，日加卯在正北極左，日加午在正北極上，日加酉在正北極右。晝夜一周而過一度。均分其規位，十有二子[三]。春分夜漏中則起正北極之左，是爲建卯。夏至起正北極之上，是爲建午。秋分起正北極之右，是爲建酉。冬至而復起於正北極下，是爲建子。中氣十有二，皆中其建[四]。如是終古不變，以與日躔黄道相應。凡三百六十有五日小餘不滿四分日之一，日發斂一終[五]。

原象　五

戴震《原象》书影（黄山书社，1994年）

① [清]戴震：《戴震全书》之11《方言疏证序》，黄山书社，1995年。
② [清]戴震：《戴震全书》之17《原象·说明》，黄山书社，1995年。

**《孟子私淑录》**

3卷，清戴震撰。该书批判“理气之辨”中程、朱所主张的“理在气先”的观点，提出“一阴一阳，流行不已，生生不息”“理”为事物之“条理”和“不易之则”的气本论思想。书中在认识论方面，基于唯物的立场，阐述了认识的来源、认识的过程，认为真理是“人心之同然”；在人性论方面，阐释了“人性即气质之性”的人性一元论观点；在理欲观方面，书中指出，人的物质欲望是人的自然属性，满足合理的欲望，是符合“天理”的。学界认为，该书“是戴震继《原善》三卷之后又一部重要哲学著作，也是戴震由唯心主义理本论转向唯物主义气本论的重要标志。在该书中，戴震首次公开把矛头指向程、朱理学，即对程、朱理学从自然观、认识论、人性论、理欲观等方面展开了全面的批判”。[①] 在新安江流域的学术文化史上，这是一部具有重要启蒙价值的著作。

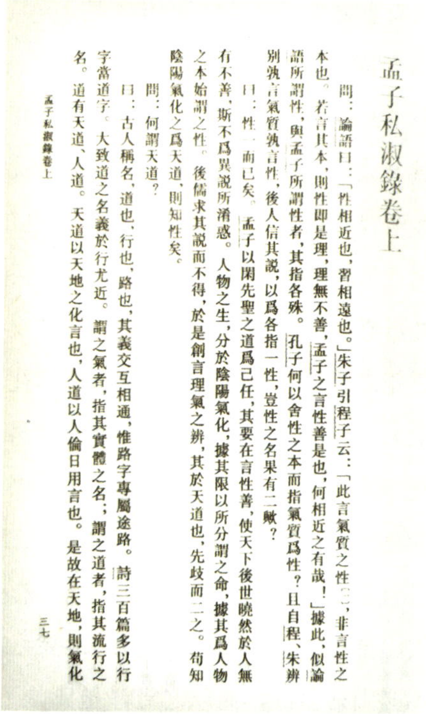
孟子私淑錄卷上

問：論語曰：「性相近也，習相遠也。」朱子引程子云：「此言氣質之性〔三〕，非言性之本也。若言其本，則性即是理，理無不善，孟子之言性善是也，何相近之有哉！」據此，似論語所謂性，與孟子所謂性者，其指各殊。孔子何以舍性之本而指氣質爲性？且自程、朱辨別孰言氣質孰言性，後人信其說，以爲各指一性，豈性之名果有二歟？

曰：性，一而已矣。孟子以閑先聖之道爲己任，其要在言性善，使天下後世曉然於人無有不善，斯不爲異說所淆惑。人物之生，分於陰陽氣化，據其限以所分謂之命，據其爲人物之本始謂之性。後儒求其說而不得，於是創言理氣之辨，其於天道也，先歧而二之。苟知陰陽氣化之爲天道，則知性矣。

問：何謂天道？

曰：古人稱名，道也，行也，路也，其義交互相通，惟路字專屬途路。詩三百篇多以行字當道字。大致道之名義於行尤近。謂之氣者，指其實體之名；謂之道者，指其流行之名。道有天道、人道。天道以天地之化言也，人道以人倫日用言也。是故在天地，則氣化

孟子私淑錄卷上　三七

戴震《孟子私淑录》书影（黄山书社，1994年）

**《四书注说参证》**

7卷。清胡清焣撰。是书成于乾隆二十六年（1761），前有清焣自序，言其“极尊信朱子，且其尊信较他人更精，较他人更切，然其意有所见，或与朱子不同，不欲锢没，故为参证以质之”。因此该书并不囿于训诂考据，亦重阐释义理。嘉庆十四年（1809）姚文田有序称，《四书注说参证》一书“不务立异而背先儒，亦不肯苟同而失经意，期于推阐道原，补苴罅漏，旬可为朱子功臣。而其断断置辨者，则尤在‘性’‘情’二字。谓经无以性属理，以情属欲之文。因举《孟子》所言为证，更足证汉儒以来诠解之误”。既说明了清焣释经的立场，亦指出了是书考据与义理并重的特性。书凡7卷，卷1为总论，卷2为《大学》，卷3～4为《论语》，卷5

① [清]戴震：《戴震全书》之29《孟子私淑录·说明》，黄山书社，1995年。

为《中庸》，卷 6 ～ 7 为《孟子》。该书是新安江流域《四书》学史上一部特色鲜明且有重要学术价值的著作。

**《礼笺》**

3 卷，清金榜撰。是书卷 1 自“九赋九式”至“凫氏为钟”，凡 15 条，皆辨释《周礼》；卷 2 自“金奏肆夏”至“阴厌阳厌”，凡 17 条，皆辨释《仪礼》；卷 3 自“旬之外远某月”至“反三年之练葛”，凡 16 条，皆辨解《礼记》。书前有朱珪《序》，称“新安金君，枕葄六经，尤邃于《礼》，以郑氏书为言《礼》者之舌人，而病贾、孔二疏，不能补其漏疏，宣其奥密，非善译郑氏者，乃自著论数十篇。大而天文、地域、学校、郊庙、明堂，以及车旗器服之细，罔弗贯串群言，折中一是。第祖郑诗笺毛之义，名曰《礼笺》，录以示余。余叹其词精义核，不必训诂全经，而以之宣译圣典，不失三代制作明备之所在。余经学疏陋，读此书，其言‘司马法有正卒羡卒之分’‘三江汉为北，岷为中，浙为南’‘秦正月用亥’‘禘兼天地人’，皆于夙所见合。君养疴林泉，多暇日，读书实事求是”。予该书极高评价。学者认为，该书“辨释亦多创新义，清代研究《三礼》者极多，此书可谓注疏中之佼佼者”。

歙金氏學

禮箋

游文齋藏版

序

王符有言聖人天之口賢人聖之譯北海鄭氏之於禮其所謂善譯者歟同時孔文舉疑其不無臆說郊天之鼓不必麟皮而聖證論王子雍直與之為敵厥後南北諸儒如皇熊輩各是所習輒多異同豈其雜以漢法汩以緯書且一人之言彼此不相合有滋後人之惑者耶新安殿撰金君枕葄六經尤邃於禮以鄭氏書為言禮者之舌人而病賈孔二疏不能補其漏疏宣其奧窔非善譯鄭氏者乃自著論數十篇大而天文地域田賦學校郊廟明堂以及車旗服器之細罔弗貫串群言折衷

金榜《礼笺》书影（乾隆五十九年刻本 国家图书馆藏）

**《通艺录》**

29 种（其中有目无书 8 种），清程瑶田撰。刊刻于嘉庆八年（1803）。书前有自序，谓：“圣教安归？归于自治。今有能纯乎喻义而绝不喻利之人，处人伦如此，酬世务如此，夙兴夜寐举如此，乃可立于天地间，足为世法。今非无行孝行弟之人，乃进而求之，或不免于喻得。是虽负一时之望，而于自治不能毫发无憾也。”反映了一位醇厚学者的人生与学术追求。是书包括《论学小记》《论学外篇》《宗法小记》《仪礼丧服足征记》《释宫小记》《考工创物小记》《磬折古义》《沟洫疆理小记》《禹贡三江考》《水地小记》《解字小记》《声律小记》《九谷考》《释草小记》《读书求解》《数度小记》《九势碎事》《释虫小记》《修辞馀钞》等。附录 7 种，即《让堂亦政录》《乐器三事能言》《琴音记原本》《濠上吟》《莲饮集》《藤笈编》《非能编》。另有未成书

3种：《仪礼经注疑直》《说文解字会极》和《古今体诗》。近人支伟成曾记述：“先生自少迄老，笃志著述，其学长于涵泳经文，得其真解，不屑依傍传注。所撰《通艺录》十九种，《附录》七种，凡义理、训诂、制度、名物、声律、象数，无所不赅，而尤精者：《仪礼丧服缌麻章》末‘长殇中殇降一等’四句，郑氏以为传文；《不杖期》章‘惟子不报’传文，‘公妾以及士妾为其父母’传文，郑氏以为失误，《大功》章‘大夫之妾为君之庶子，女子嫁者未嫁者，为世父母叔父母姑姊妹’，旧读以‘大夫之妾’为建首，下二‘为’字皆贯之。郑氏谓‘女子’别起贯下，斥传文为不辞。皆一一援据经史，疏通证明，以规郑氏之失，成《仪礼丧服足征记》。《考工记》绪言磬句磬折，郑君度直矩解之，致与前后经文不合。则谓磬折不明，由于倨句不明；欲明倨句，先辨倨字。矩有直者、有曲者，倨句之云，折其直矩而为曲矩也。……成《磬折古义》。”此外，因言九谷者梁、稷不分，乃据《说文》成《九谷考》；说《禹贡》主郑康成，成《禹贡九江考》；考匠人为沟洫之制，成《沟洫疆理小记》。支伟成认为，程瑶田诸书皆“根柢经传，辨论详确”，予该书以极高评价。[1] 学术界认为，该书是乾嘉考据学最重要的代表作之一，也是新安江流域清代学术文化最重要的成就之一。

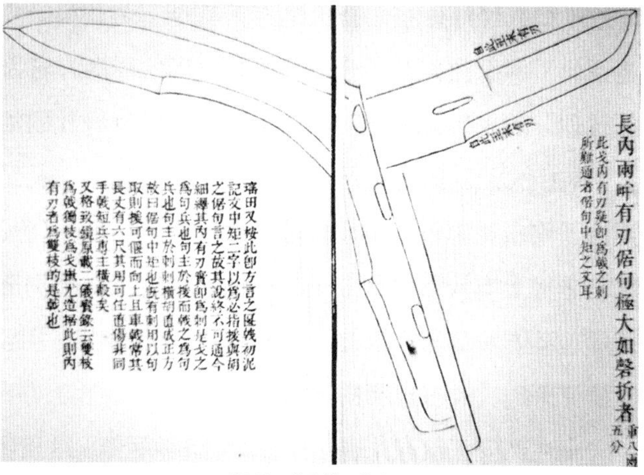

程瑶田《通艺录》书影

**《礼经释例》**

13卷，清凌廷堪撰。该书初撰于乾隆五十二年（1787），前后伍易其稿，历时22年方成。其内容，卷首为《复礼》上、中、下3篇；卷1为《通例》上，附《周官九拜解》1篇；卷2为《通例》下；卷3为《饮食之例》上；卷4为《饮食之例》中；卷5为《饮食之例》下，附《周官九祭解》1篇、《仪礼释牲》上下2篇；卷6为《宾客之例》，附《觐义》1篇；卷7为《射例》，附《周官乡射五物考》1篇、《射

① 支伟成：《清代朴学大师列传》之《皖派经学家列传第六》，岳麓书社，1986年。

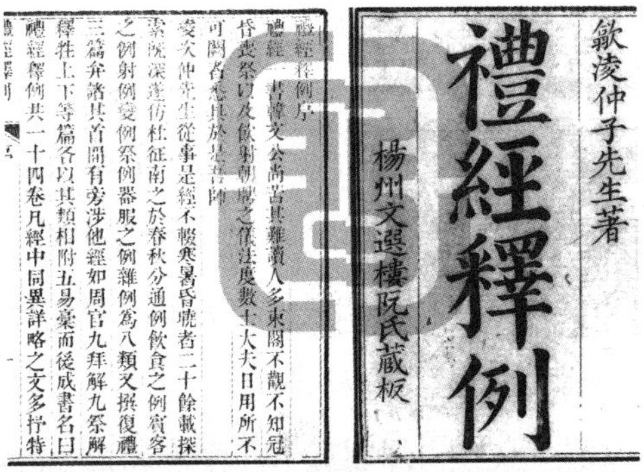


凌廷堪《礼经释例》书影
（嘉庆十四年阮氏文选楼刻本 国家图书馆藏）

礼数获即占算位说》1 篇；卷 8 为《变例》，附《封建尊尊服制考》1 篇；卷 9 为《祭例》上；卷 10 为《祭例》下，附《诗楚茨考》1 篇；卷 11 为《器服之例》上；卷 12 为《器服之例》下，附《论语黄衣狐裘说》1 篇；卷 13 为《杂例》，附《燕乐二十八调说》上、中、下 3 篇。此书编撰缘起，凌氏认为，《仪礼》一书“其宏纲细目，必以例为主，有非训诂名物所能赅者”，并指出：“《仪礼》十七篇，礼之本经也。其节文威仪委曲繁重。骤阅之如治丝而棼，细绎之皆有经纬可分也；乍睹之如入山而迷，徐历之皆有途径可跻也。是故不得其经纬途径，虽上哲亦苦其难；苟其得之中材固可以勉而赴焉。经纬途径之谓何？例而已矣。”[①] 于是仿杜预《春秋释例》，名为《礼经释例》。该书提出了“以礼代理”的思想，并发明了归纳条例，以例释礼的治经方法，对当时以及后来的学者影响极大。梁启超曾评价说：“凌次仲廷堪的《礼经释例》十三卷，将全部《仪礼》拆散了重新比较整理贯通一番，发现出若干原则。凡通例四十，饮食之例五十有六，宾客之例十有八，射例二十，变例二十有一，祭例三十，器服之例四十，杂例二十有一。其方法最为科学的，实经学界一大创作也。”[②] 该书被视为清代最重要的《仪礼》学研究著作，具有极高的学术价值。

上述新安江流域宋、元、明、清诸种著作，是该区域学术文化最重要的代表作品。从其数量来看，与其他区域比较，名列前位；就其内容而言，涉及传统学术文化的各个方面，体现了成果的多样性；而进一步就府县分布分析，基本涵盖全境的普遍性与各县之间的不平衡性并存，反映了该区域传统学术文化发展的地域内部差异。

---

① [清]凌廷堪：《校礼堂文集》，中华书局，1998年。
② 梁启超：《中国近三百年学术史》，东方出版社，1996年。

# 第五章　新安江流域学术文化的传播

学术文化的传播，是一个区域学术文化的重要现象。因为传播，区域内的学术文化互相交流，导致区域学术文化出现趋于同样风貌的走向；因为传播，区域内外交流互通，引发区域学术文化的扩散和兼容。自宋代以降，在新安江流域学术文化发展的过程中，学术文化的传播始终伴其左右。

## 第一节　新安江流域学术文化传播的中心地

所谓学术文化的传播，是以中心地为源头，学术文化向外扩张的一种行为。而学术文化中心地，是指有具体地理位置、存在一定时间、对周边地区产生一定影响的学术文化聚散地。它是学术文化人才的中心，是学术文化研究的中心，也是学术文化交流和传播的中心。[①] 从历史上来看，新安江流域的学术文化中心地大致有三类：

### 一、府县学等官方立学机构所在地

(一)府学

唐宋以来，新安江流域的府学，主要有两处：一是上游的徽州府学，一是中下游的严州府学。上游的徽州府学，始建于唐代。从唐至宋，其址在郡城（歙县）东北隅。后几经迁移，南宋绍兴十一年（1141），知州汪藻于唐建原址重建，建筑宏伟，规模大成，奠定了后世徽州府学的基础。其后历代不断修葺、扩建，府学规模日大，明代徽州府学一度成为“南畿诸学之冠”，[②] 清代则是“庙之殿庑厨所、门栏桥池，学之堂舍斋阁、祠廨射圃，咸备无缺”。[③]

---

① 周晓光：《徽州传统学术文化地理研究》第4章《徽州传统学术文化的空间传播》，安徽人民出版社，2006年。

② 道光《徽州府志》卷3《学校》。

③ 道光《徽州府志》卷3《学校》。

新安江中下游的严州府儒学，旧址在府治东南，北宋雍熙二年（985）知州田锡迁于西北。后历任严州官员，如宋景祐年间的范仲淹、嘉祐年间的赵抃、大观中李陞、绍兴年间的胡寅等，明洪武年间的赵士敏、宣德年间的徐孔奇、成化年间的邝才、弘治年间的李德、嘉靖年间的韩叔阳、万历年间的周铎等，清康熙年间的梁浩然、赵光荣、王广益等，或增修建筑，或置田养士，维系府学数百年而不坠。①

(二)县学

徽州府的歙县学始建于南唐保大八年（950），宋、元、明、清几经修建，至清末在问政山麓形成了一片规模宏大的建筑群。民国《歙县志》详细记载了学宫的建筑规模。②休宁县学初建于宋仁宗庆历年间（1041～1048），经历代增建，至明万历时“复辟地九之一，宫室拓三之一。巨丽甲于他邑”。清代规模更大，道光《休宁县志》亦详载其建筑情形。③

黟县学，宋代以前无考。宋初在县南，后迭经增置，已成规模。元代多次扩建，明初重建大成殿、讲堂等建筑，“制度备矣”。清乾隆年间，时任知县陈倜仪复将学宫迁回城南旧址，营建了规模宏大的建筑群，一时蔚为大观。④

祁门县学始建于唐永泰二年（765），宋时已经“规模略备”。元及明、清两代先后修葺30余次，形成一个规模壮观的建筑群。⑤

绩溪县学始于宋，其时即初具规模。元至元十三年（1276）毁于兵。教谕胡遂孙等买民屋，迁学宫于县治之西，后学基由此始。元及明、清屡增扩，有讲堂、文昌殿等建筑数百间。⑥

严州府的建德县儒学，旧址在县侧东南隅。宋时经改、扩建，颇具规模。元大德十年（1306）县尹张纪重修。明洪武六年（1373），知县顾执中撤旧屋而新之。宣德三年（1428），知县侯康远修文庙，改建明伦堂。正统六年（1441）、成化八年（1472）、弘治六年（1493）、嘉靖四十五年（1566）、万历七年（1579）、万历二十年（1592）、万历二十九年（1601）、万历三十二年（1604）、万历四十年（1612），明朝历任建

① 光绪《严州府志》卷6《学校》。
② 民国《歙县志》卷2《营建志》。
③ 道光《休宁县志》卷3《学校》。
④ 嘉庆《黟县志》卷10《学校》。
⑤ 同治《祁门县志》卷17《学校志》。
⑥ 嘉庆《绩溪县志》卷5《学宫》。

德地方官员每隔一段时间对县学进行修缮、扩建。及至清代又在康熙十一年（1672）、康熙十九年（1680）、康熙四十三年（1704）、雍正元年（1723）、乾隆十一年（1746）、乾隆四十三年（1778）、嘉庆二十五年（1820）、道光四年（1824）等年份，屡屡修葺、扩建，终成一座宫墙巍峨、学舍众多、功能齐全的建筑群。①

淳安县儒学始建于北宋至道三年（997），宋时多次重修、扩建，空间规模日益扩大。元至元元年（1264），重建礼殿；至正十一年（1351），增建两庑、戟门、棂星门。明洪武三年（1370），县令和鼎改建居仁、由义二斋；十一年（1378），县令韩钝重修大成殿，加以重檐栏楯，遂见“丹涂奂明，廓如翼如”。此后，淳安各任地方官员屡有增建。正统六年（1441），县丞王永建谕导官廨及诸生号舍；成化八年（1472），县令张纯重修两庑；成化九年（1473），通判刘永宽重修大成殿、两庑、戟门、斋堂而甃以石；正德十三年（1518），巡按御史吴华重修大成殿；嘉靖三十八年（1559），县令海瑞改建棂星等门、增号舍；万历五年（1577），县令戴庭槐大修学宫；万历九年（1581），县令萧元冈改树黉门，筑泮宫屏墙；万历十九年（1591），署令危以平、县令蔡模相继修学；万历二十三年（1595），县令吴天洪重修大成殿；万历四十一年（1613）至四十七年（1619），先后任淳安县令者相继整修殿庑；崇祯十年（1637），县令萧鸣美又重修大成殿。入清之后，自顺治元年（1644）至乾隆年间，淳安县学又凡十修，一时规模齐整，成为当地最为可观的建筑群。②

遂安县学始建于北宋嘉祐（1056 ~ 1063）年间，后几度迁移重建，渐成规模。元署县事尹柔克、达鲁花赤、怯来等屡修。明洪武年间，知县张元吉、李子求屡修大成殿；正统七年（1442），教谕陈资善重建明伦堂。天顺三年（1459），知县成礼重建大成殿，置棂星，增师生号舍；成化年间，屡次重修大成殿、两庑两斋，增建号舍。嘉靖二十一年（1542），推官陆愚署县事，重建明伦堂；隆庆四年（1570），知县周恪疏修泮池，引东水西注于池，池东建青云楼。此后至有清一代，县学增扩、修葺凡数十次，其规模“灿然大备”。③

寿昌县儒学宋初在县治南，宋代几经修建，增置学田，规模初成。元至元二十二年（1285），寿昌地方官员重建殿堂、两斋。洪武六年（1373），知县大加修葺，

① 光绪《建德县志》卷7《学校》。
② 光绪《淳安县志》卷2《学校》。
③ 民国《遂安县志》卷5《学宫》。

重建尊经阁，辟建射圃；正统三年（1438），知县范衷建会馔堂，十四年（1449）教谕邓文义等拓基展学；此后，天顺、成化、正德、嘉靖、万历数朝，均有重修、扩建。入清之后，顺治十二年（1655），知县陈九德新修庙庑；康熙九年（1670），知县杜桂建明伦堂、启圣祠，工未竟。越二年，终成之，增建尊经阁等建筑；二十六年（1687）知县李元彝、三十年（1691）知县许必可、四十二年（1703）知县吴煜，先后加修。

以上较为细致地描述了新安江流域府、县官学的状况，表明这些官学始终具有独立的地理位置和空间，这是作为学术文化中心地的必备条件。

视府、县学为学术文化的中心地，主要是因其具备以下特征：

首先，新安江流域的府、县学具有悠久且连续的历史，与该区域学术文化之发展基本同步。从上述府、县学的建置与发展来看，均始于唐宋时期，而唐宋正是新安江流域学术文化的兴起阶段。其后虽有朝代更迭，而新安江流域的府、县学则赓续罔替，数百年保持着连续性。民国《重修婺源县志·学校》在评述徽州府婺源县学时称："世有升降，则学之兴替因之。婺学自宋迄今，有兴无替，紫阳振铎钟鼓管弦之声未息也。"[①] 这种现象，其实是新安江流域的整体状况。无论是上游的徽州府学和歙县学、祁门县学、休宁县学、黟县学、绩溪县学，还是中下游的严州府学及其建德县学、淳安县学、遂安县学、寿昌县学等，其数百年保持不坠的历史，均历历在册。唐宋以降，新安江流域蔚为壮观的传统学术文化气象，与该区域府、县学历久弥新的盛况，同调同步，相辅相成。这是新安江流域府、县学作为学术文化中心地的重要标志之一。

其次，新安江流域的府、县学是一地学术文化人才的聚集中心。《严州府志》称："学校之设，首重明伦，所以端风化、育人才，由来尚已。"[②] 人才培养，是府、县学立学之初心。从相关记载来看，入府、县学就读者，大多是一府或一县学术文化之重要传承者。宋、元时，府、县学"生徒来学，不限多寡"。[③] 其中聚集了一批当地致力于儒学的"秀异"者，他们中不少人是地方上的学术才俊。宋、元时期新安江流域学术文化的重要代表人物中，相当一部分人都有过在府、县学就读的经历。明、

① 民国《重修婺源县志》卷6《学校》。
② 光绪《严州府志》卷6《学校》。
③ 道光《徽州府志》卷3《学校》。

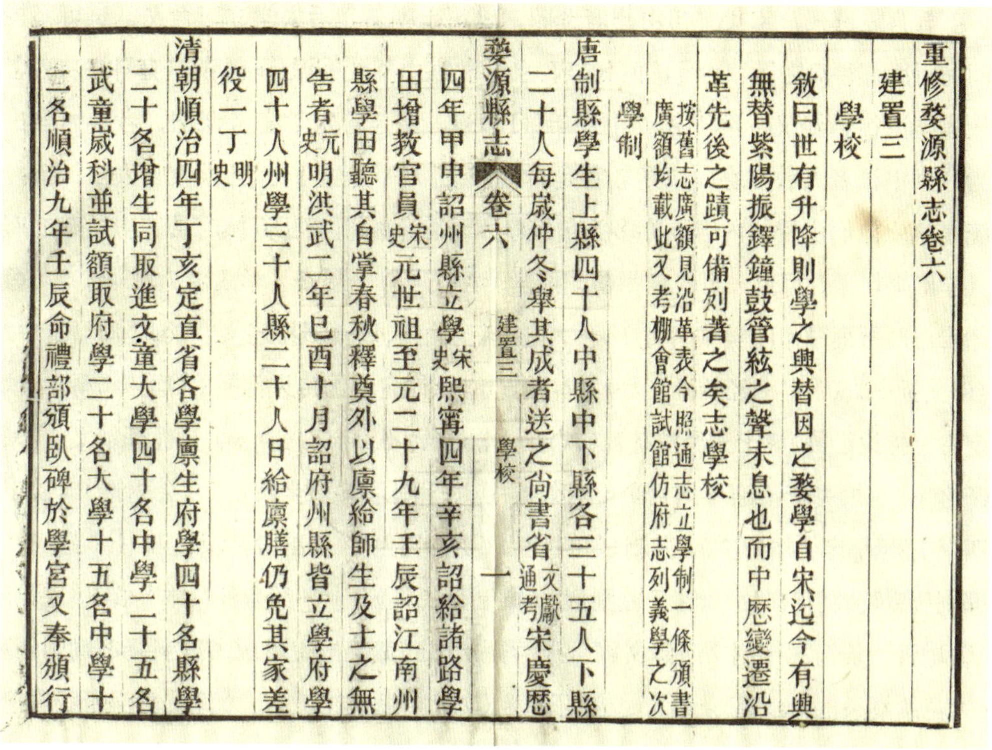
重修婺源縣志卷六
建置三
學校
敘曰世有升降則學之興替因之婺學自宋迄今有興無替紫陽振鐸鐘鼓管絃之聲未息也而中歷變遷沿革先後之蹟可備列著之矣志學校
學制 按舊志廣額見沿革表今照通志立學制一條須書廣額均載此又考棚會館試館仿府志列義學之次
唐制縣學生上縣四十人中縣中下縣各三十五人下縣二十人每歲仲冬舉其成者送之尚書省 文獻通考 宋慶歷四年甲申詔州縣立學 宋史 熙寧四年辛亥詔給諸路學田增教官員 宋史 元世祖至元二十九年壬辰詔江南州縣學田聽其自掌春秋釋奠外以廩給師生及士之無告者 元史 明洪武二年己酉十月詔府州縣皆立學府學四十人州學三十人縣二十人日給廩膳仍免其家差役一丁 明史
清朝順治四年丁亥定直省各學廩生府學四十名縣學二十名增生同取進文童大學四十名中學二十五名武童歲科並試額取府學二十名大學十五名中學十二名順治九年壬辰命禮部頒臥碑於學宮又奉頒行
婺源縣志 卷六 建置三 學校 一

民国《婺源县志》卷六《建置志·学校》书影

清两朝，“科举必由学校”，[①] 进入学校是科举考试阶梯的第一级，府、县学生员开始有定额。取得生员资格的入学考试为童试，包括县试、府试和院试三个阶段。院试由各省学政主持，合格者称生员，分别往府、州、县学学习。生员分三等，即廪生、增生、附生。因此，通过传统儒学经典考试进入府、州、县学的生员，选拔严格，程序复杂，名额有限，竞争激烈，大多是具有潜质的传统学术文化研究的优秀者。他们聚集于府、州、县学中，致地方官学成为一地学术文化人才的聚集中心。

再次，新安江流域的府、县学是一地学术文化研究、传播的中心。府、县学为地方官学，其教官均由朝廷委派。比如，徽州府学教官，宋代置教授、学正、学录、直学各一人，元代增训导一人；明代置教授一人，训导四人，清置教授、训导各一人；县学教官，宋置主学、直学、学长、学谕、学宾、斋谕等，元置学正，明代设教谕一人，训导两人。清代设教谕、训导各一人。

① [清]张廷玉：《明史》卷69《选举志一》，中华书局，1974年。

教官之选任，宋代“初由州府选聘，以请于朝。其后太学立三舍法，试可乃授。间命近臣荐举充之”。[①] 明、清两代，府、县学教官由朝廷委派，一般都是有科举功名者。教官本人需通经义。明洪武二十六年（1393），朝廷曾定学官考课法，考核内容一为科举中试者人数多寡，二则教官是否通经义。[②] 因此，府、县学教官大多深谙传统儒学。他们讲授的内容，亦多为传统学术文化。由新安江流域府县志中所载的府县学藏书目录，可见一斑。兹举徽州府学、淳安县学、遂安县学三者为例：道光《徽州府志》所列徽州府学藏书计38种，包括《圣谕广训》《周易述义》《御纂周易折中》《诗义折中》《钦定书经传说汇纂》《春秋直解》《钦定诗经传说汇纂》《唐宋诗醇》《钦定春秋传说汇纂》《十三经注疏》《钦定三礼义疏》《二十二史》《御纂性理精义》《朱子全书》《御纂资治通鉴纲目》《学政全书》《御制乐善堂全集》《乡会墨选》《钦定四书文》《平定金川碑文》《御制日知荟说》《吏部则例》《御制驳吕留良四书讲义》《礼部则例》《御制诗初集》《国子监则例》《御制诗二集》《十一经旁注读本》《南巡盛典》《新增科场条例》《御制文庙碑文》《部颁续纂条例》《武英殿聚珍版书》《科场磨勘则例》《大清续纂条例》《六部条例》《文庙乐章》《文武相见仪注》等。[③] 淳安县学所藏典籍，包括《圣朝训士典谟》《平定清海碑文》《文武相见仪注》《上谕定例》《上谕讲解》《钦定训饬州县规条》《御制朋党论》《圣谕万言广训》《圣谕合律讲义》《礼乐图考》《上谕十本》《学官仪物》《圣朝训士》《学政全书》《御制盛京赋》《御纂周易折衷》《御纂书经传说汇纂》《御纂诗经传说汇纂》《御纂春秋》《御纂性理精义》《朱子全书》《十三经注疏》《十七史》《弘简录》《明史》《钦定四书文》等26种。[④] 遂安县学存于学宫的典籍，有《周易折衷》《书经传说》《诗经传说》《春秋传说》《性理精义》《朱子全书》《四书文集》《明史》《上谕》《盛京赋》《通鉴纲目》《学政全书》《圣训》《誊黄》《孝经》《御纂资治通鉴纲目三编》《清汉上谕》《唐宋文醇》《钦定三礼义疏》《乐善堂全集新刊定本》《钦定周易述义》《钦定诗义折中》《钦定春秋直解》《钦定乡闱墨选》《钦定聚珍版书》《钦定大清通礼》《钦定磨勘条例》《钦定驳吕留良四书讲义》《御制朋党论》《钦定名教罪人诗》《御制谕》《西魏书》《文武相见仪注》《礼乐祭器图考》《学

---

① 道光《徽州府志》卷3《学校》。
② [清]张廷玉：《明史》卷69《选举志一》，中华书局，1974年。
③ 道光《徽州府志》卷3《学校》。
④ 光绪《淳安县志》卷2《学校》。

宫仪物撮要》《两浙防护录》《治浙成规》等37种。[①] 于此可见，府、县学平时教学之书，主要是治国理政之典章制度书籍和传统学术文化经典两类。其他各县藏书亦大同小异，以传统学术文化典籍为主。[②]

教官之外，还有其他身份的官员或学者在府、县学传播学术文化，新安江流域的相关文献中，对此记载甚多。清代大学士曹振镛在《鲍氏重修府学记》中说："新安于宋太师徽国文公为桑梓地。文公之化，衣被天下，自宋、元、明迄今数百年，江以南士之私淑文公、能于学校中自表见者，必推我新安。"[③] 由此说明，"徽州府、县学非仅是科考之渊薮，亦学术文化阐扬之地"。[④] 因此，新安江流域的府、县学，自宋代以来，堪称学术文化之中心地。

## 二、书院等民间教育场所

新安江流域书院等民间教育场所之盛，史不乏书。《徽州传统学术文化地理研究》一书，根据弘治《徽州府志》、道光《徽州府志》、民国《歙县志》、道光《休宁县志》、嘉庆《黟县志》、同治《祁门县志》、民国《重修婺源县志》、嘉庆《绩溪县志》等府县志统计，新安江上游徽州府六县共有重要的书院84所，其中，歙县25所，休宁县10所，黟县9所，祁门县6所，婺源县15所，绩溪县19所。[⑤] 该统计数字，表明了新安江上游地区历史上徽州书院之盛。诚如明天启六年（1626）御史张讷奏言："天下书院最盛者，无过东林、江右、关中、徽州。"道光《徽州府志》卷3《营建志·学校》亦记载："歙在山谷间，垦田盖寡，处者以学，行者以商。学之地自府县学外，多聚于书院。"新安江中下游的严州地区，唐、宋以来，也是书院众多的文化名邦。据《严州府志》《淳安县志》《遂安县志》等旧志记载，建德重要的书院有钓台书院等4所，淳安有石峡书院等22所，遂安有瀛山书院等5所，寿昌有青山书院等5所。

---

① 民国《遂安县志》卷5《学宫》。

② 详见民国《歙县志》卷2《营建志》，道光《休宁县志》卷3《学校》，嘉庆《黟县志》卷10《学校》，同治《祁门县志》卷17《学校志》。

③ 道光《徽州府志》卷3《学校》。

④ 周晓光：《徽州传统学术文化地理研究》第4章《徽州传统学术文化的空间传播》。安徽人民出版社，2006年。

⑤ 周晓光：《徽州传统学术文化地理研究》第4章《徽州传统学术文化的空间传播》。安徽人民出版社，2006年。该数字并非徽州历代书院之全部，而是为方志所载、有代表性的书院数字。

建德县龙山书院（方韦 提供照片）

徽州与严州各属县书院，之所以成为学术文化中心地，是因为这些书院乃一地学术文化的讲学与研究中心。如《瀛山书院志》所说："书院之设，所以资讲肄，广集益，古家塾党庠之遗意也。瀛山肇于南宋，一时醇儒辈出，最著名若詹虚舟、詹晋卿，来游者若子朱子，及张南轩、吕东莱、真西山，称极盛焉。"① 瀛山书院成为当时讲学与研讨理学的中心。淳安名儒钱融晚居家乡蜀阜玉屏街北山之冈，创建"融堂书院"，每日里与群徒讲道，融堂书院俨然成为一地的学术研究中心。郑玉"筑室里之西山，将著述以见意。学者从先生问学，绅佩寖盛。门人鲍元康等，因其地创师山书院。殿堂门庑庖湢咸具，讲肄有斋，登眺有亭。先生日与诸生论说《春秋》，而通其大用"。② 显然，师山书院亦在当时为讲学与《春秋》研究之中心。朱熹在《衡州石鼓书院记》中说："惟前代庠序之教不修，士病无所于学，往往相与择胜地，立精舍，以为群居讲习之所。"③ 说明了书院、精舍之类场所，其实是学术文化的研讨之地。

①《瀛山书院志》卷1《营建》，淳安古籍文献丛书，2010年。
②[明]程敏政：《新安文献志》卷66《师山郑先生玉行状》，弘治三年（1490）刊本。
③[宋]朱熹：《朱子文集》卷第79《衡州石鼓书院记》，（台）德富古籍丛刊本。

歙县雄村竹山书院（张建平 摄）

此外，书院作为学术文化的中心地，还是一地学术文化的交流中心。以久负盛名的徽州紫阳书院与还古书院来说，其明清两朝学术文化交流的“会讲”形成了常态化，且次数众多。兹据《紫阳书院志》《还古书院志》略举其大概于下：

（一）紫阳书院

正德十年（1515）新安大会开始于紫阳书院，主教为太守熊世芳（桂）。

嘉靖三年（1524）甲申十月，大会于紫阳书院（在紫阳山），主教为太守郑于成（玉）。

顺治十六年（1659）汪德元与休宁理学家杨泗祥招聚生徒，集讲于紫阳书院。

顺治十八年（1661）秋会于紫阳书院。

康熙元年（1662）秋会于紫阳书院。

康熙二年（1663）紫阳书院秋会讲。

康熙三年（1664）四月紫阳书院会，九月又会。

康熙四年（1665）紫阳书院秋会，府教授赵娄先临会。

康熙五年（1666）紫阳书院秋会。

康熙六年（1667）紫阳书院秋会。

康熙七年（1668）紫阳书院秋会。

康熙八年（1669）紫阳书院秋会。

康熙九年（1670）紫阳书院春会，秋会。主教为太守曹公。

康熙十年（1671）紫阳书院春会。

康熙十一年（1672）紫阳书院秋会，主教愚山施先生。

康熙十二年（1673）紫阳书院秋会，主教张黄岳先生。

康熙十五年（1676）紫阳书院秋会。

康熙十六年（1677）紫阳书院会讲。

康熙十七年（1678）紫阳书院秋会，主教谷一洪先生。

康熙十八年（1679）紫阳书院会讲。

康熙十九年（1680）紫阳书院秋会。

康熙二十年（1681）紫阳书院秋会。

康熙二十一年（1682）紫阳书院秋会。

康熙二十三年（1684）紫阳书院秋会。

康熙二十六年（1687）紫阳书院秋会。

康熙二十七年（1688）紫阳书院秋会。

康熙二十八年（1689）紫阳书院秋会。

康熙二十九年（1690）紫阳书院秋会。分讲周子通书。

康熙三十年（1691）紫阳书院秋会。 同讲孝经刊误。

康熙三十一年（1692）紫阳书院秋会。

康熙三十二年（1693）紫阳书院秋会。涵斋汪先生主教。

康熙三十四年（1695）紫阳书院春会，并举行了释菜礼。秋冬讲学听者甚多。太守丁公率僚属同听。

康熙三十五年（1696）紫阳书院秋会。

康熙四十一年（1702）紫阳书院秋会。

康熙四十二年（1703）紫阳书院秋会。

康熙四十四年（1705）紫阳书院秋会。

康熙四十五年（1706）紫阳书院秋会。

康熙五十六年（1717）紫阳书院秋会。

康熙五十八年（1719）紫阳书院秋会。

康熙五十九年（1720）紫阳书院秋会。

康熙六十年（1721）紫阳书院秋会。

康熙六十一年（1722）紫阳书院秋会。

雍正元年（1723）紫阳书院秋会，届期行礼如仪。

雍正三年（1725）紫阳书院秋会。①

(二)还古书院

万历二十五年（1597）十月休宁大会于还古书院,主教见田余先生。听讲数百人。

万历三十一年（1603）十月休宁大会于还古书院，主教澹园焦先生。

万历三十七年(1609)十月休宁大会于还古书院,主教鲁源徐先生。五邑至者众多。

万历四十三年（1615）九月休宁大会于还古书院，主教简曾金先生。各邑赴会共150余人，外敷外省共30余人。司事共27人。

万历四十三年（1615）九月休宁大会于还古书院10日，主教简曾金先生，临会邑侯芾亭张先生（讳汝懋，浙江山阴人）。赴会多人。

天启元年（1621）还古书院大会，赴会者200多人。

崇祯六年（1633）十月休宁大会于还古书院，主教恒麓万先生，听讲者众多。

崇祯十二年（1639）十月休宁大会于还古书院，主教维清汪先生、心园翟先生。

顺治元年（1644）仲秋还古书院讲学三日。

顺治三年（1646）仲秋还古书院会讲三日，会友31人。

顺治四年（1647）仲秋还古书院会讲三日，会友37人。

顺治五年（1648）仲秋还古书院会讲三日，会友51人。

顺治六年（1649）仲秋还古书院会讲三日，会友67人。

顺治七年（1650）三月还古书院会讲三日，会友67人。

顺治七年（1650）仲秋还古书院会讲三日，会友74人。

顺治八年（1651）二月还古书院会讲三日，会友46人。

---

①[清]施璜:《紫阳书院志》卷16《会纪》,雍正三年(1725)刻本。因此书刻于雍正三年,故此后紫阳书院之会讲情形,未被收录其中。

顺治八年（1651）仲秋还古书院会讲三日，会友 76 人。

顺治九年（1652）仲春还古书院会讲三日，会友 50 人。

顺治九年（1652）仲秋还古书院会讲三日，会友 87 人。

顺治十年（1653）仲春还古书院会讲三日，会友 51 人。

顺治十年（1653）仲秋还古书院会讲三日，会友 78 人。

顺治十一年（1654）仲春还古书院会讲三日，会友 49 人。

顺治十一年（1654）仲秋还古书院会讲三日，会友 72 人。

顺治十二年（1655）仲秋还古书院会讲三日，会友 58 人。

顺治十三年（1656）仲春还古书院会讲三日，会友 38 人。

顺治十四年（1657）仲春还古书院会讲三日，会友 40 人。

顺治十四年（1657）仲秋还古书院会讲三日，会友 104 人。

顺治十五年（1658）仲春还古书院会讲三日，会友 69 人。

顺治十五年（1658）仲秋还古书院会讲三日，会友 102 人。

顺治十六年（1659）仲春还古书院会讲三日，会友 56 人。

顺治十六年（1659）仲秋还古书院会讲三日，会友 44 人。

顺治十七年（1660）仲春还古书院会讲三日，会友 73 人。

顺治十七年（1660）仲秋还古书院会讲三日，会友 66 人。

顺治十八年（1661）仲春还古书院会讲三日，会友 66 人。

顺治十八年（1661）仲秋还古书院会讲三日，会友 117 人。

康熙元年（1662）季春还古书院会讲三日，会友 54 人。

康熙元年（1662）仲秋还古书院会讲三日，会友 63 人。

康熙二年（1663）仲春还古书院会讲三日，会友 43 人。

康熙二年（1663）仲秋还古书院会讲三日，会友 22 人。

康熙三年（1664）季春还古书院会讲三日，会友 32 人。

康熙三年（1664）仲秋还古书院会讲三日，会友 25 人。

康熙四年（1665）季春还古书院会讲三日，会友 43 人。

康熙四年（1665）仲秋还古书院会讲三日，会友 31 人。

康熙五年（1666）季春还古书院会讲三日，会友 66 人。

康熙五年（1666）仲秋还古书院会讲三日，会友 37 人。

康熙六年（1667）仲秋还古书院会讲三日，会友 14 人。

康熙七年（1668）季春还古书院会讲三日，会友 11 人。

康熙七年（1668）仲秋还古书院会讲三日，会友 11 人。

康熙八年（1669）季春还古书院会讲三日，会友 5 人。

康熙八年（1669）仲秋还古书院会讲三日，会友 29 人。

康熙九年（1670）仲春还古书院会讲三日，会友 10 人。

康熙九年（1670）仲秋还古书院会讲三日，会友 25 人。

康熙十年（1671）仲秋还古书院会讲三日，会友 34 人。

康熙十一年（1672）仲秋还古书院会讲三日，会友 49 人。

康熙十二年（1673）仲秋还古书院会讲三日，会友 28 人。

康熙十四年（1675）仲秋还古书院会讲三日，会友 21 人。

康熙十五年（1676）仲秋还古书院会讲三日，会友 19 人。

康熙十六年（1677）仲秋还古书院会讲三日，会友 33 人。

康熙十七年（1678）仲秋还古书院会讲三日，会友 38 人。

康熙十八年（1679）仲秋还古书院会讲三日，会友 26 人。

康熙十九年（1680）仲秋还古书院会讲三日，会友 40 人。

康熙二十年（1681）仲秋还古书院会讲三日，会友 37 人。

康熙二十一年（1682）仲秋还古书院会讲三日，会友 60 人。

康熙二十二年（1683）仲秋还古书院会讲三日，会友 50 人。

康熙二十三年（1684）仲秋还古书院会讲三日，会友 33 人。

康熙二十四年（1685）仲秋还古书院会讲三日，会友 25 人。

康熙二十五年（1686）仲秋还古书院会讲三日，会友 40 人。

康熙二十六年（1687）仲秋还古书院会讲三日，会友 43 人。

康熙二十七年（1688）仲秋还古书院会讲三日，会友 54 人。

康熙二十八年（1689）仲秋还古书院会讲三日，会友 59 人。

康熙二十九年（1690）仲秋还古书院会讲三日，会友 26 人。

康熙三十年（1691）仲秋还古书院会讲三日，会友 56 人。

康熙三十一年（1692）仲春环还古书院复兴会讲，会讲三日，会友 38 人。

康熙三十一年（1692）仲秋还古书院会讲三日，会友 113 人。

康熙三十二年（1693）仲春还古书院会讲三日，会友 14 人。

康熙三十二年（1693）仲秋还古书院会讲三日，会友 48 人。

康熙三十三年（1694）仲秋还古书院会讲三日，会友 57 人。

康熙三十四年（1695）仲春还古书院会讲三日，会友 12 人。

康熙三十五年（1696）季春还古书院会讲三日，会友 15 人。

康熙三十五年（1696）季春还古书院会讲三日，会友 46 人。

康熙三十六年（1697）仲秋还古书院会讲三日，会友 50 人。

康熙三十七年（1698）仲春还古书院会讲三日，会友 15 人。

康熙三十七年（1698）仲秋还古书院会讲三日，会友 38 人。

康熙三十八年（1699）仲春还古书院会讲三日，会友 27 人。

康熙三十八年（1699）仲秋还古书院会讲三日，会友 28 人。

康熙三十九年（1700）仲春还古书院会讲三日，会友 57 人。

康熙三十九年（1700）仲秋还古书院会讲三日，会友 104 人。

康熙四十年（1701）仲春还古书院会讲三日，会友 35 人。

康熙四十年（1701）仲秋还古书院会讲三日，会友 72 人。

康熙四十一年（1702）三月还古书院会讲三日，会友 50 人。

康熙四十一年（1702）仲秋还古书院会讲三日，会友 55 人。

康熙四十二年（1703）三月还古书院会讲三日，会友 70 人。

康熙四十二年（1703）仲秋还古书院会讲因修书院，改于九月。会讲三日，会友 134 人。

康熙四十三年（1704）季春还古书院会讲三日，会友 123 人。

康熙四十三年（1704）仲秋还古书院会讲三日，会友 118 人。

康熙四十四年（1705）季春还古书院会讲三日，会友 96 人。

康熙四十四年（1705）仲秋还古书院会讲三日，会友 76 人。

康熙四十五年（1706）二月还古书院会讲三日，会友 119 人。

康熙四十五年（1706）仲秋还古书院会讲三日，会友 80 人。

康熙四十六年（1707）季春秋还古书院会讲三日，会友 52 人。

康熙四十六年（1707）仲秋还古书院会讲三日，会友 79 人。

康熙四十七年（1708）季春还古书院会讲三日，会友 44 人。

康熙四十七年（1708）仲秋还古书院会讲三日，会友 63 人。

康熙四十八年（1709）仲春还古书院会讲三日，会友 85 人。

康熙四十八年（1709）仲秋还古书院会讲三日，会友 79 人。

康熙四十九年（1710）季春还古书院会讲三日，会友 56 人。

康熙四十九年（1710）仲秋还古书院会讲三日，会友 83 人。

康熙五十年（1711）仲春还古书院会讲三日，会友 52 人。

康熙五十年（1711）仲秋还古书院会讲三日，会友 85 人。

康熙五十一年（1712）季春还古书院会讲三日，会友 68 人。

康熙五十一年（1712）仲秋还古书院会讲三日，会友 119 人。

雍正十一年（1733）仲秋还古书院会讲三日，会友 48 人。

雍正十二年（1734）仲秋还古书院会讲三日，会友 35 人。

雍正十三年（1735）季春还古书院会讲三日，会友 33 人。

雍正十三年（1735）仲秋还古书院会讲三日，会友 28 人。

乾隆元年（1736）仲春还古书院会讲三日，会友 29 人。

乾隆元年（1736）仲秋还古书院会讲三日，会友 41 人。

乾隆二年（1737）季春还古书院会讲三日，会友 24 人。

乾隆二年（1737）仲秋还古书院会讲三日，会友 48 人。

乾隆三年（1738）季春还古书院会讲三日，会友 45 人。

乾隆三年（1738）仲秋还古书院会讲三日，会友 65 人。

乾隆四年（1739）季春还古书院会讲三日，会友 39 人。

乾隆四年（1739）仲秋还古书院会讲三日，会友 55 人。

乾隆五年（1740）仲秋还古书院会讲三日，会友 58 人。

乾隆六年（1741）仲春还古书院会讲三日，会友 39 人。

乾隆六年（1741）仲秋还古书院会讲三日，会友 43 人。①

以上较为详细记述了紫阳书院和还古书院历明清两朝的学术活动盛况，一是反映书院在学术交流中的常态化轨迹，二是说明学术交流的规模之大、延续时间之长。按照清代休宁儒学教谕陈鬲鉴所言：“海阳理学之盛，自子朱子统继尼山，师友相承，

① [清]施璜：《还古书院志》卷11、12，道光二十三年（1843）刻本。

延绵如缕。邑东十里有古城山，清流激湍，襟带左右，林壑幽邃，岩石耸秀。山之麓有敬业乐群之地，堂宇巍焕，户牖森严，颜之曰还古书院。盖以人心世道，必期与古比隆云。考其初创，自邑侯石林祝先生肇于万历壬辰，嗣后此邦人士承先生之遗爱，每岁春秋，遐迩咸集……阖邑诸前贤，习礼歌诗、问难质疑者三日。今百有余岁，载久而弥光。”[①]《徽州府志》也称紫阳书院“师儒弦诵，常数百人”。[②]新安江流域书院类似紫阳书院、还古书院作为学术文化交流中心的情况，极为普遍。因此书院堪称一地学术交流的中心。

作为讲学和学术研讨的中心，以及学术文化的交流中心，新安江流域的书院在一段时间内对一定地域的一定人群产生过学术影响，由此成为府、县学之外又一类型的学术文化中心地。

**三、族学、义塾等学者或家族架构的空间**

新安江流域学术文化中心地还有一种类型，即由学者或家族架构的族学、义塾等空间。这些空间，有名儒讲学，有学者从教，致力于传统学术文化的探讨和传授，因而发展成为一时一地的学术文化中心地。

婺源豸峰村成义堂私塾（张建平 摄）

① [清]施璜：《还古书院志》卷14《陈昺鉴：重修还古书院记》，道光二十三年（1843）刻本。
② 道光《徽州府志》卷3《营建志》。

南宋理学名儒休宁人吴儆，“又以余闲，与从游之朋，穷经论史，考德订业。四方之士闻之，负笈而至，岁数百人，居不足以容，或相率结茅其傍，因号为竹洲先生。公分斋肄业，如安定湖学之法以教之……言有章、行有操、官有业、问有学，未有不自竹洲之门者”。① 吴儆之居所，成为一时学术文化研讨与交流的中心。淳安人方逢辰，“淳祐十年，进士第一，理宗改今名，故字曰君锡。授幕职，历典州郡，所至以教化为先务。暇日从容庠序授学者，以求端用力之方。东阳士辟义塾，迎之，从游者数百人。寻创家塾，授徒以居”。② 方逢辰执教的家塾，虽为一家一族之子弟就学处，但也同时为方逢辰提供了传播其学术之所。在新安江流域数百年学术发展史上，类似的情形较为常见。

而有一些场所，因有名家执教，从学者众多，或者群儒聚集，相与切磨，更是成为新安江流域这一类学术文化中心地的典型。

明代嘉靖年间祁门旸坑谢显创办的神交精舍，即是一例。谢显，字惟仁，祁门人。少时家贫，但沉慧好学。有人曾劝他经商养家，谢显回曰“治生孰若治心”。表示了坚定的向学之志。后从明中叶心学大师湛若水学，颇得其精髓，曾有感而叹曰：“此学如过独木桥，绝无倚靠立脚处。”督学耿定山将谢显祀于乡贤祠，并有“迹其所至，已在善信之间；充其所志，不底圣人不已”的评语。③ 嘉靖三十一年（1552），为纪念湛若水在徽州的讲学活动，表达谢氏家族对湛若水学说的崇敬，以及感念湛若水对祁门谢氏家族的学术关怀，谢显等拟在家乡王源村的缉功山创建神交精舍，作为会讲之所。谢氏家族成员谢慎德、谢堂、谢知远，远赴广州天关书院，谒见甘泉先生，请得甘泉先生所撰《祁门神交精舍记》带回旸坑。《记》曰：

甲也朝而乙爲其事善甲則夕聞之矣雖欲不爲善不可得也夕而甲爲其事未善朝則乙聞之矣雖欲爲不善不可得也甲將爲善則必曰此必乙聞之乎吾何爲愧乎良友則必果乙將爲不善則曰甲得無聞之乎吾何顏而以見吾良友則必不果然則二少交相推致以入於聖賢之道雖名曰二妙之樓可也曰子言聖賢之道請聞焉曰夫道一而已矣夫二少一以居爲道一以仕爲道蘊而大中至正之極發而爲仕止久速之時一也仕者謂居者曰何以贈我則曰願子止仕久速之宜惟其時毋冒利于非幾以胥溺于私居者謂仕者曰何以處我則曰願子力底于中正之歸毋自畫尔知以荒于嬉二少交勵成盛德而生大業遇則爲太公之功不遇則爲伯夷之節是謂天下之大老雖名曰二老樓可也二少云乎哉余謹書于石以俟

祁門神交精舍記

祁門謝氏惟仁既與族之老少闢金交之館甘泉子銘之既十稔矣交道之興勃焉矣嘉靖壬子之臘謝氏三子者慎德也堂也知遠也輕四千里之途而來訪甘泉子于天關甘泉子與之語而說焉喟然嘆曰其進矣其進矣夫交也者交夫道也所以紀綱人倫化之本也子

湛若水《祁门神交精舍记》书影（国家图书馆藏《湛甘泉先生文集》万历七年刻本）

① [明]程敏政：《新安文献志》卷69《竹洲先生吴公儆行状》，弘治三年（1490）刊本。

② 光绪《淳安县志》卷10《理学》。

③ [清]赵弘恩、黄之隽等：《江南通志》卷164《人物志·儒林二》，四库全书本。

祁门谢氏惟仁，既与族之老少辟全交之馆，甘泉子铭之。既十稔矣，交道之兴勃焉矣。嘉靖壬子之腊，谢氏三子者，慎德也、堂也、知远也，经四千里之途而来，访甘泉子于天关。甘泉子与之语而说焉，喟然而叹曰："其进矣！其进矣！夫交也者，交夫道也，所以纪纲人伦，化之本也。予昔之所铭者，执德机矣。今之所进者，化德机矣。吾闻之，改德改玉。今祁门之风勃焉而兴，宜进之'全交'为'神交'，馆曰精舍"。精舍创于缉功山，其基谢铉所置，其费则四方同志所共成，以为会讲之所。中有咏归楼六楹，楼下即今所谓神交精舍。堂曰神交堂，楼前两庑斋房各四楹，为路亭一，曰朋来。敢问神交之义，归告惟仁，以布告于同交之士。甘泉子曰：易曰："天地交而为泰也，上下交而德业成也"。又曰："上下交而其志同也"。不同，何以天地人物之交，其感应如桴鼓影响哉？神也者，潜天而天，潜地而地，潜万物而万物。易曰："二人同心，其利断金。同心之言，其臭如兰。"兰之臭，岂有迹哉？神之所为也。是故神之感也，不以世隔。故孔子梦周公；不以地隔，故高宗梦傅说，舜梦拜乎丞。故神也者，本诸身，征诸庶民，建之天地而不悖，质诸鬼神而无疑，百世以俟圣人而不惑。大哉！神之交乎！圣而不知之谓神。神者，气之精也，心之灵也，天地万物之良能也。上天之载，无声无臭，神之所为也，至矣。何则？人者，天地之心也。心者，天地之神也。天地以神而成化，圣人以神而化天下，故相观而善，相禅以神也，交之至也。孔子曰：予欲无言，四时行焉，百物生焉。此神交之至也。故曰：鼓之舞之以尽神。神之所感，天神降，人鬼格，鸟兽舞，凤凰仪，而况于人乎！而况于师友之交乎！故天地之道，神而已；圣人之道，存神而已矣。大则孔子铸颜回，博之以文，约之以礼，而使之欲罢不能；小则如蜾蠃祝螟蛉之子，曰：尔似我尔似我。久则化之矣。皆交之神也。甘泉子曰：岂惟圣人哉？东海有人焉，同此心，同此神也；西海有人焉，同此心，同此神也；南海北海有人焉，同此心，同此神也。是故神也者，放之东海而东海准，放之西海而西海准，放之南海北海而南海北海准。何也？以其同也。人与天地万物一体也，岂有一体，刺之而不痛，击之而不知动者？知此则知感应之机，神交之义矣。其道也深乎！为神交精舍记。①

① [明]湛若水：《湛甘泉先生文集》卷6《祁门神交精舍记》，万历七年（1579）刻本。

湛氏此文，记述了祁门谢氏会讲之所由全交馆而发展到神交精舍的过程，以及神交精舍构建费用来源，基本建筑格局等情形，特别是诠释了“其道也深”之“神交”之义。湛氏卒后第九年，即隆庆三年(1569)，谢氏家族谢宜生、谢铉叔侄将神交精舍更名为神交书院，并捐助水田，建造书院讲堂，以便“永为后学继往开来之所”。神交精舍（书院）前后延续数十年，成为新安江流域传播湛若水心学思想的重镇，亦为一时之学术文化的中心地。①

清代歙县的不疏园也是学术文化中心地的代表。

不疏园位于歙县西溪，由汪泰安（1699 ~ 1761）创办，历乾隆至咸丰时园毁。该园也是徽州学术名流汪梧凤的故宅。民国《歙县志》记载：“不疏园在西溪，汪梧凤故宅。梧凤藏书甚富，江慎修于此著《乡党图考》并讲学，戴东原辈时来讲学，郑虎文、刘大櫆、汪容甫、黄仲则均尝集此。咸丰时园毁。”② 据汪中《大清故贡生汪君墓志铭》记载：

> 国初以来，学士陋有明之习，潜心大业，通于六艺者数家，故于儒学为盛。迨乾隆初纪，老师略尽，而处士江慎修崛起于婺源，休宁戴东原继之，经籍之道复明。始此两人自奋于末流，常为乡俗所怪，又孤介少所合，而地僻陋，无以得书。是时歙西汪君独礼而致诸其家，饮食供具惟所欲，又斥千金置书，益招好学之士日夜诵习讲贯其中。久者十数年，近者七八年、四五年，业成散去。③

汪中所说的歙西汪君，指汪梧凤，而“其家”则是不疏园。先后在不疏园中受教者，有“江门七子”郑牧、汪肇龙、戴震、汪梧凤、程瑶田、方矩、金榜和后来改习词章之学的吴绍泽。④ 早期徽派朴学的精英悉数萃于此，不疏园成为徽派朴学的发源地，成为一时新安江流域学术文化的中心。不仅江永之《乡党图考》著于此，戴震多部重要的著作亦在不疏园时所写。梁启超还曾对不疏园中的教学有过评述：“兹学盛

① 周晓光：《徽州传统学术文化地理研究》第1章《徽州传统学术文化区的形成与变迁》。安徽人民出版社，2006年。

② 民国《歙县志》卷1《古迹》。

③《述学·别录》，四部丛刊初编本。

④ [清]汪梧凤：《松溪文集·送刘海峰先生归桐城序》，乾隆不疏园自刻本。

时，凡名家者，比较的多耿介恬退之士。时方以科举笼罩天下，学者自宜十九从兹途出。大抵后辈志学之士未得第者，或新得第而俸禄薄者，恒有先辈延主其家为课子弟。此先辈亦以子弟畜之，当奖诱增益其学；此先辈家有藏书，足供其研索；所交游率当代学者，常得陪末座以广其闻见，于是所学渐成矣。”① 不疏园也因之成为学术人才的培养中心，在徽派朴学形成和传播过程中具有特殊地位和影响。

歙县不疏园遗址（张建平 摄）

① 梁启超：《清代学术概论》，东方出版社，1996年，第65页。

歙县斗山街许氏家塾(张建平 摄)

以上新安江流域的三类学术文化中心地，虽存续时间不一，学术影响大小有异，但均在历史上产生过重要影响。新安江流域学术文化的传播，即是以此为中心地的对外扩散和流布。

## 第二节　新安江流域学术文化的传播路径

新安江流域学术文化区域内外的传播路径，主要有三条：一是以人为中心的传播；二是以书籍为媒介的传播；三是以活动为载体的传播。

所谓以人为中心的传播，是指新安江流域学术文化名家开展的学术传播活动。我们以朱熹为例，他曾两度到徽州，开展学术文化的交流传播活动。第一次是绍兴二十年（1150）春，21 岁的朱熹回婺源，祭扫祖墓，并拜会当地学者，切磋学问。赵滂《程朱阙里志》中所收《晦庵先生年谱》载其事甚详。[①] 朱熹专门拜会了其父

① [明]赵滂：《程朱阙里志》卷4《晦庵先生年谱》，雍正重刻本。

生前的好友余靖，并留下了《谒表伯余宋祐》诗。诗云："江上雪意满，风吹竹林平。先生但坚坐，稚子开柴荆。"①《晦庵先生年谱》又录朱熹与内弟程洵讨论诗歌创作事，朱熹谓："学者所急，亦不在此。学者之要务，反求诸己而已。《语》、《孟》二书，精之熟之，求所以见圣贤用意处，佩服而力持之可也。"②表明了朱熹的为学主张。朱熹第二次回婺源扫墓，在淳熙三年（1176）四月。此次扫墓，朱熹遍走山间祖墓，并写了《祭告远祖墓文》。因感"世次之易远，骨肉之易疏，而坟墓之不易保也"，朱熹还撰写了《归新安祭墓文》，并重修了《婺源茶院朱氏世谱》。婺源县令张汉，率诸生请朱熹撰写了《藏书阁记》，朱熹将程氏《遗书》《外书》《文集》《经说》、司马氏《书仪》、高氏《送终礼》、吕氏《乡仪》《乡约》等书留给学中。徽州学者日执经请问，朱熹随其资质高下，诲诱不倦，至六月初旬始归。"朱熹两次到徽州省墓，表明了朱熹与新安朱氏的密切关系；同时它在新安学术发展史上也是一件具有深远意义的大事。一大批研习程朱学说的新安理学家从此脱颖而出，开启了将近600年的新安学术风气"。③

除了亲临徽州讲学之外，与徽州学者之间的书信往来，也是朱熹对徽州开展理学教育活动的主要途径之一。有学者统计，在朱熹文集中，与朱熹书信往来的学生有200余人，④其中就包括了徽州籍的学生。翻检徽州方志、徽人文集中的有关传记资料，发现徽州学者通过书信而受朱熹理学教育和影响的人，为数众多。比如，婺源人滕璘（字德粹）、滕珙（字德章）兄弟曾投书朱熹，请教为学之道。朱熹文集中收录答滕璘信12通，答滕珙信7通，其中言："学者患不知其归趣，与其所以蔽害之者，是以徘徊歧路而不知所从入。今足下既知程氏之学不异乎孔孟之传，而读其书矣；又知科举之夺志，佛老之殊归，皆不足事，则亦循是而定取舍焉耳，复何疑而问于仆耶？……《论语》一书，圣门亲切之训，程氏之所以教，尤以为先。足下不以余言为不信，则愿自此书始。"⑤这里，朱熹明确提出了为学之要当先熟读《论语》，并对"科举之夺志，佛老之殊归"表明了自己"皆不足事"的态度。滕氏兄弟获闻

① [宋]朱熹：《朱子文集》卷第9《谒表伯余宋祐》，(台)德富古籍丛刊本。
② [明]赵滂：《程朱阙里志》卷4《晦庵先生年谱》，雍正重刻本。
③ 周晓光：《新安理学》第2章《新安理学的形成》。安徽人民出版社，2005年。
④ 侯外庐：《宋明理学史》(上卷)，人民出版社，1984年。
⑤ [宋]朱熹：《朱子文集》卷第49《答滕德粹(璘)书一》，(台)德富古籍丛刊本。

朱熹之教，遂专心于《论语》一书，后终成南宋新安江流域的理学名家。又如婺源学者程洵（字钦国），初尊眉山苏氏，并认为程、苏之道相同。朱熹与他书信辩难数千百言，结果程洵转而致力于《论语》《孟子》和濂洛诸书，剖析推明，入“圣人之学”门槛，得到朱熹的称许。这种书信答疑的方式，造就了不少徽州理学的重要代表人物。

此外，朱熹的传学活动，还有一途是将徽州学者召入门下，亲授其业，悉心培养。朱熹一生重视教育，门下弟子人数众多，遍及天下。而徽州是其开展理学教育活动的重点地区，徽州籍的学者因血缘、地缘等多种关系，受到了朱熹格外关注，故入朱门受学者不在少数。比如，休宁人程永奇在朱熹回徽州扫墓时，被朱熹收入门下。后朱熹返闽，程永奇侍从朱熹到建安，逾年而返。在朱熹言传身教下，程永奇“所造益邃”，返徽州后以“敬义”名其堂，一时徽州士子从其学者如云。[①] 歙县人祝穆之父是朱熹内弟，祝穆幼失所怙，朱熹遂将他招至“考亭书院”，亲授其学业。歙县人吴昶在朱熹回婺源省墓时，“率先执经馆下，获闻伊洛至论”，成为朱门弟子。后又在朱熹的“寒泉精舍”，质经问疑，受朱熹学说之嫡传。[②]《紫阳书院志》说：“文公归里，乡先正受学者甚众。今论定高第弟子十二人，列于从祀。”[③] 此十二人分别是婺源程洵、滕璘、滕珙、李季札，绩溪汪晫，歙县祝穆、吴昶，休宁程先、程永奇、汪莘、许文蔚，祁门谢琎等。按照《紫阳书院志》编撰者的看法，他们“生文公之乡，亲受业于文公之门”，是从学于朱熹的新安士人中的佼佼者。

新安江流域上游的徽州，是朱熹传播其理学思想的重要地区；而中下游的严州地区，也是朱熹学术传播活动的重点区域。朱熹曾于乾道、淳熙年间至严州的丽泽书院和遂安的瀛山书院讲学。在瀛山书院论道讲学时，还写下了著名的《题方塘诗》：“半亩方塘一鉴开，天光云影共徘徊。问渠那得清如许？为有源头活水来。”[④] 据县志记载：“瀛山书院在县西北四十里。宋熙宁间邑人詹安辟建于山之冈，凿方塘于麓，其孙仪之与朱晦庵往来论学于此。”[⑤] 朱熹在此与方仪之主要探讨的是儒学“格致”一说。“虚舟先生独邃心濂洛之学，当时晦翁朱子命驾相访，曾以格致两条辩论山巅，

① [明]程曈：《新安学系录》卷8，康熙三十五年（1696）绿荫园重修本。
② [明]程敏政：《新安文献志》卷69，弘治三年（1490）刊本。
③ [清]施璜等：《紫阳书院志》卷8《列传》，雍正三年（1725）刻本。
④ 民国《遂安县志》卷10《诗》。
⑤ 民国《遂安县志》卷5《书院》。

居久之观书有感，复咏方塘诗以示意”。[①]《瀛山书院志》亦记载了当时的盛事："瀛山去邑西一舍许，深郁秀拔，为诸山冠。其上有书院，则宋吏部侍郎虚舟詹公与紫阳朱夫子讲学处也。公在绍兴间主斯道坛坫，一时张、吕诸贤咸宗之，而于紫阳尤契。紫阳注《大学》，以格致一条屡事擀易，后趣正于公，始称通畅无疑义，故额其堂曰格致。”[②]严州的知名理学家詹仪之、方逢辰、赵彦肃、喻仲可，都是朱熹的及门或再传弟子，在他们的传承与传播之下，朱子之学在该地区渐趋隆盛，以至于元、明、清三代严州地区的理学都深受其影响。

朱熹于新安江流域的学术传播之外，还在新安江流域之外传播其学说。在其任官之所，《宋史·朱熹传》记载，朱熹“年十八贡于乡，中绍兴十八年进士第。主泉州同安簿，选邑秀民充弟子员，日与讲说圣贤修己治人之道，禁女妇之为僧道者”。[③]朱熹任职每一地，均传播学术不怠。他是以人为中心传播学术文化的典型代表。

朱熹而外，以人为学术传播路径者，史不绝书。朱熹之及门弟子程洵任衡阳簿时，与典州事的临江刘清之经常“相与讲所疑，上自圣贤精义致用之要，下至古今属词比事之旨，无所不及。风晨月夕，杯酒唱和”，当时“士友云集，登其门者，如出文公之门”。[④]可见，程洵传播朱子之学之力。南宋休宁学术名家程若庸，淳祐年间被聘为湖州安定书院山长。冯去疾创临汝书院于抚州，复聘若庸出任山长，“为诸生讲说朱子之学”。咸淳四年（1268）登进士第后，授福建武夷书院山长。[⑤]学士危素曾表彰程若庸说："宋季士习，惟以进取为务。程先生尝游饶氏之门，独以朱子之学授诸生。”[⑥]范元奕、金若洙、吴锡畴、程钜夫及外郡的吴澄等人，都是若庸门下弟子中的佼佼者。

元代徽州学术大家胡云峰一生虽无功名，但长期在新安江流域境内外讲学，致力于学术文化的传播。曾任信州道一书院山长、新安明经书院山长，与倡“晦庵之学”的吴澄有过往来。《元史·胡云峰传》称其以易名家，“东南学者宗之”。[⑦]

---

①《瀛山书院志》卷6《重葺瀛山书院记》，淳安古籍文献丛书，2010年。

②《瀛山书院志》卷首《高尔修三刻〈瀛山志〉原序》，淳安古籍文献丛书，2010年。

③[元]脱脱等：《宋史》卷429《朱熹传》，中华书局，1985年。

④[明]程曈：《新安学系录》卷7《程克庵传》，康熙三十五年（1696）绿荫园重修本。

⑤[明]黄宗羲、[清]全祖望：《宋元学案》卷83《双峰学案》，中华书局，1986年。

⑥[明]程曈：《新安学系录》卷9《程徽庵遗事》，康熙三十五年（1696）绿荫园重修本。

⑦[明]宋濂等：《元史》卷189《儒学一》，中华书局，1976年。

明前期休宁名儒汪循，曾“独与王阳明论学，谆谆反复，谓不能无疑者四，足为妄诋朱子之戒”，[①] 是新安江流域学术文化中坚定的朱子之学维护者。他于弘治丙辰（九年，1496）登进士第，出为永嘉令，在此任上，力行《吕氏乡约》，“毁淫祠几尽，创鹿城书院，祀温之先哲，凡忠节理学者，皆表彰之”。[②] 汪氏是又一位以人为中心传播学术文化的典型。还有“学宗程朱，期以实践”的休宁学者范涞，登万历甲戌（二年，1574）进士，始任南城县知县。方志言其在此任上，“劝农兴学，善政毕举”，政事之余，则在后堂读书，别无其他世俗爱好。[③] 后屡迁至南昌知府，更热衷讲学。他每月两次召集郡学诸生，“讲求名理，勉以躬行”，并向朝廷推荐了布衣章潢，举人刘元锡、刘元卿等名士。[④] 明中叶新安理学名儒程敏政曾到访淳安，其记曰：

> 予南归抵淳安，值江涨不能去，乃取道入谒夫子庙于学宫，学宫皆经新饰，焕然于江诸之上，心甚异之。教谕许君仁，训导黄君奎，王君普，揖而进曰：初庙学久弗治，而棂星门、泮池偏于西，非制之宜。今刘侯篪来知县事之始，即悚然与县丞黄君福协议鸠工，迁正棂星门，俾泮池与戟门相值南向，而池之方广视昔倍之。作泮宫石表于西。改廪饩仓房于东，建观德亭于射圃。至于殿庑斋舍，或易其栋梁，或加之丹垩，或益以砖甓，次第兴修，无弗完者。皆刘侯之力也。明日，燕尊经阁。又明日，燕魁星楼。座客咸指其临观之美，与其虔奉之严，啧啧叹曰：非刘侯则日加敝漏而后来者益不可为矣。[⑤]

程敏政访淳安学宫，亦为人与人之间的学术文化之交流传播。

清代徽派朴学以人为中心之传播与交流，亦极普遍。洪榜曾记：

> 婺源江先生永治经数十年，精于三礼及步算、钟律、声韵、地名沿革，博

① [清]施璜：《还古书院志》卷7《传》，道光二十三年（1843）刻本。
② [清]施璜等：《紫阳书院志》卷9《列传》，雍正三年（1725）刻本。
③ 嘉庆《休宁县志》卷12《人物》。
④ [清]张廷玉等：《明史》卷283《儒林二》，中华书局，1974年。
⑤ 光绪《淳安县志》卷2《程敏政记》。

综淹贯，岿然大师。先生（戴震）一见倾心，因取平日所学就质正焉。江先生见其盛年博学，相得盛欢。一日举历算中数事问先生曰：吾有所疑，十余年未能决。先生请其书，谛视之，因为剖析比较，言其所以然。江先生惊喜，叹曰：累岁之疑，一日而释，其敏不可及也。先生亦叹江先生之学周详精整。时先生同志密友，郡人郑牧、汪肇龙、程瑶田、方矩、金榜六七君子，日从江先生、方先生从容质疑问难。①

此考据之学在学者与学者的切磋之中得以传播。江永虽一生大部分时间在徽州境内讲学著书，但也有在徽州境外传播学术的经历。“一至江西，应学使金德瑛之招也；一游京师，以同郡程编修恂延之也”。② 特别在京师讲学时，一时名士如方苞、吴绂等与之交流甚密。戴震《江慎修先生事略状》记载：“三礼馆总裁桐城方侍郎苞素负其学，及闻先生，愿得见，见则以所疑《士冠礼》《士昏礼》中数事为问，先生从容置答，乃大折服。而荆溪吴编修绂，自其少于礼仪功深，及交于先生，质以《周礼》中疑义，先生是以有《周礼疑义举要》一书。此乾隆庚申、辛酉间也。”③ 此前，江永还因侍父参加科考，至江宁，居同族江羲文家，以教书为业三年。徽派朴学的开宗戴震，在徽州境外的学术传播与影响，较之乃师江永更广。有关戴氏之传记及年谱叙其徽州境外之行迹甚详，这里录凌廷堪《戴东原先生事略状》中的相关记载，以见戴氏行迹之大概：

乾隆十九年，以避仇入都，是时先生之学已大成，在都数年，北方学者如献县纪尚书昀、大兴朱学士筠，南方学者如嘉定钱少詹大昕、余姚卢学士文弨、青浦王侍郎昶等，皆在馆阁，交爱重之，先生亦不吝为之讲说。无锡秦尚书蕙田纂《五礼通考》，先生实任其事。二十二年，归自京师，客扬州卢运使见曾所，与元和惠征君栋论学有合。二十七年，应江宁乡试，青田韩锡胙为同考官，得先生文异之，亟荐于主司，遂中式。屡试礼部不第。游汾、晋间，廷堪座主朱石君先生时为山西布政使，延之撰方志，礼遇有加焉。三十八年，天子稽古右

① [清]戴震：《戴震全书》附录《洪榜：戴先生事行状》，黄山书社，1997年。
② [清]江藩：《国朝汉学师承记》卷5《江永》，中华书局，1983年。
③ [清]戴震：《戴震全书》之32《江慎修先生事略状》。黄山书社，1995年。

文，开四库馆，征海内淹贯之士，司编校之役，金坛于文襄敏中，以先生名应诏，充《永乐大典》纂修官。[①]

类似上述新安江流域学术文化代表人物在流域境内外传播学术文化的事例，在南宋以降600多年的历史上，不胜枚举。

所谓以书籍为媒介的传播，是指新安江流域的学术大家借其著述而传播学术文化。历史上体现新安江流域学者学术思想之著述，数量众多，其流传情形，已无法一一考证。在《徽州传统学术文化地理研究》一书中，曾统计《四库全书》中收录的210种徽州学者著述的采进地，以窥徽州学者著述曾经传播到的地区之一斑（表5）：

**表5 《四库全书》收录210种徽州学者著述采进地分类表**[②]

| 采进源 | 经部 | 史部 | 子部 | 集部 | 总计 |
|---|---|---|---|---|---|
| 永乐大典本 | 2 | | 1 | 2 | 5 |
| 内府藏本 | 6 | 3 | 1 | 5 | 15 |
| 编修励守谦家藏本 | 1 | | | | 1 |
| 两淮马裕家藏本 | 2 | 2 | 2 | 6 | 12 |
| 两江总督采进本 | 14 | 2 | 3 | 5 | 24 |
| 安徽巡抚采进本 | 14 | 2 | 5 | 14 | 35 |
| 山东巡抚采进本 | 2 | | | 1 | 3 |
| 编修郑际唐家藏本 | 2 | | | | 2 |
| 江苏周厚堉家藏本 | 9 | 1 | 1 | | 11 |
| 浙江吴玉墀家藏本 | 4 | | 1 | | 5 |
| 浙江巡抚采进本 | 8 | 5 | 8 | 3 | 24 |
| 江苏巡抚采进本 | 5 | 3 | 1 | 1 | 10 |
| 通行本 | 4 | | 1 | | 5 |

① [清]凌廷堪：《校礼堂文集》卷35《戴东原先生事略状》，中华书局，1998年。
② 周晓光：《徽州传统学术文化地理研究》第4章《徽州传统学术文化的空间传播》。安徽人民出版社，2006年。

续表

| 采进源 | 经部 | 史部 | 子部 | 集部 | 总计 |
|---|---|---|---|---|---|
| 编修程晋芳家藏本 | 1 | 2 | 1 |  | 4 |
| 少詹事陆费墀家藏本 | 1 |  |  |  | 1 |
| 浙江鲍士恭家藏本 | 1 | 2 | 1 | 5 | 9 |
| 副都御史黄登贤家藏本 | 2 | 2 | 3 |  | 7 |
| 江西巡抚采进本 | 1 |  | 2 | 1 | 4 |
| 浙江汪启淑家藏本 | 2 | 2 |  |  | 4 |
| 桂林府同知李文藻刊本 | 1 |  |  |  | 1 |
| 兵部侍郎纪昀家藏本 | 1 | 1 |  |  | 2 |
| 编修汪如藻家藏本 |  | 2 |  | 3 | 5 |
| 浙江郑大节家藏本 |  | 1 |  |  | 1 |
| 两淮盐政采进本 |  | 2 | 1 | 1 | 4 |
| 大学士于敏中采进本 |  | 1 |  |  | 1 |
| 浙闽总督采进本 |  |  | 1 |  | 1 |
| 直隶总督采进本 |  |  | 1 |  | 1 |
| 浙江朱彝尊家曝书亭藏本 |  |  | 1 |  | 1 |
| 浙江孙仰曾家藏本 |  |  |  | 6 | 6 |
| 浙江汪汝瑮家藏本 |  |  |  | 3 | 3 |
| 庶吉士戴震家藏本 |  |  |  | 1 | 1 |
| 未详 |  |  |  | 2 | 2 |
| **总计** | 83 | 33 | 35 | 59 | 210 |

《四库全书》馆之图书，系由各省督抚采进，“在坊肆者，或量为给价。家藏者，或官为装印，其有未经镌刊，只系抄本存留者，不妨缮录副本，仍将原书给还”。[①] 因此，各省所进之书，基本上采自当地。由书籍的采进地，从一个侧面可见书籍之流传情形。以上统计结果，有两个结论非常明显：一是 210 种代表作，除安徽巡抚采进

①[清]永瑢等：《四库全书总目》卷首《圣谕》，中华书局，1965年。

本35种、两江总督采进本24种可能在采进时与徽州地域有关外，其他151种皆在徽州境域之外采进。它说明有相当数量的著述传播到了徽州境域之外。这一比例达到71.9%；二是书籍的传播范围甚广，涉及的总督和巡抚辖地有两江、浙闽、直隶、安徽、山东、江苏、浙江、江西等处。

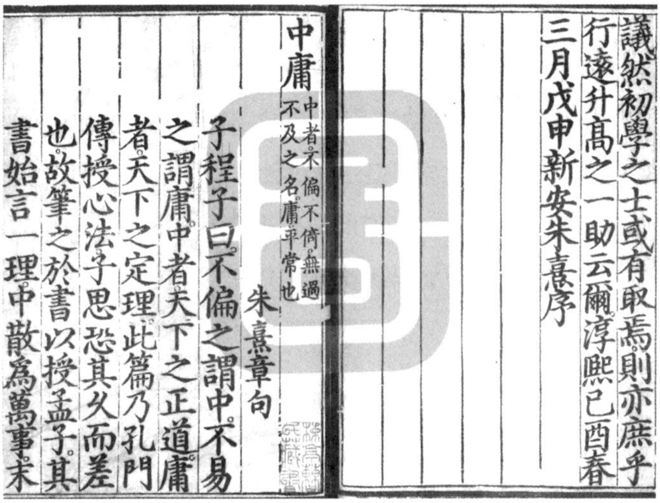
議然初學之士或有取焉則亦庶乎
行遠升高之一助云爾淳熙己酉春
三月戊申新安朱熹序
中庸 中者不偏不倚無過不及之名庸平常也
朱熹章句
子程子曰不偏之謂中不易
之謂庸中者天下之正道庸
者天下之定理此篇乃孔門
傳授心法子思恐其久而差
也故筆之於書以授孟子其
書始言一理中散爲萬事末

朱熹《四书章句集注》书影（正统十二年司礼监刻本 国家图书馆藏）

此外，从新安江流域学术著作在历史上的刊刻地，亦可见其传播情形。比如，朱熹的《四书章句集注》初刻于南宋光宗朱熹知漳州时，现存重要版本有元至正年间武林沈氏尚德堂本、明初司礼监刻本、山东海源阁所藏明版朱墨套印本、嘉靖年间广东崇正堂刻本、南康府六老堂刊本、清康熙内府仿宋大字本、《四库全书》本、民国《四部丛刊》本、《四部备要》本等，涉及的刊刻地域广泛；朱氏《周易本义》有宋咸淳元年（1265）刻本、明王阳明手抄本、明嘉靖年间刻本，清康熙年间紫阳朱氏崇道堂刻《五经》4卷本、康熙年间曹宣扬州使院本、乾隆七年（1742）怡府明善堂刻《五经四书》本、乾隆三十年（1765）《四库全书》抄本、同治五年（1866）金陵书局刻《十三经读本》本、同治十一年（1872）山东书局刻丁宝桢校《十三经读本附校刊记》本等，刊刻地域分布在大江南北；还有《仪礼经传通解》，先后出现南宋嘉定年间南康道院刊本及元明递修本、宝祐元年（1253）白鹿洞书院刊本、明正德十六年（1521）辛巳刘瑞和曹山刊本、清康熙二十四年（1685）吕氏宝诰堂刊本、乾隆十八年（1753）梁万方聚锦堂重刊本，光绪十四年（1888）上海点石斋《经学辑要》本、光绪十七年（1891）壬辰贺瑞麟传经堂《西京清麓丛书》本、光绪二十三年（1897）广雅书局印本等，甚至还有朝鲜铜活字本、日本五伦书屋刊本、山本平左卫门刊本、河内屋喜兵卫重刊本等，版本多达十数种，涉及历史上各时期和海内外。《家礼》之版本，有汲古阁宋刊本、孝慈堂目宋板本、东湖丛记宋刊纂图集注本、洪氏刊宋本、望三益斋刊本、日本须原屋茂兵卫等刊本、元刊本纂图集注、明邱文庄刊本、御尔台氏刊本、康熙辛巳(1701)汪氏刊本等十余种。新安江流域学者著述刊刻的这类情况，不胜枚举。

明初钦定《五经大全》，以确立程朱学说在明朝的统治地位。其中，《春秋大全》系全部采自汪克宽的《春秋胡传附录纂疏》，《周易大全》采录了胡一桂的《周易本义附录纂疏》和胡炳文的《周易本义通释》，《书传大全》采录了陈栎的《尚书集注纂疏》，而《诗经大全》则以朱熹《诗经传》为主，五经中有四经主要采录了新安理学家的著述。此外，《四书大全》又多采自休宁人倪士毅的《重订四书辑释》。其刊刻流传，更是通过官方的举措把新安江流域的学术著述推及全国。在各地不断的刊刻中，新安江流域学术文化得以传播境内外，它反映了新安江流域学者借助书籍而传播学术思想的情形。

所谓以活动为载体的传播，是指新安江流域学者个人或府县学、书院、讲堂等机构开展的通过学术文化交流活动而传播学术。此类情形，学者开展各种传播学术的活动，较为频繁；而在府、县学和书院中组织的各种活动，尤为常见。前述紫阳书院和还古书院等中心地的“会讲”活动，即是其重要表现。通过活动途径而传播学术文化，其作用有四：一是汇聚了新安江流域境内外一批著名学者，交流研讨心得，渐次彰显了新安江流域学术文化的重镇地位和繁荣景象；二是活动交流和传播了学术文化的研究动态，启迪了学者的思路，推动了传统学术文化的发展；三是活动造就了学术研讨的氛围，一批学者欣欣向学，致力于学术研究，传统学术文化具有了生生不息的生命力；四是活动带动和培养了一批学术文化研究的后起之秀，他们从参与活动起步，逐步成长为一时一地的骨干力量，使得学术文化代有传人。

上述三种传播路径，构成了新安江流域学术文化传播的主要方式。以人为中心的传播、以书籍为媒介的传播和以活动为载体的传播，三者相辅相成，共同架构了新安江流域学术文化传播的全景风貌。

## 第三节 新安江流域学术文化传播的影响

依托学术文化的中心地和多种传播路径，新安江流域的学术文化传播产生了重要影响。这种影响，主要表现在三个方面：

第一，影响了中国学术史的发展风貌。

以徽州学者关于“朱陆异同”问题探讨为例，徽州学术文化中关于该问题，有非常丰富的学说，主要观点有二：一是主张朱陆“早异晚同”，持此说代表性的人物是休宁名儒赵汸和程敏政，二是力主朱陆之异，持此观点的代表人物是休宁人程瞳。程敏政著有《道一编》，该书通过传播，对明代“心学”大师王阳明产生了重要的影响。正如前文提及的，当时著名的激烈反对陆王之学的学者、《学蔀通辨》的作者陈建（字廷肇，号清澜）说：“程篁墩著《道一编》，分朱陆同异为三节，始焉如冰炭之相反，中焉则疑信之相半，终焉若辅车之相依，朱陆早异晚同之说，于是乎成矣。王阳明因之，遂有《朱子晚年定论》之录，与《道一编》辅车之说，正相唱和。”① 嘉靖三十一年（1552），崇阳汪宗元在《道一编后序》中也指出了程敏政《道一编》与王阳明朱子晚年定论的关系。汪氏说：“晦庵之道，学者童而习之，昭如日星，固已章明于天下。象山乃蒙无实之诬，人皆以禅学目之，四百余年，莫之辨白。此篁墩先生当群哓众咻之余，而有道一之编也。继是而得阳明先生独契正传，而良知之论明言直指，远绍孟氏之心法，亦是编有以启之也。”② 陈、汪两人的这一看法，充分肯定了程敏政《道一编》及“道一”思想在明代中期学术界的影响。程瞳则专门收集了《朱子年谱》和朱熹文集中辨正“异学”的有关语录，著成《闲辟录》一书。该书传播到徽州境外后，对当时学界影响很大，成为关于“朱陆异同”问题别一种看法的代表作之一。陈建一见程瞳之书，即喟然叹曰：“斯世也，而有斯人耶？斯世而有众醉独醒、无偏无党之士如莪山者？何处得来耶？其主意正矣，用心勤矣，卫道严矣，有功朱子矣！”③ 将程瞳引为同道者。由此可见，通过学术思想的传播，新安江流域的学者对学界的重大影响。在某些历史时期，新安江流域学术文化的传播，

① [清]永瑢等：《四库全书总目》卷95《子部·儒家类存目一》，中华书局，1965年。

② [明]程敏政：《道一编》卷末附《汪宗元后序》，四库全书存目丛书本。

③ [清]施璜等：《紫阳书院志》卷9《列传》，雍正三年（1725）刻本。

在一定程度上还改变了中国传统学术文化的发展风貌。比如清朝初年，学界先是朱子之学复兴，继而朴学独盛，新安江流域的学者在其中起了推波助澜的作用。特别是江永、戴震创立徽派朴学，并致力于传播学术，在徽派朴学成为乾嘉考据学派中最重要一派的同时，实际上也是引领了当时的学术潮流，改变了传统学术文化的发展风貌。“戴学所被，不徒由皖而苏而浙，且及于齐鲁燕豫岭海之间矣”。①正是在戴震等学术传播影响之下，清代学界才出现皮锡瑞在《经学历史》中所说的“乾隆以后，许、郑之学大明，治宋学者已少，说经皆主实证，不空谈义理”②的风尚。

第二，导致了新安江流域区域内的学术文化一体化倾向。

新安江流域的学术文化，肇始于唐。据方志记载，其时代表性人物有歙县人吴少微，稍后于吴少微的祁门人张志和（714 ~ 774）和洪族徽州始迁祖洪经纶，也是开徽州学术文化风气之先的人物。前者早年以明经登第，以诗画扬名天下；后者为唐玄宗天宝六年（747）进士，曾出为宣歙观察使，“稍暇与士人讲论，为宣歙文学首倡”。③其时，新安江流域中下游淳安的学术文化代表人物，有皇甫湜（777 ~ 835），“字持正，擢进士第，仕至工部郎中。卞急使酒，数忤同省。求分司东都。留守裴度辟为判官。度修福先寺，将立碑，求文于白居易。湜怒曰：近舍湜而远取居易，请从此辞。度谢之。湜即请斗酒饮酣，援笔立就。度赠以车马缯彩甚厚。湜大怒曰：自吾为顾况集序，未尝许人。今碑字三千，字三缣，何遇我薄耶？度笑而酬之。”④也是一位才华横溢、性格直爽的学术文化名家。其故交韩愈曾有《寄皇甫湜》诗道：“敲门惊昼睡，闻报睦州吏。手把一封书，上有皇甫字。拆书放床头，涕与泪垂泗。昏昏还就枕，惘惘梦相值。悲哉无奇术，安得生两翅？”著有《皇甫持正集》传世。其殁之时，白居易闻之写有《哭皇甫七郎中湜》云：“多才非福禄，薄命是聪明。不得人间寿，还留身后名。”其子皇甫松，工文词，著《醉乡日月》3卷，其“《大隐》一赋尤为绮丽，而得名在乐府宫辞”。⑤还有方卫（877年前后在世），字朝正，唐乾符中以进士授文林郎。曾举兵剿黄巢，因功任常州牧；又平董昌乱，升任兵部尚书。

---

① 马宗霍：《中国经学史》，上海书店，1984年。

② 皮锡瑞：《经学历史》，中华书局，1959年。

③ 弘治《徽州府志》卷7《人物传》。

④ 光绪《淳安县志》卷10《文苑》。

⑤ 光绪《淳安县志》卷10《文苑》。

方干（809 ~ 888），宝历中参加科举考试不第，一生无仕，后人称其“官无一寸禄，名传千万里”。据说其律诗冠绝一时，如《题法华寺绝顶禅家壁》：“苍翠岧峣逼窅冥，上方雷雨下方晴。飞流便向砌边挂，片月影从窗外行。驯鹿不知谁结侣，野禽都是自呼名。只因禅者无来去，日看千山白发生。”又有七言绝句《题周处士青溪别业》：“细泉出石飞难尽，孤烛和云湿不明。何事懒于稽叔夜，更无书札到公卿。”可见其律诗成就之高。后人编有方干诗集《玄英先生诗集》10卷。《全唐诗》收有方干诗6卷，《四库全书总目》收有方干《玄英集》。方昊，字大初，生于唐末。“唐亡，遁嵓谷中。吴越钱氏招之，不往。聚徒讲学于上贵精舍，终其身。乡人称为静乐先生”。[①] 尽管唐代新安江流域学术文化渐兴，名家涌现，但其时尚未形成统一的学术文化理念。

迨及朱熹等宋代理学名家出现，并持之以恒开展学术文化的传播活动，新安江流域内的学术文化逐步出现一体化倾向。

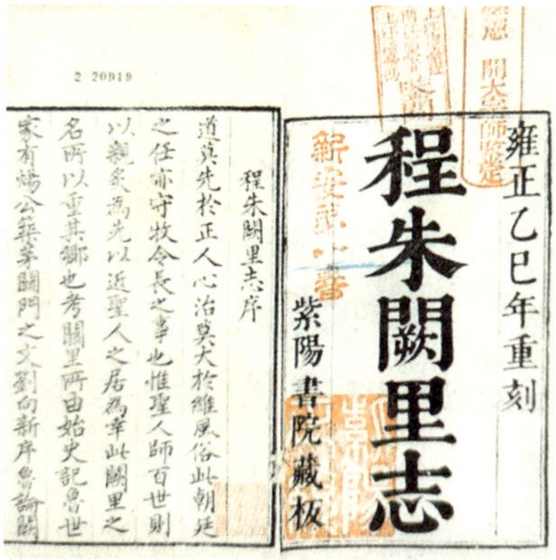

《程朱阙里志》(雍正三年重刻本)

从上游的徽州府来看，南宋徽州学术文化主要代表人物大致可以分为两类：一是朱熹学生，且多为及门弟子，如程洵、吴昶、程永奇等，曾先后执经馆下，受学于朱熹，为朱门嫡出。二是朱熹的学术酬唱之友，如程大昌、吴儆等。由于受到朱熹理学教育活动的影响，无论是门下弟子，还是学术挚友，都尊奉或倡导朱子之学。比如婺源程洵，一生坚守朱熹学说，深得其精髓，著有《克庵尊德性斋集》10卷。据称，他在衡阳簿任上时，“士友云集”，号称“登其门者如出文公（朱熹）之门”。[②] 由此可知，其抱守朱子学的学术宗旨。歙县吴昶，在朱熹回徽州省墓时，“幡然悟俗学之陋，率先执经馆下，获闻伊洛至论。久之，伪学党作，弟子多更名他师。先生志益坚，徒步走寒泉精舍，就正所学，得文公心印”，且“终身守其师说，造诣愈深”，[③] 也是朱子学的忠实信徒。这些徽州弟子学术之循规蹈矩，不偏朱子学之心法。而与

① 光绪《淳安县志》卷11《高士》。

② [明]程敏政：《新安文献志》卷69《汪路教：程知录（洵）传》，弘治三年（1490）刊本。

③ [明]程敏政：《新安文献志》卷69《友堂吴先生（昶）小传》，弘治三年（1490）刊本。

朱熹为学术知己的程大昌、吴儆等人，其理学思想与朱子之学具有共通之处。[①]南宋时期的徽州，朱子学的学术主流地位非常明显，其学术思想一体化的趋向甚为显著。这种情形，得益于朱熹理学思想在此地的传播。此后，由朱熹确立的朱子学在徽州的学术主流地位，一直延续600多年而未改。

元代，尽管由于学术环境的变化，朱子学在全国范围内的发展面临诸多危机，以致“异论”纷出，朱门“再传能不失真者，则已寡矣”。[②]但元代的徽州理学家们以朱子学的卫道者自居，他们坚持维护朱子学的纯洁性，将排斥“异论”、发明朱子学本旨作为学术研究的重心。朱子学在徽州一统天下的局面仍未改变。明初徽州的学术思想主流还是朱子学,汪仁峰（循）曾说：“元季国初之间,在休则陈定宇（栎）、倪道川（士毅）、朱枫林（升）、赵东山（汸）、朱石门（同）、范云溪（准）诸先生，其选也，始以朱子之乡，观望而起，于是师友渊源，英贤辈出；而其所以为学，皆务淑诸身心，尊乎德性，言必有裨于师训，行必取法乎古人。”[③]揭示了徽州学术在明前期作为朱子学分支的本色。因此，自南宋至明初，朱子学在徽州占据了绝对的主流地位。正如当时徽州著名学者赵汸在《商山书院学田记》中说：徽州学术“一以郡先师子朱子为归，凡六经传注、诸子百氏之书，非经朱子论定者，父兄不以为教，子弟不以为学也。是以朱子之学虽行天下，而讲之熟、说之详、守之固，则惟新安之士为然。”[④]明代中后期，由于湛若水和王阳明“心学”在徽州的传播和影响，徽州有不少学者信奉“心学”，但朱子学在徽州仍然占据了重要的地位。入清之后，虽然其时徽州学术文化的风貌已有改变，由理学一变而为汉学，但就大者而言，徽州还是具有统一的学术文化理念，只不过是理学让位于汉学，徽派朴学取代新安理学而已。由宋及清，徽州学术文化的一体化现象在学术传播的影响下，可谓一以贯之。

新安江中下游的严州府，与上游的徽州府同步，亦出现学术文化一体化的现象。这种一体化，同样是在朱熹及其门徒的传播活动影响下，学术文化归于朱子之学。据记载，朱熹曾与吕祖谦在严州的丽泽书院中讲学论道，宣扬其学说，丽泽书院成为朱熹理学在严州的重要传播阵地。严州所辖淳安县，为“古歙之东乡，今虽

① 周晓光：《论程大昌的理学思想》，载《安徽师大学报》1994年第3期。
② [明]程敏政：《篁墩集》卷17《定宇先生祠堂记》，四库全书本。
③ 嘉庆《休宁县志》卷12《人物》。
④ [明]赵汸：《东山存稿》卷4《商山书院学田记》，四库全书本。

属旁郡，然距新安不二百里”。[①] 朱熹曾到访于此，“淳固朱子芰憩地也”，[②] 在此还留下过“青溪时过碧山头，空水澄鲜一色秋。隔断红尘三十里，白云黄叶两悠悠”等诗篇。淳安的朱子学者，致力于传播朱熹学说，为该地学术文化的一体化做出了重要贡献。比如，如淳安著名儒士方镕为朱熹的再传弟子，《宋元学案》将方镕列为《晦庵学案》之晦庵续传。光绪《淳安县志》载：“方镕，字伯冶。两魁郡试，后弃举子业，尽心圣贤之学。每曰：‘人与天地相立者，文艺云乎哉！’其训诸子务先穷理尽性，至应事接物则以持敬实践为功。二子逢辰、逢振前后及第。乃曰：‘此吾昔以为不足为者，尔曹勿谓足也。’历官奉直大夫、两淮制置司参谋官。”[③] 可见，方镕轻视举业，不喜文章之学，而专意于圣贤之学。而他的“务先穷理尽性，应事接物以持敬实践为功”的思想则是得朱学之真谛。在他的训诲教导下，他的两个儿子逢辰、逢振也是孜孜不疲地为宣扬朱熹学说而尽心竭力。方逢辰的学说“会极周程朱子之学，以格物为穷理之本，笃行为修己之要”。[④] 淳安有石峡书院，是方逢辰的讲学之所。方逢辰在此“抱周程之学，以私淑其徒”，[⑤] 大力传播朱熹学说。其后逢辰之弟逢振继之，讲道于石峡书院，也是朱学的得力宣传者。逢辰之后又有其孙方一夔，继承家学，“尝主石峡讲席”。[⑥]

此外，桐庐人魏新之“受业方蛟峰（方逢辰）”，[⑦] 传承师说；淳安汪斗建“从蛟峰讲道石峡书院”，[⑧] 传播朱子之学。正是在方氏父子及其弟子的传播宣扬下，朱子学说得以在淳安流传，成为淳安地区最盛行的学术思想之一，渐渐出现了学术文化一体化的现象。其后，淳安更多学者都着力精研朱学，探寻理学之奥赜。如何日章“家教悉宗程朱”，童孝锡“积学力行，精研易理，所著《易义》能阐程朱之蕴”，方檠如“潜心于濂、洛、关、闽之学”等。[⑨] 除石峡书院外，淳安县还有紫阳书院，该书院“仿朱子白鹿洞规，立之仪节，仿分年读书法，予之课程。即小州下邑，聚英才而教育

① 光绪《淳安县志》卷13《新建朱文公祠堂记》。
② 光绪《淳安县志》卷10《理学》。
③ 光绪《淳安县志》卷10《儒林》。
④ 光绪《淳安县志》卷10《理学》。
⑤ 光绪《淳安县志》卷2《学校》。
⑥ [明]黄宗羲、[清]全祖望：《宋元学案》卷82，中华书局，1986年。
⑦ [明]黄宗羲、[清]全祖望：《宋元学案》卷82，中华书局，1986年。
⑧ [明]黄宗羲、[清]全祖望：《宋元学案》卷82，中华书局，1986年。
⑨ 光绪《淳安县志》卷10《儒林》。

之，莫不惟朱子为宗师”。[①] 书院的教学内容、方法与规程完全以朱熹的思想为准的。这些书院的建立，一方面是为了纪念朱熹，另一方面也是为了宣传朱熹的学术思想。由此使得朱子之学成为淳安境内的显学，学者“莫不惟朱子为宗师”。

朱熹与詹仪之曾在遂安的瀛山书院讲论理学思想。朱子之学通过瀛山书院的传播，在遂安一地产生了深远影响，它维系和牵连着当地理学的发展，后代的众多遂安学者都奉朱子之学为正宗。至明时，遂安理学名儒方应时“锐志潜修，一宗紫阳之学。故在诸生，即力请邑侯复瀛山书院，建格致堂以祠文公；举孝廉，则延钱塘王先生汝止登格致堂，讲学不辍”，他不仅精心维护着瀛山书院这块传承朱熹学说的“圣地”，又极力宣扬着朱子的思想。后方应时出为长泰县令，“（长泰）故朱子所治邑也，旧有祠祀。会时宰议废宇内书院，是祠亦属毁中”，方氏尽力斡旋，“乃请当道特留，修祀不缺”。[②] 可以说他一生都在孜孜不倦地研习、传播朱熹学说。学有渊源的鲍崇良，“字遂甫，号杨峰，天资颖异，至性过人，弱冠饩郡庠，经史淹贯”。曾“携吴叔举读书兴谷寺，与罗洪先、湛若水往复辨析，得考亭宗派”。[③] 他的学说也可以说是渊源于朱熹的。

到了清代，朴学日益兴盛，理学渐趋衰落，但在遂安地区理学仍然很昌盛，拥有一个研习理学的群体，而其中大多又以朱熹理学为宗。如郑禹畴“淡于仕进，潜心理学”“先是，其父朝汉因王龙溪提倡‘良知’，贻误来秀，筑伊山精舍，祖称程朱”。郑禹畴恪守廷训，以程朱为宗，甚至“年逾九十，仍讲明考亭宗旨”。其子郑士瑛“侍养之，暇注《孝经》性理，以广庭训”。另一子郑士瑜也是“恪宗紫阳正派”。朱熹理学就是通过这种家学相承在遂安流传下来的。遂安祖述朱学的学者，还有像姜应兼“治易经，多善悟，洞彻程朱之旨”；[④] 姜应勳“深于易，贯串程传朱子本义”，[⑤] 以朱熹的注释来解析易学；毛郁芳“居家恪遵朱子格言”；詹撄吉“晚年潜心理学，洞见程朱阃奥”；黄云五“生平宗朱子正心诚意之学”；郑嵛“尤精易理，抉程朱奥旨为文，自成一家”；姜毓麒“为文恪遵程朱语类”，[⑥] 等等。这些学者秉承朱子学说，

---

① 光绪《淳安县志》卷13《紫阳书院记》。
② 民国《遂安县志》卷7《理学》。
③ 民国《遂安县志》卷7《儒林》。
④ 民国《遂安县志》卷7《儒林》。
⑤ 光绪《严州府志》卷19《人物》。
⑥ 民国《遂安县志》卷7《文苑》。

在清代遂安地区掀起一股研习理学的热潮，使朱熹理学于此长久不衰。

朱子之学在严州的流行，并非局限于淳安与遂安两地，也延伸至严州的其他县邑。建德的赵彦肃曾造朱子之门，习得朱子之学；喻仲可，字可中，严陵人。《宋元学案》将其归为朱熹的门人，得朱熹真传。只不过这两人后来改换门庭，投入陆子门下，崇信陆学。桐庐县的魏新之被学者称为石川先生，他“受业于青溪方蛟峰，得程朱性理之学”；严侣“字君友，子陵三十五世孙，从学汉英贾公”“贾之学源于朱子”，[①] 所以他的学说也是宗奉朱熹的。寿昌县的翁恒吉“以穷理致知、躬行实践为先”“学者称为正一先生”；洪公述“潜心理学，独穷濂、洛、关、闽之奥”。[②] 建德的王衷纯“教授生徒，以敦行立品为先，尤潜心理学，得濂、洛、关、闽之旨”。[③] 这些学者的理学思想都渊源于朱熹。他们的学术及活动，反映了严州所辖诸县朱熹理学的广泛流传。严州府与徽州府的同步一体化，反映了新安江流域的学术文化在域内传播的影响下，形成了流域学术文化的同质特征。

第三，造就了新安江流域一批有影响的学者和著述。

学术文化的传播过程，是学者知名度提升和著述影响扩大的过程。宋、元、明、清时期，得益于学术文化的传播，新安江流域的著名学者以百千计，其中诸多学者成为中国学术史上的“榜上有名”者。根据《宋元学案》，统计出新安江上游徽州一府入选者达到 75 人，占全书收录的宋元时期 2000 多位学术思想界精英人物的 3.75%。这一比例，大大高于全国府占人数的平均数。而具体考察这些人物的生平履历，可以发现其中绝大多数都有着在新安江流域境内外的讲学授徒、传播学术的经历。在《明儒学案》《清儒学案》《国朝汉学师承记》《清代朴学大师列传》等学术史著述中，记录的情形与此相似，而本书前数章介绍的人物，也反映出同样的现象。正是由于学术文化的传播，造就了一批在中国学术史上声名远播的新安江流域的名家学者。一如钱大昕在《戴先生震传》中所说：“一日携其所著书过予斋，谈论竟日。既去，予目送之，叹曰：‘天下奇才也。’时金匮秦文恭公蕙田兼理算学，求精于推步者，予辄举先生名。秦公大喜，即日命驾访之，延主其邸。与讲观象授时之旨，以为闻所未闻。秦公撰《五礼通考》，往往采其说焉。高邮王文肃公安国亦延致先生

① 乾隆《桐庐县志》卷11《人物》。

② 民国《寿昌县志》卷8《人物》。

③ 道光《建德县志》卷12《人物》。

家塾，令其子念孙师之，一时馆阁通人：河间纪太史昀、嘉定王编修鸣盛、青浦王舍人昶、大兴朱太史筠，先后与先生定交，于是海内皆知有戴先生矣。”[①] 学术之交流传播，成就了戴震的一世英名。

学者成名家之外，著述得以成为有影响的名著，亦赖其传播。比如，朱熹之《家礼》，历史上刊刻的版本多达十余种，而刊刻地遍及大江南北，其传播流传之广泛，冠绝一时，因此成为“自元明以来，流俗沿用”的名著。方志、族谱等地方文献，多有记述。如《严州府志》称，遂安人方应时（字以中）“锐志潜修，一宗紫阳之学”，其告归后创修宗祠，按照《文公家礼》恢复古风，整饬宗族事务。[②] 民国《歙县志·风土》说：“祭礼，俗守文公《家礼》，在昔小异大同。”至于宗族制度流行的新安江流域，举凡大族巨姓编撰家谱、开展宗族活动等，也都明确规定以朱熹《家礼》为归。如绩溪上庄明经胡氏《新定祠规二十四条》强调：“凡祭祀，……一切仪节，谨遵朱子《家礼》。”[③]《家礼》成为规范人们日常行为的一部经世名著，而这与《家礼》的传播并被普遍接受，关系极大。又如戴震多部著述，也因传播而被视为名著。洪榜《戴先生行状》称：“先生学日进而遇日益穷，年近三十乃补县学生，用是绝志举子业，覃思著述，家屡空而励志愈专。所为《考工记图》《屈原赋注》《勾股割圆记》诸书，皆成于是时矣。有传其书至浙中者，天台少宗伯齐公召南见之曰：‘旷世才也。’嘉叹不绝于口。由是江以南北，稍稍知先生名。”[④] 学术文化之传播，成为成就名人名著的重要一途。

总之，由学术文化中心地向外扩散的学术文化空间转移，通过以人为中心的传播、以书籍为媒介的传播和以活动为载体的传播三种传播路径，对新安江流域的学术文化发展产生了重要的影响，这种影响表现在：一是改变了中国学术史的发展风貌，二是导致了新安江流域区域内的学术文化一体化倾向，三是造就了新安江流域一批有影响的学者和著述。在这片神奇的土地上，虽斗转星移，岁月轮回，朝代更迭，而学术文化之脉，生生不息，历久弥新。

---

① [清]钱大昕：《潜研堂文集》卷39《戴先生震传》，四部丛刊初编本。

② 光绪《严州府志》卷19《人物》。

③ 绩溪《上川明经胡氏宗谱》下卷。

④ [清]洪朴、洪榜：《二洪遗稿》之《初堂遗稿·戴先生行状》，民国20年（1931）通学斋影印本。

# 参考文献

## 一、基本古籍

魏徵等：《隋书》，中华书局排印本。
脱脱等：《宋史》，中华书局排印本。
冯琦原编，陈邦瞻增辑：《宋史纪事本末》，中华书局排印本。
《宋会要辑稿》，中华书局，1957年。
司马光等：《资治通鉴》，中华书局排印本。
李焘：《续资治通鉴》，中华书局排印本。
宋濂等：《元史》，中华书局排印本。
陈邦瞻：《元史纪事本末》，中华书局排印本。
《明实录》，台湾“中央研究院”历史语言研究所影印本。
张廷玉：《明史》，中华书局排印本。
《清实录》，伪满影印本。
赵尔巽：《清史稿》，中华书局排印本。
永瑢等：《四库全书总目》，中华书局，1965年。
《新编诸子集成》，中华书局，1982年。

## 二、文集、笔记等

庄绰：《鸡肋编》，唐宋史料笔记丛刊，中华书局，1983年。
朱熹：《朱子文集》，（台）德富古籍丛刊本。
朱熹：《晦庵集》，四库全书本。
朱熹：《周易本义》，四库全书本。

朱熹：《周易参同契考异》，四库全书本。
朱熹：《家礼》，四库全书本。
朱熹：《伊洛渊源录》，四库全书本。
朱熹、吕祖谦：《近思录》，四库全书本。
朱熹：《诗集传》，四库全书本。
朱熹：《仪礼经传通解》，四库全书本。
朱熹：《孝经刊误》，四库全书本。
朱熹：《四书或问》，四库全书本。
朱熹：《论孟精义》，四库全书本。
黎靖德：《朱子语类》，中华书局排印本。
王懋竑：《朱子年谱》，商务印书馆丛书集成初编本。
程大昌：《考古编》，商务印书馆丛书集成初编本。
程大昌：《演繁露》，四库全书本。
程大昌：《易原》，商务印书馆丛书集成初编本。
程大昌：《禹贡论》，四库全书本。
钱时：《融堂书解》，四库全书本。
钱时：《融堂四书管见》，四库全书本。
吴儆：《竹洲集》，四库全书本。
王炎：《双溪集》，四库全书本。
程珌：《洺水集》，四库全书本。
汪莘：《方壶存稿》，四库全书本。
黄榦：《黄勉斋先生文集》，四库全书本。
魏了翁：《鹤山大全集》，四库全书本。
楼钥：《攻愧集》，商务印书馆丛书集成初编本。
虞集：《道园学古录》，四库全书本。
刘祁：《归潜志》，四库全书本。
胡方平：《易学启蒙通释》，四库全书本。
程若庸：《性理字训》，四库全书存目丛书本。
吴锡畴：《兰皋集》，四库全书本。

胡炳文：《云峰集》，四库全书本。

胡炳文：《周易本义通释》，四库全书本。

胡炳文：《四书通》，四库全书本。

胡一桂：《易本义附录纂疏》，四库全书本。

胡一桂：《易学启蒙翼传》，四库全书本。

陈栎：《定宇集》，四库全书本。

陈栎：《尚书集传纂疏》，四库全书本。

陈栎：《勤有堂随录》，四库全书本。

汪克宽：《环谷集》，四库全书本。

汪克宽：《经礼补逸》，四库全书本。

汪克宽：《春秋胡传附录纂疏》，四库全书本。

倪士毅：《四书辑释》，续修四库全书本。

倪士毅：《作义要诀》，四库全书本。

郑玉：《师山集》，四库全书本。

郑玉：《师山遗文》，四库全书本。

朱升：《朱枫林集》，安徽古籍丛书，黄山书社，1992年。

朱升：《小四书》，嘉靖元年司礼监重刊本。

朱升：《尚书旁注》，四库全书本。

朱同：《覆瓿集》，四库全书本。

赵汸：《东山存稿》，四库全书本。

赵汸：《春秋左氏传补注》，四库全书本。

赵汸：《春秋经传阙疑》，四库全书本。

赵汸：《春秋集传》，四库全书本。

赵汸：《春秋属辞》，四库全书本。

赵汸：《春秋师说》，四库全书本。

方时化：《易引》，四库全书存目丛书本。

唐桂芳：《白云集》，四库全书本。

汪瑗：《楚辞集解》，四库全书存目丛书本。

王守仁：《王文成全书》，四库全书本。

程敏政：《篁墩集》，四库全书本。
程敏政：《新安文献志》，弘治三年刊本。
程敏政：《道一编》，四库全书存目丛书本。
潘士藻：《洗心斋读易述》，四库全书本。
程曈：《新安学系录》，康熙三十五年绿荫园重修本。
程曈：《闲辟录》，四库全书存目丛书本。
洪鼐：《读易索隐》，四库全书存目丛书本。
汪道昆：《太函集》，万历十九年金陵刊本。
汪道昆：《太函副墨》，万历十九年刊本。
郑良弼：《春秋续义发微》，四库全书存目丛书本。
黄宗羲、全祖望：《宋元学案》，中华书局，1986 年。
黄宗羲：《明儒学案》，中华书局，1985 年。
金声：《金太史集》，乾坤正气集。
赵吉士：《寄园寄所寄》，康熙刊本。
王艮：《易赘》，四库全书存目丛书本。
徐在汉：《易或》，四库全书存目丛书本。
黄生：《字诂》，四库全书本。
汪璲：《读易质疑》，四库全书存目丛书本。
方菉如：《周易通义》，四库全书本。
戴震：《戴震文集》，中华书局，1980 年。
戴震：《戴震集》，上海古籍出版社，1980 年。
戴震：《戴震全集》，清华大学出版社，1991 年。
戴震：《戴震全书》，黄山书社，1997 年。
许承尧：《歙事闲谭》，安徽古籍丛书本，黄山书社，2001 年。
江藩：《国朝汉学师承记》，中华书局，1983 年。
支伟成：《清代朴学大师列传》，岳麓书社，1986 年。
《四朝学案》，民国 25 年铅印本。

# 三、方志、谱牒等


李贤等：《大明一统志》，三秦出版社，1990 年。

《嘉庆一统志》，四部丛刊本。

黄之隽等：《江南通志》，四库全书本。

《安徽通志》，清道光十年刊本。

淳熙《新安志》，清康熙四十六年刊本。

弘治《徽州府志》，天一阁藏明代方志选刊，上海古籍书店，1982 年。

嘉靖《徽州府志》，清嘉靖四十五年刊本。

康熙《徽州府志》，清康熙三十八年万青阁刊本。

道光《徽州府志》，清道光七年刊本。

徽州地区地方志编纂委员会：《徽州地区简志》，黄山书社，1989 年。

屯溪市地方志编纂委员会：《屯溪市志》，安徽教育出版社，1990 年。

康熙《休宁县志》，清康熙二十九年刊本。

嘉庆《休宁县志》，清嘉庆二十年刊本。

休宁县地方志编纂委员会：《休宁县志》，安徽教育出版社，1990 年。

乾隆《婺源县志》，清乾隆二十二年刊本。

光绪《婺源县志》，清光绪九年刊本。

《婺源乡土志》，清光绪三十四年活字本。

《婺源县采辑》，民国抄本。

婺源县地方志编纂委员会：《婺源县志》，档案出版社，1993 年。

万历《歙志》，明万历三十七年刊本。

民国《歙县志》，民国铅印本。

歙县地方志编纂委员会：《歙县志》，中华书局，1995 年。

康熙《祁门县志》，清康熙二十二年刊本。

同治《祁门县志》，清同治十二年刊本。

祁门地方志编纂委员会：《祁门县志》，安徽人民出版社，1990 年。

嘉庆《黟县志》，清嘉庆十七年刻本。

同治《黟县三志》，清同治九年刊本。
黟县地方志编纂委员会：《黟县志》，光明日报出版社，1988 年。
乾隆《绩溪县志》，乾隆二十一年刊本。
绩溪县地方志编纂委员会：《绩溪县志》，黄山书社，1998 年。
佘华瑞：《岩镇志草》，黄山市徽州区人民政府办公室 2004 年铅印本。
吴吉祜：《丰南志》，稿本。
凌应秋：《沙溪集略》，抄本。
许承尧：《西干志》，稿本。
万历《严州府志》，日本藏中国罕见地方志丛刊本。
光绪《严州府志》，清光绪九年增修重刊本。
光绪《淳安县志》，清光绪十年刊本。
《淳安县志（1986—2005）》编纂委员会：《淳安县志》，浙江人民出版社，2014 年。
民国《遂安县志》，民国 19 年铅印本。
道光《建德县志》，清道光八年刊本。
乾隆《寿昌县志》，清乾隆十九年刻本。
民国《寿昌县志》，民国 19 年铅印本。
赵滂：《程朱阙里志》，清雍正重刻本。
施璜：《紫阳书院志》，清雍正三年刻本。
施璜：《还古书院志》，清道光二十三年刻本。
方宏绶：《瀛山书院志》，清乾隆三十九年刊本。
程尚宽等：《新安名族志》，黄山书社，2004 年。
《新安歙北许氏东支世谱》，清嘉靖六年稿本。
歙县《竦塘黄氏宗谱》，清嘉靖四十一年刊本。
歙县《潭渡黄氏族谱》，清雍正九年刊本。
歙县《棠樾鲍氏宣忠堂支谱》，清嘉庆十年刊本。
《重修古歙东门许氏宗谱》，清乾隆二年刊本。
歙县《济阳江氏族谱》，清道光十八年刊本。
歙县《新馆鲍氏著存堂宗谱》，清刊本。
绩溪《金紫胡氏家谱》，清光绪刊本。

绩溪《上川明经胡氏宗谱》，宣统刊本。

绩溪《盘川王氏宗谱》，民国刊本。

休宁《陈氏宗谱》，康熙刊本。

吴清羽：《茗州吴氏家典》，雍正十三年刊本。

祁门《倪氏族谱》，光绪刊本。

## 四、现当代著述

章太炎：《原学》，《訄书》重订本。

余瑛：《宋代儒者地理分布的统计》，《禹贡半月刊》第1卷第6期。

王集成：《绩溪经学三胡先生传》，《浙江省图书馆馆刊》1935年12月4卷6期。

梁启超：《地理与文明之关系》，《饮冰室全集》第二册卷十一，上海中央书店，1935年。

梁启超：《中国近三百年学术史》，中华书局，1936年。

夏君虞：《宋学概要》，商务印书馆，1937年。

严耕望：《战国学术地理与人才分布》，载《中国史学论文选集》第三辑，台北幼狮文化事业公司出版。

何祐森：《两宋学风之地理分布》，《新亚学报》第1卷第1期，1955年8月。

张家驹：《两宋经济重心的南移》，湖北人民出版社，1957年。

刘敦桢：《中国古代建筑史》，中国建筑工业出版社，1980年。

任继愈：《中国古代哲学发展的地区性》，《中华学术论文集》，中华书局，1981年。

[美]何炳棣著，王振忠译：《科举和社会流动的地域差异》，《历史地理》第11辑，上海人民出版社，1993年。

谭其骧：《中国历史地图集》，地图出版社，1982年。

唐宇元：《元代朱陆合流与元代的理学》，《文史哲》1982年第3期。

陈正祥：《中国文化地理》，三联书店，1983年。

叶显恩：《明清徽州农村社会与佃仆制》，安徽人民出版社，1983年。

贾丰臻：《中国理学史》，中国文化史丛书，上海书店，1984 年。

侯外庐等：《宋明理学史》，人民出版社，1984 年。

马宗霍：《中国经学史》，上海书店，1984 年。

《浙江分县简志》，浙江人民出版社，1984 年。

张海鹏等：《明清徽商资料选编》，黄山书社，1985 年。

张起均：《宋明理学的时代论衡》，《文艺复兴杂志》1985 年 159 期。

陈祖武：《从清初的反理学思潮看乾嘉学派的形成》，《清史论丛》第 6 辑，中华书局，1985 年。

钱穆：《朱子新学案》，巴蜀书社，1986 年。

谭其骧：《中国文化的时代差异与地区差异》，收入《长水集续编》，人民出版社，1987 年。

戴学研究会：《戴震学术思想论稿》，安徽人民出版社，1987 年。

魏隐儒：《中国古籍印刷史》，北京印刷工业出版社，1988 年。

周振鹤：《从北到南与自西向东——中国文化地域差异的过程》，载《复旦学报》1988 年第 6 期。

陈荣捷：《朱子新探索》，台湾学生书局，1988 年。

H · J · 德伯里著，王民等译：《人文地理——文化、社会与空间》，北京师范大学出版社，1988 年。

蒋元卿：《皖人书录》，黄山书社，1989 年。

卢云：《汉晋文化地理》，陕西人民出版社，1991 年。

王会昌：《中国文化地理》，华中师范大学出版社，1992 年。

束景南：《朱子大传》，福建教育出版社，1992 年。

李开：《戴震评传》，中国思想家评传丛书，南京大学出版社，1992 年。

南京大学学报编辑部：《戴学新探》，1992 年。

滕复等：《浙江文化史》，浙江人民出版社，1992 年。

张海鹏等：《中国十大商帮》，黄山书社，1993 年。

[美] 艾尔曼著、赵刚译：《从理学到朴学》，江苏人民出版社，1995 年。

白新良：《中国古代书院发展史》，天津大学出版社，1995 年。

李勤德：《中国区域文化》，山西高校联合出版社，1995 年。

《中国地域文化丛书》，辽宁教育出版社，1995 年。

张伟然：《湖南历史文化地理研究》，复旦大学出版社，1995 年。

张海鹏等：《徽商研究》，安徽人民出版社，1995 年。

程民生：《略论宋代地域文化》，《历史研究》1995 年第 1 期。

刘师培：《近儒学术统系论》，《中国现代学术经典·刘师培卷》，河北教育出版社，1996 年。

徐洪兴：《思想的转型——理学发生过程研究》，上海人民出版社，1996 年。

刘蔚华等：《中国儒家学术思想史》，山东教育出版社，1996 年。

严桂夫：《徽州历史档案总目提要》，黄山书社，1996 年。

王振忠：《明清徽商与淮扬社会的变迁》，三联书店，1996 年。

《首届国际徽学学术讨论会文集》，黄山书社，1996 年。

《95 国际徽学学术讨论会论文集》，安徽大学出版社，1997 年。

刘宗贤：《陆王心学研究》，山东人民出版社，1997 年。

陈谷嘉、邓洪波：《中国书院制度研究》，浙江教育出版社，1997 年。

周振鹤：《中国历史文化区域研究》，复旦大学出版社，1997 年。

程民生：《宋代地域文化》，河南大学出版社，1997 年。

郭墨兰：《齐鲁文化》，华艺出版社，1997 年。

胡昭曦、刘复生、粟品孝：《宋代蜀学研究》，巴蜀书社，1997 年。

高令印：《朱子学与闽台学术文化交流》，福建省炎黄文化研究会：《闽台文化研究》，福建人民出版社，1997 年。

杨念群：《儒学地域化的近代形态：三大知识群体互动的比较研究》，三联书店，1997 年。

周晓光：《新安理学源流考》，《中国文化研究》1997 年夏之卷。

程民生：《论宋代佛教的地域差异》，《世界宗教研究》1997 年第 1 期。

杨念群：《儒学地域化的近代形态——三大知识群体互动的比较研究》，三联书店，1997 年。

《中国儒学史》，广东教育出版社，1998 年。

《中国文化通志》，上海人民出版社，1998 年。

卢钟锋：《中国传统学术史》，河南人民出版社，1998 年。

王子今：《秦汉区域文化研究》，四川人民出版社，1998年。

周晓光、李琳琦：《徽商与经营文化》，世界图书出版公司，1998年。

张立文：《朱熹评传》，中国思想家评传丛书，南京大学出版社，1998年。

尚小明：《学人游幕与清代学术》，社会科学文献出版社，1999年。

徐采石：《吴文化论坛》1999年卷，中央民族大学出版社，1999年。

赵华富：《两驿集》，黄山书社，1999年。

《安徽重要历史事件丛书》，安徽人民出版社，1999年。

唐力行：《家庭·社区·大众心态变迁国际学术讨论会论文集》，黄山书社，1999年。

吴传均、刘昌明、吴履平：《世纪之交的中国地理学》，人民教育出版社，1999年。

《安徽文化史》，南京大学出版社，2000年。

张学智：《明代哲学史》，北京大学出版社，2000年。

冯尔康：《清代人物传记史料研究》，商务印书馆，2000年。

张伟然：《湖北历史文化地理研究》，湖北教育出版社，2000年。

蔡方鹿：《朱熹与中国文化》，贵州人民出版社，2000年。

束景南：《朱熹年谱长编》上、下卷，华东师范大学出版社，2000年。

许苏民：《戴震与中国文化》，贵州人民出版社，2000年。

《98国际徽学学术讨论会论文集》，安徽大学出版社，2000年。

张海鹏：《徽学漫议》，《光明日报》2000年3月24日。

常建华：《明代宗族祠庙祭祖的发展》，《中国社会历史评论》第2卷，天津古籍出版社，2000年。

[美]包弼德：《斯文：唐宋思想的转型》，江苏人民出版社，2001年。

张寿安：《以礼代理——凌廷堪与清中叶儒学思想之转变》，河北教育出版社，2001年。

邹逸麟：《中国历史人文地理》，科学出版社，2001年。

[日]斯波义信，方键、何忠礼译：《宋代江南经济史研究》，江苏人民出版社，2001年。

张森材、马砾：《江苏区域文化研究》，江苏古籍出版社，2002年。

王俊义：《清代学术探研录》，中国社会科学出版社，2002年。

王振忠：《徽州社会文化史探微》，上海社会科学院出版社，2002年。

刘尚恒：《二余斋丛稿》，香港天马图书有限公司，2002年。

田浩：《从宋代思想论到近代经济发展》，《中国学术》2002年第2期。

赫维人、潘玉君：《新人文地理学》，中国社会科学出版社，2002年。

吴震：《明代知识界讲学活动系年》，学林出版社，2003年。

李琳琦：《徽商与明清徽州教育》，湖北教育出版社，2003年。

何炳松：《浙东学派溯源》，广西师范大学出版社，2004年。

姜林祥：《儒学在国外的传播与影响》，齐鲁书社，2004年。

张晓虹：《文化区域的分异与整合——陕西历史地理文化研究》，上海书店出版社，2004年。

林拓：《文化的地理过程分析——福建文化的地域性考察》，上海书店出版社，2004年。

赵华富：《徽州宗族研究》，安徽大学出版社，2004年。

周晓光：《新安理学》，安徽人民出版，2005年。

洪湛侯：《徽派朴学》，安徽人民出版社，2005年。

周晓光：《徽州传统学术文化地理研究》，安徽人民出版社，2006年。

徐道彬：《皖派学术与传承》，黄山书社，2012年。

史甄陶：《家学、经学和朱子学——以元代徽州学者胡一桂、胡炳文和陈栎为中心》，华东师范大学出版社，2013年。

黄成林：《徽州文化地理研究选集》第1辑，安徽师范大学出版社，2017年。

朱冶：《元明朱子学的递嬗：〈四书五经性理大全〉研究》，人民出版社，2019年。

# 后　记

信道新安水，常看彻底清。
山回流欲断，烟霁石逾明。
岩树蒸云湿，沙鸥浴日晴。
停舟无限意，何日盥尘缨？

明人唐仲贤《泊新安江》的这首诗描述了新安江发源皖南山区，迤逦东向，两岸山水、岩树、烟云的美景，令人有脱俗归隐之念。新安江流域的“大好山水”，孕育了千古斯文，百代俊贤。流域内的徽州、严州两府，得名虽晚而其史悠久，先民早在石器时代就生息繁衍在这片肥沃的土地上，创造了新安江流域早期的人类文明。自唐宋以降，此地“人文辈出，鼎盛辐臻，理学经儒，在野不乏”，明儒朱长庚有《观詹氏墨宝有感》诗云：“千古斯文属徽国，众贤谈道寄情亲。”乾隆时人程读山《为黄山寄远方游客书》：“吾乡山水甲天下，理学第一，文章次之，人知节俭，有唐魏风。”繁荣的学术文化，为本书撰述奠定了深厚的人文基础。

新安江上中下游，是自然形成的一体地理区域，无法隔绝。而其政区沿革，亦纵横交错。历史上，徽州府、严州府及各属县曾多次更名，重划境域，呈现了密切而复杂的隶属关系。如，东汉献帝建安十三年（208），划歙县东乡为始新县，南乡为新定县，西乡为黎阳县和休阳县，合原黟县、歙县共六县，从丹阳郡分出，建新都郡，治所始新县。此始新县，即后来的浙江严州府淳安县。晋置新安郡，南朝宋孝武帝大明八年（464），海宁县并黎阳县，新安郡辖歙、黟、海宁、遂安、始新五县。梁元帝承圣二年（553），划出新安郡所辖歙、黟、海宁三县，置新宁郡。陈天嘉三年（562），新安郡并新宁郡，辖歙、黟、海宁、始新、遂安、寿昌六县。从政区沿革来看，新安江流域徽州府和严州府，有着连枝一体的关系。这种密切的自然地域和政区关系，为本书从新安江流域整体视域考察相关问题，提供了坚实的地理基础。

从新安江流域学术文化发展来看，流域境内徽州府与严州府学术交流频繁，学者往来密切，学术风气一致，尤其是宋代以来以朱子之学为宗旨的区域特色鲜明，清前期以汉学替代宋学的学术转型同步，表明了新安江流域学术发展具有一定的同质化和一体性。它为本书撰述以流域学术文化为系统考察对象，打下了可行的学理基础。

因此，数年前，浙江淳安县拟组织人员编撰一套“新安江流域文化”丛书，并邀约笔者撰写其中的学术文化一书，本人即欣然应允。因为目前学界尚无一部系统考察新安江流域传统学术文化发展史的著述，此项工作可以弥补前人在此研究领域中的不足。而这一选题，又具备人文、地理和学理基础，具有可行性和可操作性。不过，领命之后，动笔写作的过程颇为艰难。

一是以流域为整体的研究，并不能局限于流域之内小块区域相关文化现象的拼盘和叠加，就新安江流域而言，并非徽州学术拼加严州学术内容，而应以一体化意识开展相关问题之研究，视域的转换带来的是一系列流域学术史问题的理论与方法思考，这是最大的难点。

二是关于新安江上游的徽州府的研究，向来比较成熟，以之为研究对象，还形成了一门专门的学问“徽学”。而中下游的严州府，学界的相关研究相对比较薄弱，在以流域为整体视角的研究中，该区域无论是史料的收集，还是相关人物、著述和问题的考察，需要花费大量的时间和精力，基本从初始起步。

三是之前笔者曾长期关注新安江上游的徽州传统学术史研究，并先后出版了两部相关著作：《新安理学》一书，重在纵向梳理南宋以后新安理学学派的发展演变历程；《徽州传统学术文化地理研究》，则主要是依据文化地理学的相关理论和方法，从空间和区域的角度，探讨徽州学术文化的相关问题。因此，在本书中如何避免重复，突破局限，深化研究，则成为又一个难点。

兼之近年杂事缠身，几度寒来暑往，本书方才脱稿。其中恐多不足，尚祈方家指正。

在本书写作过程中，中共淳安县委党史研究室（淳安县人民政府地方志办公室）作为策划者和组织者，提供了诸多研究之便。朱华民、程中青两位主任工作勤勉、服务周到、勇于担当、善于谋事，在此深致谢意。感谢翟屯建先生淡泊名利、尽心协调，为本套大型丛书的问世做出了无私的奉献；感谢友朋们不嫌叨扰，热心提供资料；感谢张建平、刘猛、陈琪、董家魁、方静，以及淳安和建德方志办的朋友提供了精美的图片；感谢家人长期以来的鼓励、支持和帮助。书中引用了所指导的研究生方宁、周慧珺、苏惠慧等的研究成果，在此一并致谢。

半亩方塘一鉴开，天光云影共徘徊。

问渠那得清如许？为有源头活水来。

一代理学宗师朱熹的这首诗，道尽了自然与人生的哲理。人世间，无论是学术还是生活，期盼众人都能找到自己的源头活水。

是为记。

**周晓光**

**2022 年 12 月于合肥磬苑寓所**